新时代的中国式法治现代化研究丛书

公丕祥　总主编

中国式法治现代化的理论逻辑

主　编 | 公丕祥

副主编 | 眭鸿明

ZHONGGUOSHI FAZHI XIANDAIHUA DE LILUN LUOJI

法律出版社

LAW PRESS · CHINA

北京

图书在版编目(CIP)数据

中国式法治现代化的理论逻辑 / 公丕祥主编 ；眭鸿明副主编. -- 北京 ：法律出版社，2023
(新时代的中国式法治现代化研究丛书)
ISBN 978 -7 -5197 -7851 -4

Ⅰ. ①中… Ⅱ. ①公… ②眭… Ⅲ. ①社会主义法治－建设－研究－中国 Ⅳ. ①D920.0

中国国家版本馆CIP数据核字(2023)第217491号

中国式法治现代化的理论逻辑
ZHONGGUOSHI FAZHI XIANDAIHUA DE LILUN LUOJI

公丕祥 主 编
眭鸿明 副主编

策划编辑 肖 越
责任编辑 肖 越
装帧设计 汪奇峰

出版发行 法律出版社
编辑统筹 法商出版分社
责任校对 王晓萍
责任印制 胡晓雅
经　　销 新华书店

开本 710毫米×1000毫米 1/16
印张 32 **字数** 399千
版本 2023年12月第1版
印次 2023年12月第1次印刷
印刷 唐山玺诚印务有限公司

地址：北京市丰台区莲花池西里7号(100073)
网址：www.lawpress.com.cn
投稿邮箱：info@lawpress.com.cn
举报盗版邮箱：jbwq@lawpress.com.cn

销售电话：010-83938349
客服电话：010-83938350
咨询电话：010-63939796

书号：ISBN 978 -7 -5197 -7851 -4　　**定价**：108.00元
凡购买本社图书，如有印装错误，我社负责退换。电话：010-83938349

前　言

2022年10月，在开启全面建设社会主义现代化国家新征程、向第二个百年奋斗目标进军的关键时刻，中国共产党召开了具有重大而深远意义的第二十次全国代表大会。这是党和国家政治生活中的一件大事。为了深入学习贯彻、研究阐释党的二十大精神，中国法治现代化研究院院务（扩大）会议经过慎重研究，决定编写六卷本的"新时代的中国式法治现代化研究丛书"。

在庆祝中国共产党成立100周年大会上的重要讲话中，习近平总书记明确提出了"中国式现代化新道路"的崭新概念，指出："中国特色社会主义是党和人民历经千辛万苦、付出巨大代价取得的根本成就，是实现中华民族伟大复兴的正确道路。我们坚持和发展中国特色社会主义，推动物质文明、政治文明、精神文明、社会文明、生态文明协调发展，创造了中国式现代化新道路，创造了人类文明新形态。"党的十九届六中全会审议通过的《中共中央关于党的百年奋斗重大成就和历史经验的决议》（以下简称十九届六中全会《决议》）进一步强调，"党领导人民成功走出中国式现代化道路,创造了人类文明新形态,拓展了发展中国家走向现代化的途径,给世界上那些既希望加快发展又希望保持自身独立性的国家和民族提供了全新选择”。在党的二十大报告中,习近平总书记运用马克思主义世界观和方法论,深刻把握全面建成社会主义现代化强国、实现第二个百年奋斗目标、以中国式现代化全面推进中华民族伟大复兴这一新时代新征程中国共产党的中心任务,系统论述了中国式现代化的历史进程、本质要求、战略安排、目标任务、重大原则等一系列重大问题。这些重要论述精辟概括了中国共产党百年奋斗创造的伟大成就,深刻揭示了中国式现代化的内在特质、丰富内涵、基本要求和重大意义,为坚持和拓展中国式现代化指明了前进方向。

中国式现代化是一个内涵丰富、意义深刻的重大命题,涉及经济、政治、社会、文化、生态、中国与世界的关系等广泛领域,是一个与本国国情相适应的、体现社会主义性质的、反映现代化客观规律的全方位的崭新的现代化道路。中国式法治现代化,是中国式现代化在法治领域中的集中体现,是在中国的具体国情下所展开的法治变革过程,是超越西方法治现代化模式的法治现代化的中国道路,是既符合中国国情又汲取人类法治文明成果的现代化法治之路。

因此,这套六卷本的“新时代的中国式法治现代化研究丛书”的分析主轴是:深入考察党的十八大以来坚持和拓展中国式法治现代化的波澜壮阔的时代进程,充分展示新时代推进全面依法治国取得的历史性成就、发生的历史性变革。编写这套丛书的总体要求是:深入学习贯彻党的二十大精神,坚持以习近平法治思想为指导,全面系统地研究新时代中国式法治现代化的重要理论和实践问题,注重理论分析与实证研究的有机结合,深入考察党的十八大以来全面推进依法治国、加快建设法治中国、实现中国式法治现代化的重大进展,深刻总结推进中国式法治现代化的基本经验,对新时代新征程中国式法治现代化建设的重要领域及其发展前景进行战略性、整体性、前瞻性的深入研究,更加坚定中国特色社会主义法治道路自信,更加坚定不移走中国式法治现代化新道路,从而以高质量的研究成果为推进和拓展中国式法治现代化奉献智识和力量。

这套六卷本丛书的写作分工是：

中国法治现代化研究院法治发展战略研究所：《中国式法治现代化的理论逻辑》；

中国法治现代化研究院立法发展研究所：《新时代的中国式立法现代化》；

中国法治现代化研究院法治政府研究所：《新时代的中国式行政法治现代化》；

中国法治现代化研究院司法改革与现代化研究所：《新时代的中国式司法现代化》；

中国法治现代化研究院法治社会研究所：《新时代的中国式社会治理法治化》；

中国法治现代化研究院区域法治发展研究所：《新时代的中国式区域法治现代化》。

这套丛书的编写工作得到了法律出版社的鼎力支持，张雪纯副总编和薛晗分社长给予了热情指导和支持，各卷责任编辑做了精心的编辑工作；江苏省委宣传部及江苏省新型智库建设办公室、南京师范大学对这套丛书的编写工作给予了大力支持；中国法治现代化研究院办公室做了大量具体协调工作。在此，谨致以衷心的感谢！

编　者

2022 年 11 月于南京

总　序

公丕祥

党的十八大以来"新时代十年的伟大变革",[①]是党和国家事业取得历史性成就、发生历史性变革的十年,是坚持全面依法治国、推进中国式法治现代化取得重大进展的十年。以习近平同志为核心的党中央高瞻远瞩,总揽全局,科学把握共产党执政规律、社会主义建设规律和人类社会发展规律,把全面依法治国纳入"四个全面"战略布局予以有力推进,对全面依法治国、加快建设社会主义法治国家作出了一系列重大战略谋划和精心部署,创立了"习近平法治思想"这一原创性的法治理论,推动当代中国法治领域取得历史性成就,中国式法治现代化正在向纵深推进。在认真学习贯彻党的二十大精神的新形势下,以习近平法治思想为指导,深入回顾党的十八大以来全面推进依法

① 参见习近平:《高举中国特色社会主义伟大旗帜　为全面建设社会主义现代化国家而团结奋斗——在中国共产党第二十次全国代表大会上的报告》,人民出版社 2022 年版,第 15 页。

治国的历史性成就，深刻总结全面依法治国、建设法治中国的基本经验，无疑具有重要的意义。

一、创立原创性的法治理论

习近平法治思想是党的十八大以来最为重要的原创性的法治理论。习近平法治思想坚持和运用马克思主义法治基本原理和方法论原则，深入思考和研究为什么要推进全面依法治国、怎样推进全面依法治国这一重大时代课题，提出了一系列原创性的新时代坚持和发展中国特色社会主义法治的新理念新思想新战略，成为推进全面依法治国、实现中国式法治现代化的根本指导思想，对马克思主义法治理论在21世纪的发展作出了原创性的贡献。

习近平法治思想开启了马克思主义法治理论中国化时代化的新的历史性飞跃。20世纪以来，马克思主义法治理论在中国广泛传播和深入发展。中国共产党在领导人民进行革命、建设和改革的伟大斗争中，坚持把马克思主义法治理论同中国具体实际相结合、同中华优秀传统法律文化相结合，有力推动了马克思主义法治理论的新发展。在中华民族迎来从站起来、富起来到强起来的伟大飞跃的历史进程中，习近平法治思想应运而生，这在马克思主义法治理论中国化进程中具有里程碑意义，实现了马克思主义法治理论中国化时代化的新的历史性飞跃。习近平法治思想把握全面依法治国、建设法治中国的战略机遇和发展大势，系统阐述了新时代中国特色社会主义法治思想，将其精辟地概括为“十一个坚持”，科学回答了建设中国特色社会主义法治的基本问题，它构成了习近平法治思想的核心要义，是马克思主义法治理论中国化时代化的最新重大理论成果。习近平法治思想注重加强对事关全面依法治国全局性、长远性、整体性重大问题的战略谋划，是一个博大精深、内容丰富、逻辑严密、系统完备的科学的法治理论体系，科学把握全面依法治国的政治方向、重要地位、工作布局、重点任务、重大关系和重要保障，具有深刻的理论逻辑和巨大的实践伟力。

习近平法治思想是中华文化和中国精神的时代精华。怎样对待本国传统文化,是世界各国在实现现代化的过程中都必须解决好的重大问题。中华民族有着悠久的文化传统。中华民族之所以能够在几千年的历史长河中生生不息、薪火相传、顽强发展,其中一个很重要的原因,“就是中华民族有一脉相承的精神追求、精神特质、精神脉络”。[①] 中国共产党人始终是中华优秀传统文化和中国精神的忠实继承者和弘扬者。在延绵经久的中华文明发展进程中,中华民族铸造了体现独特的民族法律品格的博大精深的法律文化。中华优秀传统法律文化为马克思主义法治理论中国化提供了文化沃土,也是中国特色社会主义法治赖以存在和发展的历史传承。习近平法治思想蕴含深厚的民族精神,鲜明体现中华民族五千多年来积累的伟大历史智慧,深入中华民族历久弥新的法律精神世界,科学对待中华优秀传统法律文化,悉心总结我国古代治国理政的有益经验,着力开掘和传承中华政治文明和法律文化精华,汲取营养,择善而用,努力实现中华优秀传统法律文化的创造性转换、创新性发展,使之与中国特色社会主义法治文明相融相通,共同服务于新时代建设法治中国、推进中国式法治现代化的历史使命。习近平法治思想注重把握世界法治文明发展大势,记载深厚的中国经验,融入丰富的中国元素,体现鲜明的中国精神,从而展现出深厚的历史逻辑和强大的理论生命力。

习近平法治思想是当代中国马克思主义法治理论、21 世纪马克思主义法治理论。20 世纪以来中国革命、建设和改革的历史进程的新进展,都伴随马克思主义法治理论中国化时代化的新飞跃。习近平法治思想着眼于推进新时代治国理政的战略考量,创造性地阐述和运用马克思主义历史唯物主义法治基本原理,深入考察当代中国法治发展的内在矛盾运动,创立了具有原创意义的 21 世纪马克思主义法治理论体系,标志着当代中国马克思主义法治理论创新发展进入了一个崭新的历史阶段。习近平法治思想不断深化对共产党执政规律的认识,创造性地论述坚持党的领

---

① 参见习近平:《论党的宣传思想工作》,中央文献出版社 2020 年版,第 111 页。

导、人民当家作主、依法治国有机统一的重大法治方针；不断深化对社会主义建设规律的认识，创造性地论述中国特色社会主义法治建设的重大战略问题；不断深化对人类社会发展规律的认识，创造性地阐述推动人类法治文明发展、构建人类命运共同体进程中的重大理论和实践问题，闪烁着马克思主义法治理论的真理光辉，开辟了当代中国马克思主义法治理论、21 世纪马克思主义法治理论创新发展的崭新境界。

二、推进法治领域变革性实践

党的十八大以来，随着中国特色社会主义进入新时代，法治在国家现代化进程中的地位更加突出、作用更加重大。以习近平同志为核心的党中央高度重视新的时代条件下法治建设的系统性、整体性和协同性，以前所未有的力度加强对全面依法治国的战略谋划和协调推进。在中央全面依法治国工作会议等重要会议上，习近平总书记回顾总结了十八大以来我们党坚定推进全面依法治国的变革性实践。

一是从全面依法治国的战略考量来看，党中央明确提出全面依法治国，并将其纳入“四个全面”战略布局予以有力推进。

二是从全面依法治国总体战略决策来看，党的十八届三中全会在我们党的历史上第一次提出“推进国家治理体系和治理能力现代化”和“推进法治中国建设”的重大命题，对全面深化改革进行系统整体设计，具有划时代意义。党的十八届四中全会在我们党的历史上第一次专门研究全面依法治国若干重大问题，并作出专门的决定，在新中国法治史上具有里程碑意义。党的十九大将“明确全面推进依法治国总目标”确立为习近平新时代中国特色社会主义思想的重要组成部分，将“坚持全面依法治国”确立为新时代坚持和发展中国特色社会主义基本方略的有机构成要素，并且对新时代推进中国式法治现代化作出战略安排。党的十九届四中全会专题研究坚持和完善中国特色社会主义制度、推进国家治理体系和治理能力现代化的重大问题，意义重大，影响深远。

三是从中央全面依法治国委员会的重要作用来看，党的十九大召开后，党中央组建由习近平总书记担任主任的中央全面依法治国委员会，从全局和战略高度对全面依法治国作出一系列重大的决策部署，推动新时代法治中国建设大踏步前进。

四是从健全完善党领导全面依法治国制度来看，通过完善党领导立法、保证执法、支持司法、带头守法制度，党对全面依法治国的领导更加坚强有力。

五是从全面依法治国总体布局来看，将建设中国特色社会主义法治体系确立为全面依法治国的"总抓手"，完善顶层设计，统筹推进法律规范、法治实施、法治监督、法治保障和党内法规体系建设，中国特色社会主义法治体系建设加快推进，全面依法治国总体格局基本形成。

六是从落实全面依法治国重点任务来看，适应党和国家事业发展要求，完善立法体制，加快重点领域立法；坚持依宪治国，宪法实施和监督得到全面加强；推进法治政府建设，推进严格规范公正文明执法；加快推进司法体制改革，依法纠正一批冤错案件；推进全民普法，人民群众法治意识进一步增强；坚持依法执政，加快党内法规制度建设；贯彻依法治军战略；等等。

显然，新时代推进全面依法治国的变革性实践波澜壮阔、深入展开，取得了重大进展。从党的十八届三中全会作出"推进法治中国建设"的重大战略决策，到十八届四中全会提出全面依法治国的总蓝图、路线图和施工图；从十九大提出坚持全面依法治国基本方略，并且对新时代推进中国式法治现代化作出"两步走"的重大战略安排，十九届四中全会作出加强国家制度与法律制度建设的重大决策，十九届五中全会描绘开启全面建设社会主义现代化国家新征程第一个五年的法治蓝图，十九届六中全会对十八大以来推进全面依法治国及其历史性成就进行深刻总结，到二十大对新时代新征程坚持全面依法治国、推进法治中国建设作出新的重大战略部署，全面依法治国、建设法治中国所取得的每一个重大进展，都是在以习近平同志为核心的党中央的坚强领导下取得的，凝结着当代中国共产党人领导人民治国理政的重大法治成果。

三、全面依法治国取得突破性进展

党的十八大以来,在习近平法治思想的指引下,社会主义法治建设迈出重大步伐,全面依法治国的重要领域和关键环节取得突破性进展,深刻改变着当代中国国家与社会生活的基本面貌,中国式法治现代化进入了一个新的历史发展阶段。

第一,党领导全面依法治国的体制机制更加健全。中国共产党的领导是中国特色社会主义最本质的特征,是推进全面依法治国的根本保证。这必然要求健全和完善党领导全面依法治国的体制、制度和工作机制,推进党对全面依法治国领导的制度化、法治化,把党对全面依法治国的领导构筑在坚实的法治基础之上。习近平总书记强调,“推进党的领导制度化、法治化,既是加强党的领导的应有之义,也是法治建设的重要任务”[①]。党的十八大以来当代中国法治建设的一个鲜明特点,就是党对全面依法治国的战略统筹及其组织化程度显著有效提升,成为中国式法治现代化向纵深推进的强大动力。党的十八大以后,全面推进依法治国、加快建设法治中国,已经成为全党的普遍共识,成为全党意志的集中体现。党中央还加大推进法治领域改革的组织领导力度。根据十八届三中全会精神,中央成立了以习近平总书记为组长的中央全面深化改革领导小组,“负责改革总体设计、统筹协调、整体推进、督促落实”。[②] 在中央全面深化改革领导小组的强有力的领导推动下,当代中国新一轮法治领域改革如火如荼、有声有色,法治领域改革的顶层设计方案、试点方案以及一系列具体的改革项目计划相继推出,法治领域改革的计划性和系统性大大增强。十八届四中全会明确提出,要健全党领导依法治国的制度和工作机制,完善保证党确定依法治国方针政策和决策部署的工作机制和程序,进而将党对全面依法治国领导的制度机制概括为

---

① 习近平:《论坚持全面依法治国》,中央文献出版社 2020 年版,第 223 页。

② 参见《中共中央关于全面深化改革若干重大问题的决定》,人民出版社 2014 年版,第 58 页。

"三统一""四善于"。[①]

党的十九大以来,我们党加强和改进对全面依法治国领导所取得的重大制度创新成果,就是组建由习近平总书记担任主任的中央全面依法治国委员会。习近平总书记指出:"党中央决定组建中央全面依法治国委员会,这是我们党历史上第一次设立这样的机构,目的是加强党对全面依法治国的集中统一领导,统筹推进全面依法治国工作。"[②]根据十九大和十九届三中全会的精神,中央全面依法治国委员会作为党中央决策议事协调机构,旨在加强党中央对法治中国建设的集中统一领导,健全党领导全面依法治国的制度和工作机制,更好落实全面依法治国基本方略。其重要职责是统筹协调全面依法治国工作,研究全面依法治国重大事项、重大问题,协调推进中国特色社会主义法治体系和社会主义法治国家建设等。[③] 县级以上地方各级党委也相应成立统筹协调本地法治工作的决策议事协调机构。习近平总书记多次主持召开中央全面依法治国委员会全体会议并发表重要讲话,对推进新时代全面依法治国作出了一系列重大部署。在中央全面依法治国委员会的坚强领导和统筹协调下,新时代法治中国建设迈出了新步伐。

第二,更加坚定维护宪法尊严和权威。宪法是治国安邦的总章程,是国家长治久安的根本法治保证。我们党高度重视宪法在治国理政中的重要作用。党的十八大以来,以习近平同志为核心的党中央对依宪治国、依宪执政提出新的更高要求,采取一系列重大举措,把全面贯彻实施宪法摆在推进全面依法治国的突出位置,更加坚定维护我国宪法尊严和权威,加强宪法实施和监督。习近平总书记深刻阐述当代中国共产党人在新的历史条件下崭新的治国理念,指出:"依法治国首先要坚持依宪治国,依法执

---

① 参见《中共中央关于全面推进依法治国若干重大问题的决定》,人民出版社 2013 年版,第 49 页。

② 习近平:《论坚持全面依法治国》,中央文献出版社 2020 年版,第 222 页。

③ 参见《深化党和国家机构改革方案》,人民出版社 2018 年版,第 4 ~ 5 页。

政首先要坚持依宪执政。”[①]党的十八届三中全会提出，要健全宪法实施监督机制和程序。党的十八届四中全会进一步提出，要完善全国人大及其常委会宪法监督制度，健全宪法解释程序机制；加强备案审查制度和能力建设，把所有规范性文件纳入备案审查范围，依法撤销和纠正违宪违法的规范性文件；将每年12月4日定为国家宪法日；在全社会普遍开展宪法教育，弘扬宪法精神；并且决定建立宪法宣誓制度，明确凡经人大及其常委会选举或者决定任命的国家工作人员正式就职时公开向宪法宣誓。全国人大常委会先后于2014年11月和2015年7月，通过关于设立国家宪法日的决定和关于实行宪法宣誓制度的决定。2015年8月，依据宪法规定，全国人大常委会通过《关于特赦部分服刑罪犯的决定》，国家主席发布特赦令，这是我国改革开放以来第一次实行特赦，具有重大政治意义和法治意义。2017年3月，党中央提出明确要求，规定工作范围，全国人大常委会宪法解释程序机制进一步完善。党的十九届二中全会审议通过《中共中央关于修改宪法部分内容的建议》，强调要以这次宪法修改为契机，把依法治国、依宪治国提高到一个新水平。十三届全国人大一次会议审议通过现行宪法第五个修正案，充实完善现行宪法有关制度规定。党的十九届四中全会通过的《中共中央关于坚持和完善中国特色社会主义制度　推进国家治理体系和治理能力现代化若干重大问题的决定》基于坚持和完善中国特色社会主义制度、推进国家治理体系和治理能力现代化的战略考量，明确提出要“健全保证宪法全面实施的体制机制”，强调要“加强宪法实施和监督，落实宪法解释程序机制，推进合宪性审查工作”。

宪法的伟力来自人民的内心拥护和真诚信仰。党的十八大以来，遵守宪法、学习宪法、维护宪法的宪法宣传教育活动在中华大地蓬勃兴起。宪法教育纳入“八五”全民普法教育之中，并且作为党员干部教育的重要内容，在全社会大力营造有利于保证宪法实施、维护宪法权威的浓厚

① 习近平：《论坚持全面依法治国》，中央文献出版社2020年版，第230页。

氛围。

此外，根据现行《宪法》和《香港特别行政区基本法》，全国人大及其常委会还先后作出《关于〈中华人民共和国香港特别行政区基本法〉第一百零四条的解释》、批准《内地与香港特别行政区关于在广深港高铁西九龙站设立口岸实施"一地两检"的合作安排》，通过《关于完善香港特别行政区选举制度的决定》等一系列有关香港特别行政区宪制与法治问题的重要文件，充分表明中央贯彻"一国两制"方针的坚定决心和反对"港独"的坚定立场。

第三，中国特色社会主义法律体系加快完善。经过新中国成立以来特别是1978年改革开放以来40多年的不懈努力，中国特色社会主义法律体系形成，国家生活和社会生活各方面总体上实现了有法可依，"这是一个了不起的重大成就"。[1] 随着中国特色社会主义进入新时代，面对推进国家治理现代化的时代要求，立法工作的任务繁重而艰巨。党的十九大提出"以良法促进发展、保障善治"的重大战略任务。加快形成完备的法律规范体系，是法律体系内在和谐一致性的必然要求，是建设中国特色社会主义法治体系的前提和基础。

建设法治体系，必须坚持立法先行。以习近平同志为核心的党中央始终把完善中国特色社会主义法律体系放在治国理政法治化的大局来谋划和推进，着力推动法律体系随着时代前进的步伐和实践发展的要求而不断完善和发展。党的十八大以来，全国人大及其常委会围绕"五位一体"总体布局，深入推进全过程人民民主建设，紧紧抓住事关改革发展稳定的重大立法项目，加强立法工作组织协调，加强重点领域立法，《国家安全法》《慈善法》《网络安全法》《监察法》《外商投资法》《民法典》《反外国制裁法》等一批重要法律陆续出台，不断满足人民群众日益增长的法治新需求。在中央全面依法治国工作会议上，习近平总书记总结十八大以

① 参见《中共中央关于全面推进依法治国若干重大问题的决定》，人民出版社2014年版，第52页。

来我国法律体系建设取得的成就,指出:“党的十八大以来,全国人大及其常委会通过宪法修正案,制定法律 48 件,修改法律 203 件次,作出法律解释 9 件,通过有关法律问题和重大问题的决定 79 件次。截至目前,现行有效法律 282 件,行政法规 608 件,地方性法规 12,000 余件。”[①]这为建设中国特色社会主义法治体系奠定了坚实的基础。

第四,法治政府建设加快推进。在当代中国,加快建设法治政府,是一场深刻的政府革命。习近平总书记强调,“法治政府建设是重点任务和主体工程,要率先突破”。[②] 党的十八大和十八届五中全会都把“法治政府基本建成”确定为 2020 年全面建成小康社会宏伟目标的重要内容。2015 年 12 月,中共中央、国务院公布《法治政府建设实施纲要(2015—2020 年)》,确立了法治政府基本建成的衡量标准,提出加快建设法治政府的 7 大主要任务和 40 项具体措施。2021 年 8 月,中共中央、国务院颁发《法治政府建设实施纲要(2021—2025 年)》,由 10 个部分、35 条组成,展现了“十四五”时期全面推进法治政府建设的路线图和施工图,确立了到 2025 年法治政府建设的总体目标各领域分目标及其重大举措。

加强法治政府建设示范创建活动。活动要求从 2019 年启动第一批法治政府建设示范地区评估认定开始,每两年开展一次,梯次推进,树立一批新时代法治政府建设的新标杆,形成样板效应,营造法治政府建设创优争先的浓厚氛围,并且公布了《市县法治政府建设示范指标体系》,对法治政府建设进行量化评估,借以加强对建设法治政府的具体指引。在中央的强有力推动下,全国范围内的法治政府建设示范创建活动有序展开,法治政府建设的内生动力竞相迸发。

第五,法治经济建设深入展开。习近平总书记强调,“社会主义市场经济本质上是法治经济”,“必须坚持法治思维、增强法治观念,依法调控

---

① 习近平:《坚定不移走中国特色社会主义法治道路 为全面建设社会主义现代化国家提供有力法治保障》,载《求是》2021 年第 5 期。

② 习近平:《论坚持全面依法治国》,中央文献出版社 2020 年版,第 4 页。

和治理经济”。[①] 党的十八届五中全会鲜明提出“加快建设法治经济”的历史性任务。这既是完善和发展社会主义市场经济的内在要求,也是建设中国特色社会主义法治体系的重要内容。

产权是现代市场经济的基石,是激励市场主体创新发展的制度安排,也是法治经济的价值所在。党的十八届三中全会、十八届四中全会都把完善产权保护制度作为全面深化改革、全面依法治国的重要内容;十八届五中全会把“产权得到有效保护”确定为全面建成小康社会的目标要求之一,明确提出要“推进产权保护法治化”,加快形成有利于创新发展的产权制度。因此,加快建设法治经济,必须把产权保护法治化放在更加突出的位置。2016 年 11 月,中共中央、国务院发布《关于完善产权保护制度依法保护产权的意见》,对完善产权保护法律制度机制提出了顶层设计方案,强调“推进产权保护法治化,在事关产权保护的立法、执法、司法、守法等各方面各环节体现法治理念”。这是在新的历史条件下推进产权保护法治化的纲领性文献。民法是调整市场经济关系的基本法律,是产权保护法治化的法典化样式,因而是法治经济的制度基石。《民法典》的编纂与实施,标志着当代中国法治经济制度建设的历史性进步。

“法治是最好的营商环境。”[②]运用法治思维和法治方式营造和优化稳定、公平、透明、高效、可预期的法治化营商环境,是发展社会主义市场经济、推进改革开放、推动经济高质量发展的应有之义。党的十八大以来,以习近平同志为核心的党中央采取一系列强有力的法治举措营造和优化法治化营商环境。继十三届全国人大二次会议审议通过《外商投资法》之后,国务院又于 2019 年 10 月发布《优化营商环境条例》,对标国际先进水平,对优化营商环境作出了制度安排,从市场主体保护、市场环境、政务服务、监督执法、法治保障等方面设置了具体规定。与此同时,中央全面依法治国委员会办公室还组织开展“营造法治化营商环境　保护民

① 参见《习近平关于全面依法治国论述摘编》,中央文献出版社 2015 年版,第 115 页。

② 习近平:《论坚持全面依法治国》,中央文献出版社 2020 年版,第 254 页。

营企业发展”专项督察活动，进一步推动法治化营商环境的持续改善。

第六，法治社会建设不断深入。法治社会是一个信仰法治、依法治理的社会。党的十八大以来，加快建设法治社会成为全面依法治国工作布局的有机组成部分，被提上党和国家的重要议事日程。习近平总书记指出：“法治社会是构筑法治国家的基础。”①继党的十八届三中全会、十八届四中全会和十九大之后，党的十九届四中全会对加快推进法治社会建设作出了新的部署，使之成为新时代国家制度和国家治理体系建设的重要内容。

坚持和发展新时代“枫桥经验”。形成于20世纪60年代初的“枫桥经验”，充分展示了在党组织领导下依靠群众化解基层矛盾纠纷、维护社会稳定、促进社会和谐的显著优势。在新的历史条件下，“枫桥经验”被赋予了新的时代内涵，党建引领、人民主体、“三治结合”、共建共享等构成了新时代“枫桥经验”的基本要素，成为加强和创新基层社会治理的有效载体。习近平总书记多次对坚持和发展新时代“枫桥经验”作出重要指示和批示，强调要“坚持把非诉讼纠纷解决机制挺在前面”，为促进纠纷多元解决机制建设、推进基层社会治理现代化指明了方向。中央政法委和最高人民法院、最高人民检察院、公安部、司法部以及各地党委政府和有关部门加大工作力度，提出具体实施方案，全面推进多元化纠纷解决机制建设，取得了显著成效。

加快推进市域社会治理现代化。在当代中国，市域（设区的市）是纵向的国家行政辖区层级体系的空间单元之一。市域社会治理在国家治理进程中具有承上启下的独特地位，是国家治理体系的基础性环节。近年来，各地从实际出发，坚持改革创新，强化问题导向，推进法治保障，努力构建市域社会治理制度机制，着力破解市域社会治理面临的突出问题，不断提升市域社会治理效能，取得了较为明显的成效。习近平总书记强调，要“推进市域社会治理现代化”。党的十九届四中全会着眼于构建新时

① 习近平：《论坚持全面依法治国》，中央文献出版社2020年版，第230页。

代基层社会治理新格局,提出“加快推进市域社会治理现代化”。2019 年 12 月,中央政法委召开全国市域社会治理现代化工作会议,就贯彻落实习近平总书记重要讲话和十九届四中全会精神作出专门部署,提出推进市域社会治理现代化的总体思路、重点工作和具体措施,并且印发《全国市域社会治理现代化试点工作实施方案》和《全国市域社会治理现代化试点工作指引》,旨在解决市域社会治理突出问题,创新市域社会治理体制机制,为推进国家与社会治理现代化打下坚实的基础。时下,新时代市域社会治理现代化进程正在深入展开。

第七,司法体制综合配套改革不断深入。新中国成立 70 多年来,当代中国司法改革经历了一个极不平凡的过程。党的十八大以来,以习近平同志为核心的党中央从中国的国情出发,加强对深化司法体制改革的战略筹划和总体设计,党的十八届三中全会、十八届四中全会专门作出部署,增强推进司法体制改革的计划性、组织性和系统性,逐步推出深化司法体制改革的顶层设计方案、试点方案以及一系列具体的司法改革项目,健全机制,强化责任,因地制宜,狠抓落实,努力形成推进司法体制改革的强大动力,当代中国司法体制改革正在以空前的广度和深度全方位地展开,取得了历史性的重大进展。

加强深化司法体制综合配套改革的统筹谋划。习近平总书记强调,“要抓住司法责任制这个‘牛鼻子’,深入研究司法责任制综合配套改革方案,加快构建权责一致的司法权运行新机制”[①]。在习近平法治思想的指引下,党的十八届四中全会、十九大和十九届四中全会都提出要全面落实司法责任制。中央政法委制定的《关于政法领域全面深化改革的实施意见》提出,要推动政法领域工作质量变革、效率变革、动力变革。最高人民法院发布的《人民法院第五个五年改革纲要(2019—2023)》提出,要健全以司法责任制为核心的审判权力运行体系等十大体系,并提出 65 项具体改革举措。最高人民检察院发布的《2018—2022 年检察改革工作规

---

① 习近平:《论坚持全面依法治国》,中央文献出版社 2020 年版,第 234 页。

划》提出，要完善检察权运行体系等六大体系改革构想，在全面落实司法责任制的深化和配套方面下功夫、见成效。与此同时，正确处理有序放权与有效监管的关系，进一步完善司法监督管理机制，规范起诉量刑权、量刑建议权，制定法官检察官权力清单和履职指引，严格司法责任追究。在党中央的统筹部署下，全国政法系统深入开展队伍教育整顿工作，查处了一批“害群之马”，得到了广大人民群众的好评。

第八，加快构建完善的党内法规体系。党内法规体系是中国特色社会主义法治体系的重要组成部分。习近平总书记强调，“加强党内法规制度建设是全面从严治党的长远之策、根本之策”，要“以改革创新精神加快补齐党建方面的法规制度短板，力争到建党一百周年时形成比较完善的党内法规制度体系”①。党的十八大以来，以习近平同志为核心的党中央加大依法治国与依规治党统筹推进、一体建设的力度，制定《关于加强党内法规制度建设的意见》和两个中央党内法规制定工作的五年规划，出台一批标志性、关键性、基础性的法规制度，有规可依的问题基本得到解决，到建党 100 周年之时形成了一个以党章为根本、以准则条例为主干、覆盖党的领导和党的建设各方面的党内法规制度体系，从而充分发挥依规治党对依法治国的引领和保障作用。

规范党内法规制定和备案审查程序，提升党内法规执行力。党的十八大以来，习近平总书记多次强调要切实提高党内法规制定质量，加大党内法规执行力度。党中央修订出台《中国共产党党内法规制定条例》，进一步明确党内法规的制定事项和制定权限，使党内法规制定程序更加完备；修订出台《中国共产党党内法规和规范性文件备案审查规定》，进一步细化合法合规性、合理性、规范性等审查标准，有力提升了党内法规和规范性文件的科学化规范化水平；出台《中国共产党党内法规执行责任制规定（试行）》，切实解决党内法规“执行难”问题，维护党内法规的权威性和严肃性。

---

① 习近平：《论坚持全面依法治国》，中央文献出版社 2020 年版，第 169 页。

第九，深入推进依法治军。党的十八大以来，以习近平同志为核心的党中央把依法治军纳入全面依法治国总体布局，全面贯彻依法治军战略，新时代依法治军实践取得重大进展。作为党中央总书记、国家主席、中央军委主席，习近平同志高度重视依法治军、从严治军，贯彻依法治军战略，强调“一个现代化国家必然是法治国家，一支现代化军队必然是法治军队。深入推进依法治军、从严治军，是全面推进依法治国总体布局的重要组成部分，是实现强军目标的必然要求”。[①] 按照党中央和习近平主席的要求，中央军委印发《关于新形势下深入推进依法治军从严治军的决定》，采取一系列有力措施，加大依法治军、从严治军工作力度，推动治军方式发生深刻变革，努力实现从单纯依靠行政命令的做法向依法行政的根本性转变，从单纯依靠习惯和经验开展工作的方式向依靠法规和制度开展工作的根本性转变，从突击式、运动式抓工作的方式向按条令条例办事的根本性转变，有力提高了国防和军队建设法治化水平。

着力构建中国特色军事法治体系。党的十八大以来，人民军队坚持以习近平强军思想、习近平法治思想为指引，准确把握依法治军战略的基本要求，既从战略和全局的高度加强系统谋划，推进贯彻依法治军战略的顶层设计，又抓住重点领域和关键环节，强化军事立法、法规制度实施、法规制度执行监督、涉外军事法治工作等方面的针对性、实效性，在构建系统完备、严密高效的军事法规制度体系、军事法治实施体系、军事法治监督体系、军事法治保障体系上落实举措，从而凝聚起贯彻依法治军战略的强大合力，加快形成中国特色军事法治体系。

第十，加快涉外法治工作战略布局。当今世界正处在一个全球治理体系大变革的进程之中。习近平总书记强调，“中国走向世界，以负责任大国参与国际事务，必须善于运用法治”[②]，要加快涉外法治工作战略布局，协调推进国内治理和国际治理，更好维护国家主权、安全、发展

---

① 习近平：《论坚持全面依法治国》，中央文献出版社 2020 年版，第 130 页。

② 习近平：《论坚持全面依法治国》，中央文献出版社 2020 年版，第 225 页。

利益。[①] 党的十八大以来，在习近平法治思想的指引下，涉外法治体系建设加快推进，健全促进和保障境外投资的法律、政策和服务体系，坚定维护中国企业的海外合法权益；健全外商投资国家安全审查、反垄断审查、国家技术安全清单管理、不可靠实体清单等制度；加快我国法域外适用法律体系建设，健全现行法律域外适用的标准和程序；建立健全法治工作应对机制，在重点国家和地区使领馆探索建立法务参赞制度，加强有关部门之间的协同配合，从法治上有效应对各种国际摩擦纠纷；运用法律武器坚决反击某些西方国家的"长臂管辖"，十三届全国人大常委会二十九次会议审议通过了《反外国制裁法》，此外，商务部经批准发布了《阻断外国法律与措施不当域外适用办法》；积极参与国际规则制定，推动《区域全面经济伙伴关系协定》（Regional Comprehensive Economic Partnership，RCEP）的正式签署和实施，有力提升我国在全球治理变革中的话语权和影响力。

进一步完善开放型经济新体制的法律体系。适应推进高水平对外开放的法治需要，2019 年 3 月，十三届全国人大二次会议审议通过《外商投资法》，明确规定国家对外商投资实行准入前国民待遇加负责清单管理制度，国家保障外商投资企业依法平等参与标准制定工作，依法通过公平竞争参与政府采购活动，国家保护外商投资者和外商投资企业的知识产权，国家建立健全外商投资服务体系，国家建立外商投资信息报告制度，从而构建了一个崭新的外商投资法律制度，为推动形成当代中国新一轮高水平对外开放新格局夯实法治基础。

四、形成法治建设标志性成果

党的十八大以来，以习近平同志为核心的党中央从坚持和发展中国特色社会主义全局和战略高度，对全面推进依法治国、加快实现中国式法

① 《习近平在中央全面依法治国工作会议上强调　坚定不移走中国特色社会主义法治道路　为全面建设社会主义现代化国家提供有力法治保障》，载人民网 2020 年 11 月 18 日，http://jhsjk.people.cn/article/31934590。

治现代化作出一系列重大决策部署，推动我国社会主义法治建设取得一系列重大成果，全面依法治国进入了一个新时代。

其一，召开中央全面依法治国工作会议。2020 年 11 月 16 日至 17 日，党中央在北京召开中央全面依法治国工作会议。这是继 2014 年 10 月党的十八届四中全会之后党中央召开的专门研究全面依法治国重大问题的又一次十分重要的会议，是新中国成立以来首次召开的中央全面依法治国工作会议。这次会议最重大的成果，就是正式提出“习近平法治思想”，确立了习近平法治思想在全面依法治国中的指导地位，这是我国社会主义法治建设历程中具有里程碑意义的一件大事。习近平法治思想是顺应实现中华民族伟大复兴时代要求而生的重大理论创新成果，是马克思主义法治理论中国化最新成果，是习近平新时代中国特色社会主义思想的重要组成部分，实现了马克思主义法治理论同中国具体实际相结合、同中华优秀传统法律文化相结合的新的历史性飞跃，是全面依法治国、推进中国式法治现代化的根本遵循和行动指南，具有重大的政治意义、理论意义、实践意义和世界意义。在这次会议上，习近平总书记从十一个方面系统阐述新时代中国特色社会主义法治思想，将其精辟地概括为“十一个坚持”，对新时代推进全面依法治国重点抓好的工作提出了明确要求。“十一个坚持”阐发透辟、思想深刻，集中体现了当代中国共产党人对坚持全面依法治国的重大理论与实践问题的全方位思考，科学回答了建设中国特色社会主义法治的基本问题，构成了习近平法治思想的核心要义。

其二，完善法治中国建设的战略规划。随着全面建成小康社会的第一个百年奋斗目标的实现，当代中国进入了全面建设社会主义现代化国家、向第二个百年奋斗目标进军的新发展阶段。2021 年 1 月，中共中央正式发布《法治中国建设规划（2020—2025 年）》。这是新中国成立以来我们党关于法治中国建设的第一个专门的战略规划，是“十四五”时期建设法治中国的总蓝图、施工图，是新时代推进全面依法治国的纲领性文献。《法治中国建设规划（2020—2025 年）》由九个部分构成，分为三个板块。第一板块为总论，即第一部分，主要阐述党的十八大以来推进全面依法治国取得的重大进展,新时代新阶段法治中国建设面临的新形势新任务新要求,“十四五”时期法治中国建设的指导思想、必须遵循的基本原则、主要目标以及到2035年的总体目标。第二板块为分论,总体上按照建设中国特色社会主义法治体系的“总抓手”来组织安排,分领域阐述“十四五”时期法治中国建设的重点任务,设定了七个部分,明确全面贯彻实施宪法、建设完备的法律规范体系、建设高效的法治实施体系、建设严密的法治监督体系、建设有力的法治保障体系、建设完善的党内法规体系以及依法维护国家主权、安全、发展利益等重点领域的思路和重点工作,作出具体工作部署。第三板块为结尾,即第九部分,主要阐述加强党对法治中国建设的集中统一领导,深入学习宣传贯彻习近平法治思想,推进依法执政,加强中国特色社会主义法治理论研究,加强党对全面依法治国的统一领导、统一部署、统筹协调等内容。与《法治中国建设规划(2020—2025年)》相配套,我国还发布了《法治政府建设实施纲要(2021—2025年)》《法治社会建设实施纲要(2020—2025年)》《关于加强社会主义法治文化建设的意见》等重要文件,从而形成了新时代全面依法治国、建设法治中国的总体战略构想。

其三,通过现行宪法第五个修正案。2018年3月11日,十三届全国人大一次会议根据党的十九届二中全会提出的《中国共产党中央委员会关于修改宪法部分内容的建议》,在充分审议的基础上,高票表决通过了《宪法修正案》(以下简称“宪法新修正案”),亦即1982年发布并实施的《宪法》(以下简称“八二宪法”)的第五个修正案。这是党和国家政治生活中的一件大事,具有重大的现实意义和深远的历史意义。“宪法新修正案”坚持党的领导、人民当家作主、依法治国有机统一,在总体保持现行宪法连续性和稳定性的基础上,对宪法部分内容做了适当修改,充分反映党的十八大以来党和国家事业发展的新成就新经验新要求,充实完善宪法的有关重大制度规定,涉及国家指导思想、坚持党的领导、人大制度、统一战线制度、宪法宣誓制度、国家元首制度、国务院管理制度、监察制度、地方立法制度等关乎党和国家长治久安的重大制度安排。“宪法新修正案”第32条将习近平新时代中国特色社会主义思想确立为党和国家必须长期坚持的指导思想,丰富和发展了新时代国家和社会生活的指导思想;第36条在现行《宪法》“总纲”第1条第2款中增写“中国共产党领导是中国特色社会主义最本质的特征”的重要内容,使现行《宪法》关于我国国体的表述更加坚实、更加丰富、更加深刻;第32条完整地表述了中国特色社会主义事业“五位一体”总体布局,充分展示了新时代国家现代化进程的战略方向;基于坚持和完善中国特色社会主义制度、推进国家治理体系和治理能力现代化的战略考量,进一步完善国家制度的重要安排、国家机构的设置及其运行体制机制,意义重大,影响深远。

其四,编纂和实施《民法典》。党的十八大以来,以习近平同志为核心的党中央高度重视民法典编纂工作。十八届四中全会提出了“编纂民法典”的重大法治任务,十二届全国人大五次会议审议通过了《民法总则》,十三届全国人大常委会持续进行民法典各分编草案的审议工作。在此基础上,2020年5月28日,十三届全国人大三次会议审议通过《民法典》,2021年1月1日,《民法典》正式施行。这在新时代中国法治建设进程中具有里程碑意义。在新中国的立法史上,《民法典》是第一部以“法典”命名的法律,分为总则编、物权编、合同编、人格权编、婚姻家庭编、继承编、侵权责任编及附则,总计1260条,形成了和谐协调、有机统一的集大成的民事法律体系,具有鲜明的中国特色、实践特色、时代特色,在中国特色社会主义法律体系中具有基础性的重要地位。编纂和实施《民法典》,是坚持以人民为中心、保障人民权益实现和发展的必然要求。民法典是社会生活的“百科全书”,是公民民事权利保护的宣言书,充分反映人民利益和愿望,以保护民事主体合法权益为立法宗旨,确立了平等、自愿、公平、诚信等民事活动基本准则,注重解决人民群众最关心、最直接、最现实的利益问题,集中体现了对生命健康、财产安全、交易便利、生活幸福、人权尊严等各方面的权利平等保护,建构了一个更加完备、更加有效、更具时代性的民事权利体系和民事权利保护机制。《民法典》的编纂和实施,对于全面依法治国、建设法治中国,发展社会主义市场经济,依法维护人民权益,推进国家治理体系和治理能力现代化,更好发挥法治固根本、稳预期、利长远的保障作用,意义重大而深远。

其五,推进国家监察体制改革。党的十八大以来,以习近平同志为核心的党中央从新时代推进全面从严治党、完善和发展中国特色社会主义制度与国家治理体系的战略全局出发,对推进国家监察体制改革作出重大决策部署。2016 年 12 月 25 日,十二届全国人大常委会二十五次会议根据党中央的重大决策部署作出《关于在北京市、山西省、浙江省开展国家监察体制改革试点工作的决定》。经过一年多的试点实践,国家监察体制改革积累了可复制、可推广的经验。党的十九大强调要构建集中统一、权威高效的国家监察体系,并且提出“制定国家监察法,依法赋予监察委员会职责权限和调查手段,用留置取代‘两规’措施”。根据十九大的精神,十二届全国人大常委会三十次会议通过《关于在全国各地推开国家监察体制改革试点工作的决定》。由此,这项改革试点工作在全国有序展开,迈出了坚实步伐。十九届二中全会审议通过的《中国共产党中央委员会关于修改宪法部分内容的建议》提出将监察委员会纳入国家机构体系。十九届三中全会审议通过的《深化党和国家机构改革方案》把组建国家监察委员会列在深化党中央机构改革方案第 1 条。十三届全国人大一次会议审议通过的“宪法新修正案”,规定在《宪法》第三章“国家机构”中增加一节“监察委员会”,并对国家监察委员会和地方各级监察委员会的性质、地位、名称、人员组成、任期任届、领导体制、工作机制等作出了具体规定。十三届全国人大一次会议审议通过的《监察法》明确了监察工作的指导思想、领导体制、工作原则和方针、监察委员会的产生和职责、监察委员会的监察范围、工作权限及监察程序等,为坚持党内监督与国家监督有机统一、坚持走中国特色监察道路提供了有力法治保障。

其六,改革和完善立法体制。立法体制是国家治理体制的重要制度安排。“八二宪法”基于我国国情特点,确立了“在中央的统一领导下,充分发挥地方的主动性、积极性”的宪法原则,建立了统一性与分层性相衔接、中央立法与地方立法相结合的中国特色立法体制。2000 年施行的

《立法法》，进一步明确了我国的立法体制。面对新时代对立法工作的新需求，习近平总书记强调，“推进科学立法，关键是完善立法体制”[①]。党的十八届三中全会提出改革立法体制的战略性任务，十八届四中全会进一步提出“依法赋予设区的市地方立法权”。在当代中国，从地方没有立法权，到赋予省一级地方立法权，再到少数设区的市（较大的市）拥有地方立法权，进而到所有设区的市均被赋予地方立法权，形成了从中央到地方的完整立法体系。这是一个与国家现代化与法治现代化进程相适应的循序渐进、逐步放开的过程，是当代中国立法体制的一次重大变革。

其七，建立健全香港特别行政区维护国家安全的法律制度和执行机制。自1997年香港回归以来，“一国两制”实践过程中面临的一个突出问题就是香港特别行政区国家安全风险日益凸显。一些外国和境外势力公然干预香港事务，利用香港从事危害我国国家安全的活动，香港反中乱港势力公然鼓吹“港独”“自决”“公投”等主张，特别是2019年“修例风波”以来发生的一系列严重危害公共安全、破坏社会稳定、破坏国家统一、分裂国家的激进暴力犯罪行为，严重危害国家主权、统一和领土完整，严重损害香港居民合法权益，严重危害香港长期繁荣稳定，严重挑战“一国两制”原则底线，必须采取有力措施依法予以防范、制止和惩治。对此，以习近平同志为核心的党中央高度重视在“一国两制”之下建立健全香港特别行政区维护国家安全的法治体系。针对《香港特别行政区基本法》第23条立法被长期“搁置”的风险，党的十九届四中全会明确提出要“建立健全特别行政区维护国家安全的法律制度和执行机制”。习近平总书记强调，“法治是香港长期繁荣稳定的重要基石”，“止暴制乱、恢复秩序是香港当前最紧迫的任务”。[②] 在党中央的坚强领导下，全国人大常委会从国家层面抓紧推进香港维护国家安全立法工作。2020年5月28日，根据宪法和香港基本法以及多年来的有关实践，十三届全国人大三次会议审

① 习近平：《论坚持全面依法治国》，中央文献出版社2020年版，第114页。

② 习近平：《论坚持全面依法治国》，中央文献出版社2020年版，第120、123页。

议通过《关于建立健全香港特别行政区维护国家安全的法律制度和执行机制的决定》,确立了香港特别行政区维护国家安全制度安排的基本原则和核心要素,为下一步制定相关法律提供了依据。2020 年 6 月 30 日,十三届全国人大常委会二十次会议通过的《香港特别行政区维护国家安全法》(以下简称《香港国家安全法》),分为六章,共 66 条,是一部兼具实体法、程序法和组织法内容的综合性法律,明确规定中央人民政府对有关国家安全事务的根本责任和香港特别行政区维护国家安全的宪制责任,明确规定香港特别行政区维护国家安全应当遵循的重要法治原则、相关机构及其职责,明确规定四类危害国家安全的罪行和处罚以及案件管辖、法律适用和程序,明确规定中央人民政府驻香港特别行政区维护国家安全机构及其工作机制等。上述决定和《香港国家安全法》的制定与实施,符合我国现行宪法规定和宪法原则,体现"一国两制"方针和香港基本法精神,从国家层面建构了香港特别行政区维护国家安全的法治制度,有力促进了香港特别行政区维护国家安全制度安排的法律化、规范化、明晰化,为加强香港特别行政区维护国家安全执法司法工作提供了有力的宪制依据和法律依据。实践充分表明,上述决定和《香港国家安全法》的制定与实施,成为香港特别行政区维护国家安全,维护宪法和香港特别行政区基本法确立的特别行政区宪制秩序,维护国家主权、安全、发展利益的"定海神针",具有十分重要的作用。

其八,制定和实施《反外国制裁法》。近年来,某些西方国家出于其不可告人的政治目的,打着所谓维护民主、人权等幌子,利用各种借口,肆意对中国内外政策进行歪曲、诋毁、遏制和打压,甚至依据其本国法律实行"长臂管辖",对中国有关国家机关、企业、组织和人员实施所谓"制裁",粗暴干涉我国内政,严重破坏国际法治。面对这一特殊形式的国际斗争,党的十八大以来,以习近平同志为核心的党中央综合运用政治、经济、外交、法治等多种手段加以应对,把法治应对摆在更加突出位置,坚持统筹推进国内法治和涉外法治,加强涉外领域立法,进一步完善反制裁、反干涉、反制"长臂管辖"法律法规,运用法治手段开展国际斗争。习近平总书记强调，“针对西方国家打着‘法治’幌子的霸权行径，要加强反制理论和实践研究，建立阻断机制，以法律的形式明确我国不接受任何国家的‘长臂管辖’”①。在党中央的坚强领导下，2020 年 10 月全国人大常委会制定了《出口管制法》；经国务院批准，商务部先后于 2020 年 9 月和 2021 年 1 月发布《不可靠实体清单规定》和《阻断外国法律与措施不当域外适用办法》。根据实践和形势需要，借鉴国外相关做法，2021 年 6 月 10 日，十三届全国人大常委会二十九次会议审议通过《反外国制裁法》。这部法律是当代中国第一部系统规定反制裁、反干涉、反制“长臂管辖”的重要法律，共有 16 条，重申中国长期以来奉行的基本外交政策和原则立场，明确规定采取反制措施的情形和反制措施适用的对象，明确列举三类反制措施，建立了反制工作机制，并且对有关组织和个人的义务和违法行为的后果作出了规定。《反外国制裁法》的制定和实施，对于有效提升我国应对外部风险挑战的法治能力，维护我国的主权、安全、发展利益，保护我国公民、组织的合法权益，反对霸权主义和强权政治，推动构建人类命运共同体，无疑具有重大意义。

五、主要经验

党的十八大以来十余年推进全面依法治国的伟大实践，集中体现了以习近平同志为核心的党中央推进治国理政的重大战略抉择，充分彰显了中国特色社会主义国家制度与法律制度的显著优势，凝聚着丰厚的当代中国法治建设的宝贵经验，这些经验对新时代新征程坚持和拓展中国式法治现代化具有重要的指导意义，需要我们深入总结、倍加珍惜、长期坚持，在法治实践中不断丰富和发展。

一是必须坚持党对全面依法治国的领导。中国共产党是中国特色社会主义事业的坚强领导核心。党的领导是中国特色社会主义法治之魂，是推进全面依法治国的最根本政治保证。党的十八大以来，全面依法治

① 习近平：《论坚持全面依法治国》，中央文献出版社 2020 年版，第 257 页。

国、建设法治中国的每一个重大进展，都是在以习近平同志为核心的党中央坚强领导下取得的，凝结着中国共产党治国理政的重大法治化成果。在新的征程上，我们要始终不渝坚持党对全面依法治国的领导，把党的领导贯彻落实到全面依法治国各领域各方面各环节，确保新时代新阶段全面依法治国的正确政治方向。

二是必须坚持以科学的法治理论为指导。新时代伟大社会革命，有力推动了马克思主义法治理论中国化时代化的历史进程。习近平法治思想聆听时代的声音，探索实践的需要，紧跟科学的发展，悉心把握新时代推进全面依法治国伟大实践的时代主题，系统总结新时代全面依法治国的开创性的丰富实践经验，在坚持法治实践创新的基础上，提出了一系列事关法治建设全局的新理念新思想新战略。习近平法治思想对于新时代法治领域实践创新的科学理论总结，引领着新时代深化全面依法治国实践澎湃向前。在新的征程中，我们要坚定不移地坚持习近平法治思想的指导地位，推动进入新发展阶段的全面依法治国实践创新，奋力开创法治中国建设的崭新局面。

三是必须坚持人民至上的法治发展准则。全面依法治国最广泛、最深厚的基础是人民。坚持以人民为中心推进全面依法治国，做到法治建设为了人民、依靠人民、造福人民、保护人民，这是贯穿党的十八大以来全面依法治国实践全过程的时代主题。新时代法治建设的鲜明特点，就是践行全过程人民民主理念，努力回应人民群众对法治的新要求新期待，不断激发广大人民群众投身法治建设事业的巨大热忱，积极鼓励和充分尊重人民群众在法治建设中的实践探索。在新的征程上，我们要始终坚守人民至上的根本立场，顺应新时代社会主要矛盾的新变化，继续深化全过程人民民主建设，依法保障人民权益，坚定地维护和促进社会公平正义，不断增强人民群众获得感、幸福感、安全感，用法治保障人民安居乐业。

四是必须坚持完善和发展中国特色社会主义国家制度和法律制度。制度优势是一个国家的最大优势，制度竞争是国家间最根本的竞争。中国共产党人顺应社会基本矛盾的运动方向，领导中国人民进行伟大的社会革命，推进中国特色社会主义国家制度与法律制度建设，为当代中国发展进步提供了根本的制度保障。党的十八大以来推进全面依法治国的伟大实践，始终扭住完善和发展中国特色社会主义国家制度与法律制度这个关键，为创造“中国奇迹”、实现“中国之治”夯实法治制度根基，鲜明展示了中国特色社会主义国家制度与法律制度的显著优越性和强大生命力。在新的征程上，我们要坚定不移走中国特色社会主义法治道路，牢牢抓住建设中国特色社会主义法治体系这个全面依法治国的“总抓手”，推动中国特色社会主义国家制度与法律制度与时俱进、不断完善和发展。

五是必须坚持推进法治领域改革。党的十八大以来，全面依法治国进程的一个明显特点就是法治建设与法治改革内在地结合在一起。坚定不移推进法治领域改革，有效解决法治领域存在的突出问题，努力克服影响法治发展的体制性、机制性、保障性障碍，是新时代推进全面依法治国面临的一项重大战略任务。以习近平同志为核心的党中央高度重视法治领域改革的系统性、整体性和协同性，加强对法治领域改革的统筹谋划、协调推进，在加强顶层设计的同时，坚持从中国的国情实际出发，遵循法治领域的客观规律，积极稳妥有序地推进法治领域改革。对于一些关乎法治建设全局的重大改革举措，坚持试点先行，鼓励不同区域进行差别化探索，及时总结经验、逐步推开，确保法治领域改革绝不在根本性问题上出现颠覆性错误，新时代法治改革取得了重大进展。在新的征程上，我们要悉心把握社会主要矛盾的深刻变化，围绕全面建设社会主义现代化国家的战略目标，确立法治领域改革的战略重点、优先顺序、主攻方向、工作机制和推进方式，推动新时代新阶段的法治领域改革不断向纵深发展。

六是必须坚持走适合自己的法治道路。“独立自主是中华民族精神之魂，是我们立党立国的重要原则。走自己的路，是党百年奋斗得出的历史结论。”[①]当今世界正经历百年未有之大变局，当代中国的法治发展如何保持独立自主的法治品格，走出一条中国式的法治现代化新道路，是我

① 《中共中央关于党的百年奋斗重大成就和历史经验的决议》，人民出版社2021年版，第67页。

们必须面对的重大时代挑战。习近平总书记强调，“世界上没有放之四海而皆准的具体发展模式，也没有一成不变的发展道路。历史条件的多样性，决定了各国选择发展道路的多样性”[①]。党的十八大以来，我们党深刻总结推进法治建设的成功经验，充分运用党关于新时代加强法治建设的理论成果和实践成果，团结带领人民从国情条件和时代要求出发，坚持独立自主、开拓奋进，传承中华优秀传统法律文化，同时借鉴国外法治有益成果，继续探索适合自己的法治道路，成功地开辟、坚持和拓展自主型的中国式法治现代化新道路，超越了“西方中心主义”的法治现代化模式，开创了世界法治现代化进程的崭新范例。在新的征程上，我们要在习近平法治思想的指引下，在新时代伟大社会革命的进程中，牢牢把握全面依法治国的前进方向，更加坚实地走适合自己的自主型法治现代化道路，为全面建设社会主义现代化国家、实现中华民族伟大复兴构筑坚实的法治基础。

---

① 《习近平谈治国理政》(第一卷)，外文出版社 2018 年版，第 29 页。

目　录

绪　论

中国共产党成立一个多世纪以来,领导中国人民进行了艰苦卓绝、气壮山河的伟大社会革命,从中国的国情出发,成功地开辟和拓展了中国式法治现代化。在当代中国,中国共产党人以高度的历史主动性,深刻认识法治这个治国理政最大最重要的规矩在国家治理现代化进程中的重要作用,坚定不移厉行法治,深入推进广泛而深刻的社会与法治变革进程,着力推动中华优秀传统法律文化的创造性转化、创新性发展,历史性地生成了法治现代化的中国逻辑,中国式法治现代化显示出旺盛的活力和强大的生命力。

一、现代化与法治

现代化作为一个世界性的历史进程,乃是从传统社会向现代社会的转变和跃进。法律是一种历史性的现象。随着社会由传统向现代转变,法制也同样面临着从传统型向现代型转变的历史变革。这个转化、变革的过程,就是法治现代化的过程。然而,这个转变的过程又有其质的规定性,亦即它是一个向现代型法治社会的历史创造性的变革过程,是从人治型的价值—规范体系向法治型的价值—规范体系的转换过程。因此,法治现代化是人类社会法治文明演进过程中的历史性变革,是一个规范与价值统一的法律变革过程,旨在实现从传统的法律理念、法律制度、法律实践、法律价值向现代社会的法治理念、法治制度、法治实践、法治价值的历史性转变,因而是一个法治文明价值体系的创新过程。

纵观世界法治现代化的历史进程,我们可以清晰地看到,现代化与法治内在联结、相互依存、不可分割。习近平指出:"法治和人治问题是人类政治文明史上的一个基本问题,也是各国在实现现代化过程中必须面对和解决的一个重大问题。综观世界近现代史,凡是顺利实现现代化的国家,没有一个不是较好地解决了法治和人治问题的。相反,一些国家虽然也一度实现快速发展,但并没有顺利迈进现代化的门槛,而是陷入这样或那样的'陷阱',出现经济社会发展停滞甚至倒退的局面。后一种情况很大程度上与法治不彰有关。"①因此,现代化与法治之间有着密切的关系,法治现代化是国家现代化的内在要求。"一个现代化国家必然是法治国家。"②伴随着近代以来人类政治文明的发展进程,国家现代化与法治现代化成为国家与社会生活变革发展的主旋律。

一方面,国家现代化构成了法治现代化的总体目标。这就是说,法治现代化意味着从人治向法治的历史变革过程。这表明,法治现代化的本质意义就在于伴随着社会由传统向现代的转变,法律也同样面临着从传统型向现代型转变的历史更替,亦即从人治向法治的革命性转变。人治与法治这一对变项涵盖了传统国家治理体制与现代国家治理体制分野的一切特性,构成了区别这两类国家体制的基本尺度。换言之,国家现代化与法治现代化内在地结合在一起。法治型的现代国家治理体制,体现了法治化的国家治理体制与治理方式的重要性质及其内在价值。以现代法治为基础的国家现代化,是一个从人治型的国家治理体制向法

---

① 《习近平关于全面依法治国论述摘编》,中央文献出版社 2015 年版,第 12 页。

② 习近平:《论坚持全面依法治国》,中央文献出版社 2020 年版,第 130 页。

治型的国家治理体制的历史性的创造性的转变过程。它反映的是我们这个时代从法律思想到法律制度、从法律行为到法律实践的多方面进程的变革取向。

另一方面,法治现代化是国家现代化的基础。一般来说,国家治理体系与法治之间并不具有必然的联系。传统的国家治理体制是建立在人治型统治方式基础上的,人治型统治方式是传统的国家治理体制的本质特征,而现代国家治理体制则与法治联结为一个有机的整体。"法治是一个国家发展的重要保障。"[①]作为一种制度安排体系创新发展的产物,国家现代化总是与法治现代化相联系而存在。只有在法治现代化成为国家现代化的基础的情况下,才有可能谈得上构建现代国家治理体制、实现国家现代化的问题。因此,国家现代化与法治现代化处于同一个时代进程之中,二者相辅相成、内在关联。

二、中国式现代化及其法治需求

现代化是一条川流不息的历史长河。在世界现代化的历史进程中,不同的社会经济条件、政治制度、社会结构、文化传统、历史基础乃至地理环境等因素,必然形成不同的现代化类型。"独特的文化传统,独特的历史命运,独特的国情,注定了中国必然走适合自己特点的"现代化道路。中国"走出了这样一条道路,并且取得了成功"。[②] 在庆祝中国共产党成立100周年大会上的讲话中,习近平鲜明提出了"中国式法治现代化新道路"的崭新概念,指出:"中国特色社会主义是党和人民历经千辛万苦、付出巨大代价取得的根本成就,是实现中华民族伟大复兴的正确道路。我们坚持和发展中国特色社会主义,推动物质文明、政治文明、精神文明、社会文明、生态文明协调发展,创造了中国式现代化新道路,

---

① 习近平:《论坚持全面依法治国》,中央文献出版社2020年版,第31页。

② 参见习近平:《论坚持推动构建人类命运共同体》,中央文献出版社2018年版,第99页。

创造了人类文明新形态。”[①]在党的二十大报告中，习近平深刻阐述了中国式现代化的中国特色和本质要求，指出：“中国式现代化，是中国共产党领导的社会主义现代化，既有各国现代化的共同特征，更有基于自己国情的中国特色。”中国式现代化是人口规模巨大的现代化，是全体人民共同富裕的现代化，是物质文明和精神文明相协调的现代化，是人与自然和谐共生的现代化，是走和平发展道路的现代化。“中国式现代化的本质要求是：坚持中国共产党领导，坚持中国特色社会主义，实现高质量发展，发展全过程人民民主，丰富人民精神世界，实现全体人民共同富裕，促进人与自然和谐共生，推动构建人类命运共同体，创造人类文明新形态”。[②] 这些重要论述精辟概括了中国共产党百年奋斗创造的伟大成就，深刻揭示了中国式现代化的内在特质、丰富内涵、基本要求和重大意义，为坚持和拓展中国式现代化指明了前进方向。

当代中国进入了全面建成社会主义现代化强国的新发展阶段。习近平分析说，新发展阶段“是社会主义初级阶段中的一个阶段，同时是其中经过几十年积累、站到了新的起点上的一个阶段”。“全面建设社会主义现代化国家、基本实现社会主义现代化，既是社会主义初级阶段我国发展的要求，也是我国社会主义从初级阶段向更高阶段迈进的要求。”[③]中国式现代化的成功开创，全面建设社会主义现代化国家的新的战略目标的提出，不仅意味着法治在国家和社会生活中的地位更加重要，而且意味着法治的职能更加全面，法治的体制、制度和机制更加健全，法治现代化正在成为推进中国式现代化、全面建成社会主义现代化强国的有机构成要素。因此，“在‘四个全面’中，全面依法治国具有基础性、保障性作用。在统筹推进伟大斗争、伟大工程、伟大事业、伟大梦

① 习近平：《在庆祝中国共产党成立100周年大会上的讲话》，人民出版社2021年版，第13～14页。

② 习近平：《高举中国特色社会主义伟大旗帜　为全面建设社会主义现代化国家而团结奋斗——在中国共产党第二十次全国代表大会上的报告（2022年10月16日）》，人民出版社2022年版，第22～24页。

③ 习近平：《把握新发展阶段，贯彻新发展理念，构建新发展格局》，载《求是》2021年第9期。

想，全面建设社会主义现代化国家的新征程上，我们要更好发挥法治固根本、稳预期、利长远的保障作用”①。

首先，坚定不移厉行法治，是推进中国式法治现代化、全面建设社会主义现代化国家的重要内容。以中国式现代化全面推进中华民族伟大复兴，是中国共产党领导人民百年奋斗的初心使命的生动写照，是我们党在新时代新征程的中心任务。协调推进全面建设社会主义现代化国家、全面深化改革、全面依法治国、全面从严治党的重大战略布局，是一个相互融通、相互促进、相互关联、不可分割的有机整体。坚持和拓展中国式现代化，全面建设社会主义现代化国家，是我们的战略目标；全面深化改革、全面依法治国、全面从严治党是三大举措。一个战略目标、三大战略举措，共同构成了坚持和拓展中国式现代化的战略方向、重点领域、主攻方向，成为引领中国式现代化事业稳步前行的行动指南。作为战略目标，推进中国式现代化，全面建设社会主义现代化国家处于灵魂和统帅的地位，坚持全面依法治国、推进中国式法治现代化是实现战略目标的内在要求。在推进中国式现代化、全面建设社会主义现代化强国的新征程上，全面依法治国、建设现代化法治国家，具有举足轻重的作用，必须把全面依法治国、推进中国式法治现代化放在全面建设社会主义现代化国家的总体战略目标中加以把握，深刻认识推进中国式法治现代化同全面建设社会主义现代化国家之间的内在关联，努力做到二者相互促进、相得益彰。因此，习近平强调，“无论是实现‘两个一百年’奋斗目标，还是实现中华民族伟大复兴的中国梦，全面依法治国既是重要内容，又是重要保障”。② 要推动中国式现代化事业的持续健康发展，不断开拓全面建设社会主义现代化国家更加广阔的发展前景，就必须加快推进中国式法治现代化，加快建设社会主义法治国家。我们要从全面建设社会主义现代化国家的总体战略目标中，着力把握坚持全面依法治国基本

---

① 习近平：《论坚持全面依法治国》，中央文献出版社 2020 年版，第 227 页。

② 参见习近平：《论坚持全面依法治国》，中央文献出版社 2020 年版，第 227 页。

方略、拓展中国式法治现代化新道路的重要地位。推进中国式法治现代化围绕中心、服务大局,就是要紧紧围绕全面建设社会主义现代化国家的战略目标来展开,找准服务中国式现代化全局的着力点,在贯彻落实上凝神聚焦发力,精心谱写推进新时代中国式法治现代化的崭新篇章。

其次,坚定不移厉行法治,是全面建设社会主义现代化国家的制度基础。当今世界正经历百年未有之大变局,国家与国家之间的竞争愈益尖锐激烈。这种竞争"归根结底是国家制度的竞争。中国发展呈现出'风景这边独好'的局面,这其中很重要的原因就是我国国家制度和法律制度具有显著优越性和强大生命力。这是我们坚定'四个自信'的一个基本依据"。[①] 在全面建成社会主义现代化强国这一新的时代任务面前,坚持全面依法治国、推进中国式法治现代化面临全新的形势和全新的要求。习近平指出,"坚持全面依法治国,是中国特色社会主义国家制度和国家治理体系的显著优势。中国特色社会主义实践向前推进一步,法治建设就要跟进一步","我国社会主义法治凝聚着我们党治国理政的理论成果和实践经验,是制度之治最基本最稳定最可靠的保障"。[②] 社会主义现代化国家必然是社会主义法治国家。全面建设社会主义现代化国家,必须构筑在坚实的法治制度基础之上。在推进中国式法治现代化、全面建设社会主义现代化国家的新征程中,我们党面对的改革发展稳定任务之重前所未有。要推动国家现代化事业不断发展,开辟国家现代化建设的广阔前景,就必须从法治上为解决这些问题提供制度化方案,坚持全面依法治国基本方略,加快推进中国式法治现代化,"在法治轨道上全面建设社会主义现代化国家"。[③]

最后,坚定不移厉行法治,是全面建设社会主义现代化国家的重要保障。当代中国正处在一个深刻的社会转型与变革的历史性过程之中,一个利益多元、充满活力的社会正在形成。应当看到,在这个急剧变革

---

① 参见习近平:《论坚持全面依法治国》,中央文献出版社 2020 年版,第 265 页。

② 参见习近平:《论坚持全面依法治国》,中央文献出版社 2020 年版,第 272 ~ 273 页。

③ 参见《中国共产党第二十次全国代表大会文件汇编》,人民出版社 2022 年版,第 33 页。

的社会转型时期,利益关系格局重新调整,社会矛盾错综复杂,因而全面建设社会主义现代化国家面临艰巨的任务。因此,必须充分发挥法治的保障作用,坚定不移推进中国式法治现代化,为社会主义现代化国家建设营造公正规范有序的法治环境。诚如习近平所强调的,要推进全面依法治国,“为全面建设社会主义现代化国家、实现中华民族伟大复兴的中国梦提供有力法治保障”。[①] 只有坚定不移厉行法治,深入推进中国式法治现代化,把全面依法治国的各项措施落到实处,更好发挥法治的引领和规范作用,才能确保当代中国社会在深刻的转型变革进程中既充满生机活力又平稳健康有序,实现经济发展、政治清明、文化昌盛、社会公正、生态良好,为实现全面建设社会主义现代化强国的战略目标提供坚强有力的法治保障。

三、中国式法治现代化的概念内涵

如前所述,中国式现代化是一个内涵丰富、意义深刻的重大命题,涉及经济、政治、社会文化、生态、中国与世界的关系等广泛领域,“是从中国实际出发,用社会主义的方式来实现现代化一般规律的现代化”[②],因而是一个与本国国情条件相适应的、体现社会主义性质的、反映现代化客观规律的全方位的崭新的现代化道路,是在新时代坚持和发展中国特色社会主义道路的过程中创造出来的现代化新路。中国式法治现代化,是中国式现代化在法治领域中的集中体现,是在中国的具体国情下所展开的法治变革过程,是具有鲜明社会主义性质、反映文明社会法治现代化运动规律、开创人类法治文明新形态的法治现代化。具体言之,中国式法治现代化具有以下若干方面的内在规定性。

其一,中国式法治现代化新道路蕴含深厚的历史底蕴。文明社会法

---

① 参见习近平:《坚定不移走中国特色社会主义法治道路 为全面建设社会主义现代化国家提供有力法治保障》,载《求是》2021 年第 5 期。

② 参见杨耕:《东方的崛起:关于中国式现代化的哲学反思》,北京师范大学出版社、北京出版社 2015 年版,第 257 ~ 258 页。

治现代化是一个处于生动的发展过程之中的有机体,呈现多样性统一的历史运动样式。不同的社会经济条件、政治制度、社会结构、文化传统、历史基础乃至地理环境等因素,必然形成不同的法治现代化道路。习近平法治思想站在世界历史的高度,“端起历史规律的望远镜去细心观望”人类社会法治发展进程。在当代中国,中国共产党人坚持从国情和时代要求出发,探索和开拓适合自己的法治道路,开辟了中国式法治现代化新道路。习近平深刻把握中国的国情及其特点,深入考察中国国情下国家制度与法律制度演进的历史运动轨迹,强调“各国国情不同,每个国家的政治制度都是独特的,都是由这个国家的人民决定的,都是在这个国家历史传承、文化传统、经济社会发展基础的基础上长期发展、渐进改进、内生性演化的结果。中国特色社会主义政治制度之所以行得通、有生命力、有效率,就是因为它是从中国的社会土壤中生长起来的。中国特色社会主义政治制度过去和现在一直生长在中国的社会土壤之中,未来要继续茁壮成长,也必须深深扎根于中国的社会土壤”[①]。中国式法治现代化是在中国的具体国情下所展开的法治领域的深刻变革,是独特的路径选择。近代以前的中国一直是世界强国之一,古代中国的法律亦具有广泛的影响力。然而,1840 年鸦片战争以后,中国逐渐沦为半殖民地半封建社会,中国法律发展的自主性进程被打断。为了改变中华民族的前途命运,无数仁人志士也在苦苦寻找适合本国国情特点的政治与法律发展道路,“尝试了君主立宪制、议会制、多党制、总统制等各种制度模式,但都以失败而告终”[②]。最后,中国选择了中国式法治现代化新道路。中国共产党成立 100 多年以来,坚持把马克思主义法治理论同中国具体实际相结合、同中华优秀传统法律文化相结合,为建设中国特色社会主义国家制度与法律制度进行了不懈的努力,在中国大地上开辟了中国式法治现代化新道路。应当看到,独特的文化传统,注定了中国

① 习近平:《论坚持全面依法治国》,中央文献出版社 2020 年版,第 78 ~ 79 页。

② 习近平:《论坚持全面依法治国》,中央文献出版社 2020 年版,第 262 页。

必须走适合自己特点的法治现代化之路。中华民族有着悠久的独特的法律文化传统。在绵延经久的五千多年中华文明发展进程中,中华民族铸造了体现独特的民族法律品格的博大精深的法律文化。在当代中国,坚持和拓展中国式法治现代化新道路,在很大程度上是中华优秀传统法律文化的创造性转换、创新性发展的过程。中华优秀传统法律文化是我们最深厚的法治文化软实力,也是中国式法治现代化新道路赖以形成和发展的文化沃土。中国共产党人在长期的实践探索中开辟了中国式法治现代化新道路,这绝非偶然,而是由我国历史传承和文化传统决定的。在坚持和拓展中国式法治现代化这个重大问题上,我们要有自信、有底气、有定力。

其二,中国式法治现代化体现了鲜明的社会主义性质。文明社会法治现代化的演进历程,是一个客观的自然历史过程。社会主义法治现代化的诞生,是文明社会法治现代化进程中的一场极其深刻的革命。它承继人类法治文明的优秀成果,创设了一个不同于先前的法治现代化形态的全新的法治现代化范式,是在社会基本矛盾运动的推动下产生的法治发展的根本性变革,因而实现了对资本主义法治现代化的历史性超越。中国共产党成立一个多世纪以来,团结带领人民经过艰苦卓绝、波澜壮阔的伟大斗争,创立了崭新的社会主义新中国,开辟和拓展了中国式现代化新道路,绘就了人类发展史上的中国特色社会主义的壮丽画卷,科学社会主义在中华大地上焕发出蓬勃生机和强大生命力,“使世界范围内社会主义和资本主义两种意识形态、两种社会制度的历史演进及其较量发生了有利于社会主义的重大转变”。[①] 中国共产党人从历史与现实、国内与国际、理论与实践有机统一的思想高度,深刻总结世界社会主义运动以及中华人民共和国成立以来关于社会主义法治建设的历史经验,对中国特色社会主义法治发展作出了一系列战略部署,全面展示了

---

① 参见《中共中央关于党的百年奋斗重大成就和历史经验的决议》,人民出版社 2021 年版,第 63～64 页。

中国式法治现代化的社会主义性质,社会主义法治现代化在21世纪的中国焕发出强大的生机活力,为21世纪社会主义法治现代化运动作出了重大历史贡献,为人类探索建设更好的社会制度贡献了中国智慧。在当代中国,正确认识中国式法治现代化的社会主义性质,最重要的是要把握国家政治制度的性质与特点。"在一个国家的各种制度中,政治制度处于关键环节。所以,坚定中国特色社会主义制度自信,首先要坚定对中国特色社会主义政治制度的自信,增强走中国特色社会主义政治发展道路的信心和决心。"①一个国家的政治体制与制度,是这个国家法治现代化运动的首要的决定性的因素。中国共产党是中国特色社会主义事业的领导核心。坚持和完善党的领导制度体系,加强党对国家制度与法律制度建设的领导,是中国特色社会主义制度体系中的根本制度,因而从根本上决定着中国式法治现代化的基本性质。我国的国体是工人阶级领导的、以工农联盟为基础的人民民主专政的社会主义国家。这一国体决定了我们国家的一切权力属于人民。"在中国实行人民代表大会制度,是中国人民在人类政治制度史上的伟大创造。"②人民代表大会作为国家权力机关,处于国家机构体系的核心地位。国家行政机关、监察机关、审判机关和检察机关,都是由人民代表大会按照宪法和法律规定的程序产生的。行政权、监察权和司法权均是国家权力机关的派生,以此确保所有国家权力最终归人民统一行使。因此,习近平强调,"中国特色社会主义法治体系是中国特色社会主义制度的重要组成部分,必须牢牢把握中国特色社会主义这个定性,坚定不移走中国特色社会主义法治道路","在坚持党的全面领导、保证人民当家作主等重大问题上做到头脑特别清晰、立场特别坚定"。③ 中国特色社会主义政治体制与制

① 《十八大以来重要文献选编》(中),中央文献出版社2016年版,第62页。

② 习近平:《在庆祝全国人民代表大会成立60周年大会上的讲话》,人民出版社2014年版,第4~5页。

③ 参见习近平:《坚持走中国特色社会主义法治道路,更好推进中国特色社会主义法治体系建设》,载《求是》2022年第4期。

度,赋予中国式法治现代化鲜明的社会主义性质。从基本经济制度方面看,公有制为主体、多种所有制经济共同发展,按劳分配为主体、多种形式分配方式并存,社会主义市场经济体制等社会主义基本经济制度,彰显了社会主义制度的优越性,从而构成了中国式法治现代化新道路的经济基础。此外,在坚持和发展中国特色社会主义的进程中,推动共同富裕,促进社会公平正义,体现了社会主义本质属性和根本目的,反映了中国式法治现代化的鲜明指向。“共同富裕是社会主义的本质要求,是中国式现代化的重要特征。”①中国式法治现代化的社会主义性质,必然要求当代中国法治发展始终关注和认真对待促进共同富裕、维护社会公平正义问题,抓紧建设对推动共同富裕、促进社会公平正义具有重大作用的法治制度,为坚持和拓展中国式法治现代化奠定坚实的法治价值基础。

其三,中国式法治现代化反映了法治现代化进程的客观规律。从广义上讲,现代化是传统生活方式及其体制向现代生活方式及其体制转变的历史更替。这种历史性跃进,导致整个文明价值体系的巨大创新。这一进程既是一个世界性的现象,是一个世界性的历史进程,也是一个具有浓郁民族风格的现象。因而,现代化是普遍性与特殊性的有机统一。法治现代化是文明社会法律发展进程中的一场深刻革命,有其内在规律。中国式法治现代化,无疑深刻反映了文明社会法治现代化运动的基本走向及其内在法则。从中国式法治现代化的历史走向来看,人类文明史的发展进程,使法律发展在客观上形成不同的历史形态。不同类型的法律发展有着迥然相异的价值目标。法治现代化是人类法律文明的成长与跃进过程,是文明社会法律发展进程中的一场深刻革命,反映了从前现代社会向现代社会转变这一特定阶段中法律变革的激动人心的画面。在中国这样一个幅员辽阔、人口庞大、民族众多、国情复杂的发展中的社会主义东方大国,法治现代化是在中国的具体国情下所展现的法治变革过程。中国式法治现代化是中国法律文明演进过程中的历史性变

---

① 习近平:《扎实推动共同富裕》,载《求是》2021 年第 20 期。

革,体现了独特的内在逻辑。在当代中国,中国共产党人从确保党和国家长治久安的战略高度,深刻认识法治在国家现代化进程中的重要作用,坚定不移地厉行法治,深入推进中国式法治现代化进程。法治现代化是一场极其深刻的法治革命,凝结着中国共产党领导人民从中国实际出发、创立和发展崭新的国家制度与法律制度的法治理想和目标。从中国式法治现代化的基本性质来看,从传统法制向现代法治转变的历史更替过程是相当复杂的。法治现代化与法治是内在地结合在一起的,应当把人治的衰微、法治的兴起作为法治现代化进程的基本评估尺度。这种转变乃是从传统性行动向合理性行动的历史转化。评价一个社会的法治现代化程度,最重要的是考察该国度的法治水准。一个已经实现了法治现代化的国家,必然是一个法治国家。在当代中国,法治现代化是一个包含了法律思想、法律制度、法律行为、法律实践等在内的多方面进程,因而构成国家治理体系和治理能力现代化的重要内容。党的十八大以来,以习近平同志为核心的党中央提出坚持和完善中国特色社会主义制度、推进国家治理体系和治理能力现代化的重大战略任务,这深刻反映了坚持和发展中国特色社会主义的必然要求,旨在推动中国特色社会主义制度更加成熟、更加定型,从而为党和国家长治久安提供一整套更完备、更稳定、更管用的制度体系。这是一个极为宏大的社会工程,需要通过全面深化改革,在各个领域推进国家治理体系和治理能力现代化。习近平指出:"法律是治国之重器,法治是国家治理体系和治理能力的重要依托。"[①]因此,实现中国式法治现代化,构建一个以法治为重要依托的国家治理体系,是深入推进国家治理现代化的内在需要。法治现代化是国家治理现代化的基础。以法治现代化为依托的国家治理现代化,是一个从人治型的国家治理体系向法治型的国家治理体系的革命性的转变过程。推进中国式法治现代化,是实现国家治理现代化的应有之义。从中国式法治现代化的运动样式来看,法治现代化是一个法律发展

---

① 习近平:《论坚持全面依法治国》,中央文献出版社 2020 年版,第 85 页。

的多样性统一的过程。人类社会的法律发展进程是多姿多彩的。不同民族或国度的法律发展,在不同条件的作用下,总是循着特定的路径发展演化。在同一个社会形态之内,不同国家的经济、文化和思想发展水平是不一致的,它们的国家形态和政治体制方面也有差异,每个国家又有其特定的历史发展、习惯和民族传统特点,况且这些国家所处的地理位置、自然条件、人口状况等也不尽相同。这些复杂的因素,势必会使文明社会法治现代化的进程呈现五彩缤纷、丰富多样的历史特点。在中国这样一个幅员辽阔的超大型东方国家,东中西部各个区域之间的经济社会发展水平存在明显的差异,必然影响或制约各个区域法治发展的进展状况与实际效果,必须在坚持国家法治统一性的前提下认真对待、精心谋划、扎实推进区域法治发展。这是推进中国式法治现代化的路径选择。因之,要在遵循国家法治发展的总体方向的前提下,适应区域发展与区域社会治理的法治需求,运用法治方式推动区域经济社会发展,推进区域社会治理现代化。这里,以行政区划为基础的区域法治发展和以跨行政区域为基础的区域法治发展有机结合、相互作用,构成了中国式法治现代化运动的崭新形态。

其四,中国式法治现代化确证了自主型法治发展的内在品格。一般来说,以法治发展是否符合本国国情为尺度,可以把法治发展区分为自主性法治发展与依附性法治发展。这两种不同的法治发展类型,反映了不同国家或地区在全球范围内法治发展进程中的地位是不一样的,甚至是不对称或不平等的。自主型法治发展是指基于对本国国情的深刻把握,自主选择适合本国社会生活状况的法治发展模式,进而稳步推进法治现代化进程。而依附性法治发展则是指一些发展中国家脱离本国国情与需要,按照域外国家(主要是西方国家)的法律制度模式,制定和实施法治建设方案,从而使本国的法治发展依附于域外国家的法律制度。显然,这两种不同的法治发展模式,必然导致两种截然不同的法治发展后果。在当代错综复杂的全球化浪潮中,特别是在当代中国“日益走进世界舞台中央”的新时代,中国正经历完善和发展国家制度与法律制度、推进国家治理体系和治理能力的历史性过程，中国的法律生活同全球范围内的法律生活逐渐交融互动。当代中国的法治发展保持独立自主的法治品格，走出一条中国式的法治现代化新路。这是我们必须面对的重大时代挑战。进入改革开放的历史新时期以来，邓小平反复强调，“过去搞民主革命，要适合中国情况，走毛泽东同志开辟的农村包围城市的道路。现在搞建设，也要适合中国情况，走出一条中国式的现代化道路”①。他还指出：“每个国家都有自己的情况，各自的经历也不同，所以要独立思考。不但经济问题如此，政治问题也如此”，“要紧紧抓住合乎自己的实际情况这一条。所有别人的东西都可以参考，但也只是参考。世界上的问题不可能都用一个模式解决。中国有中国自己的模式”。② 党的十八大以来，面对当代全球化运动的发展大势及种种新情况新问题，习近平从新时代坚持和发展中国特色社会主义这一新的伟大社会革命的战略方位出发，进一步指出，“独立自主是我们党从中国实际出发、依靠党和人民力量进行革命、建设、改革的必然结论。不论过去、现在和将来，我们都要把国家和民族发展放在自己力量的基点上，坚持民族自尊心和自信心，坚定不移走自己的路”，“坚持独立自主，就是要坚持中国的事情必须由中国人民自己作主张、自己来处理。世界上没有放之四海而皆准的具体发展模式，也没有一成不变的发展道路。历史条件的多样性，决定了各国选择发展道路的多样性。人类历史上，没有一个民族、没有一个国家可以通过依赖外部力量、跟在他人后面亦步亦趋实现强大和振兴。那样做的结果，不是必然遭遇失败，就是必然成为他人的附庸”。③ 新中国成立 70 多年特别是改革开放 40 多年来，中国共产党人把马克思主义法治理论与中国的具体实际相结合，独立自主，开拓奋进，自主选择自己的法治发展道路，不断深化对共产党执政规律、社会主义法治建设规律和人类社会发展规律的认识，努力创制具有鲜明

---

① 《邓小平文选》（第 2 卷），人民出版社 1994 年版，第 163 页。

② 参见《邓小平文选》（第 3 卷），人民出版社 1994 年版，第 261 页。

③ 参见《习近平谈治国理政》（第 1 卷），外文出版社 2018 年版，第 29 页。

中国特色的社会主义国家制度与法律制度，从而焕发出中国特色社会主义法治事业的蓬勃生机和活力，开辟了自主型的中国式法治现代化新道路，构筑了“中国之治”的坚实制度基础。在当代中国社会与法治变革进程中逐步形成的法治现代化的中国模式，有着自身独特的历史个性和鲜明的中国特色。诚如党的十九届六中全会审议通过的《中共中央关于党的百年奋斗重大成就和历史经验的决议》（以下简称十九届六中全会《决议》）所强调的，“独立自主是中华民族精神之魂，是我们立党立国的重要原则。走自己的路，是党百年奋斗得出的历史结论”①。

四、中国式法治现代化的总体性特征

从世界范围看，文明社会法治现代化的演进与发展，不是一个国家、一个地区个别现象，而是世界化的趋向，是一个世界性的历史进程。这一法治变革进程在不同的民族、国家和地区，往往有着不同的动因、表征和后果。在不同民族国家法治现代化进程多样性的背后，凝结着各个国家法治现代化的固有逻辑。越是民族的，越具有世界性。中国共产党人在领导中国人民进行艰苦卓绝的伟大社会斗争中，坚持把马克思主义法治理论同中国具体实际相结合、同中华优秀传统法律文化相结合，努力走出一条具有鲜明中国特色的法治现代化新道路。习近平指出：“走什么样的法治道路，建设什么样的法治体系，是由一个国家的基本国情决定的。”②中国社会经济、政治、文化、历史与地理环境诸方面的条件或因素，决定或制约着中国式法治现代化进程的基本取向与运动方向。新中国成立 70 多年来特别是改革开放 40 多年来探索中国式法治现代化的艰辛实践，历史性地生成了法治现代化的中国方案的总体性特征。这主要是：

第一，在当代中国，作为国家最高政治领导力量，中国共产党在整个

---

① 《中共中央关于党的百年奋斗重大成就和历史经验的决议》，人民出版社 2021 年版，第 67 页。

② 习近平：《论坚持全面依法治国》，中央文献出版社 2020 年版，第 110 页。

国家和社会生活中处于领导地位,必须坚持和加强党对全面依法治国的领导。这是中国式法治现代化的根本政治保证。党的领导是中国特色社会主义最本质的特征,是中国特色社会主义制度体系的最大制度优势。“中国最大的国情就是中国共产党的领导。什么是中国特色?这就是中国特色。中国共产党领导的制度是我们自己的,不是从哪里克隆来的,也不是亦步亦趋效仿别人的。”[①]全面深化改革,建设法治中国,加强国家制度和国家治理体系建设的目的,是要不断推动中国特色社会主义制度自我完善和发展。其中,最核心的是坚持和改善党的领导。因此,党的领导是全面推进依法治国、实现中国式法治现代化最根本的保证,必须坚持和加强党对全面依法治国的领导,确保建设法治中国、推进中国式法治现代化的正确方向。坚持党对全面依法治国的领导,要具体体现在党领导立法、保证执法、支持司法、带头守法上。一方面,要充分发挥党总揽全局、协调各方的领导核心作用,全面统筹依法治国各领域的工作,把党的领导贯彻到依法治国全过程和各方面。另一方面,要改善党对全面依法治国的领导,“健全党领导全面依法治国的制度和工作机制”[②],自觉在宪法和法律范围内活动,不断提高党依法治国、依法执政的能力和水平。

第二,全面依法治国的每一步新进展,都伴随马克思主义法治思想中国化的新飞跃,必须坚持以当代中国马克思主义法治思想为指导,这是中国式法治现代化的理论指南。20 世纪以来,马克思主义在中国大地上广泛传播、深入发展。“马克思主义为中国革命、建设、改革提供了强大思想武器,使中国这个古老的东方大国创造了人类历史上前所未有的发展奇迹。”[③]伴随近代以来中国社会的巨大变革,马克思主义法治理论中国化的伟大进程波澜壮阔、与时俱进,极大地推动了马克思主义法治理论的新发展,实现了马克思主义法治理论中国化的三次历史性飞

---

① 《习近平关于社会主义政治建设论述摘编》,中央文献出版社 2017 年版,第 28 页。

② 习近平:《加强党对全面依法治国的领导》,载《求是》2019 年第 4 期。

③ 习近平:《在纪念马克思诞辰 200 周年大会上的讲话》,人民出版社 2018 年版,第 14 页。

跃。习近平法治思想博大精深，内容丰富，逻辑严密，体系完整，深刻回答了在中国这样一个十几亿人口的发展中大国为什么要建设社会主义法治、怎样建设社会主义法治等一系列重大问题，是具有原创意义的21世纪中国马克思主义法治理论逻辑系统，是马克思主义法治理论中国化进程的最新重大理论成果，创造性地发展了中国特色社会主义法治理论，因而是坚持和拓展中国式法治现代化新道路的行动指南。推进新时代的中国式法治现代化，必须始终坚持以习近平法治思想为根本遵循，悉心把握中国式法治现代化面临的历史性任务，积极稳步推进全面依法治国的伟大实践，着力解决影响法治高质量发展的体制性、机制性、保障性问题，为“更好发挥法治固根本、稳预期、利长远的保障作用”奠定坚实的法治体制、法治制度和法治机制基础。

第三，全面依法治国，建设法治中国，必须坚持以人民为中心的法治发展准则，切实维护和促进社会公平正义。这是中国式法治现代化的基本价值取向。法治的人民性，是中国式法治现代化区别于资本主义法治现代化的根本所在。在推进中国式法治现代化的历史进程中，必须坚持人民主体地位，恪守人民性这一马克思主义最鲜明的品格，“继续推进全过程人民民主建设”①，不断加强人民当家作主的制度保障，坚持法治建设为了人民、依靠人民、造福人民、保护人民。必须牢牢把握社会公平正义这一法治价值追求，“努力让人民群众在每一项法律制度、每一个执法决定、每一宗司法案件中都感受到公平正义”②，将促进和实现社会公平正义贯彻落实到坚持全面依法治国的全过程和各个方面。社会公平正义涵盖了社会主义的价值理想，体现了社会主义制度的本质属性，构成了社会价值系统的终极依托。法治制度是公平正义的载体。“公正是法治的生命线”。“全面依法治国，必须紧紧围绕保障和促进社会公平正义来进行”③，充分发挥法治的利益调整功能，合理平衡与调节不

---

① 习近平：《论坚持人民当家作主》，中央文献出版社2021年版，第336页。

② 习近平：《加强党对全面依法治国的领导》，载《求是》2019年第4期。

③ 《习近平关于社会主义政治建设论述摘编》，中央文献出版社2017年版，第101页。

同社会群体的不同利益关系，切实维护和实现最广大人民群众的发展权益。“全面深化改革必须着眼创造更加公平正义的社会环境，不断克服各种有违公平正义的现象，使改革发展成果更多更公平惠及全体人民。”[①]因此，要把维护和实现社会公平正义作为法治建设的基本价值准则，着力把握人民群众对法治建设的认可程度，坚持以人民是否满意、是否有“获得感”来检验法治发展的成败得失，充分调动人民群众投身法治建设的积极性和主动性。这里最重要的是要处理好形式正义与实质正义之间的关系，坚持实质正义对于形式主义的优先地位，在此基础上谋求二者的平衡协调，有效满足人民群众日益增长的公平正义需求。

第四，全面依法治国与国家治理现代化之间有着密切的关系，推进法治发展，建设法治中国，就是要实现从人治型的国家治理体系向法治型的国家治理体系的历史性转变，牢牢把握建设中国特色社会主义法治体系这个全面依法治国的“总抓手”，推进当代中国国家制度与法律制度现代化。这是中国式法治现代化的战略目标。国家治理现代化与法治现代化内在地结合在一起。推进中国式法治现代化，必须紧紧围绕推进国家治理体系和治理能力现代化这一战略目标，牢牢把握坚持和完善中国特色社会主义法治体系这个“总抓手”，完善和发展中国特色社会主义国家制度与法律制度，将国家治理体系建设纳入法治化轨道。通过法律的制定和实施，将国家治理现代化的基本要求、体制机制、程序方法转化为国家治理主体的实际行动，从中国国情出发，“加快建立健全国家治理急需的制度，满足人民日益增长的美好生活需要必备的制度”。[②]这无疑是推进中国式法治现代化、实现国家治理体系和治理能力现代化的必然抉择。

第五，全面依法治国是国家治理领域中的深刻革命，是一个宏大的社会系统工程，必须坚持依法治国、依法执政、依法行政共同推进，法治

---

① 《习近平关于全面深化改革论述摘编》，中央文献出版社 2014 年版，第 96 页。

② 参见习近平：《坚持、完善和发展中国特色社会主义国家制度与法律制度》，载《求是》2019 年第 23 期。

国家、法治政府、法治社会一体建设，正确处理好政治与法治、改革与法治、依法治国与以德治国、依法治国与依规治党之间的辩证关系。这是中国式法治现代化的运动格局。中国特色社会主义法治事业是一个前无古人的开创性事业，涉及党的建设、国家发展与社会生活的各个方面，需要统筹协调，整体谋划，合力推进。习近平强调，要“准确把握全面推进依法治国工作布局，坚持依法治国、依法执政、依法行政共同推进，坚持法治国家、法治政府、法治社会一体建设。全面推进依法治国是一个庞大的系统工程，必须统筹兼顾、把握重点、整体谋划，在共同推进上着力，在一体建设上用劲”。[①] 坚持依法治国、依法执政、依法行政共同推进，法治国家、法治政府、法治社会一体建设，这充分表达了当代中国法治发展的整体观。这里最重要的是要正确认识和处理好全面依法治国进程中的重大辩证关系。习近平将坚持处理好全面依法治国的辩证关系确立为全面依法治国新思想新战略的有机构成要素，指出“全面依法治国必须正确处理政治与法治、改革和法治、依法治国和以德治国、依法治国和依规治党的关系”。[②] 因此，坚持和运用全面依法治国的辩证法，就必须注重运用普遍联系的观点观察和认识中国式法治现代化进程面临的中国和世界发展大势，着眼于国内国际两个大局，深入思考和研究中国式法治现代化的战略全局及其目标选择；就必须注重和运用发展的观点深入分析推进中国式法治现代化的历史基础、客观现实和未来走向，从中把握具有根本性、全局性、战略性的若干重大法治关系问题，借以引领法治中国建设的时代进程；就必须注重运用对立统一的基本规律和方法深入系统地分析中国式法治现代化进程中的各种矛盾关系，尤其要深刻认识政治与法治、改革与法治、依法治国与以德治国、依法治国与依规治党等方面的辩证统一关系，从而坚持中国式法治现代化的正确方向，展示法治现代化的“中国逻辑”。

---

① 参见《十八大以来重要文献选编》(中)，中央文献出版社2016年版，第188页。

② 参见习近平：《加强党对全面依法治国的领导》，载《求是》2019年第4期。

第六,当代中国共产党人坚持和拓展中国式法治现代化的时代进程,与世界法治文明的巨大变迁内在地交织在一起,历史性地重塑着世界法治文明发展格局,蕴含人类法治文明新形态的基本价值要素。这是中国式法治现代化的全球方位。文明多样性是人类社会的基本特征,是人类进步的不竭动力。文明的多样性决定了文明交流互鉴的内在必然性。习近平强调,人类文明因多样才有交流互鉴的价值,"文明交流互鉴,是推动人类文明进步和世界和平发展的重要动力"。[①] 每一种文明都是独特的,一切文明成果都值得尊重和珍惜,绝不存在什么"文明的冲突"。习近平站在推动构建人类命运共同体的新的历史起点上,鲜明阐述全人类的共同价值准则,强调要"弘扬和平、发展、公平、正义、民主、自由的全人类共同价值"。[②] 这一全人类共同价值观的提出,顺应了人类文明进步的历史趋势,引领着世界法治文明发展的演进方向。面对着"世界怎么了,我们怎么办?"这个"世纪之问",习近平创造性地提出推动构建人类命运共同体的重大战略思想,强调必须坚持对话协商,建设一个持久和平的世界,推进公平正义的全球治理,共同推动国际关系的民主化,"坚持真正的多边主义,推动全球治理体系朝着更加公正合理的方向发展";[③]必须坚持共建共享,建设一个普遍安全的世界,共同推动国际关系法治化,维护国际法治权威,反对以"法治"之名分割他国正当权益、破坏国家和平稳定的行径,任何国家都不能随意发动战争,不能破坏国际法治,不能打开"潘多拉的盒子",努力实现共同、综合、合作、可持续的安全;必须坚持合作共赢,建设一个共同繁荣的世界,共同推动国际关系合理化,提高发展中国家在全球治理体系中的地位和作用,推动建设一个开放、包容、普惠、平衡、共赢的经济全球化,"一带一

① 参见习近平:《论坚持推动构建人类命运共同体》,中央文献出版社 2018 年版,第 76 页。

② 参见习近平:《在庆祝中国共产党成立 100 周年大会上的讲话》,人民出版社 2021 年版,第 16 页。

③ 参见习近平:《同舟共济克时艰,命运与共创未来——在博鳌亚洲论坛 2021 年年会开幕式上的视频主旨演讲》,载《人民日报》2021 年 4 月 21 日,第 2 版。

路”倡议的提出与实施，就是要践行人类命运共同体理念；必须坚持交流互惠，建设一个开放包容的世界，各种人类文明在价值上是平等的，文明没有高低、优劣之分，以文明交流超越文明隔阂、文明互鉴超越文明冲突、文明共存超越文明优越；坚持绿色低碳，建设一个清洁美丽的世界，保护好人类唯一赖以生存的地球家园，共同构建人与自然生命共同体。推动构建人类命运共同体的重大战略思想的提出与实践，深刻反映了新时代中国与世界关系的历史性变化，形成了强大的国际影响力。很显然，当代中国共产党人关于中国式法治现代化的全球主张，愈益得到国际社会的广泛认同与支持，“为人类实现现代化提供了新的选择”，[①]有力提升了当代中国法治在世界法治舞台上的话语权和影响力。

五、推进和拓展中国式法治现代化的重大意义

习近平指出：“我们党在不同历史时期，总是根据人民意愿和事业发展需要，提出富有感召力的奋斗目标，团结带领人民为之奋斗。”[②]全面建成社会主义现代化强国，这是中华民族伟大复兴的中国梦的集中体现，也是中国共产党百年奋斗初心使命的鲜明表达。中国式法治现代化新道路的形成与拓展过程表明，中国式法治现代化的战略部署，始终是与党和国家对于中国现代化进程的战略构想内在地联系在一起的。随着全面建成小康社会的第一个百年奋斗目标的实现，当代中国进入了全面建设社会主义现代化国家、向第二个百年奋斗目标进军的新发展阶段。新发展阶段的时代主题，是全面建设社会主义现代化国家。党的十九大对新时代坚持和发展中国特色社会主义作出了新的重大战略安排，明确提出了进入新发展阶段全面建成现代化强国、实现第二个百年奋斗目标的战略构想及法治中国建设蓝图。党的十九届五中全会根据十九大勾画的法治中国建设蓝图，进一步明确到2035年基本实现现代化、基

---

① 参见《中国共产党第二十次全国代表大会文件汇编》，人民出版社2022年版，第13页。

② 《习近平关于协调推进“四个全面”战略布局论述摘编》，中央文献出版社2015年版，第23页。

本建成法治国家、法治政府、法治社会的远景目标。党的二十大进一步重申全面建设社会主义现代化强国的总的战略安排。这一战略构想提出了新时代实现中国式法治现代化的“新两步走”的路线图和时间表，开启了加快建设现代化的法治中国的新征程。因之，中国式法治现代化已经成为全面建设社会主义现代化国家的有机构成要素。在新时代新征程，坚定不移推进和拓展中国式法治现代化，无疑具有重大意义。

第一，坚定不移推进和拓展中国式法治现代化，有利于深入推进国家治理体系和治理能力现代化。党的十八大以来，以习近平同志为核心的党中央从确保党和国家长治久安的战略高度，对坚持和完善中国特色社会主义制度、推进国家治理体系和治理能力现代化作出了一系列重大战略部署。国家治理与法治发展密切相关，法治现代化是国家治理现代化的内在要求。习近平强调，要“坚持在法治轨道上推进国家治理体系和治理能力现代化”[①]。把实现国家治理现代化构筑在坚实的法治基础之上，构建一个以中国式法治现代化为基本依托的现代化的国家治理体系，是全面建设法治中国、加快推进国家治理现代化的应有之义。因此，坚持走中国式法治现代化新道路，无疑有助于把握推进国家治理现代化的时代要求，更加有力地推进新发展阶段国家治理现代化的宏伟大业。

第二，坚定不移推进和拓展中国式法治现代化，有利于为全面建成社会主义现代化强国提供坚强法治保障。现代化与法治之间有着密切的关系。法治现代化是国家现代化的重要内容。国家现代化构成了法治现代化的总体目标。新发展阶段进程中的当代中国，正在向全面建成社会主义现代化强国的宏伟目标奋力迈进，必然要求加快推进中国式法治现代化。因此，坚持走中国式法治现代化新道路，无疑有助于紧紧围绕全面建设社会主义现代化国家的战略目标加快推进法治中国建设，为全面建设现代化强国夯实现代化的法治制度基础，提供坚强有力的法治保障。

① 习近平：《论坚持全面依法治国》，中央文献出版社 2020 年版，第 3 页。

第三,坚定不移推进和拓展中国式法治现代化,有利于不断增强坚持和拓展中国式法治现代化的自信自觉。中国共产党成立一个多世纪以来,胸怀实现民族复兴伟业的初心使命,以深刻的历史主动性,科学揭示中国社会历史条件下法治发展现象的运动规律,深刻总结我们党领导人民推进法治进程的宝贵经验,着力推动中华优秀传统法律文化的创造性转换、创新性发展,创造了中国式法治现代化,创造了人类法治文明新形态。中国式法治现代化,体现了中国共产党坚定不移厉行法治的创造性行动,是中国共产党领导人民长期奋斗的历史逻辑、理论逻辑、实践逻辑的必然结果,展现出蓬勃的生机和强大的生命力。因此,推进和拓展中国式法治现代化,有助于继承和弘扬中华优秀传统法律文化,深刻把握中国式法治现代化的巨大理论逻辑力量,展现中国特色社会主义国家制度与法律制度创新发展的实践成果,彰显我们党施行治国理政的实践伟力,从而不断增强中国式法治现代化的道路自信、理论自信、制度自信、文化自信。

第四,坚定不移推进和拓展中国式法治现代化,有利于在国际舞台上讲好法治现代化的中国故事。中国式法治现代化,是植根中华大地、反映中国人民意愿、适应中国和时代发展进步要求的中国特色社会主义法治现代化道路,为创造"中国奇迹"、实现"中国之治"奠定了坚实的法治基础,具有强大生命力和显著优越性。中国式法治现代化,不仅记载着深厚的中国经验,融入丰富的中国元素,体现鲜明的中国精神,而且注重把握世界法治文明发展大势,积极参与世界法治经验对话交流,辩证吸收世界法治文明发展有益成果,因而具有普遍性的世界意义,开创了世界法治现代化进程的崭新范例,拓展了发展中国家走向现代化的全新选择,为世界社会主义运动提供了中国经验,为人类探索建设更好社会制度与法律制度贡献了中国方案。因此,在当代中国日益走进世界舞台中央的新时代,讲好法治现代化的中国故事,有着重要的现实意义和世界意义。坚持走中国式法治现代化新道路,无疑有助于加强中国式法治现代化的对外宣传阐释工作,在国际法治舞台上鲜明展现法治现代化的中国经验、中国方案与中国道路的独特魅力，增强国际社会对中国式法治现代化的认同，“努力以中国智慧、中国实践为世界法治文明建设作出贡献”①。

六、本书的叙述思路与重点

中国式法治现代化，是与中国的具体国情相应的、体现社会主义性质的、反映文明社会法治现代化进程的客观规律的法治现代化，是超越西方法治现代化模式的法治现代化的中国道路，是既符合中国国情又汲取人类法治文明成果的现代化法治之路。本书坚持以马克思主义法治理论和习近平法治思想为指导，系统研究中国式法治现代化的理论逻辑，努力揭示中国式法治现代化进程的运动规律，初步构建一个关于中国式法治现代化的理论分析框架，进而为下一步的深入研究打下必要的理论基础。

全书正文由绪论、十二章和结语组成。绪论部分简要探讨了现代化与法治之间的相互关系，深入分析中国式现代化的法权要求，着力论述中国式法治现代化的概念内涵，悉心把握中国式法治现代化的总体性特征，进而阐发推进和拓展中国式法治现代化的重大意义。

第一章系统考察中国式法治现代化的形成与发展过程。与中国共产党百年奋斗的四个历史时期相关联，中国式法治现代化新道路的开拓进程可以划分为四个阶段：新民主主义革命法制建设，反映了中国式法治现代化新道路的早期探索；社会主义革命和建设时期的法治发展，为中国式法治现代化新道路的形成奠定了初步基础；改革开放的新的伟大社会革命，有力推动了中国式法治现代化的形成；新时代中国特色社会主义的法治中国建设，则标志着中国式法治现代化新道路的进一步拓展。

第二章重点分析中国式法治现代化的本土历史文化资源问题。中

① 习近平：《论坚持全面依法治国》，中央文献出版社2020年版，第177页。

华民族有着悠久的法律文化传统。在绵延经久的中华文明发展进程中，中华民族铸造了体现独特的民族法律品格的博大精深的法律文化。中国式法治现代化新道路的成功开辟，在很大程度上是中华优秀法律文化传统有机传承的过程，是中华优秀法律传统的创造性转换、创新性发展的过程，也是本土法治资源的价值意义得以充分展示的过程。对于正在推进法治现代化的当代中国来说，外部世界所提供的法治模式，是不可能找到大国治理的现成答案的，只能凭借自身基于社会需要和条件的创造性行动，协调好法治现代化进程中的传统性因素与现代化因素，推动民主法制的现代化改造。

第三章主要论述中国式法治现代化的根本保证。正确认识和处理好党的领导和依法治国之间的关系，是关乎中国式法治现代化的前进方向的一个重大问题。在当代中国，作为国家最高政治领导力量，中国共产党在整个国家和社会生活中处于领导地位，必须坚持和加强党对推进中国式法治现代化的全面领导。这是中国特色社会主义国家制度与国家治理体系的最大优势。在中国特色社会主义制度体系中，坚持中国共产党的领导，是国家的根本领导制度，是国家制度和国家治理体系的关键和根本，是中国式法治现代化的根本保证。走中国式法治现代化新道路，绝不是要削弱党的领导，而是要加强和改善党的领导，健全和完善党领导全面依法治国的体制和工作机制，推进党对全面依法治国领导的制度化、法治化，把党对全面依法治国的领导构筑在坚实的法治基础之上，确保在推进中国式法治现代化的各个领域、各个方面、各个环节更加坚定自觉地坚持中国共产党的领导。

第四章旨在阐述中国式法治现代化的价值准则。中国式法治现代化蕴含深厚的价值基础。坚持以人民为中心、发展全过程人民民主、扎实推动共同富裕、维护社会公平正义为主轴的基本价值尺度，充分彰显中国式法治现代化进程的价值取向，实现了对先前的或当下的诸种法治现代化模式的历史性超越。习近平科学把握马克思主义历史唯物主义关于人的主体性规律的核心要求，赋予中国式法治现代化以崭新的价值内涵,鲜明提出坚持以人民为中心的发展思想,使之成为中国式法治现代化的基本价值准则;深刻论述人民在全面依法治国中的主体地位,创造性地提出"发展全过程人民民主"的重大理念,彰显了中国式法治现代化新道路的强大生命力;明确提出全面依法治国的根本目的是依法保障人民权益的重大论述,深刻表达了中国共产党人的一贯主张;强调共同富裕是社会主义的本质要求,是中国式法治现代化的重要特征,把增进人民福祉、促进共同富裕、维护社会公平正义的要求落实到全面依法治国领域全过程,从而以良法善治拓展中国式法治现代化新道路。

第五章主要论述中国式法治现代化的战略目标。法治是以和平理性的方式实现国家治理的最佳途径,法治现代化与国家治理现代化之间有着密切的关系。作为中国国家治理现代化的重要组成部分,推进中国式法治现代化,就是要实现从传统的人治型的国家治理体制向现代的法治型的国家治理体制的历史性转变。推进国家治理现代化与推动法治现代化处于同一个时代进程之中,二者相辅相成、内在关联、不可分割。坚持和拓展中国式法治现代化新道路,必须牢牢把握建设中国特色社会主义法治体系这个全面依法治国的"总抓手",加快形成完备的法律规范体系、高效的法治实施体系、严密的法治监督体系、有力的法治保障体系、完善的党内法规体系,加快涉外法治工作战略布局。推进和拓展中国式法治现代化新道路,必须紧紧围绕全面建成社会主义现代化强国的战略目标,加强基本实现法治现代化的战略谋划。推进和拓展中国式法治现代化,还必须坚持顶层设计和法治实践相结合,着力提升法治促进国家治理体系和治理能力现代化的效能。

第六章重点论述中国式法治现代化的战略安排。在当代中国,中国式法治现代化的战略筹划,始终是与党和国家对于中国现代化进程的战略构想密切联系在一起的。中国特色社会主义进入新时代,标志着中国式法治现代化运动站在了一个新的时代起点上,中国式法治现代化迈进了一个新的历史阶段。党的十九大和十九届四中、五中全会作出了新时代推进中国式法治现代化的新的战略安排,由此确定了新时代中国式法治现代化的“新两步走”的路线图和时间表。随着全面建成小康社会第一个百年奋斗目标的实现，当代中国进入了全面建设社会主义现代化国家、向第二个百年奋斗目标进军的新发展阶段，从而开启了新时代推进中国式法治现代化的新征程。

第七章着重分析中国式法治现代化的总体布局。推进全面依法治国、实现中国式法治现代化是一个系统工程，必须运用系统思维，加强战略协同，坚持依法治国、依法执政、依法行政共同推进，法治国家、法治政府、法治社会一体建设。在这一法治系统工程中，依法执政是关键所在。坚持依法执政，是中国共产党在新的历史条件下领导方式和执政方式的重大转变，是推进中国式法治现代化的必然要求。法律的生命力在于实施。法治政府建设是全面依法治国的重要任务和主体工程，要率先突破，推动行政权力在法治轨道上运行，坚持法定职责必须为、法无授权不可为。从广义上讲，法治社会是依法治理、依法而治的社会，是构筑法治国家的基础。要不断提升全民法治意识和法治修养，加快推进社会治理法治化，坚持走乡村善治之路，为推进中国式法治现代化打下坚实的社会基础。

第八章具体探讨中国式法治现代化的推进方式。中国是一个超大型的社会主义东方国家。中国共产党在这样一个大国长期执政，就必须深入分析中国社会内部存在的处于变动状态的经济的、政治的、社会的、文化的、历史的乃至地理环境的诸方面条件或因素，由此把握中国式法治现代化的特殊推进方式问题。习近平在深刻总结世界法治现代化基本规律的基础上，精辟阐述了三种不同的法治化动因类型，即自下而上社会演进型法治化模式、自上而下政府推动型法治化模式、自上而下与自下而上双向互动型法治化模式。政府推动与社会演进交互作用、自上而下与自下而上相结合的法治现代化模式，构成了中国式法治现代化推进方式的显著特点，使中国式法治现代化充满着生机与活力。

第九章阐述中国式法治现代化的内在动因。随着中国特色社会主义进入新时代，我国社会的主要矛盾已经转化为人民日益增长的美好生活需要和不平衡不充分的发展之间的矛盾，人民对民主、法治、公平、正义、安全、环境等方面的需求不断增长。因之，新时代社会主要矛盾新变化在法治领域中的集中体现乃是日益增长的人民法治新需要与法治领域发展不平衡不充分之间的矛盾。深刻把握和解决这一矛盾，构成了中国式法治现代化进程的内在动因。推进中国式法治现代化的出发点和落脚点，就是要悉心把握新时代人民群众对法治工作的新要求新期待，坚持以人民群众是否满意、是否有"获得感"来检验全面依法治国的成败得失，以促进和实现社会公平正义为基本价值尺度，回应社会各方面关切，更加充分地满足人民的法治新需要。要着力提升法治发展的质量和水平，努力增强法治发展的优质供给，切实解决好法治发展领域的不平衡不充分的问题，更好地实现高质量的法治发展，从而更加持续深入地推进新时代的中国式法治现代化。

第十章深入考察中国式法治现代化的路径选择。实践充分表明，中国式法治现代化是在中国的社会土壤中生长起来的，是脚踏中华大地、传承中华文明、符合中国国情的法治发展道路。它凝结着我们党领导人民实行法治的成功经验，具有独特的路径轨迹。新中国成立 70 多年来特别是改革开放 40 多年来，法治建设虽历经坎坷，但我们党对法治矢志不渝。从"五四宪法"到"八二宪法"第五个修正案，从"社会主义法制"到"社会主义法治"，从"有法可依、有法必依、执法必严、违法必究"到"科学立法、严格执法、公正司法、全民守法"，从"中国特色社会主义法律体系"到"中国特色社会主义法治体系"，从"依法治国"到"依法执政"，从"依法治国基本方略"到"坚持全面依法治国基本方略"，从加强国家法治建设到推动国家法治与区域法治协调发展，中国特色社会主义实践向前推进一步，法治建设就跟进一步，走出了一条中国式法治现代化新道路。

第十一章主要探讨中国式法治现代化的动力机制。新中国成立 70 多年来，中国式法治现代化经历了一个不平凡的历史进程，社会革命与法治改革内在地交融在一起，汇聚起推动中国式法治现代化进程的强大动力，极其深刻地改变了国家与法治领域的基本面貌。迈入新时代的中国法治改革，坚持以人民为中心，悉心把握人民群众对法治发展的新要求新期待，采取有针对性的法治改革举措，努力实现好、维护好、发展好最广大人民的根本利益。迈入新时代的中国法治改革，高度正视法治改革进程中复杂的矛盾运动，坚持问题导向、系统推进，着力破解影响法治权威、制约法治发展的体制性、机制性、保障性障碍。迈入新时代的中国法治改革，坚持顶层设计和"摸着石头过河"相结合，在加强顶层设计的战略谋划的同时，注重更加充分调动社会各方面的积极性和主动性，鼓励地方和基层大胆探索，及时总结推广地方和基层创造和积累的鲜活的法治改革经验，积极稳妥地推进法治改革，坚定地走出一条自主型的中国式法治现代化新道路。

第十二章主要论述中国式法治现代化的全球主张。当今世界，全球秩序正经历深刻变动与重构。中国共产党人推进和拓展中国式法治现代化的时代进程，与世界法治文明的巨大变迁内在地交织在一起，历史性地重塑着世界法治文明发展格局。习近平站在世界历史的高度，鲜明提出要弘扬和平、发展、公平、正义、民主、自由的全人类共同价值，引领世界法治文明发展的演进方向；强调要推进公平正义的全球治理，共同推动国际关系的民主化、法治化、合理化；创造性地提出推动构建人类命运共同体的重大战略思想，形成了强大的国际影响力，得到国际社会的广泛认同与支持，从而有力提升了当代中国法治在世界法治舞台上的话语权。

结语部分着重阐述了中国式法治现代化的世界性意义。法治现代化的中国道路的成功开辟，开创了世界法治现代化进程的崭新范例，拓展了发展中国家走向现代化的全新道路，为世界社会主义运动提供了中国经验，从而为人类探索建设更好社会制度贡献了中国方案。

第一章 中国式法治现代化的开拓进程

中国式法治现代化，经历了一个极不平凡的历史过程。回眸 20 世纪以来中国法治发展进程，我们可以清晰地看出，中国共产党人胸怀实现民族复兴的初心使命，团结带领人民坚定不移厉行法治，成功地走出一条中国式法治现代化新道路，推动中国法治领域取得历史性成就、发生历史性变革。深入研究中国式法治现代化的形成与发展过程，对于我们揭示中国式法治现代化进程的运动规律，认识中国式法治现代化的内在特质，坚定中国式法治现代化的自信自觉，无疑具有重要的理论价值和实践意义。

一、概述

马克思指出："社会不是以法律为基础的。那是法学家们的幻想。相反地，法律应该以社会为基础。"[①]法治革命是社会革命的历史产物，也是社会革

① 《马克思恩格斯全集》(第 6 卷)，人民出版社 1961 年版，第 291～292 页。

命的法治表达。中国式法治现代化的开拓进程,集中地反映了国家和社会生活的深刻革命,体现了国家现代化进程的运动方向,历史性地确证近代以来久经磨难的中华民族迎来了从站起来、富起来到强起来的伟大飞跃。

在庆祝中国共产党成立100周年大会上的重要讲话中,习近平总书记全面考察了中国共产党百年奋斗的辉煌历程,将其准确划分为四个历史时期,亦即为了实现中华民族伟大复兴,中国共产党团结带领人民,创造了新民主主义革命的伟大成就,创造了社会主义革命和建设的伟大成就,创造了改革开放和社会主义现代化建设的伟大成就,创造了新时代中国特色社会主义的伟大成就。[①] 十九届六中全会《决议》,回顾总结了党的波澜壮阔的百年奋斗历程,把党领导人民进行革命、建设、改革的百年历程区分为新民主主义革命、社会主义革命和推进社会主义建设、改革开放和社会主义现代化建设、中国特色社会主义新时代四个既相联系又有区别的历史时期。[②] 中国共产党成立一个多世纪以来,领导人民坚定推进气壮山河的伟大社会革命,"创造了一个又一个彪炳史册的人间奇迹"[③],创造了中国式法治现代化新道路。与上述四个历史时期相关联,中国式法治现代化的开拓进程可划分为如下四个阶段,即新民主主义革命法制建设,反映了中国式法治现代化的早期探索;社会主义革命和建设时期的法治发展,为中国式法治现代化的形成奠定了初步基础;改革开放的新的伟大社会革命,有力推动了中国式法治现代化的形成;新时代中国特色社会主义的法治中国建设,则标志着中国式法治现代化的进一步拓展。本章拟对中国式法治现代化的形成与发展过程作总体性的初步考察,以观察中国式法治现代化的运动轨迹。

---

① 参见习近平:《在庆祝中国共产党成立100周年大会上的讲话》,人民出版社2021年版,第4~7页。

② 参见《中共中央关于党的百年奋斗重大成就和历史经验的决议》,人民出版社2021年版,第3、9、14、23页。

③ 《中国共产党第十九次全国代表大会文件汇编》,人民出版社2017年版,第12页。

二、中国式法治现代化的早期探索

传统中国的法律世界，是一个高度自主性的法律系统，形成了体现中华民族理性精神与法律智慧的中华法系，对全球特别是东亚区域的法律发展进程产生了深远影响。然而，1840 年鸦片战争以后，中国社会逐渐沦为半殖民地半封建社会，中华民族历经磨难，国家与民族面临深刻的危机。西方列强强迫晚清政府订立了一系列不平等条约，形成所谓"条约制度"。"条约制度兴衰的一百年来，经历了帝国主义入侵中国的开始及其高潮，也经历了中国人民对侵略不断增强革命反抗的各个阶段。中国的主权在条约中不断受到损害。"[①]随着近代中国社会的转型变革以及西方政治与法律文化在中国社会的广泛传播，传统中国的法律世界发生了深刻变化，"清末以后中华法系影响日渐衰微"[②]，中国法律发展的自主性进程被打断。晚清政府试图在不改变封建君主专制制度的前提下，按照西方政制模式对国家制度进行改良，并且仿行大陆法系的法律结构模式来修订和编纂法律，改造传统的中华法系的大一统的法律结构，进而企望维护摇摇欲坠的帝国统治秩序。但是，无论是戊戌变法，还是清末新政，都不能挽救晚清皇朝统治覆灭的历史命运。

作为近代中国政治史上的一个划时代的历史事件，辛亥革命推翻了统治中国两千多年的封建君主专制制度，在古老的中国大地上第一次建立了资产阶级共和国，颁行《中华人民共和国临时约法》（以下简称《临时约法》），根据近代西方"三权分立"的原则，建立了以责任内阁制为特点的中华民国政治制度，由此确立了近代中国的资产阶级民主法制系统。新的政治法律秩序虽然已经建立，但因缺乏广泛的社会基础，刚刚获得的资产阶级民主法制建设的成果，很快被袁世凯所窃取。从形式上

---

① ［美］费正清编：《剑桥中国晚清史（1800—1911）》（上卷），中国社会科学院历史研究所编译室译，中国社会科学出版社 1985 年版，第 231 页。

② 习近平：《坚定不移走中国特色社会主义法治道路　为全面建设社会主义现代化国家提供有力法治保障》，载《求是》2021 年第 5 期。

看，中华民国北洋政府时期的法制建设较南京临时政府时期更为系统、更为完备，但是从实质上观照，可以看出这一时期的政治与法律发展运用宪法的时髦形式，先后制定了《中华民国约法》（亦称“袁记约法”）和《中华民国宪法》（史称“贿选宪法”）等宪法文件，并且在沿用清末相关法律的同时，创制了大量的法律法规，形成了新旧法律系统混然杂陈、彼此作用的基本格局，以确认和巩固军阀独裁统治。中华民国南京国民政府出于维护其独裁政治统治的需要，提出所谓“国家—社会本位”的法律理念，大力引进大陆法系的法律传统，据此展开法律创制活动，制定了《中华民国训政时期约法》和《中华民国宪法》，逐渐形成以“六法全书”为主干的所谓“法统”，进而实现了资产阶级法治与封建法律传统的奇妙结合。

简要回顾近代以来中国的法律发展进程，我们可以看到，无论是晚清法制改革，还是辛亥革命时期的法治建设，抑或中华民国北洋政府及南京国民政府时期的法律发展，其间，君主立宪制、帝制复辟、议会制、多党制、总统制等多种政制模式纷纷登场，诸种法律发展样式相继更替，但是，都没有真正找到中国式法治现代化的正确道路，从而不可能起到推动中国社会发展进步的作用，也不可能从根本上改变国家和人民的悲惨命运。对此，毛泽东深刻指出，“就是这样，西方资产阶级的文明，资产阶级的民主主义，资产阶级共和国的方案，在中国人民的心目中，一齐破了产”，“一切别的东西都试过了，都失败了”。[①] 20 世纪上半叶，在清末新政修律模式、辛亥革命政治与法治模式、北洋军阀政治法制模式和南京国民政府政治法制模式的架构下，是绝不可能建构自主型的法治发展模式的，因而也绝不可能出现法治变革及其现代化的奇迹。即使有什么变化，充其量不过是近代中国法律领域的进化改良或早期法律现代化的尝试而已。诚如习近平所精辟分析的，“事实证明，不触动旧的社会根基的自强运动，各种名目的改良主义，旧式农民战争，资产阶级革命派领

---

① 参见《毛泽东选集》（第 4 卷），人民出版社 1991 年版，第 1471 页。

导的民主主义革命,照搬西方政治制度模式的各种方案,都不能完成中华民族救亡图存和反帝反封建的历史任务,都不能让中国的政局和社会稳定下来,也都谈不上为中国实现国家富强、人民幸福提供制度保障"①。

十月革命一声炮响,给中国人民送来了马克思列宁主义,从此以后,中国社会发生了根本性的变化,中国共产党应运而生。"中国产生了共产党,这是开天辟地的大事变,深刻改变了近代以后中华民族发展的方向和进程,深刻改变了中国人民和中华民族的前途和命运,深刻改变了世界发展的趋势和格局。"②中国共产党登上中国历史舞台的一个世纪以来,在推进中国革命、建设和改革的伟大实践中,就历来重视法治建设,孜孜探索适合自己的法治发展道路。在新民主主义革命时期,"党面临的主要任务是,反对帝国主义、封建主义、官僚资本主义,争取民族独立、人民解放,为实现中华民族伟大复兴创造根本社会条件"③。中国共产党在领导全国人民开展反帝反封建反官僚资本主义的艰苦卓绝的伟大斗争中,始终把建立新民主主义革命法制作为一项重要工作来进行,展开了对中国式法治现代化的艰辛探索。新民主主义革命法制的建立和发展过程,是同中国共产党领导下的武装斗争和人民政权的壮大和建设历程息息相关的,它们处于同一个历史进程之中,成为实现新民主主义革命伟大任务的重要手段,从而为中国式法治现代化新道路的形成提供了宝贵的历史经验。诚如习近平指出的,"在新民主主义革命时期,我们党就制定了《中华苏维埃共和国宪法大纲》以及大量法律法令,创造了'马锡五审判方式'"。④

首先,为建立新型政治制度积累实践经验。人类政治发展史表明,

① 习近平:《论坚持全面依法治国》,中央文献出版社 2020 年版,第 68 页。

② 习近平:《在庆祝中国共产党成立 100 周年大会上的讲话》,人民出版社 2021 年版,第 3 页。

③ 《中共中央关于党的百年奋斗重大成就和历史经验的决议》,人民出版社 2021 年版,第 3 页。

④ 参见习近平:《坚定不移走中国特色社会主义法治道路　为全面建设社会主义现代化国家提供有力法治保障》,载《求是》2021 年第 5 期。

新的政治制度代替旧的政治制度的过程，常常伴随剧烈的阶级斗争和社会革命。无产阶级革命所要建立的新型政治制度，具有不同于以往的政治统治的根本特征，它必须以打碎旧的国家机器、建立新的国家政权为前提条件。在新民主主义革命的伟大斗争中，以毛泽东同志为主要代表的中国共产党人把马克思主义国家与法的学说同中国革命的具体实际结合起来，开辟了农村包围城市、武装夺取政权的正确革命道路，在广大乡村地区创建了革命根据地，在部分区域建立了新民主主义革命政权，形成了和中华民国南京国民政府同时存在且根本对立的人民政权系统。中国共产党在领导人民进行武装革命的同时，高度重视人民政权建设，颁布了一系列宪法性文件，建立了与不同历史时期相适应的人民民主政权体系。在土地革命战争时期，中华苏维埃第一次全国代表大会通过的《中华苏维埃共和国宪法大纲》，明确规定"中华苏维埃所建设的是工人和农民的民主专政的国家"；"中华苏维埃共和国之最高政权为全国工农兵会议（苏维埃）的大会。在大会闭会的期间，全国苏维埃临时中央执行委员会为最高政权机关。中央执行委员会下组织人民委员会处理日常政务，发布一切法令和决议案"。[①] 此外，工农民主政权还制定了《中华苏维埃共和国中央苏维埃组织法》《中华苏维埃共和国地方苏维埃暂行组织法（草案）》等宪法性文件。抗日战争时期，我们党根据建立和发展全国抗日民族统一战线的需要，总结土地革命战争时期工农民主政权建设的经验教训，在各抗日民主根据地继续推进新民主主义革命政权建设。陕甘宁边区第二届参议会制定了《陕甘宁边区抗战时期施政纲领》，确立了抗日根据地民主政权的"民族统一战线的"性质，即"一切赞成抗日又赞成民主的人们的政权"。[②] 由此，进一步规定了民主政权构成的"三三制"原则，即共产党员占1/3，党外进步分子占1/3，中间派占1/3，这为建立和发展巩固的抗日民族统一战线打下了重要的制度基

① 参见韩延龙、常兆儒编：《中国新民主主义革命时期根据地法制文献选编》（第1卷），中国社会科学出版社1981年版，第8～9页。

② 参见《毛泽东选集》（第2卷），人民出版社1991年版，第741页。

础。解放战争时期,为了争取人民民主革命的最后胜利,我们党领导的解放区各人民民主政权坚持不懈加强政权建设。陕甘宁边区第三届参议会制定的《陕甘宁边区宪法原则》,明确规定边区、县、乡人民代表会议(参议会)为人民管理政权的机关,各级代表会选举政府人员,并且在我国历史上第一次规定普遍、直接、平等、无记名投票的选举原则。显然,中国共产党领导的新民主主义革命时期的立宪活动,成功地进行了适应革命任务要求的人民民主政权建设,卓有成效地展开了革命根据地的施政治理,代表了中国式法治现代化新道路的正确方向,为新中国成立之初的崭新的人民政权与国家制度建设提供了宝贵的历史经验。

其次,深入推进新民主主义革命法制建设。在新民主主义革命的伟大斗争中,中国共产党人深刻把握中国革命的发展阶段及其法权要求,坚持以马克思列宁主义、毛泽东思想为行动指南,从中国革命的具体实际出发,在艰苦的环境下持之以恒地推进新民主主义革命法制建设,创立了与中华民国南京国民政府"六法全书"体系根本对立的新型法律体系,为夺取新民主主义革命的伟大胜利奠定了重要的法治制度基础。从总体上看,尽管新民主主义革命法制在形式上比较简单,并且具有区域性的特点,但是它所确立的重要法律原则和法律制度,诸如工农兵人民代表大会制度,"三三制"民主政权形式,法律面前一律平等,保障人权,镇压与宽大相结合,管制,婚姻自由,男女平等,审判公开,死刑复核,辩护,人民调解制度等,无疑体现了新型法律制度的基本性质。具体而言,除了上述颁行的代表广大人民根本利益要求的宪法性文件,在不同的历史时期,革命根据地人民政权根据每个历史时期新民主主义革命的具体任务,展开了一系列立法活动。在土地革命战争时期,工农民主政权制定了《中华苏维埃共和国划分行政区域暂行条例》《地方苏维埃政府的暂行组织条例》《中华苏维埃共和国土地法》《中华苏维埃共和国婚姻法》《中华苏维埃共和国劳动法》《处理反革命案件和建立司法机关的暂行程序》《中华苏维埃共和国惩治反革命条例》等法律文件。尽管这一时期有些法律文件具有某些"左倾"盲动主义的倾向,但总体来看,它们对于巩固革命根据地的工农民主专政，推动革命形势的发展，起到了积极的作用。抗日战争时期，抗日民主政权先后制定了《陕甘宁边区保障人权财权条例》《陕甘宁边区政纪总则草案》《陕甘宁边区政务人员公约》《陕甘宁边区土地所有权条例》《陕甘宁边区婚姻条例》《陕甘宁边区劳动保护条例(草案)》《陕甘宁边区抗战时期惩治汉奸条例》《陕甘宁边区刑法总、分则草案》等法律文件，有力巩固了边区抗日民主政权，促进了抗日战争的胜利进行。解放战争时期，解放区人民民主政权制定了《中国土地法大纲》《约法八章》《惩治战争罪犯命令》等法律文件，为争取新民主主义革命的最后胜利提供了有力的法治保障。因而，新民主主义革命法制建设的深入推进，为中国式法治现代化的开辟奠定了重要基础。

最后，努力构建新民主主义司法制度。中国共产党人在领导人民进行新民主主义革命的斗争中，高度重视司法制度建设，使之成为开展革命斗争的重要手段。在司法体制的构架上，按照苏维埃的议行合一原则来建立司法机构。《中华苏维埃共和国宪法大纲》规定，全国苏维埃代表大会及中央执行委员会有权制定法院的系统组织，并颁布民事、刑事及诉讼法律；在中央委员会之下设立最高法院，以便保障中华苏维埃共和国革命法律的效力；在省、县、区、市各级苏维埃执行委员会之下，设立裁判所。抗日战争时期的边区民主政权的司法体制，也是遵循议行合一的原则而设立的，边区的行政机关担负着司法审判的职责。及至解放战争时期，这种议行合一原则指导下的司法与行政相结合的司法体系依然发挥着独特的司法作用。《华北人民政府组织大纲》规定华北人民政府下设华北人民法院，华北人民法院为华北区司法终审机关，但重大案件之判决，得经华北人民政府下设的司法部复核；死刑之执行，须经主席之批准，以命令行之。[①] 新民主主义革命时期民主政权的司法与行政相结

① 参见韩延龙、常兆儒编：《中国新民主主义革命时期根据地法制文献选编》(第2卷)，中国社会科学出版社1981年版，第455~456页。

合的司法体制,表明这一时期的司法机构还不够完备,亦不够系统。这一状况在当时的社会历史条件下是不可避免的,并且对新中国成立之初的司法体制产生了较大的影响。即便如此,革命根据地民主政权依然重视保障司法机关依法独立行使职权。《陕甘宁边区宪法原则》强调,"各级司法机关独立行使职权,除服从法律外,不受任何干涉","除司法机关、公安机关依法执行职务外,任何机关、团体不得有逮捕审讯的行为"。[①] 这充分表明,"保证司法机关依法独立公正行使职权是我们党的明确主张"。[②] 而保障司法机关依法独立行使职权的基本出发点,乃是更好地维护人民的合法的民主自由权利和人身权利,彰显人权保护的新民主主义革命法制的价值取向。《陕甘宁边区施政纲领》《晋冀鲁豫边区政府施政纲领》《华北人民政府施政方针》等革命根据地民主政权制定的法律文件,都明确规定司法权的专有原则,以保障人民合法权益。在长期的新民主主义司法实践中,中国共产党领导下的革命根据地司法机关牢记司法为民的根本宗旨,坚持走群众路线,深入做好司法活动中的群众工作,妥善化解矛盾纠纷,切实维护广大人民群众的最根本利益,创造了诸如"马锡五审判方式"这样的人民司法的生动样本,为新中国推进中国式司法现代化积累了宝贵的司法经验。

三、中国式法治现代化的初步基础

1949 年中华人民共和国的成立,是近代以来实现中华民族伟大复兴的里程碑之一,"实现了中国从几千年封建专制政治向人民民主的伟大飞跃,也极大改变了世界政治格局"。[③] 中华人民共和国成立后,中国共产党团结带领人民进行社会主义革命和建设,推动从新民主主义向社

---

① 参见韩延龙、常兆儒编:《中国新民主主义革命时期根据地法制文献选编》(第 1 卷),中国社会科学出版社 1981 年版,第 60 页。

② 参见习近平:《论坚持全面依法治国》,中央文献出版社 2020 年版,第 43 页。

③ 参见《中共中央关于党的百年奋斗重大成就和历史经验的决议》,人民出版社 2021 年版,第 8 页。

会主义的历史性转变,确立了社会主义基本制度,“实现了中华民族有史以来最为广泛而深刻的社会变革,实现了一穷二白、人口众多的东方大国大步迈进社会主义社会的伟大飞跃,为实现中华民族伟大复兴奠定了根本政治前提和制度基础”。[①]

面对错综复杂的国际国内形势,中国共产党人清醒地认识到,在中国的历史条件下,社会主义法治不可能在旧法制的基础上建立起来,必须运用革命的暴力手段打碎旧的国家机器,废除中华民国南京国民政府“六法全书”体系。在新中国成立前夕的1949年2月,中共中央发出了《关于废除国民党的六法全书与确定解放区的司法原则的指示》,揭示“六法全书”的阶级本质,确证废除“六法全书”的历史必然性,明确提出废除“六法全书”以后,人民的司法工作“应该以人民的新的法律作依据。在人民新的法律还没有系统地发布以前,应该以共产党政策以及人民政府与人民解放军所已发布的各种纲领、法律、命令、条例、决议作依据。目前在人民的法律还不完备的情况下,司法机关的办事原则应该是:有纲领、法律、命令、条例、决议规定者,从纲领、法律、命令、条例、决议之规定;无纲领、法律、命令、条例、决定规定者,从新民主主义的政策”。[②] 随后发布的《华北人民政府为废除国民党的六法全书及一切反动法律的训令》也强调,“人民的法律已经有了解放区人民相当长期的统治经验,有的已经研究好,写在人民政府、人民解放军发布的各种纲领、法律、条例、决议等规定里,有的正在创造。各级司法机关办案,有纲领、法律、条例、决议等规定的从规定,没有规定的,照新民主主义的政策办理。应该肯定,人民法律的内容,比任何旧时代统治者的法律,要文明与丰富,只须加以整理,即可臻于完备”。[③] 因而,废除中华民国南京国

① 参见习近平:《在庆祝中国共产党成立100周年大会上的讲话》,人民出版社2021年版,第5页。

② 参见韩延龙、常兆儒编:《中国新民主主义革命时期根据地法制文献选编》(第1卷),中国社会科学出版社1981年版,第87页。

③ 参见韩延龙、常兆儒编:《中国新民主主义革命时期根据地法制文献选编》(第1卷),中国社会科学出版社1981年版,第88~89页。

民政府的“六法全书”,确立人民司法工作的新的依据,进而建立人民司法组织的机构与制度,已经成为建立新型国家机器及法律与司法系统、开创中国式法治现代化新道路的基本法权要求。由此,作为中华人民共和国成立之初具有“宪章性质的基本大法”[①],1949 年 9 月 29 日通过的《中国人民政治协商会议共同纲领》(以下简称《共同纲领》)第 17 条明确规定:“废除国民党反动政府一切压迫人民的法律、法令和司法制度,制定保护人民的法律、法令,建立人民司法制度。”[②]在此基础上,中国共产党人坚持从中国的法治国情条件出发,建立和巩固崭新的国家政权,推进社会主义法治建设,为中华人民共和国成立以后国家的迅速发展创造了政治与法律制度条件。诚如习近平所指出的,“新中国成立初期,我们党在废除旧法统的同时,积极运用新民主主义革命时期根据地法制建设的成功经验,抓紧建设社会主义法治,初步奠定了社会主义法治的基础”。[③] 从 1949 年中华人民共和国诞生到 1956 年生产资料私有制的社会主义改造取得决定性胜利,这是中国几千年历史上最深刻、最伟大的社会变革时期,也是中国式法治现代化的奠基时期。

一是开创性地建构具有中国特色的社会主义国家制度体系。随着革命在全国范围内的胜利,创建新型的政治制度,实现国家制度与国家治理体系的根本性变革,进而开辟中国式法治现代化新道路,已经成为一个严峻而重大的历史性任务摆在中国共产党人面前。中国共产党人坚持从中国的基本国情出发,深刻揭示中国革命的历史运动规律,确立了由新民主主义类型的国家制度发展到社会主义类型的国家制度的指导原则。在《新民主主义论》中,毛泽东指出:“中国革命的历史进程,必须分为两步,其第一步是民主主义的革命,其第二步是社会主义的革命,这是性质不同的两个革命过程。”第一步的革命已经不是旧的以建立资产阶级专政的国家制度为目标的革命,而是新的以建立各个革命阶级联

---

① 参见《董必武法学文集》,法律出版社 2001 年版,第 28 ~ 30 页。

② 《中央人民政府法令汇编(1949—1950 年)》,法律出版社 1982 年版,第 21 页。

③ 参见《习近平关于全面依法治国论述摘编》,中央文献出版社 2015 年版,第 8 页。

合专政的国家制度为目标的革命，旨在为社会主义的发展扫清道路。[①]在《论人民民主专政》中，毛泽东精辟论述了中国新民主主义革命胜利以后建立人民民主国家政权的必然性，指出："总结我们的经验，集中到一点，就是工人阶级（经过共产党）领导的以工农联盟为基础的人民民主专政。"[②]因此，新民主主义的国家制度，既与旧民主主义的国家制度相区别，也同苏俄式的无产阶级专政的国家制度相区别，是一个在工人阶级领导下的以工农联盟为基础的国家制度。"我们把这样的国家制度称之为新民主主义的国家制度。"[③]与新民主主义国家制度的基本性质相适应，新民主主义政权的基本构成形式是人民代表大会制度。在《论联合政府》中，毛泽东在论及我们党为解决中国问题而提出的一般纲领时指出："新民主主义的政权组织，应该采取民主集中制，由各级人民代表大会决定大政方针，选举政府。它是民主的，又是集中的，就是说，在民主基础上的集中，在集中指导下的民主。只有这个制度，才既能表现广泛的民主，使各级人民代表大会有高度的权力；又能集中处理国事，使各级政府能集中地处理被各级人民代表大会所委托的一切事务，并保障人民的一切必要的民主活动。"[④]在上述理论原则的指导下，1949年9月中国人民政治协商会议第一届全体会议通过的《共同纲领》以及《中央人民政府组织法》，对中华人民共和国成立之初的新民主主义国家制度及其政权组织系统作出了明确规定，建立了一个全新的国家制度。随着我国社会由新民主主义向社会主义过渡，1954年9月召开的一届全国人大一次会议通过了《宪法》（以下简称"五四宪法"），它在《共同纲领》的基础上进一步创新发展共和国的国家制度，用国家根本大法的形式把人民民主和社会主义原则固定下来，为社会主义制度在中国的全面确立奠定了根本法基础。与《共同纲领》相比，"五四宪法"赋

---

① 参见《毛泽东著作选读》（上册），人民出版社1986年版，第351、355页。

② 《毛泽东著作选读》（下册），人民出版社1986年版，第687页。

③ 《毛泽东选集》（第3卷），人民出版社1991年版，第1056页。

④ 《毛泽东选集》（第3卷），人民出版社1991年版，第1057页。

予国家性质以崭新的属性和内容，规定“中华人民共和国是工人阶级领导的以工农联盟为基础的人民民主国家”（第1条）；总结了新中国成立以来民主政治建设的实践经验以及国家政权机关工作的经验，对国家根本政治制度作了更加完备的规定，强调“中华人民共和国的一切权力属于人民。人民行使权力的机关是全国人民代表大会和地方各级人民代表大会”（第2条），由此，人民代表大会制度正式建立。“中国这样一个有五千多年文明史、几亿人口的国家建立起人民当家作主的新型政治制度，在中国政治发展史乃至世界政治发展史上都是具有划时代意义的。”①此外，“五四宪法”还建立了一个以国家权力机关为核心的更加完整的国家机构体系，以适应日益复杂化和专门化的国家治理与社会治理的需要；进一步丰富了民族区域自治制度，完善了国家结构形式；形成了与国家制度的性质与形式相适应的公民权利体系，为当代中国公民权利制度创设了根本法基础，从而建构了具有中国特色的社会主义国家制度与国家治理体系，实现了对于近代中国以来各种国家制度方案的历史性超越，为开辟中国式法治现代化创设了宪制基础。

二是重建了新型的社会主义法律秩序。任何一场剧烈的社会革命运动，要实现其预定的社会革命的目标，不仅要从根本上改变旧的国家制度与法律制度的本质和结构，而且要建立新的国家制度与法律制度赖以存在和发展的社会与法律秩序。在新中国成立之初，国家生活的重心就是要在逐步实现国家制度根本性变革的基础上重建社会与法律秩序。这一时期开展的土地改革运动、镇压反革命运动、贯彻婚姻法运动、“三反”和“五反”运动、司法改革运动以及“一化三改造”运动等以群众运动方式推进的一系列重大社会变革运动，对重建法律秩序起到了重要的作用。因此，在新中国成立以来的一段相当长的历史时期内，中国式法治现代化进程的一个明显特点便是法治发展与群众运动交织在一起，形成有机的互动关系。这些大规模的群众运动，有力推动了新中国成立之初

① 习近平：《论坚持全面依法治国》，中央文献出版社2020年版，第67页。

的法治发展,一些法律是在群众运动以后才制定的。比如,《惩治反革命条例》不是在镇压反革命运动之前就已经制定好的,而是在镇压反革命运动过程中制定出来的;《惩治贪污条例》也不是“三反”运动之前制定的,而是在“三反”运动的后期才制定的;等等。“这说明我国的法律都不是事先写好,而是先做起来。然后在总结经验的基础上制成了法律。”[①]不仅如此,新中国成立之初大规模的群众运动的展开,也需要法律为这些运动的进行提供保障。在新生的人民共和国政权刚刚建立的社会历史条件下,发动群众运动,进行社会改革,这是我们党组织社会动员、重建社会与法律秩序、巩固新生革命政权的基本方式。然而,“革命的群众运动是不完全依靠法律的,这可能带来一种副产物,助长人们轻视一切法制的心理,这也就增加了党和国家克服这种心理的困难”[②]。因此,在国家和社会生活转向以经济建设为中心的新的历史条件下,那种依靠群众运动来组织社会动员、重建社会与法律秩序、推进国家与社会治理的方式已经不合时宜了,必须着手系统地制定比较完备的法律,推动国家法治发展,夯实社会秩序的法治基础。1956 年 9 月召开的党的八大,基于对新中国成立以来的国内外形势的科学分析,作出了“我们国内的主要矛盾,已经是人民对于建立先进的工业国的要求同落后的农业国的现实之间的矛盾,已经是人民对于经济文化迅速发展的需要同当前经济文化不能满足人们需要的状况之间的矛盾”的重大政治论断。由此,党的八大强调,“我们必须进一步加强人民民主的法制,巩固社会主义建设的秩序。国家必须根据需要,逐步地系统地制定完备的法律。一切国家机关和国家工作人员必须严格遵守国家的法律,使人民的民主权利充分地受到国家的保护”。[③] 这一重视和加强法治建设的基本取向,在司法领域中亦集中地反映出来。在新中国成立之初的特殊社会条件下,将司法机关纳入政府体系之中,规定各该级法院和检察署接受同

---

① 参见《董必武法学文集》,法律出版社 2001 年版,第 311 页。

② 《董必武法学文集》,法律出版社 2001 年版,第 350 页。

③ 参见《建国以来重要文献选编》(第 9 册),中央文献出版社 2011 年版,第 301 页。

级人民政府委员会的领导,实行司法与行政相结合的司法体制,这有其存在的历史合理性。随着新生的人民政权的不断巩固和国家制度体系的逐步完善,司法机关依法独立行使职权的原则与制度逐步确立起来。“五四宪法”第78条规定:“人民法院独立进行审判,只服从法律。”第83条规定:“地方各级人民检察院独立行使职权,不受地方国家机关的干涉。”1954年的《人民法院组织法》和《人民检察院组织法》亦作出了与“五四宪法”相一致的规定。此外,在司法实践中,加强和改进党对司法工作的领导,经历了一个探索的过程。镇压反革命运动是新中国成立之初的一切重大政治斗争。如何把握捕杀批准权?毛泽东强调,整个镇压反革命的工作必须在各级党委的统一领导下,“最主要的是捕人杀人名单的批准权必须控制在地委市委一级手里”。[①] 随着国家政权的巩固以及国家法治建设的进展,党委逐渐从具体的司法事务中超脱出来,而由专门的司法机关负责案件的办理。1954年12月颁行的《逮捕拘留条例》规定,任何公民,非经人民法院决定或者人民检察院批准,不受逮捕。党的八大关于政治报告的决议,特别提及对反革命罪犯判处死刑的权限事宜,强调“需要处死刑的案件,应当一律归最高人民法院判决或者批准”。[②] 1957年7月一届全国人大四次会议通过专门的决议,指出:“今后一切死刑案件,都由最高人民法院判决或者核准。”同年9月,全国人大常委会就最高人民法院的有关专门报告作出批复,强调“按照法院组织法由高级人民法院负责核准或者终审判决的死刑案件,仍由高级人民法院判决或者负责审核。高级人民法院认为应当判处死刑的案件,应报请最高人民法院核准后执行。高级人民法院认为不应当判处死刑的案件,即由高级人民法院依照法律的规定发回下级

① 参见中共中央文献研究室等编:《共和国走过的路——建国以来重要文献专题选集(1949—1952)》,中央文献出版社1991年版,第243页。

② 参见《中华人民共和国法规汇编(1956年7月—12月)》,法律出版社1957年版,第14页。

人民法院再审或者提审"。[1] 因之,中国式法治现代化的探索愈益呈现崭新的历史趋向。

三是展开较大规模的法律创制活动。在新中国成立之初的复杂社会历史条件下,从旧的生产关系的束缚下解放社会生产力,巩固新生的革命政权,重建社会与法律秩序,在很大程度上只能由立法机关根据党和人民政府的政策,制定一些临时性的具有纲领性的法律。新中国成立之初探索中国式法治现代化新道路的一个显著特点就是推进国家治理与社会治理,不仅靠法律,而且也靠政策,政策调整在国家与社会治理中发挥着主导的支配性的作用。尽管如此,中国共产党依然重视加强人民民主法治建设,注意运用法律与政策相结合的方式治理国家与社会,以适应新的社会经济政治情况不断发展的客观要求。从 1949 年到 1956 年新中国成立之初的七年间,法律创制工作大致经历了两个前后相继的发展阶段。第一个阶段是以具有临时宪法性质的《共同纲领》为基础的法律创制,其特点是运用立法手段,巩固革命的胜利成果,建立新民主主义的政治、经济、社会与法律秩序保障各项社会民主改革运动的顺利进行。在这一阶段,先后制定了中央人民政府组织法以及地方各级人民政府和司法机关的组织通则,还制定了工会法、婚姻法、土地改革法、惩治反革命条例、惩治贪污条例,以及有关民族区域自治、财经与贸易管理、金融与税收、公私企业管理、商业合同、商标注册、发明权与专利权保护等一系列法律法令。

第二个阶段则是以"五四宪法"为基础,加快国家立法进程,推动从新民主主义向社会主义的转变,全面构架社会主义制度的法律基础,促进国家的工业化进程。这一时期在"五四宪法"的指引下,制定了一些有关国家机关和国家制度的各项重要法律法令,例如,《全国人民代表大会组织法》《地方各级人民代表大会和地方各级人民委员会组织法》

---

① 参见《中华人民共和国法规汇编(1957 年 7 月—12 月)》,法律出版社 1958 年版,第 296 ~ 297 页。

《人民法院组织法》《人民检察院组织法》，等等。为适应农业、手工业和资本主义工商业的社会主义改造运动的需要，制定了《农业生产合作社示范章程》《高级农业生产合作社示范章程》《公私合营工业企业暂行条例》《手工业合作组织交纳工商业税暂行办法》《关于对私营工商业在改造过程中交纳工商业税的暂行规定》等法律法规。在这一时期，民法、刑法的草拟工作开始提上议事日程。从 1954 年年底开始，一届全国人大常委会组织专门班子编订民法典，到 1956 年 12 月，形成了新中国的第一部民法典草案。这部民法典草案包括总则、所有权、债法与继承法等诸篇内容，共 500 余条。它坚持从中华人民共和国成立初期经济社会条件出发，注重借鉴苏俄民事立法的有益经验，构建了具有中国特色的民事立法框架，虽未及审议颁行，但其编纂过程为当代中国的民法典编纂工作积累了宝贵的历史经验。从 1950 年 7 月中央人民政府法制委员会最初编制的《刑法大纲草案》，到党的八大之后进一步加快刑法的编订步伐，截至 1957 年 6 月，国家立法机关已经起草刑法草案达二十二稿之多，从而为 1979 年刑法的制定颁布提供了有益的立法经验。与此同时，诉讼立法亦开始启动。虽然中华人民共和国成立之初由中央人民政府法制委员会起草的《诉讼程序通则（草案）》，因各方意见不一致而被延搁，但是在一届全国人大之后，最高人民法院按照法院组织法的要求，组织若干工作组，深入全国各地法院开展调查研究工作，认真总结新中国成立以来民事诉讼与刑事审判工作的经验与做法，分别形成《民事案件审理程序的初步总结》和《刑事案件审理程序的初步总结》这两份重要的司法文件，经 1955 年 7 月最高人民法院审判委员会审定通过，并下发各大、中城市法院参酌试行。后在这两份司法文件的基础上，又分别形成《各级人民法院民事案件审判程序总结》（1956 年 10 月 17 日）和《各级人民法院刑事案件审判程序总结》（1956 年 10 月 17 日），有力指导了中华人民共和国成立初期的司法审判工作，也为后来的刑事诉讼法和民事诉讼法的编订工作提供了重要的司法素材。很显然，中华人民共和国成立初期的立法工作确乎取得了重要进展，逐步地由简而繁地形成了以“五四宪法”为核心的法律法规框架，探索中国式法治现代化新道路取得了重要进展。诚如习近平指出的，“新中国成立后，在社会主义革命、社会主义建设时期，我们党领导人民制定了‘五四宪法’和国家机构组织法、选举法、婚姻法等一系列重要法律法规，建立起社会主义法制框架体系，确立了社会主义司法制度”。[①] 探索中国式法治现代化新道路的过程虽然经历了重大挫折，但是，中国共产党人在社会主义革命和建设中取得的独创性的法治理论成果和法治建设的重要进展，为在改革开放的历史新时期开创中国式法治现代化提供了宝贵经验、理论准备和实践基础。

四、中国式法治现代化的形成

1978 年 12 月召开的党的十一届三中全会，是当代中国政治生活中具有里程碑意义的一件大事，开启了当代中国改革开放的新的伟大社会革命，中国式法治现代化由此进入了一个革命性变革的历史新时期。“改革开放和社会主义现代化建设新时期，党面临的主要任务是，继续探索中国建设社会主义的正确道路，解放和发展社会生产力，使人民摆脱贫困、尽快富裕起来，为实现中华民族伟大复兴提供充满新的活力的体制保证和快速发展的物质条件。”[②]这场新的伟大社会革命在法治领域的集中体现，就是实现从传统的计划经济体制下的政策型的法律秩序向社会主义市场经济体制下的现代法理型法治秩序的历史变革，推动中国式法治现代化新道路的形成。党的十一届三中全会以来，作为执政党的中国共产党，始终总揽着这场新的伟大社会革命的全局并且主导着中国式法治现代化新道路的运动方向，深入总结我国社会主义法治建设的成功经验和深刻教训，提出社会主义民主制度化、法律化的重大法治方

① 参见习近平：《坚定不移走中国特色社会主义法治道路　为全面建设社会主义现代化国家提供有力法治保障》，载《求是》2021 年第 5 期。

② 《中共中央关于党的百年奋斗重大成就和历史经验的决议》，人民出版社 2021 年版，第 14～15 页。

针,把依法治国确定为党领导人民治理国家的基本方略,把依法执政确定为党治国理政的基本方式,中国式法治现代化取得了历史性进步。正如习近平所强调的,“进入改革开放历史新时期,我们党提出‘有法可依、有法必依、执法必严、违法必究’的方针,强调依法治国是党领导人民治理国家的基本方略、依法执政是党治国理政的基本方式,不断推进社会主义法治建设”[①]。在这场新的伟大社会革命的强劲推动下,经过改革开放以来广泛而深刻的社会与法治变革,我国开辟了中国特色社会主义法治道路,创造了中国式法治现代化新道路,持续推进了当代中国法治现代化的历史进程。

第一,把依法治国确立为中国共产党领导人民治理国家的基本方略。党的十一届三中全会认真讨论了民主和法制问题,深刻总结“文化大革命”期间法制遭到严重破坏的沉痛教训,把加强社会主义法治、实现从人治到法治的转变的历史性任务提到全党全国人民面前,强调“为了保障人民民主,必须加强社会主义法制,使民主制度化、法律化,使这种制度和法律具有稳定性、连续性和极大的权威”,并且提出“有法可依、有法必依、执法必严、违法必究”的历史新时期法治建设方针。[②] 党的十一届三中全会所确立的我国法治建设的指导方针,有力推动了中国式法治现代化新道路的形成。1979 年 7 月召开的五届全国人大二次会议,审议通过了《刑法》《刑事诉讼法》等 7 部法律。为了确保《刑法》《刑事诉讼法》得到有效贯彻实施,1979 年 9 月,中共中央专门向全党发出了《关于坚决保证刑法、刑事诉讼法切实实施的指示》(以下简称“九月指示”),第一次明确提出“实行社会主义法治”,深刻阐述了刑事司法法治工作的基本要求,并且把《刑法》《刑事诉讼法》能否严格执行上升到“直接关系到党和国家信誉”的重大高度来加以突出强调,这确乎意

① 参见习近平:《坚定不移走中国特色社会主义法治道路 为全面建设社会主义现代化国家提供有力法治保障》,载《求是》2021 年第 5 期。

② 参见《三中全会以来重要文献选编》(上),人民出版社 1982 年版,第 10 页。

义重大而深远。[①] 1982 年 12 月 4 日,“八二宪法”把三中全会以来我们党推进法治建设的成功经验上升为宪法规范,确立了国家法制统一的原则,规定“国家维护社会主义法制的统一和尊严”,从而为中国式法治现代化新道路夯实了根本法基础。在“八二宪法”的指引下,中国式法治现代化日益向纵深推进。1997 年 9 月召开的党的十五大,在我们党的历史上第一次郑重提出了依法治国、建设社会主义法治国家的基本方略。这无疑是一个历史性的重大战略决策。依法治国基本方略的提出与贯彻,给中国式法治现代化新道路注入了崭新的内涵,有力推动了当代中国法治发展进程。

第二,把依法执政确定为中国共产党治国理政的基本方式。新中国的诞生,揭开了中华民族历史发展的新纪元。中国共产党从领导人民为夺取全国政权而奋斗的党,成为领导人民掌握全国政权并且长期执政的党。随着这一巨大而深刻的转变,中国共产党的执政方式面临着新的重大课题。“九月指示”按照“实行社会主义法治”的指导方针,第一次全面地、科学地确立了中国共产党对司法工作领导的基本原则和工作机制,强调要加强党对司法工作的领导,切实保证司法机关行使宪法和法律规定的职权。加强党委对司法工作的领导,最重要的一条,就是切实保证检察院独立行使检察权,法院独立行使审判权,使之不受其他行政机关、团体和个人的干涉。国家法律是党领导制定的,司法机关是党领导建立的,任何人不尊重法律和司法机关的职权,首先损害党的领导和党的威信。党委与司法机关各有专责,不能互相代替,不应互相混淆。基于上述认识,“九月指示”宣布“中央决定取消各项党委审批案件的制度”,[②]并且对新形势下加强和改进党对司法工作的领导提出了具体要求。“九月指示”具有重大的政治与法治意义,对于构建中国特色社会主义司法制度,推动中国式法治现代化新道路的形成,产生了重要的促

---

① 参见《三中全会以来重要文献汇编》(上),人民出版社 1982 年版,第 257 页。

② 参见《三中全会以来重要文献汇编》(上),人民出版社 1982 年版,第 259 页。

进作用。为了保证“九月指示”的有效贯彻落实,1980 年年初,中共中央决定在各级党委中成立政法委员会,明确政法委员会是党委的一个工作部门,并对政法委的主要职责作出了规定。这就使加强和改进党对司法工作的领导进一步制度化、规范化。此后,中共中央先后发出《关于全党必须坚决维护社会主义法制的通知》等文件,进一步重申和强调“九月指示”的精神。20 世纪 90 年代以后,中共中央反复强调要加强和改进党对法治建设的领导。进入 21 世纪以来,中国共产党深刻揭示共产党的执政规律,对改革和完善党的领导方式和执政方式作出了重大战略部署。2002 年召开的党的十六大提出了依法执政的重大命题,指出:“必须增强法制观念,善于把坚持党的领导、人民当家作主和依法治国统一起来,不断提高依法执政的能力。”①这是新的历史条件下中国共产党领导人民有效治理国家和社会的根本保证。2004 年 9 月召开的党的十六届四中全会通过了《中共中央关于加强党的执政能力建设的决定》,系统地阐述了中国共产党依法执政的基本内容和要求,强调“依法执政是新的历史条件下党执政的一个基本方式”。② 依法执政这个全新的执政理念的提出,充分反映了新的社会历史条件对党的执政能力建设的新要求,是加强和巩固中国共产党的执政地位、推进依法治国进程的一个重大举措,丰富和发展了中国式法治现代化新道路的基本内容。

第三,形成和完善以宪法为统帅的中国特色社会主义法律体系。随着中国式法治现代化新道路的历史性展开,中国特色社会主义法律体系亦在逐步形成。党的十一届三中全会明确提出,从现在起应当把立法工作摆到全国人民代表大会及其常务委员会的重要议程上来。于是,承继国家成立初期立法发展取得的重要成就与经验,切实加强立法工作,逐步形成中国特色社会主义法律体系,便成为推进国家法治化进程、形成和发展中国式法治现代化新道路的一件大事。在党中央的领导下,全国

---

① 《中国共产党第十六次全国代表大会文件汇编》,人民出版社 2002 年版,第 39 页。

② 参见《十六大以来重要文献选编》(中),中央文献出版社 2006 年版,第 281 页。

人大及其常委会大规模地开展立法工作。社会主义市场经济是法治经济。进入20世纪90年代,随着党的十四大将建立社会主义市场经济体制确立为我国经济体制改革的目标,进一步加强法治建设的战略任务更加突出地摆在全党全国人民面前。1993年11月召开的党的十四届三中全会作出了《中共中央关于建立社会主义市场经济体制若干问题的决定》,提出到20世纪末初步建立起新的经济体制,并且强调必须围绕社会主义市场经济的主要环节,建立相应的法律体系。[①] 这一时期,在20世纪80年代制定的《民法通则》《企业破产法》《全民所有制工业企业法》等民商事法律的基础上,适应社会主义市场经济的法权要求,全国人大及其常委会又制定了《反不正当竞争法》《公司法》《消费者权益保护法》《合同法》《商业银行法》《合伙企业法》《票据法》《保险法》《海商法》等民商事法律,一个既与文明社会民商事法治文化及其规则相沟通,又具有鲜明中国特色的民商事法律架构正在逐步形成。经过持续不断的探索实践,党的十五大在提出坚持依法治国基本方略的同时,第一次明确提出"加快立法工作,提高立法质量,到二〇一〇年形成中国特色社会主义法律体系"的历史性任务。[②] 很显然,设定形成中国特色社会主义法律体系的具体时间表,充分反映了当代中国共产党人坚定地开拓中国式法治现代化新道路的理性自觉。经过新中国成立以来特别是改革开放历史新时期以来的不懈努力,当代中国的立法事业取得了巨大成就。于1982年制定了现行宪法,此后又根据客观形势的需要,全国人大先后于1988年4月12日、1993年3月29日、1999年3月15日和2004年12月4日审议通过了4个宪法修正案,这深刻反映了宪制与社会变革之间的互动关系。到2010年年底,我国已制定现行有效法律236件,行政法规690件,地方性法规8600多件,并且全面完成对现行法律、行政法规和地方性法规的集中清理工作。目前,涵盖社会生活各

---

① 参见《十四大以来重要文献选编》(上),人民出版社1996年版,第543~544页。

② 参见《十五大以来重要文献选编》(上),人民出版社2000年版,第33页。

个方面的法律部门已经齐全,各法律部门中基本的、主要的法律已经制定,法律体系内部总体做到科学和谐统一。因此,2011 年 3 月召开的十一届全国人大四次会议郑重宣布中国特色社会主义法律体系已经如期形成。[①] "这是一个了不起的重大成就"[②],在中国式法治现代化的形成与发展历程中具有里程碑意义。

五、中国式法治现代化的拓展

党的十八大以来,中国特色社会主义进入了新时代,这是当代中国发展的新的历史方位。"党面临的主要任务是,实现第一个百年奋斗目标,开启实现第二个百年奋斗目标新征程,朝着实现中华民族伟大复兴的宏伟目标继续前进。"[③]习近平指出,"党的十九大作出中国特色社会主义进入新时代这个重大政治论断,我们必须认识到,这个新时代是中国特色社会主义新时代,而不是别的什么时代","新时代中国特色社会主义是我们党领导人民进行伟大社会革命的成果,也是我们党领导人民进行伟大社会革命的继续,必须一以贯之进行下去"。[④] 党的十八大以来,法治在国家现代化进程中的地位更加突出、作用更加重大,中国式法治现代化新道路进一步完善和拓展。以习近平同志为核心的党中央从坚持和发展中国特色社会主义、确保党和国家长治久安的战略高度,深入总结我国社会主义法治建设的成功经验和深刻教训,总揽中国式法治现代化新道路的战略全局,统筹谋划全面推进依法治国、加快建设法治中国的法治工程方案,清晰地展示了完善和发展中国式法治现代化的战略大视野和大智慧。

第一,提出推进国家治理现代化、建设法治中国的重大战略任务。法治是人类文明进步的重要标志,是近代以来社会政治、经济与社会文

① 参见《中华人民共和国全国人民代表大会常务委员会公报》2011 年第 3 号,第 333 页。

② 习近平:《论坚持全面依法治国》,中央文献出版社 2020 年版,第 95 页。

③ 《中共中央关于党的百年奋斗重大成就和历史经验的决议》,人民出版社 2021 年版,第 23 页。

④ 参见《习近平谈治国理政》(第 3 卷),外文出版社 2020 年版,第 69、70 页。

明发展的制度成果。在当代中国,法治是治国理政的基本方式,旨在把国家和社会生活纳入制度化、规范化、程序化的轨道之中,实施有效规则之治。党的十八大提出,要“更加注重发挥法治在国家治理和社会管理中的重要作用”。[①] 党的十八届三中全会把完善和发展中国特色社会主义制度、推进国家治理体系和治理能力现代化确定为全面深化改革的总目标,将“推进法治中国建设”的历史性任务第一次载入党的文献之中,强调“建设法治中国,必须坚持依法治国、依法执政、依法行政共同推进,坚持法治国家、法治政府、法治社会一体建设”。[②] 党的十八届四中全会在中国共产党历史上第一次专题研究全面推进依法治国若干重大问题,精心谋划全面推进依法治国的战略蓝图和总体布局,庄严号召全党同志和全国各族人民“为建设法治中国而奋斗”。[③] 党的十八届五中全会进一步强调,“必须坚定不移走中国特色社会主义法治道路”,“加快建设法治经济和法治社会,把经济社会发展纳入法治轨道”。[④] 党的十九大把“坚持全面依法治国”确立为新时代坚持和发展中国特色社会主义基本方略的有机构成要素,强调“全面依法治国是中国特色社会主义的本质要求和重要保障”,是国家治理的一场深刻革命,“必须坚持厉行法治”。[⑤] 党的十九届二中全会审议通过了《中共中央关于修改宪法部分内容的建议》,为新时代坚持和发展中国特色社会提供了坚强的宪法保障。据此,十三届全国人大一次会议审议通过的“宪法新修正案”,充实完善现行宪法有关制度规定,明确表达中国式法治现代化新道路的宪法逻辑。党的十九届三中全会对深化党和国家机构改革作出重要部

---

① 参见《中国共产党第十八次全国代表大会文件汇编》,人民出版社2012年版,第24页。

② 参见《中共中央关于全面深化改革若干重大问题的决定》,人民出版社2013年版,第3、31～32页。

③ 参见《中共中央关于全面推进依法治国若干重大问题的决定》,人民出版社2014年版,第40页。

④ 参见《中共中央关于制定国民经济和社会发展第十三个五年规划的建议》,人民出版社2015年版,第6页。

⑤ 参见《中国共产党第十九次全国代表大会文件汇编》,人民出版社2017年版,第18、31页。

署，提出“加快推进国家治理体系和治理能力现代化，努力形成更加成熟、更加定型的中国特色社会主义制度，这是摆在我们党面前的一项重大任务”，[①]并且根据十九大的总体部署，决定组建中央全面依法治国委员会，以加强党中央对法治中国建设的集中统一领导。[②] 党的十九届四中全会把坚持和完善中国特色社会主义法治体系、提高党依法治国依法执政能力，纳入推进国家制度和国家治理体系建设的总体战略部署之中，提出了新时代加强法律制度建设的具体任务。[③] 党的十九届五中全会从当代中国进入全面建设社会主义现代化国家的新发展阶段的实际出发，勾画了到2035年基本建成法治国家、法治政府、法治社会的基本实现法治现代化的远景目标，部署了“十四五”时期法治建设的重点任务。党的十九届六中全会全面总结党的百年奋斗的伟大成就和宝贵经验，系统回顾十八大以来全面依法治国取得的重大进展，指出“党的十八大以来，中国特色社会主义法治体系不断健全，法治中国建设迈出坚实步伐，法治固根本、稳预期、利长远的保障作用进一步发挥，党运用法治方式领导和治理国家的能力显著增强”。[④] 党的二十大回顾总结新时代十年全面依法治国的伟大变革及其重大进展，强调十八大召开十年来，“社会主义法治国家建设深入推进，全面依法治国总体格局基本形成，中国特色社会主义法治体系加快建设，司法体制改革取得重大进展，社会公平正义保障更为坚实，法治中国建设开创新局面”，并且对新时代新征程坚持全面依法治国、推进法治中国建设作出了新的战略部署。[⑤] 因而，习近平强调，“法律是治国之重器，法治是国家治理体系和

---

① 参见《中共中央关于深化党和国家机构改革的决定》，人民出版社2018年版，第14页。

② 参见《深化党和国家机构改革方案》，人民出版社2018年版，第4页。

③ 参见《中共中央关于坚持和完善中国特色社会主义制度　推进国家治理体系和治理能力现代化若干重大问题的决定》，人民出版社2019年版，第13～15页。

④ 参见《中共中央关于党的百年奋斗重大成就和历史经验的决议》，人民出版社2021年版，第43页。

⑤ 参见《中国共产党第二十次全国代表大会文件汇编》，人民出版社2022年版，第8、33～35页。

治理能力的重要依托”。[①] 中国式法治现代化正在波澜壮阔地展开，深刻地改变着国家与社会生活的基本面貌。

第二，明确新时代全面依法治国的总目标、战略安排和重点任务。在当代中国，作为国家治理现代化的制度基础和重要依托，全面依法治国有其确定的内在目标。党的十八届四中全会将“建设中国特色社会主义法治体系，建设社会主义法治国家”确立为全面推进依法治国的总目标，强调要形成完备的法律规范体系、高效的法治实施体系、严密的法治监督体系、有力的法治保障体系，形成完善的党内法规体系。[②] 习近平将建设中国特色社会主义法治体系称为“全面推进依法治国的总抓手”，明确要求“依法治国各项工作都要围绕这个总抓手来谋划、来推进”。[③] 从形成法律体系到建设法治体系，这反映了当代中国共产党人对中国法治发展规律的深刻认识和把握，记载了创造中国式法治现代化的时代轨迹。党的十八大以来，以建设中国特色社会主义法治体系为全面依法治国总抓手的法治事业深入展开，迈出重大步伐，取得重大进展。《民法典》的编纂与施行，在新时代中国法治现代化进程中具有重大意义。在新中国的立法史上，民法典是第一部以“法典”命名的法律，它系统整合了新中国成立 70 多年来长期实践中形成的民事法律规范，构造了一个和谐协调、有机统一的集大成的民事法律体系，具有鲜明的中国特色、实践特色、时代特色，在中国特色社会主义法律体系中具有基础性的重要地位，对于建设法治中国，发展社会主义市场经济，维护广大人民群众合法权益，推进中国式法治现代化新道路，意义重大而深远。党的十九大基于新时代我国社会主要矛盾的新变化，对开启全面推进法治中国建设新征程、实现中国式法治现代化作出了战略安排，确定了建成法治中国、实现国家治理现代化的“新两步走”的路线图和时间表。

---

① 参见习近平：《论坚持全面依法治国》，中央文献出版社 2020 年版，第 85 页。

② 参见《中共中央关于全面推进依法治国若干重大问题的决定》，人民出版社 2014 年版，第 4 页。

③ 参见习近平：《论坚持全面依法治国》，中央文献出版社 2020 年版，第 93 页。

即从2020年到2035年，在全面建成小康社会的基础上，再奋斗15年，基本实现国家现代化，在这一过程中，“法治国家、法治政府、法治社会基本建成，各方面制度更加完善，国家治理体系和治理能力现代化基本实现”；从2035年到21世纪中叶，在基本实现国家现代化的基础上，再奋斗15年，把我国建成现代化强国，在这一过程中，包括法治文明在内的政治文明将全面提升，“实现国家治理体系和治理能力现代化”。[①] 党的二十大进一步重申了十九大关于实现中国式法治现代化的“新两步走”的战略安排。[②] 十九大和二十大关于新时代中国式法治现代化的战略安排，清晰地表达了当代中国共产党人矢志不渝坚持和拓展中国式法治现代化的坚定意志。实现新时代推进中国式法治现代化的战略安排，必须精心谋划，把握重点，扎实推进。在中央全面依法治国委员会第一次会议上，习近平总书记部署了推进新时代全面依法治国的七项重点任务：一是研究制定法治中国建设规划；二是全面贯彻实施宪法；三是推进科学立法工作；四是加强法治政府建设；五是深化司法体制改革；六是推进法治社会建设；七是加强法治工作队伍建设和法治人才培养。[③] 在中央全面依法治国委员会第二次会议上，习近平总书记进一步强调，面对新一轮对外开放，要“加快涉外法治工作战略布局”，“提高我国在全球治理体系变革中的话语权和影响力”。[④] 很显然，这些战略性的重点任务，有力回应了新时代我国社会主要矛盾新变化对法治中国建设提出的新要求，确立了新时代推进中国式法治现代化的主攻方向，必将对坚持和拓展中国式法治现代化产生深远影响。

第三，坚持在法治下推进改革、在改革中完善法治。在当代中国，中国式法治现代化进程与法治改革进程是内在地结合在一起的。新时代推进中国式法治现代化的历史性任务，对深化法治领域改革提出了新的

① 参见《中国共产党第十九次全国代表大会文件汇编》，人民出版社2017年版，第23页。
② 参见《中国共产党第二十次全国代表大会文件汇编》，人民出版社2022年版，第20～21页。
③ 参见习近平：《论坚持全面依法治国》，中央文献出版社2020年版，第232～235页。
④ 参见习近平：《论坚持全面依法治国》，中央文献出版社2020年版，第256～258页。

更高的要求。坚定不移地推进法治领域改革,有效破解法治实践中存在的法治难题,努力克服影响法治发展的体制性、机制性、保障性问题,进而推进中国特色社会主义法律制度的自我完善和发展,这是在新时代伟大社会革命的引领下,坚持和拓展中国式法治现代化新道路面临的一项重大而紧迫的任务。党的十八大以来,以习近平同志为核心的党中央悉心把握中国国情的基本特点,在借鉴吸收世界法治文明有益成果的同时,从中国的实际出发,遵循中国式法治现代化的内在机理与规律,坚持“在法治下推进改革,在改革中完善法治”①的基本要求,走出了一条自主型的中国法治改革之路。党的十八届三中、四中全会分别把全面深化改革、全面依法治国作为主题并作出相关决定,这具有紧密的内在逻辑,是一个总体部署在时间轴上的顺序展开,体现了“破”和“立”的辩证统一。② 改革和法治如“鸟之两翼、车之两轮”,有力推动中国式法治现代化新道路向纵深拓展。迈入新时代的中国法治改革,注重加强顶层设计和统筹谋划,更加突出法治领域改革的系统性、整体性和协同性,强化法治改革措施的全面考量、相互配合、整体协调,形成合力,从而使法治改革方案更具针对性、实效性和可操作性。迈入新时代的中国法治改革,注重强化问题导向,抓住法治工作中人民群众反映强烈、事关法治建设全局的突出问题和关键问题,在深入调查研究的基础上,推出强有力的法治改革举措,攻坚克难,锐意进取,开创了法治领域改革的新局面。迈入新时代的中国法治改革,注重增强人民群众的“获得感”,坚持以人民为中心的法治发展准则,把促进和实现社会公平正义作为法治改革的出发点和落脚点,以人民是否满意、是否有“获得感”来检验法治改革的成败得失,努力使法治改革合乎民心、顺乎民意。迈入新时代的中国法治改革,注重恪守依法改革的原则,把法治领域改革纳入法治化的轨道加以推进,做到重大改革于法有据,努力实现改革决策与立法工作有机衔

---

① 《习近平关于全面依法治国论述摘编》,中央文献出版社 2015 年版,第 52 页。

② 参见《习近平关于全面依法治国论述摘编》,中央文献出版社 2015 年版,第 13 ~ 14 页。

接、相互促进，坚持运用法治方式来推进法治领域改革，从而着力解决好人民不断增长的法治新需要与不平衡不充分的法治发展之间的矛盾，为更好发挥法治固根本、稳预期、利长远的保障作用奠定坚实有力的法治体制、法治制度和法治机制基础，开拓中国式法治现代化的崭新境界。

六、小结

独特的国情和文化传统决定了中国必然要走适合自己特点的法治现代化道路。“走自己的路，是党百年奋斗得出的历史结论。”①中国共产党成立100多年以来，团结带领人民进行艰苦卓绝、气壮山河的伟大社会革命，把马克思主义法治理论基本原理同中国具体实际相结合、同中华优秀传统法律文化相结合，始终坚持从本国国情出发，自主地探索并形成符合本国实际的中国式法治现代化新道路，在世界法治现代化进程中具有标识性的重大意义。

中国共产党人对于中国式法治现代化的早期探索，是同新民主主义革命法制的创立和发展密切相连的。我们党深刻把握近代中国社会的主要矛盾，坚持从新民主主义革命的主要任务以及不同历史阶段革命斗争的需要出发，加强新民主主义革命时期根据地法制建设，建立新民主主义政治制度，形成了与南京国民政府“六法全书”体系根本对立的新民主主义法律体系与原则，构建了新民主主义的人民司法制度，为开辟中国式法治现代化积累了宝贵经验。

中华人民共和国成立以后，中国共产党巩固和加强工人阶级领导的、以工农联盟为基础的人民民主专政的国家政权，积极运用新民主主义革命时期根据地法制建设的成功经验，抓紧建设社会主义法治。我们党开创性地建构了具有中国特色的社会主义国家制度体系，制定了《共同纲领》和“五四宪法”，实现了对于近代以来各种国家制度方案的历史性超越；以一系列群众运动的方式推进重大社会变革，重建了新型的社

① 《中共中央关于党的百年奋斗重大成就和历史经验的决议》，人民出版社2021年版，第67页。

会主义法律秩序;运用政策与法律相结合的方式治理国家与社会,开展较大规模的法律创制活动,为中国人民“站起来”构建了坚实的国家与法律制度保障,为开辟中国式法治现代化奠定了初步基础。

党的十一届三中全会是新中国成立以来法治发展历程中的具有里程碑意义的一件大事,确立了改革开放历史新时期我国法治建设的指导方针,开启了当代中国新的伟大社会革命。改革开放极大地推动了中国国家与法律制度的历史性变革,探索并形成了符合中国国情的中国式法治现代化,为中国人民“富起来”提供了有力的法治制度保障。“八二宪法”及其四个宪法修正案,在改革开放的社会变革进程中第一次确立了发展社会主义市场经济、建设社会主义法治国家的国家根本法基础。党的十五大在我们党的历史上第一次郑重提出依法治国、建设社会主义法治国家的基本方略,这无疑是一个历史性的重大战略决策。党的十六大鲜明提出依法执政的重大命题,十六届四中全会系统阐述中国共产党依法执政的基本内容和要求,这是加强和巩固中国共产党的执政地位、推进依法治国的一个重大举措。在如期形成中国特色社会主义法律体系的过程中,我国走过了一条不平凡的立法发展之路,这标志着中国特色社会主义法律制度愈益成熟,无疑是一个了不起的法治成就。

党的十八大以来,随着中国特色社会主义进入新时代,中国人民义无反顾地迈上了“强起来”的历史进程,“实现中华民族伟大复兴进入了不可逆转的历史进程!”[①]以习近平同志为核心的党中央从坚持和发展中国特色社会主义、确保党和国家长治久安的战略高度,加强全面依法治国、建设法治中国的战略谋划,作出一系列重大战略决策。从党的十八届三中全会作出“推进法治中国建设”的重大战略决策,十八届四中全会提出全面依法治国的总蓝图、路线图和施工图,到十九大提出坚持全面依法治国基本方略,并且对推进新时代中国式法治现代化作出“新

---

① 参见习近平:《在庆祝中国共产党成立 100 周年大会上的讲话》,人民出版社 2021 年版,第 7 页。

两步走”的重大战略安排,十九届二中全会提出修改宪法部分内容的建议以及十三届全国人大一次会议通过现行宪法第五个修正案;从十九届四中全会作出加强国家制度与法律制度建设的重大决策,十九届五中全会描绘开启全面建设现代化国家新征程第一个五年的法治蓝图,十九届六中全会在总结党的百年奋斗伟大成就和历史经验时阐述的坚持中国式现代化及其法治道路的重大问题,到二十大基于以中国式现代化全面推进中华民族伟大复兴这一新时代新征程党的中心任务,对推进和拓展中国式法治现代化作出部署安排,这无不凝结着中国共产党领导人民治国理政的重大法治化成果,标志着中国式法治现代化的进一步深化和拓展。

第二章　中国式法治现代化的历史资源

中国式现代化，其本质乃是社会主义的现代化，是以人为本、以人民福祉为中心的现代化；其优势在于制度之新，社会主义制度在现代化进程中展现出集中力量办大事的优势之处。站在"两个一百年"奋斗目标的"历史交汇期"，中国式现代化道路呈现其新时代特征：重视创新思维的创新型现代化。[①] 新时代的中国式现代化，无疑将以新发展理念为精髓，实现从观念至制度的全面转型。也正是在此意义上，依托中华优良传统法律文化的历史资源，并以我们党的原创性的法治理论为指引，推动中华优秀传统法律文化创造性转化、创新性发展是中国式法治现代化稳步成长的必然抉择。回溯中华优秀传统法律文化与国家治理的伟大进程中所展现的先进理念、优良制度，在总结梳理近代中国走向现代化历程的经验教训的基础上，促进中华优秀传统文化的创造性转化，无疑有

---

① 参见马敏：《中国式现代化新道路的历史演进及前瞻》，载《历史研究》2021 年第 6 期。

助于深刻认识中国式法治现代化的历史逻辑。

一、概述

中国式法治现代化的历史资源,主要指新的时代条件下着力推进中国式法治现代化的创新性发展所必须依托的中华优秀传统法律制度资源、法律文化资源及近代法治探索中的有益尝试与经验教训。中国式法治现代化的铸就,是建筑于中华优秀传统法律文明的优良基因的基础之上的现代化创造性转型,饱含着传统法治文明的现代转型的深切内涵。

中国式法治现代化,无疑基于中华优秀传统法律文化的深厚历史资源。在党的二十大报告中,习近平精辟阐释了中华优秀传统文化精神,指出:“中华优秀传统文化源远流长、博大精深,是中华文明的智慧结晶,其中蕴含的天下为公、民为邦本、为政以德、革故鼎新、任人唯贤、天人合一、自强不息、厚德载物、讲信修睦、亲仁善邻等,是中国人民在长期生产生活中积累的宇宙观、天下观、社会观、道德观的重要体现”。[①] 中华优秀传统法律文化蕴含丰厚、源远流长。习近平强调,要传承中华优秀传统法律文化,从我国革命、建设、改革的实践中探索适合自己的法治道路。“在几千年的历史演进中,中华民族创造了灿烂的古代文明,形成了关于国家制度和国家治理的丰富思想,包括大道之行、天下为公的大同理想,六合同风、四海一家的大一统传统,德主刑辅、以德化人的德治主张,民贵君轻、政在养民的民本思想,等贵贱均贫富、损有余补不足的平等观念,法不阿贵、绳不挠曲的正义追求,孝悌忠信、礼义廉耻的道德操守,任人唯贤、选贤与能的用人标准,周虽旧邦、其命维新的改革精神,亲仁善邻、协和万邦的外交之道,以和为贵、好战必亡的和平理念,等等。中国在人类发展史上曾经长期处于领先地位,自古以来逐步形成了一整套包括朝廷制度、郡县制度、土地制度、税赋制度、科举制度、监察制度、军事制度等各方面制度在内的国家制度和国家治理体系,为周边国

---

① 《中国共产党第二十次全国代表大会文件汇编》,人民出版社 2022 年版,第 15 页。

家和民族所学习和模仿。进入近代以后，封建统治腐朽无能，帝国主义列强入侵，导致中国逐步成为半殖民地半封建社会，统治中国几千年的君主专制制度陷入全面危机。面对日益深重的政治危机和民族危机，无数仁人志士为改变中国前途命运，开始探寻新的国家制度和国家治理体系，尝试了君主立宪制、议会制、多党制、总统制等各种制度模式，但都以失败而告终。”①

这一重要论述为我们深入挖掘中华优秀传统法律文化的价值意义，把握中国式法治现代化的历史资源提供了根本遵循。中国是一个具有五千年法制历史的文明古国，在漫长的法制发展进程中，形成了博大精深的中华法文化，它不仅是古圣先贤政治智慧和法律智慧的结晶，也为灿烂辉煌的中华法系提供了坚强的文化支撑。虽然世移时易，但面对世界法治发展的新潮流，中华法文化中蕴含的许多优秀传统和理性因素，依然构成一座值得认真挖掘和传承的文化宝库，依然对坚持和拓展中国式法治现代化新道路提供了珍贵的历史借鉴。我们需要重视这些历史资源，并对其进行创造性转化，使之能够为推进中国式法治现代化伟大征程提供坚实的文化资源与制度资源，为中华法治岿然屹立于世界法治文明之林积聚能量。故而，应以历史性回顾与学术性总结为方法考察中华优秀传统法律文化，进一步深入发掘这些思想文化、制度设计及经验教训的现代化价值，凝练优良历史因子，寻找其与现代社会的结合点，为坚定不移走中国式法治现代化新道路提供支撑。

二、中国式法治现代化的思想文化资源

马克思指出：“理论在一个国家实现的程度，总是取决于理论满足这个国家的需要的程度。”②我国自古以来绵延数千年的政治制度有深厚的思想文化铺垫，制度的形成与创制过程亦是建构在思想文化的资源

---

① 习近平：《坚持和完善中国特色社会主义制度　推进国家治理体系和治理能力现代化》，载《求是》2020 年第 1 期。

② 《马克思恩格斯文集》（第 1 卷），人民出版社 2009 年版，第 12 页。

基础上。这些重要思想文化资源滋养着中国式法治现代化新道路的伟大征程,为之源源不断地注入理论养分。习近平在纪念孔子诞辰 2565 周年国际学术研讨会暨国际儒学联合会第五届会员大会开幕会上的讲话中指出:"中国优秀传统文化的丰富哲学思想、人文精神、教化思想、道德理念等,可以为人们认识和改造世界提供有益启迪,可以为治国理政提供有益启示。"中华优秀传统文化不仅包含丰富的道德资源,而且包含丰富的制度和法治思想,是滋养制度意识、法治精神的重要源泉。

(一)大道之行、天下为公的大同理想

先秦儒家思想很早便孕育出天下大同的理想观念。《礼记·礼运》有言:"大道之行也,天下为公,选贤与能,讲信修睦。故人不独亲其亲,不独子其子,使老有所终,壮有所用,幼有所长,矜寡孤独废疾者皆有所养。男有分,女有归。货恶其弃于地也,不必藏于己,力恶其不出于身也,不必为己。是故谋闭而不兴,盗窃乱贼而不作,故外户而不闭。是为大同。"①如上要言,记述的乃传说中的唐虞之世,其原意乃是通过对世人所亲历的"大道既隐,天下为家"②的批判与反思,描绘出一幅大同世界的理想景象,形成古今之对照。这一想象的图景,无疑蕴含先秦哲人对于以"礼"为基本架构的良好社会秩序的渴望。西周以来所构建的"礼"在传统社会中实际起到了维系社会稳定的作用。所谓"礼者,天地之序也",意为礼是人们必须遵守的规则,也是自然界万物和平共存的一种保障。

就"天下为公"而言,依循历代经注家之观点,固然有天子之位"揖让而授圣德,不私传子孙"③的本初含义,亦可从中解读出政治属公、"天下国家之人公共同有之器"④之意。可见,天下为公大同世界的达成,乃是依托于世人共同尽力所营造的和谐秩序。若达成"众生平等,太平之

① 《礼记·礼运》。

② 《礼记·礼运》。

③ (汉)郑玄注、(唐)孔颖达疏:《礼记正义》。

④ 康有为:《康有为学术著作选:孟子微·礼运注·中庸注》,中华书局 1987 年版,第 239 页。

太平世”[1]的大同理想世界，则需人人各取所需，各得其所，方可成就路不拾遗、夜不闭户、各人自守本分之景象。自上而下、自内而外地形成君王传贤不传子的权位之公，不独亲其亲、子其子的家国之公，货不必藏于己的财货之公，以及人不为己的道义之公，则足以构建出儒家所谓“修身齐家治国平天下”之系统化的道德伦理，从而达到完整意义上的天下之公。在此意义上，“天下”一词早即超脱于“天子”的原初含义，而成为天地万物循环往复的自然法则，是成长于天地之间神圣化的文明秩序。天下为公，也便可以被化约为一种“充盈于天地之间，内在于人心、社会，能够为生民带来福祉，实现世间公平与和谐的普遍原则”[2]。

传统思想家已然在其观念中铸就了“公”作为普遍性原则的规范意义，其优先于君王、朝廷乃至国家而存世。“昔先圣王之治天下也，必先公。公则天下平矣……天下非一人之天下也，天下之天下也。”[3]天下的公属性与私的社会现实之间无疑存在矛盾，而对矛盾的消解便体现了传统思想家的伟大智慧。周人创制了政权帝祖分离、以德配天以论证政权合法性的意识形态，并建构起以“礼”为核心的典章制度以维系社会秩序的安定祥和，从而实现天人合一的理想图景。尽管朝代更迭，但无疑“礼”的观念得以延续，成为后世构建国家制度、社会规范的基础原则。及至明末清初，黄宗羲指出，“古者以天下为主，君为客，凡君之所毕世而经营者，为天下也”[4]，即君王应为天下人之利益而兴利除害，而非为谋求一己私利而损天下，其中依旧透露着对于“天下为公”的期待。

至近代，天下为公的内涵不断得以强化与丰富，滋养着晚清思想家的政治主张，康有为赋予了公“共有”的含义，更强调将“天下为公”与平

---

① 康有为：《大同书》，邝柏林选注，辽宁人民出版社 1994 年版，第 345 页。

② 参见梁治平：《“为公”的理念》，载《中国法律评论》2014 年第 2 期。

③ 《吕氏春秋·贵公》。

④ (明)黄宗羲撰：《明夷待访录校释》，孙卫华校、释，岳麓书社 2010 年版，第 8 页。

等思想相结合，提出“人人皆公，人人皆平，故能与人大同也”[①]这一大胆理想主张；孙中山先生倡导“民有、民治、民享”的“三民主义”，意在真正达到“孔子所希望的大同世界”，[②]无疑为天下为公的大同世界提供了富有意义的价值目标。总体而言，天下为公的价值目标，饱含着不偏私的“公平公正”与“共同普遍”两重含义，[③]其作为传统理想的代名词，无疑在世界观、方法论及价值追求上为构建人类命运共同体提供了可资借鉴的有益经验。

（二）六合同风、四海一家的大一统传统

我国自古以来便有大一统的历史传统。“何言乎王正月？大一统也。”[④]《汉书·王吉传》对此作出解释称，“《春秋》所以大一统者，六合同风，九州共贯也”。此处的“大”意在重视，而一统则指代天下诸侯皆统系于周天子，自此开启了将封建王朝统治全国定名为大一统的先河。尽管最初关于大一统的表述乃是描述西周封建制时期的基本政治架构时出现，但无疑开始形成诸侯听命于周天子，由天子统辖各封国的统一国家。《诗经·小雅·北山》中“溥天之下，莫非王土；率土之滨，莫非王臣”的诗句，便表现着西周时期的天下观与地域观：处于中心的华夏与分列四处的夷狄构成“四海一家”的原始雏形；秦灭六国实现一统，随后以强有力的法律措施加强中央集权，通过构造“车同轨、书同文”以及统一度量衡等方式强化了民众对大一统的认识，塑造了历史中国的传统宪制格局，[⑤]体现了“六合同风、四海一家”的大一统传统。

自秦汉以降，规模巨大、包容诸多文明的政治体成为中国历史的常态，“大一统”成为中国封建社会结构上的特色以及中华民族的光荣与

---

① 康有为：《康有为学术著作选：孟子微·礼运注·中庸注》，中华书局1987年版，第240页。

② 参见孙中山：《三民主义》，中国长安出版社2011年版，第191页。

③ 参见郭清香：《大同社会理想与人类命运共同体构建》，载《道德与文明》2019年第6期。

④ 《公羊传·隐公元年》。

⑤ 参见朱苏力：《度量衡的制度塑造力——以历史中国的经验为例》，载《法律科学（西北政法大学学报）》2017年第1期；苏力：《文化制度与国家构成——以“书同文”和“官话”为视角》，载《中国社会科学》2013年第12期。

骄傲，即便处于分裂割据情势之下，国人对于《公羊传》中所言的“大一统”理想的追求以及将正统地位作为政治合法性的根本亦清晰可见。钱穆先生便曾强调这种政治上的大一统性格乃是中国历史有别于西方的主要特征，“秦、汉大一统政府之创建，已为国史辟一奇迹”[①]。汉承秦制，延续大一统的郡县制传统及重农社会的基本主张，使中国古代政治经济格局的构建呈现较为稳固的局面，成为中国历史中封建国家虽时有分裂，但最终一统为幅员辽阔的统一多民族国家的坚定支柱。

尤其经过董仲舒“罢黜百家，独尊儒术”，以儒家思想为内核的意识形态裹挟着秦所创制的中央集权体制，为这一传统提供更为切实可行的制度与思想依托。由此，大一统作为一种融合地理疆域与政治经济的统一实体架构，又被赋予了文化与意识形态属性，最终融汇于中华民族的历史进程之中，在“统一”与“分裂”的历史现实中始终保持由“分裂”归于“统一”的主旋律，从魏晋至隋唐，从五代至元明清，在分裂归于统一的进程中不断推进多民族的大融合，谱写着统一的多民族国家走向富强的历史画卷，成为中华民族传统观念的一种典型代表。

在此意义上，“大一统”的传统饱含着追求团结统一而反对分裂的国族取向、一系列旨在抟成凝聚的中心性政治安排、一个现世取向的富含韧性与弹性的文教系统。[②] 就此而言，其对于社会秩序、政治制度的构建，国家民族意识的塑造，乃至文明与文化特色的形成等层层面面皆具有关键价值。而实际上，大一统还包含了关于人类建构政治社会秩序的理论逻辑，其在中国悠久的政治实践传统中已充分展现，亦可在这一理论下理解世界其他文明地区的实践经验。

（三）德主刑辅、以德化人的德治主张

在作为概念的“德治”产生之前，“德”早即存在，不论是在《诗经》中抑或在《尚书》等经典著述中，都可见其踪迹，其时“德”多以敬德、明

---

① 钱穆：《国史大纲》（上册），商务印书馆2010年版，第13页。

② 参见任锋：《大一统与政治秩序的基源性问题：钱穆历史思维的理论启示》，载《人文杂志》2021年第8期。

德要求统治者要顺应天理,施行仁政。而后衍生的“德政”,则更加明确地将“为政以德”的德政说推广开来,并成为儒家所提倡的施政准则。其中即夹杂着重视对民众的道德教化,如“道之以政,齐之以刑,民免而无耻;道之以德,齐之以礼,有耻且格”[①]。这一学说后为孟子、荀子所发展,逐渐构建出格物、致知、诚意、正心、修身、齐家、治国、平天下的理想世界。德到德政的转化,可以看出儒家的德,究其本质,是以自律性规范作为主要内容的,其规范的客体也并非普通民众,而是统治者。可以发现,德所追求的乃是从自身内心出发,通过不断修炼获得成长,最终达到向外界推广其内心修为的程度。此外,从作用上,德也并非孤立存在,而是需要通过与刑、礼的结合而发挥其根本作用。

至汉代,“罢黜百家,独尊儒术”后,儒家思想成为正统思想。董仲舒从天道的角度以天人感应说重新诠释德主刑辅的必然性,“天道之大者在阴阳。阳为德,阴为刑;刑主杀而德主生。天之任德不任刑也”[②],并最终指出“教,政之本也;狱,政之末也”[③]。他所主张的“任德不任刑”没有将德教简化为对百姓施以道德教化,而是回归到统治者本身;“任德不任刑”是在社会管理模式的层面主张应该施行儒家的德治,而非法家的刑治,也就没有否认刑罚或法律在社会管理中的作用和价值。在此意义上,他将“庆赏刑罚”比喻为一年之四时,“庆赏刑罚之不可不具也,犹春夏秋冬不可不备也”[④]。

其后大一统时期的治理模式并没有完全实现董仲舒所呼吁的“任德不任刑”的纯粹儒家“德治”的主张,而是以“德治”为基础,杂糅法家“法治”中的合理因素形成“德主刑辅”的特有模式。汉代之后的思想家也都充分认识到了儒家之“德治”对于社会治理的重要性,他们关涉刑罚的所有主张几乎都是在这一框架之下展开的。《唐律疏议》开篇“刑

---

① 《论语·为政》。

② 《春秋繁露·阳尊阴卑》。

③ 《春秋繁露·阳尊阴卑》。

④ 《春秋繁露·四时之副》。

罚不可驰于国，笞捶不可废于家”便是指刑罚作为辅助政教的角色存在，“德礼为政教之本，刑罚为政教之末，犹昏晓阳秋相须而成者也”[①]更是将德与刑的地位与关系做了准确的概括。至宋代，朱熹对德与刑的关系又做出总结，“愚谓政者，为治之具。刑者，辅治之法。德礼则所以出治之本，而德又礼之本也。此其相为终始，虽不可以偏废，然政刑能使民远罪而已，德礼之效，则有以使民日迁善而不自知。故治民者不可徒恃其末，又当深探其本也”[②]。从中我们可以看到，德刑关系同样延续着传统的路径，甚至刑事政策的宽严与否只不过是一个统治技术问题，绝不会影响德治为基本的治国理念。

由此可见，中国传统儒家的德治是一种德主刑辅的治国方略，其既推崇道德的内心规范作用，也不忽视刑罚的外在惩罚作用，二者有主次地以道德教化为主、刑罚惩罚为辅的方式，为维护社会秩序的安定而共同服务。

（四）民贵君轻、政在养民的民本思想

“民本”并非由来已久，而是一个现代学术界创造并经常使用的概念，[③]但毫无疑问其所包含的“以民为本”的思想乃是中国自古以来优秀政治文化的典型代表。早自西周时期，统治者便深谙敬天保民的治理观念。武王伐商，不仅宣告殷商“事神”传统的衰落，更是出现“以德配天”说以取代“天命观”，[④]从而更妥帖地为政权合法性服务。《礼记·表记》有云：“殷人尊神，率民以事神，先鬼而后礼，先罚而后赏，尊而不亲，其民之敝，荡而不静，胜而无耻；周人尊礼尚施，事鬼敬神而远之，近人而忠焉，其赏罚用爵列，亲而不尊，其民之敝，利而巧，文而不惭，贼而蔽。”[⑤]

---

① （唐）长孙无忌等撰：《唐律疏议》，刘俊文点校，中华书局 1983 年版，第 3 页。

② （宋）朱熹：《四书章句集注》，中华书局 1983 年版，第 54 页。

③ 参见张分田、张鸿：《中国古代“民本思想”内涵与外延刍议》，载《西北大学学报（哲学社会科学版）》2005 年第 1 期。

④ 参见罗新慧：《春秋时期天命观念的演变》，载《中国社会科学》2020 年第 12 期。

⑤ 《礼记·表记》。

引文所表达的便是三代治理策略的变化及其引致的社会变动。西周尽管并未放弃事鬼敬神之旧习,但无疑更注重维系统治所必须的臣民切身利益,这充分体现了其现实主义的政治关怀。总体而言,敬德保民乃是周统治者谋求长治久安的指导思想。相应地,西周"德"论的具体要求,一则敬天敬宗,二则保民。敬天敬宗与敬德,表达的是在"有德受天命,无德失天命"以及"皇天无亲,惟德是辅"[①]的意识下,君王需"谨慎对待自己的政治行为",以便能够无愧于上天的恩赐以及坦诚地接受上天的监督与裁判;而保民则要求君王时时事事以民事为先,保民惠民。《尚书》即有多篇涉及此一思想:如"别求闻由古先哲王,用康保民"[②];"欲至于万年惟王,子子孙孙永保民"[③];"王命予来,承保乃文祖受命民"[④]。尽管我们必须承认,无论是敬德,抑或保民,不过是当时统治者基于社会现实而采取的统治手段,但无疑是顺应历史潮流的明智之举,对于稳定社会秩序起到了积极作用。王国维亦指出,周人"其所以祈天永命者,乃在德与民二字……文武周公所以治天下之精义大法胥在于此"[⑤]。

《尚书》中亦多呈现"重民"的思想渊源,如"皇祖有训,民可近,不可下。民为邦本,本固邦宁"[⑥],足可称作初民社会对民本思想的最早呼吁,虽然此书并非对夏朝的史事记述,但亦展现了后世编者对初民社会的美好想象。春秋以来,民本思想初兴,管仲、晏子等政治思想家以"欲为其国者,必重用其民"[⑦]"安有君得罪于民者乎"[⑧]等言论彰显了民贵君轻的早期主张。战国时期,儒家思想家专注于此,尤其是孟子所主张的

① 《尚书·管仲之命》。
② 《尚书·康诰》。
③ 《尚书·梓材》。
④ 《尚书·洛诰》。
⑤ 王国维:《观堂集林》,中华书局1959年版,第476~477页。
⑥ 《尚书·夏书·五子之歌》。
⑦ 《管子·权修篇》。
⑧ 《晏子春秋·谏上》。

“民为贵，社稷次之，君为轻”[①]思想成为民本学说的至理名言。孟子此言乃基于“仁政”理论的铺垫，而荀子则从“礼法并重”的角度强调了民本的重要性。二者尽管哲学立场有别，但最终都落实于民本的理论命题。孟子所谓的以民为本意味需养民、戒杀及与民偕乐。此言显然乃基于春秋战国时期的社会情势的考量而出，“政在养民”以解决百姓疾苦显然呈现了民本思想的基础面向。只有君王之政见考虑到民众切身利益，则其统治方能得到人民拥护。此外，“养民”意味着不擅杀，戒杀便成为民本的二次命题，这便需要君王修法度，明法理；而与民偕乐显然是关注民众的情感需求，此举属“教化”范畴，是否“能教”显然是考量君王是否能够以身垂范的重要标准。“君仁莫不仁，君义莫不义，君正莫不正，一正君而国定矣。”[②]如此，君王应为民父母。[③] 与孟子强调君王内在修为有别，荀子亦关注民之于君的负面作用。荀子之言“君者，舟也；庶人者，水也。水则载舟，水则覆舟”[④]后为唐太宗所引，成为君民关系的明照。荀子亦强调养民、慎杀与化民，此过程中坚持“隆礼重法”“礼法并用”之策以实现王道之政。

其后，宋代理学诸子多有“民贵君轻”的主张，如朱熹、陆九渊等，前者对四书的集注得到官方认可与推崇，故其中民贵君轻的思想不断被传颂，后者对这一思想的弘扬亦得到诸多学者赞誉；至明清之交，黄宗羲对于民本思想更是在孟子学说的基础上而有所调整，从而提炼出“天下为主，君为客”的著名论题。儒家后人多认为：孟子之说，为君立范；民贵君轻，毋庸置疑；变置对象，适用天子；若要假借，何辞不可。[⑤] 不唯学者儒士如此，君王亦以上谕、钦定、御笔等方式对这些学说表示认同，并加以阐释，进而提升其权威性，从而成为一种大众化的政治价值。甚至宋

① 《孟子·尽心下》。

② 《孟子·离娄上》。

③ 参见《孟子·梁惠王上》。

④ 《荀子·王制》。

⑤ 参见张分田：《中国古代君主与“民贵君轻”观念》，载《政治学研究》2007 年第 2 期。

明之后的皇帝本人也多有对“民为邦本”“民贵君轻”的论说。

总之,民贵君轻、政在养民的民本思想展现着传统中国的政治治理中的重视群众、关切民生等鲜明特色,很大程度上影响了近代以来以人民为中心的治国理政基本思路的最终铸就。

(五)等贵贱均贫富、损有余补不足的平等观念

传统国人对于平等观念的认识多出自“均平”一词。从字义来看,“均”与“平”两字同义,可以互训。早自《周易》中便有“均平”观念,“君子以裒多益寡,称物平施”①,其中“裒”字便为敛取、减少之意,所表达的乃是损有余以补不足而使之平之含义。时代更迭,不足以消解此种平等观念于中国大地的落地生根,更是逐渐形成“不患寡而患不均、不患贫而患不安”②的思想主张,最终成为中华民族的价值观念,不论是历朝历代的统治者,抑或普罗大众,皆认可均平分配这一中国式平等观念之正当性意义。

尤其是儒家思想的代表人物孔子,将这一平等观念阐发得极为详尽深刻。孔子指出,人性皆喜富贵,“富与贵,是人之所欲也,不以其道得之,不处也。贫与贱,是人之所恶也,不以其道得之,不去也”③。可见,欲富恶贫乃是人性的一种普遍特征,追求财物实属自然现象,但人所具备的社会性,无疑会使人产生逐利心态,进而产生社会纷争。若对此放任不理,则势必会导致不公不义及贫富分化。于是,如何分配财物便是迫在眉睫的紧要问题。孔子有言:“丘也闻有国有家者,不患寡而患不均,不患贫而患不安。盖均无贫,和无寡,安无倾。”④其所表达的是并不担心百姓人口少,而是担心分配不均衡,赋税负担不合理,而导致贫富悬殊;不担心百姓分得的财富少,而担心有人中饱私囊,使民不安。可见,在孔子眼中,平均的真正含义是“各得其分”的均衡分配。在孔子看来,

① 《周易·谦卦》。
② 《论语·季氏》。
③ 《论语·里仁》。
④ 《论语·季氏》。

人与人之间在身份、禀赋、能力、勤奋程度等方面存在差别，故占有的资源、获得的收入也可以有所差别。但人们之间的这种差别必须保持在一个合理的限度内，既不绝对平均，又不绝对悬殊，此即所谓“均平”。[①] 故传统儒家的平等观念，并非绝对消除贫富差距，而是适当照顾社会各阶层利益，按照“礼”的等级秩序来分配社会财物，以实现经济利益上的平衡。“故圣人之制富贵也，使民富不足以骄，贫不至于约，贵不慊于上，故乱益亡。”[②]其最终欲求的绝非绝对平均主义，而是合乎中庸之道的均衡与公正。

传统文化对于平等观念的深刻理解，可以用“允执厥中”来说明。孔子指出，“礼也者，理也。礼者何也？即事之治也。君子有其事，必有其治”。若以礼治国，则“治国其如指诸掌而已乎……官得其体，政事得其施”，“若无礼，则手足无所错，耳目无所加，进退揖让无所制……官失其体，政事失其施”。[③] 其所表达的礼之于国家治理的重要意义显而易见。无怪乎会有“礼乐不兴，则刑罚不中；刑罚不中，则民无所措手足”[④]的预见。由此，我们即可发现，传统平等观念并非简单平均主义，在传统社会无疑蕴含着以“礼”作为维系社会秩序的基本举措以达致社会平衡稳定局面的深层意思。

（六）法不阿贵，绳不挠曲的正义追求

对正义这一终极理想的孜孜以求，乃是中西社会共通之信念，而达致正义的方式则是中西思想家的智慧结晶。就中国传统政治思想而言，在中国的社会境况下，诸子百家对于“正义”理念便有着各自不同的清晰内涵及表达方式。墨家、儒家对“义”之赞赏，往往以“正”来标示，《墨子·天志下》有言：“义者，正也。何以知义之为正也？天下有义则治，无义则乱。”《孟子·离娄上》说：“义，人之正路也。”两家对“义”之肯定

---

① 参见韩涛：《孔子均平分配思想的中道理念》，载《孔子研究》2016年第4期。

② 《礼记·坊记》。

③ 《礼记·中庸》。

④ 《论语·子路》。

及将之视作人类社会之正途的追求显而易见。《荀子·赋》更是将“行义”与国家统治建立起联系，指出“行义以正，事业以成，可以禁暴足穷，百姓待之而后宁泰”。尽管不能将传统观念中的义与现代意义上的正义建立起绝对对等的联系，但毫无疑问，传统思想家心目中的“义”之于社会的基本评价中的“正义”有共通之处。

若论及以法律实现一定程度的正义理念，则春秋战国时期法家思想需着重提及。晏子称，“诛不避贵，赏不遗贱。举事不私，听狱不阿”[①]，其所表达的正是以法律作为社会治理的标准而对守法与违法予以奖惩；及至韩非子，更是将法律作为国家统治之工具属性发挥得淋漓尽致，最为典型的表达便是，“法不阿贵，绳不挠曲。法之所加，智者弗能辞，勇者弗敢争。刑过不避大臣，赏善不遗匹夫”[②]。“法不阿贵”，指的是法律面前不区分贵贱，一视同仁，强调的是法家主张刑无等差。当然此种无等差乃是排除君主，特别针对臣民而言，故此举有助于维护君主地位之时，对贵族特权作以限制，使其亦能自觉遵守法律从而推动法律全面实施，从而维护社会秩序稳定；“绳不挠曲”则强调法律应秉持公正之标准，而不应向弯曲之处倾斜，此言意味着法律必须成为衡量社会纠纷的是非曲直之标准。唯有如此，则巧舌如簧者亦百口莫辩，身形魁梧者亦无法造次。其所寻求的结果便是，刑罚不避讳大臣，赏善不应遗漏平民百姓，如此才能实现社会治理之目的。

商鞅亦主张，“所谓一刑者，刑无等级，自卿相、将军以至大夫、庶人，有不从王令犯国禁乱上制者，罪死不赦”[③]，尤其是其曾对公子虔动用过劓刑，成为刑无等差这一观念的具体实践的明证。可见，法家的基本理念在于，法律应当平等地适用，其实质是除君主之外，其他人都要受法律的约束和制裁，尊君权而推行法治，从而维护法律的权威性。由此可见，法家认为法律应重点约束贵族和官僚阶级，只有在官僚贵族守法

---

① 《晏子春秋·内篇》。

② 《韩非子·有度》。

③ 《商君书·赏刑》。

的基础上法律才能真正地得到贯彻执行,百姓才能自觉地守法,国家才能富强。其他诸侯各国的衰败也正是从官僚贵族阶级不受法律的约束,进而对君主政令的公然违背开始的。刑罚只有正义的追求,没有等级的差异,不会因为亲故贤能而改变,这与儒家的"刑不上大夫"迥然不同。

与法家追求公平的思想相比,儒家更注重道德伦理。儒家重视贵贱、尊卑、长幼、亲疏,提倡"父为子隐,子为父隐"[①],如此方可彰显"直",也才可称为世间公道与正义。如此看来,法家不徇私情,主张国家利益至上,在法律上是正义的,但在情理上却很难为人接受。因此在儒家思想占主流的传统社会里,法家思想往往被视为异端。司马迁的父亲司马谈在《论六家要旨》中对法家有很精练的归纳,他说"法家不别亲疏,不殊贵贱,一断于法",正体现了"法不阿贵,绳不挠曲"的正义追求,也说"亲亲尊尊之恩绝矣。可以行一时之计,而不可长用也",指出法家刻薄寡恩的缺陷,代表了封建社会主流知识界对于法家的普遍态度。自汉武帝"罢黜百家,独尊儒术"后,封建统治者虽然以儒家思想为主导思想,但并不轻视法家在政治治理中的重要作用,普遍实施的是外儒内法、德主刑辅的政策。汉宣帝太子刘奭"柔仁好儒",指出宣帝"持刑太深,宜用儒生",宣帝告诫道:"汉家自有制度,本以霸王道杂之。奈何纯任德教,用周政乎!"[②]王霸之道兼用,正是封建政治的常态。战国时期法家通过改革实现了富国强兵,法家文化已经内化到中国政治文化之中,无论指导思想如何变化,封建历代统治者都不可能放弃法家的精神遗产。

当然,我们亦需要警惕,先秦法家的法治不是以人民为中心、以民主为基础的,而是以维护君主专制为目的,法治不过是维护君主专制的工具。"法不阿贵,绳不挠曲"主张的是适用法律的公平,并不包含立法层面的公平;即便是适用法律上的公平,也是有限的。

---

① 《论语·子路》。

② 《汉书·元帝纪》。

（七）孝悌忠信、礼义廉耻的道德操守

中国传统礼治模式包含着“礼”和“法”双重内涵，由于其历史局限性，古代“礼治”和“法治”从本质上皆指向“人治”。但毫无疑问，礼治遗产中蕴含的个体道德内涵、社会伦理规范以及宗法关系网络中的公共理性等要素，对于当下中国国家治理现代化乃至中国式法治现代化新道路依然具有一定的参考价值。

礼治作为传统中国的一种国家治理模式，分别对作为治理者的统治者与被治理者的庶民作不同的道德约束。就统治者而言，自西周开始建构“德”与统治的特殊意义之后，德所表达的乃是对于统治者的约束，要求其敬天、敬宗、保民，即恭行天命，尊崇天帝与祖宗的教诲，爱护天下的百姓，做有德有道之君。春秋前期的人阐述文王之德，认为主要包含惠保小民、勤政节俭、与民同乐、孝敬以及恭祭先祖。[①] 这些品德集于文王一身，所以他能够成为上古时代理想的君主楷模。先秦儒家逐渐使礼制变得更为体系化，以仁政充实德治思想的主要内容，以礼乐作为德教的基本方式，从而形成了德礼政刑综合为用的治理模式，更是将个体德性予以发挥，从个体之“人”本身去克己复礼，以推行个体道德、社会伦理和国家治理，最终契合天地大道。在此意义上，也即儒家所谓的将个人道德修养与齐家、治国、平天下结合起来。就作为被统治者的庶民而言，孟子则明确了“父子有亲，君臣有义，夫妇有别，长幼有序，朋友有信”[②]，为不同社会角色定位下的个体道德要求、伦理关系规范指明了方向。如此，经过先秦儒家的改造，“礼”由表达对神秘自然和鬼神的畏惧、祈求和顺服转化为对人本身的重视，扩展到对人伦关系、社会秩序的敬畏和维护，处理君臣、父子、夫妇、长幼、朋友五伦关系的伦理准则成为礼的主要内容。由此，上下有别的礼治次序得以建立，并成为国家治理的基本准则。

---

① 参见晁福林：《先秦时期“德”观念的起源及其发展》，载《中国社会科学》2005 年第 4 期。

② 《孟子·滕文公上》。

从儒家意义上理解，确立礼的目的亦在于将人的性情导向合理的境地，使其发乎情，止乎礼义。“圣人所以治人七情，修十义，讲信修睦，尚辞让，去争夺，舍礼何以治之？”[①]所谓“七情”者，乃是喜怒哀惧爱恶欲；“十义”者，则是君仁臣忠、父慈子孝、兄良弟悌、夫义妇听、长惠幼顺。以文明之礼来修饰自然本性和质朴情感，使人文明化、道德化，使其行为规范化、礼仪化，从而发挥人文教化的作用。传统社会道德发展的基本历程显示，从管子所提及的“国之四维”——礼义廉耻，[②]到汉代董仲舒提倡的“五常”——仁义礼智信，[③]再到宋代朱熹所总结之“八德”——孝悌忠信礼义廉耻，道德无疑在传统社会的核心价值体系中占据重要地位，可以说是社会秩序形成的关键要素。仁义、孝悌、忠信、廉耻等作为统治者和社会精英所倡导的核心价值体系，能够成为民众所遵循和认可的价值原则，正是通过将这些价值观念礼俗化来实现的，在此意义上，礼作为社会秩序的一种基本规则，无疑发挥着统一道德观念并将之制度化、秩序化的重要作用。道德价值通过“礼”向仪、法、俗等领域渗透，实现道德价值对现实生活的塑造，从而为普通民众和民间社会所接受，并最终融入日常生活，化为人伦的实践。很大程度上，传统社会的基本规范便是道德情操，其中孝悌忠信、礼义廉耻所确立的基本规范起到了关键性的作用。其所表达的便是经由礼为主导的道德情操进而形塑社会规范的具体过程，即“故制朝觐之礼，所以明君臣之义也；聘问之礼，所以使诸侯相尊敬也；丧祭之礼，所以明臣子之恩也；乡饮酒礼，所以明长幼之序也；婚姻之礼，所以明男女之别也”[④]。

在此意义上，传统社会通过树立孝悌忠信、礼义廉耻的道德操守，将国家治理与社会秩序的需求进行道德化处理，推进个体以道德自律的形式从容形成社会共识、实现社会认同、成为自觉维护法律道德秩序的参

---

① 《礼记·礼运》。

② 参见《管子·牧民》。

③ 参见《举贤良对策》。

④ 《礼记·经解》。

与者和监督者，显然为我们从传统礼治模式中汲取有益养分提供了重要的实践方向。

（八）任人唯贤、选贤与能的用人标准

传统国家被定义为“人治”社会，其治理体系乃是德政、礼乐与政刑的结合体，在自上而下的社会统治或管理与自下而上的社会自治之间双向互动基础之上，以儒家观念所构建的社会治理体系无疑脱离不开“选贤与能”的用人策略，遵循“任人唯贤”的用人标准无疑对于传统中国的国家治理来说尤为关键，亦是中国传统社会能够长治久安的宝贵经验之一。所谓“为政之要，莫先于用人”，所表达的便是用人之于国家治理的重要意义。

古往今来，能够安邦治国者，无不以用人为第一要义。远追上古，伊尹、姜尚、管仲、晏婴、商鞅、韩非、张良、韩信，其之于朝代政权稳固、国家一统乃至政通人和，无疑起到了关键作用；及至中世乃至近世，唐太宗之用魏征，明太祖之用刘伯温，晚清对于中兴四臣的重用等皆展现了统治者吸纳圣贤才俊以治天下之历史实践。贤能与否，不仅是对官员的评判标准，亦是对君王之要求，即能否礼贤下士，选贤任能，其之于国家与社会治理意义重大，在此意义上孔子提倡“举贤才”，强调“举直错（措）诸枉”[①]，“故为政在人”[②]；孟子则进一步主张“尊贤使能，俊杰在位”[③]，以及“贤者在位，能者在职”[④]，如此则国家治理可长治久安，否则，“不仁而在高位，是播其恶于众也”[⑤]；荀子亦指出“贤能不能待次而举，罢不能待须而废”[⑥]，亦即治理者应有一双慧眼，凡事应预先判断，对贤能之士应破例破格，而非令其等待，对无能之人则不待其铸成大错便将之摒弃，

① 《论语·为政》。
② 《礼记·中庸》。
③ 《孟子·公孙丑上》。
④ 《孟子·滕文公上》。
⑤ 《孟子·离娄上》。
⑥ 《荀子·王制》。

如此则“故尊圣者王，贵贤者霸，敬贤者存，慢贤者亡，古今一也”[①]。其后，“天下为公，选贤与能”[②]，“治国之道，本在得贤。得贤则治，失贤则乱”[③]，以及“官得其人，则政平讼理。政平故民富实，讼理故囹圄空虚”[④]等言说从不同侧面强调选贤与能的重要意义。由此可见，传统思想家的观念中，一国君主的主要职责在于“选贤与能”，不仅是因为古代社会治理主要是对人的治理，从根本上说，更在于贤能之士是民心民意民情的代表，亦是统治者获得民众认可的基础。“天下为公，选贤与能”基本是各王朝治国理政的核心理念，因为它关系国家政权能否稳定、政令能否顺利施行等大是大非问题。

鉴于此，对于贤能之选任标准，亦成为统治者考虑之急务。传统儒家所强调之德才兼备不可或缺之标准成就了中国传统社会“以德治国”的治理特色，其对于贤能选任层面所确立的以民为本的标准成为定国安百姓的重要因素，故为政者欲有所作为，就必须先“正其身”，欲“正其身”，就需时刻牢记“民者，万世之本，不可欺”的善政理念。[⑤] 孔子从“进贤”的角度着眼，认为鲍叔牙、子皮贤于管仲、子产。因为管仲、子产具有的是治国才能，但并没有推荐出代替自己的人才，而鲍叔牙让位于管仲，子皮让相于子产，既有超人的眼力，又有高尚的品德，所以堪称“贤”。进贤为贤是殷周以来“以世举贤”制度对“世官世禄”制度的修正，反映了“不恤亲疏，不恤贵贱，唯诚能之求”的平民政治力量背景。[⑥]任贤使能的实质是破除宗法等级血缘关系而根据个人的实际贤能来提拔荐举录用，这在当时无疑是具有进步意义的开明政治措施。孔子主张的“有教无类”，以及孟子与荀子对人性的探讨，最后的落脚点都是人可以提升自己的道德与人格，尤其是通过后天的学习与开发。孔子所说的

---

① 《荀子·君子》。

② 《礼记·礼运》。

③ 《白虎通·阙文·贡士》。

④ 《三国志·魏书·杜恕传》。

⑤ 《新书·大政上》。

⑥ 参见《荀子·王霸》。

“有能一日用其力于仁矣乎？我未见力不足者”[①]，就是说君子品格中最重要的仁，人人都有能力践行，没有“力不足者”。孟子直言“圣人之于民，亦类也”[②]，即“圣人与我同类者”[③]，就是说普通人只要能像圣人那样努力发展自己的本性，就可以同样把自己提高到尧舜那样的境界。“学而优则仕”古往今来作为以学致仕的信条被读书人奉行，这种理念在将贤能之士吸引到官员队伍中的同时，也塑造了广大民众对政权与角色的认同，使一个王朝的统治保持相对稳定的状态。

（九）周虽旧邦，其命维新的改革精神

“周虽旧邦，其命维新”[④]最初表达的含义乃是周人建立的邦国虽古老，但它肩负的天命却在于革新。回望三代时期，周作为偏处一隅的小邦，不能忍受商纣王统治的盘剥，最终通过牧野之战走上了开创性的道路。其开创性不仅仅在于颠覆了殷商的政权从而开启了周王朝约800年的封建统治，更重要的是改变了传统天命、天罚的观念，从而确立了以德配天、明德慎罚的政治主张及法律主张，将统治者关注的目光由天国神灵转向了人间民众。在此意义上，神的世界与人的世界之分立，及将“德”这一观念作为这两个不同的世界之间的桥梁，乃是西周时代的新发展。周人通过“德”表达了要求统治者恭行天命，尊崇天帝与祖宗的教诲，爱护天下的百姓的政治主张。而且，周人所强调的“明德”，反映在制度建设方面，首先就是以分封与宗法制度来保证国家与社会的稳定。分封制度之设本来是以宗法关系为纲的，所依据的标准是血缘的亲疏远近，然而，周人却强调其“选建明德”；实行分封的目的本来是巩固周王朝的统治，周人却偏说是为“昭周公之明德”。无怪乎王国维在其《殷周制度论》中对此评述称，“殷周间之大变革，自其表言之，不过一姓一家之兴亡与都邑之转移；自其里言之，则旧制度废而新制度兴，旧文化

---

① 《论语·里仁》。

② 《孟子·公孙丑上》。

③ 《孟子·告子上》。

④ 《诗经·大雅·文王》。

废而新文化兴"①。

其后,"周虽旧邦,其命维新"经由学者的使用而引申为表达中国这一古老国度,其使命在于维新,通过改革从而不断焕发新的生机。可以说,改革求变、求新创新是中华民族自古以来的优秀传统。自《易经·系辞下》便有"穷则变,变则通,通则久"的说法,其核心要义在于强调"变"的重要性。《周易·革》同时指出:"天地革而四时成。汤武革命,顺乎天而应乎人。"也就是说,顺天应人构成了变革的内在合理性,也是衡量变革的尺度所在,深为大多数统治者所认可和接受。

传统儒家观念之下的中华传统文化秉持着改革创新的思想和精神。《礼记·大学》有云,"大学之道,在明明德,在亲民,在止于至善。"宋代大儒程颐将"亲民"解释为"新民",认为培养和教育被教育者做新的人民,是大学的目标和责任。《管子·正世》亦有言,"不慕古,不留今,与时变,与俗化",意味着其对因循守旧、抱残守缺思想的批判;汉代扬雄则在《太玄·玄莹》中指出,"夫道,有因有循,有革有化。因而循之,与道神之。革而化之,与时宜之",体现了在传承中创新,在创新中发展的思维;唐代刘禹锡在《问大钧赋》中亦承认"以不息为体,以日新为道",突出了自强不息、创新不止的思想。故而在此意义上,改革创新是人类生生不息的重要环节,也是人类不断自我革新、自我完善的过程。

历史经验告诉我们,改革并非一蹴而就,其间的艰辛与反复是长期存在的,此种情况如何应对,则首先,需随着世事变迁而作出相应改变,既不能照搬古人所为,也不能墨守成规,而要根据当时的具体情况,采取相对应的措施。其次,改革亦应趋时变通、把握时机作出适于时势需要的判断和抉择之意,包含着顺应天道与尽人事两层维度。天道运行不息,人事也应该与时偕行。纵观中国历史上之改革,不论是商鞅变法,还是王安石变法以及张居正之改革等,无不鲜明地体现了其在顺应历史潮流之时的所向披靡,以及在改革进程中所遭遇的阻力。而改革的最终目

① 王国维:《观堂集林》,中华书局1959年版,第477~478页。

标,在于迎接新问题,面对新挑战,就此而言,“旧邦新命”“刚健日新”当然是中华传统文化的基本精神及生命基因,由此才可顺应中华文明的伟大实践。

(十)亲仁善邻、协和万邦的外交之道

传统中国以其早熟自发的政治素养,妥善处理与周边地区的睦邻友好关系,在绵延数千年的历史进程中逐步形成一个超民族的文明体系,一个超稳定的多元民族国家,以及辐射相邻国家与地区的政治文明体。上古时期便有“克明俊德,以亲九族。九族既睦,平章百姓。百姓昭明,协和万邦”①之传颂,谓古人注重培养自身修为以使家庭和睦,进而处理国家事务,乃至协调各邦国之间的关系,以实现和谐共处。此种观念延续之下,“亲仁善邻,国之宝也”②渐而成为处理邦国之间关系时所奉守之信条。不唯如此,中国以其强大文明所内含的凝聚力与向心力,使周边人民受到吸引纷至沓来,从而成为以中国为核心的传统东亚文明的显著特色。不论是隋唐时期的政治经济与法制,还是宋明时期的理学及其他文化,都毫无疑问地影响着日本、朝鲜半岛及东南亚诸国的文明进步,成为中华法系甚至中华文明圈向外辐射的明证。

在这一文明体的塑造中,大一统的中华民族秉持“和”这一首要价值与基本观念,推崇和谐、和平共处,承认与尊重多元化的差异;也着力于以宽容与尊重,力求和平、和睦进而合作的心态调处息争;更是通过道德教化、儒家伦理与政策协调等方式对内部社会秩序进行有效调控,从而实现国家治理的长治久安。此种大一统的铸就中,“协和万邦”成为最高目标。此一过程的实现并非依托对外征服,而是基于国内政治的稳固、中原文明向外的渗透力以及民族文化的大融合,在此过程中形成了中国对外关系的最初模型。

“协和万邦”的外交观念缘何早在西周便已确立,对此学界有人认

---

① 《尚书·尧典》。

② 《左传·隐公六年》。

为这是周人推翻殷商之后需要以小博大,统治超过其实力的广大地区而采取的策略性选择;[①]亦有人将这一观念视作周人"以德配天"观念之下行为方式的价值选择。但无疑,随着以"礼"为核心的规则秩序向周边国家扩散,西周以"修文德、来远人"怀柔远人之式,处理民族间、国家间的外交关系,以实现民族融合与国家和睦共处。诉诸史籍,则汉代始有和亲政策以化解战争隐患,昭君出塞便是此类典型。至隋唐尤甚,文成公主与松赞干布的结亲,在很大程度上缓和了大唐与吐蕃的冲突,也正是在处理诸藩的民族、部族关系上的娴熟稳妥使唐太宗被冠以"天可汗"的称号。而这一称号在中国古代政治史上的意义在于,结束了数百年纷繁战乱并逐步走向统一强盛的唐王朝,在继承中原传统的同时,也在一定程度上吸收借鉴了北方草原民族的政治文化。[②] 其后,宋明之后,此种宗藩关系、朝贡体制进一步发展,终成中华传统对外关系的一种代称,呈现着历代明君对邻国的关怀与尊重,体现着"以亲九族,协和万邦"的影响力、感召力。总之,此种"协和万邦"的外交政策促成民族融合,使中原物质精神文明源源不断流向周边区域,铸就中国传统外交关系乃至古代东亚国际秩序的基本范式。

(十一)以和为贵、好战必亡的和平理念

就对外关系而言,传统中国笃信以和为贵、好战必亡之和平理念。这一理念的理论源头,便是饱含仁爱的礼治秩序。在很大程度上,这一秩序乃是超越国家层次,以世界的眼光去看待世界。由此观之,儒家所讲究的"仁义",便不仅是一种道德原则,更是成为一种治国理念。有学者将之称为道德金规则。[③] 仁者,"爱人",首先应"己欲立而立人,己欲达而达人",其次应"己所不欲,勿施于人",应由自己出发,寻求待人之策。在儒家心目中,这一准则蕴含于对内治理国家,也蕴含于对外与其他邦国的外交层面。前者意味着君王关心臣民百姓,后者则要求与邻国

---

① 参见赵汀阳:《坏世界研究:作为第一哲学的政治哲学》,中国人民大学出版社 2009 年版,第 79 页。

② 参见刘子凡:《"天可汗"称号与唐代国家建构》,载《历史研究》2021 年第 6 期。

③ 参见赵汀阳:《论道德金规则的最佳可能方案》,载《中国社会科学》2005 年第 3 期。

和平相处,不干涉他国内政。这种思想,是一种朴素的人与人和谐相处,国与国之间相互尊敬、平等思想。这是儒家对“天下”社会秩序的美好设想,它在中华民族的精神生活中具有高度的权威性。

自秦汉一统形成中央集权国家,中华文化多在兼容并蓄其他文明的同时,将之儒家化,从而促成了两千多年中华民族的稳定与发展。其之所以如此,盖在儒家所提之“和而不同”观念,“君子和而不同,小人同而不和”①。中国“天下观”的特殊性就在于注重“和而不同”。在外交战略上,中国对不同制度和经济水平的国家和地区都能包容,这种包容,是大度,是一种大国情怀,是尊重他者的多样性和对他者多样性的理解。《礼记·中庸》记述了怀柔四夷的原则,“宣德化而柔远人,柔远人则四方归之,怀诸侯则天下畏之”“送往迎来,嘉善而矜不能,所以柔远人也;继绝世,举废国,治乱持危,朝聘以时,厚往而薄来,所以怀诸侯也”“协和万邦”“蛮夷率服”,用华夏文化德化天下,是中国建立世界秩序的理想模式。这在中华民族著名的“朝贡体系”也可见一斑,中华民族与各朝贡国的关系是一种平等互利的双边关系。它们在政治上是平等的,这种体制并没有政治上的约束力,而且中国奉行不敌对政策,崇尚“以和为贵、好战必亡”的和平理念,不干涉别国的事务。经济上,通过“薄纳厚曾”,使各朝贡国在经济上有利可图,最终实现双方共赢。中国获得边境安全,而其他国家则借助中国获得了政治上的支持乃至国防上的安全保障。无论是盛唐时对日本、朝鲜、越南等遣唐使的接纳,还是明代郑和下西洋的盛举,皆是此种外交观念的鲜活表达。这一和平理念毫无疑问是我们应继续坚持的宝贵财富。

三、中国式法治现代化的制度资源

作为政治早熟的国家,传统中国很早便已萌发以中央集权为核心建构整个国家的基本制度规范,这也是传统中国能够傲然于世界之林的重

① 《论语·子路》。

要原因。而这种制度资源所富含的“制度理性”,成为能够在一定程度上对现代社会的制度规范仍有借鉴意义的存在。现就其要者,简述如下。

(一)朝廷制度

自古以来,朝廷制度便于政治早熟的传统中国落地生根并绵延数千年,其构建出科层分明的官僚体制和程序严谨的议事规则,实现了中央至地方政令的上通下达,体现了传统中国政治的制度优势。一般来说,封建社会的朝廷指的是君王听政的地方,即以帝王为首的中央统治机构。就此而言,秦汉时期开始形成较为完善的朝廷制度,在此意义上,有“百代皆行秦政法”之说。

首先是皇帝。秦始皇统一六国之后自称“始皇帝”,开始创立皇帝制度,使皇权专制制度化、法律化。为显示皇帝至高无上的特殊地位,其创制了一系列的专有称谓,如“制”“诏”“朕”“陛下”“幸”“行在所”“禁中”等,又创设了抬头、避讳制度等。皇帝处理国事乃是通过临朝听政的方式,为此秦朝建立了朝议和朝会制度,其召集权由皇帝来行使,朝议并非为了限制皇权实行民主,而是皇帝独裁的一种体现。在法律层面,皇帝专制表现在以法律形式确定君臣名分,严厉制裁侵犯皇权统治的行为以及确认皇帝拥有最高权力,包括行政权、军事权及司法权。

其次是丞(宰)相。丞(宰)相是最高行政官,上承皇帝诏命,下统百官,总揽政务。秦国丞相始设于秦武王二年(公元前 309 年),汉代改称相国。丞相一职,历朝称制不尽相同。隋、唐、宋称宰相,元、明初又称丞相。丞相总理中央行政,在君主政治体系中处于关键地位。西汉初,丞相职权范围宽广,王权对相权多有防范。东汉仍以三公为丞相,但权力锐减。隋朝中央政权确立三省六部制,尚书、门下、内史三省长官并为宰相,共掌国政;尚书省下分设吏、民(后改户)、礼、兵、刑、工六部,每部又辖四司,进一步分割相权。六部事务在秦汉时由九卿分掌,魏晋后分曹治事,曹变为部,隋以后称六部,比附《周礼》六官。唐承隋制,但改内史省为中书省。因三省长官名位太高,皇帝往往故意将其空置,而以副职或其他官员代行三省长官的宰相职务，其人数多达十余人，其目的显然在于削弱相权而强化君权。宋朝用“分化事权”“官与职殊”的手段来抑制相权。从宋太祖始，变“独相”为“群相”，以分散相权。枢密院掌军事，中书门下省掌行政，三司徒掌财政。中书门下省长官称“中书门下平章事”，行宰相权，无权过问军事、财政，且须事事请示皇帝，无论是大政方针，还是具体措施，都要由皇帝裁决，宰相权力越来越小。元朝废尚书、门下省，以中书省为最高行政机关，其长官中书令，由皇太子亲任。中书令之下才设丞相，体现了君权对相权的直接控制。明代君主专制走向极端，朱元璋在胡惟庸案之后，废除丞相职位，由皇帝兼行丞相职权，规定六部长官直接对皇帝负责，君权全然取代相权。

朝廷制度的创设，皇权与中央官吏的分化与贯通，无疑是促成国家稳定与政令高效运转的基本保障。与西周分封制的封建体制有别，秦汉开创的由科层官僚体系构成的朝廷在很大程度上取代了封建贵族势力，从而更有效地加强中央集权，为传统中国绵延两千年政治制度提供了权力保障，尤其是在两汉以降“天子与士大夫共天下”的格局下，士大夫（官僚）也在一定程度上拥有对皇权的制衡力，形成传统中国政治权力架构的特殊类型。

（二）郡县制度

西周的分封制在春秋战国时期土崩瓦解，宗法制形成的政治等级并不能使中央对地方实施有效的监控与管理。由此，秦以后实行的郡县制，成为传统中国的国家治理得以有效实施的基本框架。郡县制是秦以降历代王朝基本的行政制度，虽然此过程中亦存在西汉、西晋等朝代对于封建制的倡行①，但是郡县制无疑在维护与巩固大一统的过程中起着重要作用。若以封建制为参照对象，郡县制的特点是与官僚君主制相配合，对全国范围内的人力、物力等各种资源进行统一调配，最大限度保证国家治理的效益。同时，郡县制下的大一统是君主专制中央集权，是实

① 参见牛铭实：《从封建、郡县到自治：中国地方制度的演变》，载《开放时代》2004年第6期。

质性的。不同时代的大一统,体现了中国古代家天下政治的发展历程,也成为专制主义中央集权的必然逻辑和追求的终极目标。因此,秦朝实行郡县制的划时代意义主要在于对帝制时代的制度设计产生了直接而深远的历史影响,更进一步说就是为后世的制度设计埋下了集权、专制的基因,这一基因并不会随着王朝的更迭而变化,这就是历代封建王朝遵循并信奉的专制主义。①

商鞅变法"集小(都)乡邑聚为县,置令、丞,凡三十一县,为田开阡陌封疆,而赋税平"②,即在普遍实行县制的基础上建立较为完备的人口管理、土地分配和赋税征纳制度。秦汉严格实行上计制度,县上计于所属郡国,郡国再上计于中央。通过上计制度,中央能掌握各地土地、人口、赋税、治安等情况,从而实现对资源的征收与调配。传统中国的财政收入主要源自编户齐民的赋税缴纳,徭役、兵役也多由编户齐民提供,编户齐民数量与可征收赋税的土地数量直接决定了国家所掌握人力与物资资源的上限。因此,保证编户齐民的生活、生产资源,维护其再生产能力,并抑制盘踞地方、肆力兼并的豪强势力,便成为郡县的重要职责。汉代刺史"六条问事"中的第一条便是针对豪强"以强凌弱,以众暴寡",第六条则是检校郡太守是否"阿附豪强"。实行郡县制,保证了中央与地方在社会建设上的一致性。郡县负有管理地方社会、教化民心之责。汉代"举民年五十以上,有修行,能帅众为善,置以为三老"③,三老负责劝教百姓孝悌、努力种田。通过移风易俗,郡县将孝悌及重视农桑的观念贯彻到基层。

其后,郡县制在发展中不断设置新的官制或调整其职能,从而更有效地对国家进行治理。如县令、作为替补机制的知县,以及县衙佐属;隋唐时县衙佐属分为主簿、隶事、县尉和博士;宋代知县与县令的统一,及

---

① 参见盛险峰:《"见其礼而知其政":从周公制礼到秦行郡县》,载《安徽大学学报(哲学社会科学版)》2021 年第 4 期。

② 《史记·商君列传》。

③ 《汉书·高帝纪》。

县丞、主簿、县尉、押司、贴司等大小吏的设置,使其职能开始多元化,而地方上路这一级别区划的设置,使官僚品级参差交错;明清时期更是由县令总揽政务、教育、司法等相关事务,县衙设置县丞、主簿,县府组织则按照中央政府的六部设置为六房,各房吏有一定实权;清代则处于县衙条块分割的情况,部门分化较多,从州县至督抚,层级设置繁杂,权力制衡亦成为常态。

综观郡县制传统,其具备两个基本特征。一是把疆域划分为若干地方行政区,建立直属于中央政府的地方政府,对民众分而治之;二是把人分成官员与民众两类。前者原则上由中央政府集中管理,后者主要由地方政府负责管理,形成"中央治官,地方治民"的治理模式。① 显然,此种"中央治官,地方治民"模式,包含着"中央监督,地方治理"的部分功能。其有效维护了大一统格局的稳定,也有效地协调了中央与地方的关系,并形成了"郡县治,天下安"的治理思想。

(三)土地制度

中国自古以来便存在历史悠久、特色鲜明的土地制度,并在历史进程中不断发展变化,以适应迅速发展的生产力的要求。从春秋战国时期土地私有产权确立到清末两千多年的历史进程中,传统中国社会的土地制度经历了多轮从"均分"到集中的演变历程。其中有两次比较大的转折,第一次转折出现在春秋战国时期,以土地私有产权确立和土地兼并出现为标志,第二次转折出现在唐中期,以"均田制"崩溃和两税法的确立为标志。

始于夏盛于商、周而终于春秋的井田制是我国最早的有历史记载的土地制度。井田制起源于原始公社制度下的均等分配理念。孟子强调"夫仁政,必自经界始","经界既正,分田制禄",否则,"经界不正,井地不均,谷禄不平"。② 尽管学界对于井田制是否真实存在有争议,但其无

---

① 参见曹正汉:《论郡县制国家的纵向约束机制》,载《清华社会科学》2021年第3卷第1辑。

② 参见《孟子·滕文公上》。

疑代表了先人对于土地分配的一种均分观念，而且井田制也带有从土地公有制向土地私有制过渡的特征。春秋末期，铁器的广泛使用，社会生产力提高，为土地买卖创造了条件，加上“周室既衰，暴君污吏慢其经界，徭役横作，政令不信，上下相诈，公田不治”[①]，公元前 594 年，鲁国“初税亩”的颁布标志着土地私有产权的正式确立。战国时期，秦国的秦孝公为发展图强起用了商鞅，实行了“废井田，开阡陌，授土于民”的商鞅变法，标志着井田制的彻底崩溃和封建土地私有制的确立。

汉初的民田制度主要是土地私有，在张家山汉简《二年律令》中便有着许多关于土地继承、买卖和赠送的规定。[②] 直到东汉末年，两汉时期的民田制度都主要是土地私有。东汉末年出现了长期战乱，加之疾疫、灾荒，使“大乱之后，民人分散，土业无主，皆为公田”，社会上存在大片可资利用的荒田。在这种情况下，为了保证粮食的供给，曹魏集团在秦汉屯田的基础上开始大规模屯田。[③] 曹魏末期，在民屯制度出现弊端的情况下，朝廷将民屯管理划归郡县，这就为新的占田制的推行做了铺垫。这种占田制与汉初《二年律令》规定的名田制（或称授田制）类似，是将土地国有制部分转化为土地私有制。[④] 北魏至孝文帝时土地兼并已较为严重，孝文帝颁布均田令，欲解决因土地兼并导致的“地有遗利、民无余财”的极度不公平状态，但效果不佳。隋唐沿用北魏“均田制”，与北魏相比，隋朝的均田令，除了对一般农民授田外，还详细规定了官吏的永业田、职分田、公廨田，丁男、中男如何授田以及园宅地等，是对北魏均田制的进一步发展。唐初承袭隋朝的均田制，授田予民。安史之乱后，唐王朝户籍失实、口分田和永业田被买卖，均田制彻底失去了存在的基础，土地兼并越演越烈。宋朝建国之初，实行“田制不立，不抑兼并”

---

① 《汉书·食货志》。

② 参见晋文：《张家山汉简中的田制等问题》，载《山东师范大学学报（人文社会科学版）》2019 年第 4 期。

③ 参见王彦辉：《〈里耶秦简〉（壹）所见秦代县乡机构设置问题蠡测》，载《古代文明》2012 年第 4 期。

④ 参见刘安志：《建国以来关于西晋占田课田制的研究述评》，载《中国史研究动态》1993 年第 11 期。

的制度，以寻求地主阶级的支持，后频繁颁布的“限田令”说明北宋末年的土地集中程度已非常严重。南宋沿用北宋初期“不抑兼并”的政策，并允许土地买卖，买卖官田的收入作为朝廷的供养，使地主豪强的土地兼并行为更加猖狂。明清时期的土地集中多以数量庞大、名目繁多的“官田”形式存在。尤其是清代帝王多次颁布政令分田，但土地集中的态势依然无法阻挡。

土地制度的嬗变有其自身规律，秦汉魏晋南北朝的土地制度均具有鲜明的时代特点。无论是战国、秦代的授田制和赐田制，还是汉初的名田制，抑或魏晋南北朝时期的屯田制、占田制和均田制，实际都是要解决当前面临的政治、经济和军事等问题。秦代的授田制和赐田制便集中体现了国家的耕战政策，奠定了统一六国的物质基础；汉初的名田制是为了鼓励社会各界垦荒，保障稳定的财政收入，恢复和发展经济；曹魏以后的屯田制，主要应对的是迫在眉睫的粮食供给和组织生产问题；西晋的占田制是要调动农民的生产积极性，让大多数农民自主生产，并满足大地主占有土地的要求；而北魏以后的均田制则是既要适当限制大土地私有制的发展，又要让少地或无地的农民通过授田来获取土地，以振兴北朝的经济。这些土地制度的形成均可谓与时俱进，是顺应历史和社会发展的产物。[①] 另外，传统中国社会历代王朝一直在土地“均分”的政策导向和土地不断集中的社会现实之间徘徊。这实际上是统治阶级在公平和效率之间的权衡。两千多年传统中国社会历代王朝都试图通过限田、均田的方式维护社会稳定、稳固其统治，但土地集中的步伐依然无法阻挡。人多地少的矛盾自唐中期之后日益凸显，受制于统治阶级长期以来奉行的重农抑商政策，土地“均分”成为统治阶级维护社会稳定及其统治地位的必然选择。而农地私有产权的确立、农业生产技术水平和农业生产效率的提高，又为土地集中奠定了制度和技术基础。自“井田制”瓦解后，传统中国社会历代王朝不断通过土地“均分”和“抑兼并”政策

① 参见晋文：《秦汉魏晋南北朝土地制度的嬗变》，载《中国农史》2021 年第 3 期。

促进社会公平、维护其统治，但在利益激励下土地集中的趋势始终无法遏制，尤其是唐中期以后，农业生产技术水平和农业劳动生产率的极大提高使这一趋势更加无法逆转。

（四）税赋制度

伴随土地制度的不断变化，赋税制度亦经历了历史性演变，几乎历朝历代统治者都对田赋制度进行了或多或少的改革，究其要者，可概括为"赋税八变"。

三代时期主要是贡赋制，它是我国赋税制度的雏形。周王将土地分封给诸侯，各诸侯必须向周王交纳一定的财物作为贡赋。春秋时期，诸侯林立，诸侯国基于土地制度而进行经济与财政改革，出现了不同的赋税类型，如管仲的"相地而衰征"，它是根据土地多少和田质好坏征收赋税；鲁国实行的"初税亩"按亩收税。至秦汉时期，土地私有制确立，国家对私有土地所课之税，称为"田租"，而对人口所征之税，称为"赋"，因秦汉时期实行按田征租、按人征赋的制度，故又被称为"租赋制"。租赋制源于战国时期的商鞅变法，完成于西汉初期。"租赋制"包括田租、人头税和徭役制度。秦始皇统一全国后，百姓的赋役负担十分繁重。汉初，统治者为了巩固自己的统治，缓和阶级矛盾，确定了"轻徭薄赋""与民休息"的政策，以恢复和发展农业生产。从曹魏实行"租调制"改革开始，经历西晋"占田制"下的"租调制"，北魏、南北朝时期"均田制"下的"租调制"，隋朝"均田制"下的"租调制"和唐朝初年"均田制"下的"租调制"，直到唐武德七年（624 年）实行租庸调制，凡 400 余年，其间税赋制度虽几经变迁，但其基本改革均未摆脱"按田征租，按户征调"这一模式，只是在田制上做了一些文章；田赋改革的焦点一直是围绕如何解决土地兼并、人头税繁重问题而展开的。

唐初武德七年（624 年）始定均田、赋税。凡天下丁男，给田一顷；租庸调制意为"凡赋役之制有四：一曰租，二曰调，三曰役，四曰杂徭"[①]，对

① 《唐会要·卷八十三》。

其征收亦以丁为基本标准。租庸调制是租调制改革的完成形态。从租庸调制的税率设计来看,租庸调制体现了在“均田”条件下的“均税”愿望。唐玄宗安史之乱以后,均田制、租庸调制均受到破坏,国家赋役难征,为了满足政府的需要,各种苛征杂敛逐年增加,在这种情况下,就不得不改革旧税制实行新税制,即两税法“居人之税,秋夏两征之,俗有不便者正之。其租庸杂徭悉省,而丁额不废,申报出入如旧式。其田亩之税,率以大历十四年垦田之数为准而均征之。夏税无过六月,秋税无过十一月”[①]。“两税法”尽管存在加剧贫富悬殊、利商不利农等弊端,历史上对其也褒贬不一、毁誉参半,但却不仅为宋元时期所沿用,而且其影响一直延续到民国时代,是中国古代赋税及土地制度的重要分水岭。一方面,“两税法”遵循“量出为入”的原则,改革了与租庸调制相配合的授田征租制度,实行新的征租但不予授田的制度,自此国家更加关注财税收入,而较少关注田地的公平分配,等于放弃了限田、均田的政策,也就取消了地主的占田限制,使“私田”得到发展,并逐步占据了主导地位。

自唐德宗建中元年(1780 年)实施“两税法”以来,历经宋、元,直到明神宗万历九年(1581 年),期间虽然赋税制度经过多次调整,但“两税法”一直是基本的赋税制度。但后世皇帝不理朝政,土地兼并之风盛行,国家户口大量减损,为抑制兼并,均平赋役,张居正于万历六年(1578 年),下令清丈全国土地。在清丈土地的基础上,于万历九年(1581 年)全面推行“一条鞭法”。张居正全面推行“一条鞭法”,并不是单纯地仿效在此之前各地已在施行的办法,而是以实施考成法、全面清丈土地、整顿吏治为前提,并以“役归于赋,丁归于田”作为统一改革赋役的指导原则全面推行,即把赋与役合并为一,丁(人口役)与粮(田租)合一,并把征税重心由户丁转向田亩。

清朝初期名义上延续了明朝的“一条鞭法”,事实上实行的是“一条鞭法”+“丁银”制。丁银即按人丁征收税银,而不论其贫富,存在明显

---

① 《旧唐书·杨炎传》。

的不公。为妥善解决这个问题,巩固清王朝的统治,雍正朝在各地试点的基础上,推行了“摊丁入亩”的改革举措,也就是把按人丁征收的税银,全部都摊入土地田赋中一并征收。“摊丁入亩”把之前按人头征收的赋税,完全改为按田亩征收,相当于实施了完全的地亩税,一举解决了长期以来存在的赋役混乱的难题。由于人丁不再是征税对象,政府放松了对人口的控制,农民可以在各地自由迁徙,土地租佃及买卖交易比较活跃,促进了封建土地私有制和城镇工商业发展,不在乡地主人数日益增加。

总之,赋税改革的绩效显著,每一次赋税制度的变革都不同程度地促进了社会的进步和发展,也都不同程度地减轻了百姓的赋税负担。可见,中国的赋役制度是在不断改革的过程中逐渐发展和完善起来的,由于国与民、民与民之间的利益关系出现失衡,所以就要求改革;改革解决了失衡的矛盾,不久又会出现新的失衡,就又需要改革。每一次改革,都会促进社会的进步和发展。历史就是沿着失衡—改革—发展这条规律不断进步的。

(五)科举制度

传统中国选官制度形成时期较早,体系完备,成就显著,尤其科举制,乃是世界上率先建立的具有分科层级结构和法理权威的官吏选拔制度。

传统社会自汉代开始已然摆脱了封建性的“世卿世禄制”,从民间选拔管理人才,形成了比较成熟的官吏选拔制度,选拔官吏的主要途径包括:郎选、察举、征辟、贡举、特召、射策与对策,其中察举和征辟是常用的形式。两汉的察举科目主要有孝廉、秀才、贤良方正或贤良文学。征辟是自上而下选官,是秦汉时期除察举之外的另一种常见的选官制度,它是察举制的补充。但荐举制也有局限性,而且愈到后期这种局限性愈加明显。魏晋南北朝时期采用九品中正制,这一制度把选才权收归朝廷,把人才分为九等,选才标准规范、缜密,在当时具有积极意义。然而,东晋之后,这一制度弊病日深,门阀世族把持、垄断选举,庶族寒门子弟无缘仕途,使此制度逐渐走向反面。隋唐时代推行科举制,就是通过考试选拔官吏,采用分科取士的办法,考生可自由报名,使布衣之士有了为官的机会。从隋代到清代的1300多年间,科举制选拔出大量文武官员与后备人员,给社会与国家治理队伍注入活力。但至明清时,科举制度趋于刻板,其时考试专用一种文体,称八股文,"专取四子书及《易》《书》《诗》《春秋》《礼记》五经命题",宗旨是"代圣贤立言";在形式上愈益程式化,各部分的写法乃至用字,都有严格规定。在其束缚下,考生的新鲜活泼思想无法表达;加之试题本身往往是"牵上连下,毫无义理",这样的考试已失去考核水平、选拔人才的意义。其后清代又大兴文字狱,至清末丙午科,所有乡、会试一律停止,各省岁、科考试亦停止。

总体而言,中国的选官制大约经历如下阶段:商周的世卿世禄制—春秋的游仕制—战国的军功爵制—汉代的察举制—魏晋南北朝的九品中正制—隋唐以降的科举制。商代仕进制无直接材料详考,西周实行世官制则载籍甚多,周室臣僚多为世袭贵族,《诗》云,"文王孙子,本支百世,凡周之士,丕显亦世"[①]。此后选官制多有起伏跌宕,大趋势是从贵胄"世袭"走向民间"选贤",汉唐以后,从公举里选进而定格于封闭式的科考取士,"一切以程文为去留",[②]达成人才选拔的相对公开、公正、公平,使选官制度走出贵族世袭故辙,有利于社会阶层的上下流动,通过多层考试选拔人才——不是凭血统、财富和社会关系,而是以文史才能赢得官职,使平民得有改变底层身份的可能。汉制以儒学为指导思想,而"儒家根本否认社会是整齐平一的。认为人有智愚贤不肖之分,社会应该有分工,应该有贵贱上下的分野"[③]。两汉的察举、隋唐以降的科举,提供社会阶层纵向流动的途径,通过农耕文明延承不辍的"耕读传家",既维护了等级社会的秩序,又通过形式公正的考试为底层精英上行提供可能,实现了等级秩序的调整以至有限的突破。科举制由官员考试延展到整个教育制度,通过科举的考试题目规范了官私学校的教育内容,而

---

① 《诗经·大雅·文王》。

② 参见(宋)陆游:《老学庵笔记》,杨立英校注,三秦出版社2003年版,第198页。

③ 瞿同祖:《中国法律与中国社会》,商务印书馆2017年版,第309页。

教育内容及考试标准便成为士子思想及行为的指挥棒，进而影响社会各阶层的精神世界。①

总之，以科举制度为核心的考选制以相对公开、公平、公正的方式从各阶层拔擢人才，组建科层制官僚系统，较之世袭官制是一划时代进步，这是中国对世界文明史的一大创造性贡献。

（六）监察制度

中国古代的监察制度是政治制度的重要组成部分，是维护封建国家机器正常运转的制衡机制。它的基本任务就是整肃官僚，以充分发挥官僚机构的作用和通过“彰善瘅恶，激浊扬清”，实现社会的调整功能。历代监察制度在运行过程中，不仅有效地纠弹百官有司之邪辟，还对封建君王的行为和决策起到了一定程度的规谏与匡正作用。②

古代监察制度早自战国时期便有其雏形。“御史掌邦国、都鄙及万民之治令，以赞冢宰”③便展现了御史的早期职责。尤其是云梦秦简中亦有此方面记载，并明确规定了御史的巡察之责。④ 秦虽未制定专门的监察法典，但有关察吏的规定已成为秦律的重要部分，显示了秦以法治国、以法治吏实践。至汉代，以董仲舒为代表的新儒学将儒家思想与阴阳五行、天人感应的学说融合起来，以天象的变化阐述监察的合理性和必要性。“嘉气尚凝，阴阳不和”，是监察官部刺史没有尽到监察职责，使得“臣下未称”所致。⑤ 汉代在吸收和借鉴秦监察立法经验的基础上，进行了较为广泛的立法活动，初步形成了由封建律典和皇帝随时颁布的诏令为基本渊源的监察法体系。此外，汉代继承了秦以监郡为监察重点

① 参见冯天瑜：《百代皆行汉政法》，载《华中师范大学学报（人文社会科学版）》2022 年第 2 期。

② 参见张晋藩：《中国古代监察法的历史价值——中华法系的一个视角》，载《政法论坛》2005 年第 6 期。

③ 《周礼·春官·宗伯》。

④ 《秦简·尉杂》规定：“岁讎辟律于御史”；《秦简·传食律》还记载了御史的属官出巡的物质待遇：“御史卒人使者，食粺米半斗，酱驷（四）分升一，采（菜）羹，给之韭葱。其有爵者，自官士大夫以上，爵食之。使者至从者，食（粝）米半斗；仆，少半斗。”

⑤ 参见《汉书·薛宣传》。

的传统,从而推动了地方监察法的发展。尤其是汉武帝改革监察制度,将全国划分为十三州郡,各设部刺史一人作为皇帝派往地方的监察官,并在《监御史九条》的基础上制定《刺史六条》(又称《刺史六条问事》),对强宗豪右以强凌弱的暴行,及二千石高官的种种不法行为,如不奉诏书聚敛为奸、喜怒无常任意杀人、选举官吏营私舞弊、纵容子弟为非作歹、勾结豪强鱼肉乡里等,加以打击。[①]

隋唐时期御史台的独立性得到巩固,御史台内部组织结构与分工进一步明确、细致。唐代御史台总管全国监察,内设台院、殿院和察院。一台三院分别管理内部事务、监察中央与地方百官,甚至有权设狱、审判。唐代加强对国家最高行政机关"六部"的监察,御史有权列席尚书省会议,"监其过谬"。对州县二级地方行政组织则采取分为"十道"监察区为主的巡视监察,更颁行《遣八使巡省风俗诏》《遣使巡省天下诏》《巡察六条》《风俗廉察四十八条》等强化地方监察事务。

宋代在继承隋唐制度基础上根据时代变化进行调整。其最为突出的特征是台谏合一与封驳监察的加强,中央一元监察体制完善。宋代谏官独立拥有监察权,不仅有权对皇帝的言行进行规劝,也有权弹劾监察百官,而御史也拥有谏官言事权,台谏合一扩大了监察队伍。封驳本是魏晋以后逐渐形成的专门行政机构,对皇帝诏书或官僚上疏中的不当之处进行审议,纠正其失误的制度。宋代将更多的行政事务纳入封驳监察的管辖范围,其独立性增强。在地方监察系统,宋代采取监司(路)与府、州、军、监"通判"组成的两级多元监察体制,并通过制定颁行《御史台仪则》《崇宁重修御史台令》《重修淳熙类编御史弹奏格》《训饬百司诏》《监司互察诏》以强化监察制度的实际运行。

明代废御史台设都察院,为最高监察机构。都察院的监察御史有较大的独立性,监察中央和地方官吏。六科给事中是中央另一套监察机

---

① 参见张晋藩:《全面依法治国与中华法文化的创造性转化研究》,中国政法大学出版社 2019 年版,第 143 页。

构,专门监察六部官员的行为,也合并了封驳、言谏监察职能。六科给事中与地方十三道监察御史并称为“科道”,成为明代监察制度的特色。清代基本沿袭明代,只是雍正朝将六科并入都察院,台省合一,六科失去了对皇权及其代表军机处的监察。

总体而言,监察制度在漫长的历史发展中,对于维持国家纲纪,协调国家机关之间的权力平衡,纠弹官邪,为百姓申冤,起到了一定的作用。但正因为古代的监察权源于封建皇权,因而具有历史局限性:遇到开明之君,监察官就有可能发挥激浊扬清的作用;遇到昏君,不仅会限制监察权的行使,而且监察官往往因为一言不当,或被革职,或被杖责,或被处死,也就谈不上纠劾官邪。因此,对待监察制度,必须去除其封建糟粕,弘扬其合理部分,从而为当代的监察体制改革提供历史借鉴。

(七)军事制度

我国系统的军事体制,可追溯至黄帝蚩尤的逐鹿之战,至夏启开创家天下的夏朝后,其通过“甘誓”声称以天命讨伐有扈氏,逐步确立了君王对于战争的主导作用。西周时期宣扬礼治,军队作战亦需遵循“军礼”,军礼代表了两军对垒的基本规则。不过,从一般意义上来说,夏商周时期军事政策较为类似,皆采用征召义务兵的方式以服务天子的调遣,所谓“礼乐征伐自天子出”。

战国时,商鞅变法建立军功爵制,健全户籍,什伍编组,向农民征收军赋,是大规模的征兵制形成的基本标志。至汉代,中央政府基本建立义务兵役制度,此举亦有弊端,如汉乐府中有“十五从军征,八十始得归”的诗句。至魏晋时,府兵制畅行,其特点是兵农合一,以开府为基层组织,故称为府兵。府兵编入军籍,兵士免除租调徭役,平时参加生产,战时应征打仗,武器、资粮自备,府兵训练严格,战斗力较强。其发展亦打破胡汉分治的界线,由此增强了军事力量,又有利于民族的融合。隋初沿袭北周的府兵制,开皇十年(1590年),隋文帝对府兵制进行重大改革,下诏规定:“凡是军人,可悉属州县,垦田籍账,一与民同。”即把军户编入民户,改归州县管理,府兵可按均田制授田,府兵不服役时,归军府所在地的州县管理,它的实质是将“兵农分离”变为“兵农合一”。府兵制遂与均田制结合,成为兵农合一的制度。

唐初恢复府兵制,特别是唐太宗时进一步整顿和充实府兵,使府兵制更完备。府兵除出征与轮流卫戍外,其余时间均在家务农。府兵的调遣、征发权掌握在皇帝手中,实行兵将分离,从而有效地防止了军人拥兵专擅或割据的可能性,有利于中央集权的巩固和国家的统一。但府兵制自唐玄宗开元年间名存实亡,被募兵制所取代。宋太祖以“兵民分离”的方式继续沿用募兵制。北宋朝廷大量募兵,以稳定社会,但却导致北宋冗兵,国家“积贫”。至元明两代,军户是军队的主要成分,但募兵依然存在。努尔哈赤在统一女真各部的战争中,为巩固女真各部统一的需要,建立正黄、正白、正红、正蓝四旗,后增镶黄、镶白、镶红、镶蓝四旗,创建了八旗制度。清太宗时,又建立蒙古八旗和汉军八旗。八旗制度的特点是“以旗统人,以旗统兵”的军政合一和“出则为兵,入则为民”的兵民一体。清军入关后,为了巩固满族贵族的统治,加强对全国各族人民的控制,同时为了解除八旗官兵的后顾之忧,使其更好地为清王朝效命,清代建立了八旗常备兵制和兵饷制度,八旗常备兵与绿营共同构成清朝统治全国的强有力的军事工具,从而成了职业兵。

由此可见,军事制度的出现、发展与完善,一方面适应当时社会发展的需要,另一方面体现了社会生产水平以及政府的综合国力。纵观中国古代兵制,它对朝代的更替,国家的分裂与统一、强盛与衰败,都起着巨大的作用。而征兵制、世兵制、募兵制等各种兵制,并不是单一地出现在某一时期,相反,在历朝历代中,几种兵制交叉出现,又互相掺杂。

四、中国近代国家制度模式的探寻及其破产

鸦片战争爆发,给沉睡中的中国以致命打击,天朝上国的梦想已然不适应时代的发展。其后,西风渐入,清廷有识之士如林则徐、魏源、徐继畲等人“睁眼看世界”,多有对西方议会及民主制度的了解。更有出洋留学、考察,或任职驻外使节者,他们从亲身经历中产生了对西方民主

与法制的推崇,如马建忠、王韬、郭嵩焘等人即是此类。王韬称“惟君民共治,上下相通,民隐得以上达,君惠亦得以下逮”[1],郑观应亦说“君主者权偏于上,民主者权偏于下,君民共主者权得其平”[2],因而改良最适合中国。改良派的观念对中国法制近代化有所助益,他们之后又有对多党制、议会制与总统制的不断尝试,但最终结果并未如愿,晚清政府试图在不改变封建君主专制制度的前提下,按照西方政治模式对国家制度进行改良,并且仿行大陆法系的法律结构模式来修订和编纂法律,改造传统的中华法系的大一统的法律结构,进而企望维护摇摇欲坠的帝国统治秩序。但是,无论是戊戌变法,还是清末新政,都不能挽救晚清皇朝统治覆灭的历史命运。[3] 但其中的艰辛探索及失败的教训都值得谨记,从而转化为改革的经验。

(一)君主立宪制

戊戌变法及义和团运动之后,晚清统治更是岌岌可危,全国的反清、反满运动汹涌澎湃。为时势所迫,慈禧于 1901 年以清政府的名义连续发布三道“上谕”,承认“法令不更,锢习不破,欲求振作,须议更张”,强调“惟有变法自强,为国家安危之命脉,亦即中国生民之转机”。[4] 清政府的一些封疆大吏及改良派因此又重新燃起了君主立宪、变法图强的幻想,他们有的上递奏书,如张之洞、刘坤一等,有的发表论著,如康有为、梁启超等,对立宪变法提出了种种设想和建议。从学界看,译介外国宪政法规、论著及研究宪政的热情自此高涨。

1905 年日俄战争结束,造成清廷内外极大的震动。一般人士均以为,日本之所以能以小国战胜大国,乃是日本近代立宪的结果。日俄和约还未签订,江苏名士张謇就在《致袁世凯书》中主张立宪,指出:“不变

---

① (清)王韬:《弢园文录外编》,上海书店出版社 2002 年版,第 20 页。

② 夏东元编:《郑观应集》(上册),上海人民出版社 1982 年版,第 316 页。

③ 参见公丕祥:《中国式法治现代化新道路的内在逻辑》,载《法学》2021 年第 10 期。

④ 参见伧父:《立宪运动之进行》,载中国史学会主编:《辛亥革命(四)》,上海人民出版社 1981 年版。

政体,枝枝节节之补救,无益也。不及此日俄全局未定之先,求变政体,而为揖让救焚之迂图,无及也。……日俄之胜负,立宪专制之胜负也。今全球完全专制之国谁乎？一专制当众立宪,尚可幸乎?”[①]张謇这一被近代宪政论著广为引用的观点表达了当时大部分有识之士的心声。日俄战争后,清廷立宪之议再起。1905 年,仿效日本明治政府在制定近代第一部宪法之前,作为制宪的准备,派遣伊藤博文等政要赴欧洲考察各国宪政情况的做法,清政府发布“派载泽等分赴东西洋考察政治谕”,载泽、戴鸿慈、端方、尚其亨、李盛铎五大臣受命分赴各国。[②] 考察结束后大臣们相继回国,受到清廷召见,此后清廷发布《宣示预备立宪先行厘定官制谕》,[③]改革举措逐渐展开。改革先改官制,后改政治馆为宪政编查馆,最后考察宪政。

1908 年定立谘议局章程及议员选举章程后,预备立宪稍有实际行动,宪政编查馆资政院会奏《遵拟宪法大纲暨议院选举各法并逐年应行筹备事宜折》。[④] 其后《钦定宪法大纲》颁布。《钦定宪法大纲》虽然已经颁布,但它规定了九年预备期,为期久远,宪政之实行尚有待时日。宣统即位后,其父醇亲王摄政,以皇族组织内阁,国人对此大为不满,各省谘议局议员要求迅速召开国会。1909 年,清廷颁布《资政院章程》,以作为预立上下议院之基础。1910 年 8 月,资政院第一次常年会召集举行,会期持续近四个月,会议记录显示,速开国会,请颁宪法,已是人心所向。[⑤] 在此情形下,清廷颁发谕旨规定改于宣统五年(1913 年)召集国

---

① 潘树藩编:《中华民国宪法史》,商务印书馆 1935 年版,第 4 页。

② 参见《出使各国考察政治大臣载泽等奏出京乘坐火车遇炸情形摺》,载《清末筹备立宪档案史料》(上册),中华书局 1979 年版,第 2 ~ 3 页。

③ 《大清新法令(1901—1911)》(第 1 卷),李秀清、孟祥沛、汪世荣点校,商务印书馆 2010 年版,第 37 ~ 38 页。

④ 《大清新法令(1901—1911)》(第 1 卷),李秀清、孟祥沛、汪世荣点校,商务印书馆 2010 年版,第 115 ~ 118 页。

⑤ 参见《资政院第一次常年会第九号议场速记录》,载《资政院议场会议速记录——晚清预备国会论辩实录》,李启成点校,上海三联书店 2011 年版,第 77 页。

会,并特派溥伦、载泽为纂拟宪法大臣,按照《钦定宪法大纲》,迅速拟定宪法条文。当时清廷还欲借《钦定宪法大纲》保障君主至高无上的大权。

清廷1911年颁布内阁官制,设立内阁,以奕劻为总理大臣。同年10月,发生武昌革命起义,各省一时四应,相继宣告独立,清廷惶急无措乃复召集资政院,开临时会议,决定弛党禁,下罪己诏,以收拾已失之人心,罢亲贵奕劻等,授袁世凯为总理大臣并向资政院负责,并将宪法交资政院协赞。资政院受命起草宪法。11月3日,资政院先行拟定宪法《重大信条十九条》并发布命令予以宣布。《钦定宪法大纲》与《重大信条十九条》的颁布尽管不是清末立宪实践的全部,但毫无疑问,它们却是最重要的两项成果,前者是中国历史上第一个宪法性文件,后者则是中国的第一部成文宪法。《钦定宪法大纲》从颁布之日起,即遭到多方抨击。譬如,批评"其本旨在于巩固君权",只不过是"徒饰宪法之外貌,聊备体裁,以蔚民望"。[①]《钦定宪法大纲》的出台过程非常明显地说明,它的颁布并非出于清廷的自愿和主动,而更多的是迫于内外形势而采取的权衡再三的统治措施,是在确信立宪有"皇位永固""外患渐轻""内乱可弭"三大利的情况下,才发布预备立宪令,并颁布宪法大纲的。《重大信条十九条》采用英国宪法体制,实在是清朝政府在穷途末路之际的不得已选择,因为王权是清廷不能割舍的最后底线。

晚清君主立宪从开始就是被动的,其以应付内外危机及谋求三大利为着眼点,故而从源头上便不具有可实施性,自然以失败告终。

(二)议会制

清廷宣布预备立宪后,督抚奏请设立资政院和咨议局,1907年两机构相继成立,并公布章程及议员选举章程,资政院与咨议局的筹设全面开展。至1909年,各省咨议局纷纷成立,立宪派们以极大热情投入政治,通过大量内容涉及立法、司法、预算、决算、税法等事项的议案,弹劾

---

① 朱勇主编:《中国法制通史》(第9卷),法律出版社1999年版,第97页。

贪赃枉法的官吏。1910 年 10 月，中央资政院宣告成立。资政院的主要职责是奉旨商议事件，新订和修改法律，审查岁出岁入预算决算、税法公债以及臣民陈请事件等。国会未开之前，资政院行使国会的权力。资政院具有临时国会的性质。[①] 资政院第一次常年会是中国历史上第一次民主议政的会议，讨论的议案涉及政治、经济、外交、文化、教育、法律、地方事务等诸多方面，特别是速开国会案、弹劾军机大臣案、设立责任内阁案、开放党禁案等，可谓史无前例。[②]

然而，1911 年年初，庆亲王奕劻领衔的"皇族内阁"被炮制出炉，清廷"预备立宪"的虚假面目至此彻底暴露。其后，辛亥革命爆发，十七省代表选举孙中山担任临时大总统，并决定设临时参议院作为正式国会召开前的立法机关。此时宋教仁主导的《中华民国鄂州临时约法》乃是贯彻其所主张责任内阁制的制度尝试。其后，1912 年南京临时参议院讨论通过《中华民国临时约法》（以下简称《临时约法》），以法律的形式将民主共和的政治体制确立了下来。它开宗明义地规定民国主权属于国民全体，人民不分种族、阶级、宗教一律平等，并享有一系列的民主权利。同时，《临时约法》规定民国政体采责任内阁制，由参议院、总统、国务员行使统治权，总统虽总揽政务，但制定官制官规、任免国务员及文武官员、宣战媾和、订立条约等事项均需取得参议院同意，所提法律案也需经由国务员副署方能生效。革命党人制定以上条文的用意在于从制度层面防范袁世凯独裁，尽可能地限制其权力，使袁世凯在地位上更接近于法国式的虚位总统。《临时约法》还要求在十个月内，召集国会，制定宪法。随着第一届国会的开设，晚清以来革命党与立宪派孜孜以求的代议制民主机关在形式上宣告成立。《临时约法》的最大特点便是将过去南京临时政府时期实施的总统制改为内阁制，最大限度地限制袁世凯的权力。《临时约法》规定，总统无权自行解散国会，无权任命国务员，发布的命令

---

① 参见《宪法资料选编》（第 2 辑），北京大学出版社 1982 年版，第 252 页。

② 参见李启成：《君主立宪的一曲挽歌——晚清资政院第一次常年会百年祭》，载《中外法学》2011 年第 5 期。

需经由国务员“副署”方能生效，这使袁世凯无法随心所欲地贯彻自己的意志，尤其是在人事任免和借款等涉及北洋系核心利益的事项上。但此种想象并未能困住袁世凯，自临时政府迁往北京后，短短一年间便换了三届内阁，显示出民初政局的不稳定。宋教仁被刺杀后，袁世凯肆意扩张总统职权，缩小甚至取消国会权力。国会两院议员成立的“宪法起草委员会”在制定“天坛宪草”的过程中，抵挡住威胁和压力，坚持三权分立的原则和责任内阁制的基本精神，完成《中华民国宪法(草案)》的修订工作，但最终袁世凯通过解散国民党，取消国会议员资格的形式，使国会停会。随后他又解散国会两院，从此议会制度在民国初年土崩瓦解。

(三)多党制

据统计，民初的政党总计有 312 个，虽然其中多数属于“其兴也勃，其亡也忽”的松散团体，拥有具体政纲和群众基础的党派亦是寥寥无几，[①]但不可否认，政党的蓬勃兴起也从一个侧面反映出在民国初年较为宽松的社会氛围下，各界的政治参与意识相比清末有了明显提高。在民初的众多政党中，拥有较大影响力和健全组织的党派，基本上都是由辛亥革命以前既有的政治势力分化组合而来的，这其中就包括由同盟会统合五支小党而形成的国民党，由章太炎、程德全、张謇等人发起成立的统一党，由黎元洪、孙武等组建的共和党，以及由汤化龙、孙洪伊等人组建的民主党。[②]

国民党作为主要由同盟会改造而来的政党，在政治上无疑代表了革命党人的理念诉求，而相比之下，统一、共和、民主三党的成员几乎都是立宪派和前清官吏，思想观念妥协保守，多采拥袁反孙的立场，袁世凯对他们也是多方拉拢。同盟会合并了包括统一共和党、共和实进会在内的五个小党，扩充党员近万人，形成了当时的第一大政党国民党。1912 年 8 月，国民党于北京举行成立大会，孙中山虽以高票当选理事长，但他当

---

① 参见张玉法：《民初政党的调查与分析》，载《近代史研究所集刊》第 5 期。

② 参见程舒伟：《议会政治与近代中国》，商务印书馆 2006 年版，第 97 页。

时对参与国民党事务意兴阑珊,宋教仁便以代理理事长的身份成为国民党的实际领导者。1913 年 5 月,为抗衡此时国会的第一大党国民党,统一、共和、民主三党宣布合并,成立进步党,这使民初议会一度呈现西方两党政治的雏形。民国初期尽管出现了多党政治局面,但总体来说,其政治主张与立场由立宪派和革命派所控制。国民党的宋教仁、民主党的汤化龙,这两位民主政治先驱,受西方文化影响,试图以西方政治制度建构近代中国的发展之路。但这一努力因宋教仁的遇刺身亡而宣告结束。

(四)总统制

民国初期的政治语境中,总统制是与内阁制并驾齐驱的两种政体主张之一。与内阁制相比,总统制的优点是行政权运作灵活、相对更有效率;缺点一方面是它有蜕变为总统独裁的危险,另一方面是当行政权与立法权形成僵局时,它反而会造成政府运作的内耗和无效率。① 宋教仁、梁启超及王宠惠等人对于内阁制极为支持,而孙中山与袁世凯则对总统制青睐有加。

基于对美国总统制这一整体模式的认可,孙中山在南京临时政府的建制问题上,选择建立民主共和框架下的总统制,指出"中国革命之目的,系欲建立共和政府,效法美国,除此之外,无论何项政体皆不宜于中国"②。在 1911 年的《中华民国临时政府组织大纲》的制定上,孙中山便倾向于建立美国式的总统制,规定总统有统治全国之权,有统率海陆军之权等。其后,为防止袁世凯对革命果实的窃取,遂在 1912 年《临时约法》中采用责任内阁制,总统的命令只在内阁副署后才发生法律效力,这无疑是对总统权的掣肘。但最终袁世凯废弃《临时约法》,以强权终止国会制定宪法进程,显然是出于对约法限制总统权力的反抗。在此意义上,他对于议会主导制定的以限制行政权力为主旨的《临时约法》及"天坛宪草"都是极为排斥的。在就任中华民国大总统后,他便开始摧

---

① 参见聂鑫:《内阁制、总统制还是半总统制——民国宪法史上的政体之争》,载《法学》2013 年第 10 期。

② 郝平:《孙中山革命与美国》,北京大学出版社 2000 年版,第 563 页。

毁责任内阁制，建立以总统为中心的行政体制；其不顾国会正在起草《中华民国宪法（草案）》的事实，向国会提出“增修约法大纲七条”，约法会议制定的《中华民国约法》建立了袁世凯集权的“北洋总统制”，使其具有统揽大权甚至解散国会、立法院的至高权力。[①] 1914 年公布的《中华民国约法》中，总统的权力高度膨胀，废除了责任内阁制，取消国务总理，实行总统制，此种总统制无疑是彻头彻尾的专制独裁，其根本目的在于无限扩大总统权力，削弱议会牵制力量，为其实现个人专制提供法律依据。因此，作为民国共和制度保障的宪法，成为袁世凯专制独裁的工具，资产阶级民主革命果实为袁世凯所窃取。

可以看到，无论是晚清法制改革，还是辛亥革命时期的法制建设，抑或中华民国北洋政府及南京国民政府时期的法律发展，其间，君主立宪制、帝制复辟、议会制、多党制、总统制等多种政制模式纷纷登场，诸种法律发展样式相继更替，但是，都没有真正找到中国式法治现代化的正确道路，从而不可能起到推动中国社会发展进步的作用，也不可能从根本上改变国家和人民的悲惨命运。总结 20 世纪上半叶中国法制发展与变革的历史不难看出，在清末新政修律模式、辛亥革命政治与法治模式、北洋军阀政治法制模式和南京国民政府政治法制模式的架构下，是绝不可能建构自主型的法治发展模式的，因而也绝不可能出现法治变革及其现代化的奇迹。即使有什么变化，充其量也不过是近代中国法律领域的进化改良或早期法律现代化的尝试而已。[②] 诚如习近平同志所言：“事实证明，不触动旧的社会根基的自强运动，各种名目的改良主义，旧式农民战争，资产阶级革命派领导的民主主义革命，照搬西方政治制度模式的各种方案，都不能完成中华民族救亡图存和反帝反封建的历史任务，都不能让中国的政局和社会稳定下来，也都谈不上为中国实现国家富强、

① 参见夏新华、王小飞：《内阁制与总统制之争——民国初期政体模式选择的宪政反思》，载《学习与探索》2009 年第 2 期。

② 参见公丕祥：《中国式法治现代化新道路的内在逻辑》，载《法学》2021 年第 10 期。

人民幸福提供制度保障。”①

五、中华传统法律历史资源的创造性转化

探索中国式法治现代化，必须深入研究中华政治与法制文明传统，挖掘和传承中华传统法律文化精华，从中汲取营养，择善而用，着力推动中华优秀政治与法制文明传统的创造性转换、创新性发展。习近平同志指出："自古以来，我国形成了世界法制史上独树一帜的中华法系，积淀了深厚的法律文化。……中华法系凝聚了中华民族的精神和智慧，有很多优秀的思想和理念值得我们传承。出礼入刑、隆礼重法的治国策略，民惟邦本、本固邦宁的民本理念，天下无讼、以和为贵的价值追求，德主刑辅、明德慎罚的慎刑思想，援法断罪、罚当其罪的平等观念，保护鳏寡孤独、老幼妇残的恤刑原则，等等，都彰显了中华优秀传统法律文化的智慧。”②因此，我们应立足中国传统法律文化的创造性转化与创新性发展，从中华优秀传统法律文化中汲取重要历史经验、理念与原则，为坚持和拓展中国式法治现代化新道路提供可资借鉴的历史资源。

（一）出礼入刑、隆礼重法的治国策略

传统社会的礼主要以“教化”为其方式，成为社会的基本准则；而法作为事后惩戒手段，往往用来惩罚违规逾礼者，即所谓“出礼入刑”。在整个社会的基本规则之中，无疑是礼作为基本准则，而法作为补救机制存在，伴随时代发展和国家治理的日趋复杂，法的作用逐步凸显。即便如此，统治者对于法律亦并不十分崇尚，如纪昀在《四库全书总目提要》中说道：“刑为盛世所不能废，而亦盛世所不尚”，并仅收录《唐律疏议》与《大清律例》于其中。在此意义上，隆礼重法是传统社会治理的基本特色。其对于当代的社会治理也有启示意义，即重视道德教化，弘扬社

---

① 习近平：《论坚持全面依法治国》，中央文献出版社 2020 年版，第 68 页。

② 习近平：《坚定不移走中国特色社会主义法治道路　为全面建设社会主义现代化国家提供有力法治保障》，载《求是》2021 年第 5 期。

会主义核心价值观。社会主义核心价值观作为引导人们行为的价值规范,能够有效整合社会意识、凝聚社会共识、弘扬社会正能量。创新社会治理,可批判性地借鉴传统社会"礼义教化"的方式,在全社会广泛宣传弘扬这一时代之"礼",使其成为社会普遍的价值观。同时,法律是治国之重器,良法是善治之前提。我们应继续秉持宪法法律至上的基本原则,努力将法治作为我们党和政府治国理政的重要手段,在此意义上全面推进国家治理体系和治理能力现代化。在全面依法治国的道路上,我们应在国家和社会治理中坚持一手抓法治建设,一手抓道德建设。应坚持礼法相结合的原则,既重视法律的规范作用,又重视道德的教化作用;在法律中体现社会主义核心价值观要求,用社会主义核心价值观支撑法治建设,将"隆礼重法"贯穿于国家治理体系和治理能力现代化进程中。

(二)民惟邦本、本固邦宁的民本理念

传统思想家揭示了民众在国家治理中的根本地位。贾谊提道:"闻之于政也,民无不为本也。国以为本,君以为本,吏以为本。"[①]落实到法治层面,法治的成败在于能否合民情、顺民心、护民利。即便在当今社会,仍需始终秉持爱民、宽民、惠民的民本思想。以民为本这一法律思想至今仍具有积极意义。中华法系文化提倡以民本思想为主体的仁政学说,从仁政的基本内容来看,其有一定的人民性,把社会看作一个整体,劝导统治阶级实行仁政,以使社会各个阶层的利益都得到适度的满足。[②] 但亦应考虑到传统社会民本思想所强调的对国家/君王权力的保障,而缺乏对民众私权利的保护。当代中国持续推行的"以人民为中心"的社会主义新型民主理念,无疑是选择性传承了古典传统的合理元素。习近平同志指出:"司法体制改革必须为了人民、依靠人民、造福人民。"[③]改革开放以来国家出台的减轻民众尤其是农民负担的政策,就是建立在"以人民为中心"的思想之上的历史实践。可以说,传统民本思

① (汉)贾谊撰,阎振益、钟夏校注:《新书校注》卷九《大政上》,中华书局2000年版,第338页。

② 参见沈国明:《中华法系文化要素的发掘与发展》,载《东方法学》2022年第1期。

③ 习近平:《论坚持全面依法治国》,中央文献出版社2020年版,第147页。

想为现代社会的民主与法治思想提供了理论依托。

（三）天下无讼、以和为贵的价值追求

传统儒家多以“天下无讼”作为其基本理念，其中最为典型的“无讼”主张便来自孔子，其与颜渊之对谈中透露出对于诉讼的看法，“听讼，吾犹人也，必也使无讼乎！”①及至后世，尤其是宋代朱熹征引多家观点来详细阐释“无讼”理想及其实现路径，如范氏“听讼者，治其末，塞其流也。正其本，清其源，则无讼矣”，杨氏“子路片言可以折狱，而不知以礼逊为国，则未能使民无讼者也。故又记孔子之言，以见圣人不以听讼为难，而以使民无讼为贵”②。清代官箴也要求官吏以“无讼”为目标：“明是非、剖曲直、锄豪强、安良懦，使善者从风而向化，恶者革面而洗心，则由听讼以驯至无讼。”③故而，随着近年来诉讼档案的发掘，认为宋明之后的传统社会为健讼社会的主张渐成主流，但是从国家立场上来说，无讼是求、以和为贵仍是以儒家学说为基础发展起来的中国传统法律文化的根本价值取向。其具体的实践方式可分为三个层次：一是儒家学者追求的没有纷争的和谐社会；二是司法官的“息讼”实践，其中往往夹杂对诉讼的教诲，“荒废本业，破坏家财……幸而获胜，所损已多，不幸而输，虽悔何及”④；三是百姓“耻讼”“惧讼”的心理状态。易言之，“无讼”观念要求官员引导民众弃恶从善，推动社会移风易俗，从而预防矛盾纠纷和违法犯罪。现代社会，案多人少已然成为司法机构面临的最大难题，诉讼成本、诉讼压力的飙升，使我们不由得反思司法的意义所在。目前司法体系着力开展的深化配套改革，充分发挥快裁、速裁案件的制度优势，以及调解组织的调解功能，使纠纷能够尽快及更为有效地被化解。在司法资源相对稀缺，而化解社会纠纷需求不断加大的情况下，对传统无讼观念、以和为贵的思想进行宣导，通过司法之外的途径定

---

① 《论语·颜渊》。

② （宋）朱熹：《四书章句集注》，中华书局2012年版，第138页。

③ （清）田文镜：《州县事宜》，载《官箴书集成》，黄山书社1997年版，第673页。

④ 《名公书判清明集》，中华书局1987年版，第123页。

分止争应该是法治建设和司法改革的选项之一。在此意义上，调解制度、思想工作等之所以有生命力，与社会成员普遍存在的或隐或现的息诉心理有关。

(四)德主刑辅、明德慎罚的慎刑思想

古代的思想家、政治家早就意识到道德对于治国的作用。周公灭商之后便提出明德慎罚。至汉代，政府进一步认识到德的作用，遂以德为主、刑为辅。唐代更将德礼与刑罚的不同作用与相互关系总结为“德礼为政教之本，刑罚为政教之用，犹昏晓阳秋相须而成者也”。德的作用在于提高人们的道德素质，消除恶习，进而改良社会风俗习惯，所以古代的政治家坚持以德化民。但德的教化功能不能实现国家的对内对外职能，不能保证国家机器的正常运转，也不具备惩奸治恶的功能，故而以德化民必须与以法治国相结合，借助法律的强制作用，惩戒违反道德的行为及各种犯罪，所以二者密不可分。以德化民，夯实稳定的社会基础；以法惩恶，维护社会的安宁和国家的强盛。法律的制定要以主流价值观及道德原则为指导，使法律成为道德的承载，让法律更多地体现道德理念和人文关怀。另外，要将某些道德规范直接融入法律，以道德涵养法治精神，强化道德对法治文化的支撑作用。只有将道德要求和法律规范有机结合，相互促进，共同提升，才能实现善治的目标。

(五)援法断罪、罚当其罪的平等观念

援法断罪、罚当其罪的平等观念在传统中国的法制文明中有其制度渊源。西周时期要求“惟察惟法”，即着眼于防止官吏在司法活动中枉法裁判。法家提出“事断于法”“援法断罪”的主张，要求各级司法官吏依法正确处理各类案件，做到不枉不纵。历代律典多有对“受财枉法”应受惩处的明确规定。之所以强调援法断罪、罚当其罪，主要原因即在于传统社会依据案件的严重程度、不同性质，往往采取不同处理方式。官府往往集中力量处理重大刑案，而将其他纠纷放交由双方自理或民间调处。所谓民间细故案件皆由乡里自裁便是这一情形的集中反映。而且，在处理重大刑案时，要求官员严格依据成文法，涉及重刑必须经过上报文牍和逐级复核程序，适用错案严格归责的处分规则，这体现了对法律及其执行过程的充分重视。《唐律疏议》规定："诸断罪皆须具引律、令、格、式正文，违者笞三十。"[①]在民间细故纠纷的处理方面，社会力量无疑发挥着重要作用。传统的产权交易方式、土地制度、家族经营制度等，都是从民间生长发展起来的制度形式。处理细故纠纷时，国家与社会各司其职，有利于合理有效配置资源，提升社会治理效率，从而形成中国传统社会特有的纠纷解决方式和社会治理方式。这对于现代社会依旧有其现实意义，一方面，它要求司法官员审理案件应依法行事，不枉法裁判；另一方面，应充分发挥社会组织的调解职能，化解纠纷，使社会秩序井然有序。此外，对于案件的审理，不仅应考虑适用法律是否准确，亦应考虑情理问题，努力让人民群众在每一个司法案件中感受到公平正义。

（六）保护鳏寡孤独、老幼妇残的恤刑原则

出于爱民的考虑，传统社会对弱者往往较为重视，从而形成了恤刑观念。宽仁慎刑、爱惜民命的人道主义原则就体现在矜恤老幼妇残这些弱者方面。西周时期便有记载，"七十曰老，八十、九十曰耄，七年曰悼。悼与耄，虽有罪，不加刑焉"[②]。唐律中亦有此项规定，"诸年七十以上、十五以下废疾，犯流罪以下，收赎。八十以上、十岁以下笃疾，犯反、逆、杀人应死者，上请；盗及伤人者，亦收赎。九十以上、七岁以下，虽有死罪，不加刑"，"诸犯罪时虽未老、疾者，而事发时老、疾者，以老、疾论。若服徒刑期间成为年老、残疾的，亦按老、疾处理。犯罪时幼小，事发时长大，依幼小论"[③]。对于鳏寡孤独，唐律亦采取与当今类似救济之法，按《唐令》："诸鳏寡孤独贫穷老疾，不能自存者，令近亲收养。若无近亲，付乡里安恤。在路有疾患，不能自胜致者，当界官司收付村坊安养，仍加医疗，并勘问所由，具注贯属，患损之日，移送前所"。[④] 中国古代对

① （唐）长孙无忌撰：《唐律疏议》，刘俊文点校，中华书局 1983 年版，第 561 页。

② 《礼记·曲礼上》。

③ （唐）长孙无忌撰：《唐律疏议》，刘俊文点校，中华书局 1983 年版，第 80～86 页。

④ 参见［日］仁井田升：《唐令拾遗》，栗劲、霍存福等编译，长春出版社 1989 年版，第 165～166 页。

于此类社会弱势群体所采用的救助原则与恤刑原则是一贯的,带有鲜明的人文关怀,反映了国家仁政与刑法上的人道主义精神,即便在当今社会,依旧有其可以借鉴之处。实际上,我国《刑法》规定的 75 周岁以上老人的犯罪行为一般不处以死刑,便是对此原则的良好借鉴。

六、小结

中国式法治现代化新道路是法治现代化的社会主义道路、法治现代化的中国道路,[①]传统法律文化的厚重历史资源显然是其持续不断焕发生机的有力支撑。中华法系是中华民族法治精神的智慧结晶,其中蕴含的超越时空、跨越种族、具有普遍价值的思想与理念值得继承与发扬。中华民族又是长期屹立于世界之林的民族,其数千年的发展中所铸就的特色制度是中国持续发展的基础保障,对此我们亦应吸收与传承。更为关键的是,我们应立足当下,着力使中国传统法治文化思想及制度在法治现代化建设新道路中焕发生机,努力发掘传统法文化思想与制度的现代因子,使之完成现代转型,共同为中国式法治现代化的伟大征程贡献中国传统智识。在此意义上,无疑应取其精华,去其糟粕,推动中华法文化的创造性转化和创新性发展,这也是对待优秀法制传统的应有态度。我们要牢记习近平总书记“以史为鉴”的教导,全面推进依法治国的进程,实现中华民族伟大复兴。

---

① 参见张文显:《论中国式法治现代化新道路》,载《中国法学》2022 年第 1 期。

第三章　中国式法治现代化的根本保证

中国特色社会主义法治最本质的特征是中国共产党的领导。党的十八大以来,在以习近平同志为核心的党中央的坚强领导下,我国的法治建设事业取得了历史性成就,中国式法治现代化焕发出蓬勃生机和强大生命力。因此,走中国式法治现代化新道路必须始终坚持党的领导,党的领导是中国式法治现代化的根本保证和最大优势。

一、概述

中国共产党成立一个多世纪以来,始终把为中国人民谋幸福、为中华民族谋复兴作为初心使命,始终坚持共产主义理想和社会主义信念,团结带领全国各族人民为争取民族独立、人民解放和实现国家富强、人民幸福而不懈奋斗。习近平指出:“正是因为始终在党的领导下,集中力量办大事,国家统一有效组织各项事业、开展各项工作,才能成功应对一系列重大风险挑战、克服无数艰难险阻,始终沿着正确方向稳步前进。”[①]党的十九届六中全会《决议》指出，以习近平同志为主要代表的中国共产党人，“创立了习近平新时代中国特色社会主义思想，明确中国特色社会主义最本质的特征是中国共产党领导，中国特色社会主义制度的最大优势是中国共产党领导，中国共产党是最高政治领导力量”[②]。以习近平同志为核心的党中央从坚持和发展中国特色社会主义的全局和战略高度定位法治、布局法治、厉行法治，将全面依法治国纳入“四个全面”战略布局，加强党对全面依法治国的集中统一领导，全面推进科学立法、严格执法、公正司法、全民守法，形成了习近平法治思想，开创了全面依法治国新局面，为在新的起点上建设法治中国奠定了坚实基础。以习近平同志为核心的党中央，推动党和国家事业取得历史性成就、发生历史性变革，中国特色社会主义法治体系不断健全，法治中国建设迈出坚实步伐，法治固根本、稳预期、利长远的保障作用进一步发挥，党运用法治方式领导和治理国家的能力显著增强。习近平指出：“在坚持和拓展中国特色社会主义法治道路这个根本问题上，我们要树立自信、保持定力。”[③]走中国特色社会主义法治道路是一个重大课题，有许多东西需要深入探索，但基本的东西必须长期坚持，其中第一条就是必须坚持中国共产党的领导。“一百年来，我们党领导人民持续探索、不断推进法治建设，成功走出了一条中国特色社会主义法治道路，已成为我们党百年奋斗重大成就和光辉历史的重要组成部分。”[④]

二、党的领导是中国式法治现代化的最大优势

在党的二十大报告中，习近平深刻指出：“中国式现代化，是中国共

---

① 习近平：《论坚持全面依法治国》，中央文献出版社 2020 年版，第 264 页。

② 《中共中央关于党的百年奋斗重大成就和历史经验的决议》，人民出版社 2021 年版，第 24 页。

③ 习近平：《加快建设社会主义法治国家》，载《求是》2015 年第 1 期。

④ 王晨：《坚持全面依法治国　法治中国建设迈出坚实步伐》，载《人民日报》2021 年 11 月 23 日，第 6 版。

产党领导的社会主义现代化”。[①] 中国特色社会主义法治最本质的特征是中国共产党的领导。中国式法治现代化是中国共产党领导的社会主义法治现代化。中国特色社会主义制度的最大优势是中国共产党的领导，坚持党的领导是中国特色社会主义法治道路的根本保证，党的领导是中国式法治现代化的最大优势。

（一）全面推进依法治国必须处理好党和法的关系

在法治发展的历史进程中，政治始终是影响法治发展的重要因素。坚持走中国式法治现代化新道路，必须首先处理好党和法治的关系。法治与政治具有密切联系，二者密不可分。习近平指出：“法治当中有政治，没有脱离政治的法治。西方法学家也认为公法只是一种复杂的政治话语形态，公法领域内的争论只是政治争论的延伸。每一种法治形态背后都有一套政治理论，每一种法治模式当中都有一种政治逻辑，每一条法治道路底下都有一种政治立场。”[②]现代政治的主要方式是政党政治，社会成员主要通过参加一定的政党来壮大自身的力量和表达自己的主张，政治因素中的政党尤其是执政党对于法治的影响力是巨大的，而政党尤其是执政党的领导能力和治理水平对于法治发展尤为重要。政党的稳定和强大取决于其制度化水平和社会适应性，没有政党，会出现政治参与的无序和混乱，政治秩序也会走向脆弱。现代社会的政党实现意志和治理国家的方式主要是法治，法治始终是实现政治目标的重要手段。在当代中国法治发展进程中，作为执政党的中国共产党始终是领导和推动当代中国法治发展、坚持走中国式法治现代化新道路的强大力量。党和法的关系是政治和法治关系的集中反映，全面推进依法治国必须处理好党和法的关系。习近平指出：“党和法的关系是一个根本问题，处理得好，则法治兴、党兴、国家兴；处理得不好，则法治衰、党衰、国家衰。”[③]全面依法治国首先必须解决政治方向问题，坚持党对全面依法

① 《中国共产党第二十次全国代表大会文件汇编》，人民出版社 2022 年版，第 18 页。

② 《习近平关于全面依法治国论述摘编》，中央文献出版社 2015 年版，第 34 页。

③ 《习近平关于全面依法治国论述摘编》，中央文献出版社 2015 年版，第 33 页。

治国的领导，是坚持全面依法治国正确政治方向的根本保证。习近平进一步指出："党和法治的关系是法治建设的核心问题。全面推进依法治国这件大事能不能办好，最关键的是方向是不是正确、政治保证是不是坚强有力，具体讲就是要坚持党的领导，坚持中国特色社会主义制度，贯彻中国特色社会主义法治理论。"①我国是中国共产党执政，各民主党派参政，没有反对党，不是三权鼎立、多党轮流坐庄，我国法治体系要跟这个政治制度相配套。

（二）党的领导和社会主义法治是一致的

习近平科学总结党的领导和社会主义法治之间的重要关系，明确指出："党的领导和依法治国不是对立的，而是统一的。我国法律充分体现了党和人民意志，我们党依法办事，这个关系是相互统一的关系。全党同志必须牢记，党的领导是我国社会主义法治之魂，是我国法治同西方资本主义国家法治最大的区别。"②习近平多次论述坚持党的领导、人民当家作主、依法治国有机统一的关系，"把坚持党的领导、人民当家作主、依法治国有机统一起来是我国社会主义法治建设的一条基本经验。我国宪法以根本法的形式反映了党带领人民进行革命、建设、改革取得的成果，确立了在历史和人民选择中形成的中国共产党的领导地位。对这一点，要理直气壮讲、大张旗鼓讲。要向干部群众讲清楚我国社会主义法治的本质特征，做到正本清源、以正视听"③。习近平强调，"三统一"的根本与核心是坚持党的领导，"我们强调坚持党的领导、人民当家作主、依法治国有机统一，最根本的是坚持党的领导。坚持党的领导，就是要支持人民当家作主，实施好依法治国这个党领导人民治理国家的基本方略。党的领导和社会主义法治是一致的，只有坚持党的领导，人民

---

① 习近平：《论坚持全面依法治国》，中央文献出版社 2020 年版，第 91 页。

② 习近平：《坚定不移走中国特色社会主义法治道路　为全面建设社会主义现代化国家提供有力法治保障》，载《求是》2021 年第 5 期。

③ 习近平：《论坚持党对一切工作的领导》，中央文献出版社 2019 年版，第 77 页。

当家作主才能充分实现，国家和社会生活制度化、法治化才能有序推进"[①]。因此，我国的依法治国是党领导下的依法治国，"我们说的依法治国，党的十五大早就明确了，就是广大人民群众在党的领导下，依照宪法和法律规定，通过各种途径和形式管理国家事务，管理经济文化事业，管理社会事务，保证国家各项工作都依法进行，逐步实现社会主义民主的制度化、法律化，使这种制度和法律不因领导人的改变而改变，不因领导人看法和注意力的改变而改变"[②]。党领导依法治国、坚持党对全面依法治国的领导是我国宪法规定和保障的，"宪法是我们党长期执政的根本法律依据。我国宪法确认了中国共产党的执政地位，确认了党在国家政权结构中总揽全局、协调各方的核心地位，这是中国特色社会主义最本质的特征，是中国特色社会主义制度的最大优势，是社会主义法治最根本的保证"[③]。因此，不能把坚持党的领导同人民当家作主、依法治国对立起来，更不能用人民当家作主、依法治国来动摇和否定党的领导，"那样做在思想上是错误的，在政治上是十分危险的"[④]。只有在党的领导下依法治国、厉行法治，人民当家作主才能充分实现，国家和社会生活法治化才能有序推进。

（三）党的领导是中国式法治现代化的根本保证

党的领导是推进全面依法治国的根本保证，也是中国式法治现代化的根本保证。坚持党对依法治国的领导是由党的属性和宗旨决定的，习近平指出："全面推进依法治国，是我们党从坚持和发展中国特色社会主义出发，为更好治国理政提出的重大战略任务，也是事关我们党执政兴国的一个全局性问题。"[⑤]坚持党的领导，是社会主义法治的根本要求，是党和国家的根本所在、命脉所在，是全国各族人民的利益所系、幸

---

① 习近平：《论坚持党对一切工作的领导》，中央文献出版社 2019 年版，第 44 页。

② 《习近平关于全面依法治国论述摘编》，中央文献出版社 2015 年版，第 21 页。

③ 习近平：《论坚持党对一切工作的领导》，中央文献出版社 2019 年版，第 10 页。

④ 《习近平关于全面依法治国论述摘编》，中央文献出版社 2015 年版，第 19 页。

⑤ 《习近平谈依法治国》，载人民网 2016 年 8 月 17 日，http://jhsjk.people.cn/article/28641570。

福所系。习近平强调，我们党是世界上最大的执政党，领导着世界上人口最多的国家，如何掌好权、执好政，如何更好把14多亿人民组织起来、动员起来全面建设社会主义现代化国家，是一个始终需要高度重视的重大课题。党的领导是党和国家事业不断发展的“定海神针”，无论是实现“两个一百年”奋斗目标，还是实现中华民族伟大复兴的中国梦，全面依法治国既是重要内容，又是重要保障。全面依法治国是一项长期而重大的历史任务，也是一场深刻的社会变革，我国的立法、执法、司法、守法等方面都存在不少薄弱环节，法治领域改革面临许多难啃的“硬骨头”，迫切需要从党中央层面加强统筹协调，需要不断坚持和完善党对全面依法治国的领导，“离开了党的领导，全面依法治国就难以有效推进，社会主义法治国家就建不起来”①。依法治国是总结我们党百年奋斗历史特别是治国理政历史经验得出的重要结论，为了实现党执政兴国的政治使命，就必须全面推进依法治国，全面推进依法治国、走中国式法治现代化新道路就必须坚持党的领导。习近平指出：“党的领导是中国特色社会主义最本质的特征，是社会主义法治最根本的保证。坚持中国特色社会主义法治道路，最根本的是坚持中国共产党的领导。依法治国是我们党提出来的，把依法治国上升为党领导人民治理国家的基本方略也是我们党提出来的，而且党一直带领人民在实践中推进依法治国。全面推进依法治国，要有利于加强和改善党的领导，有利于巩固党的执政地位、完成党的执政使命，决不是要削弱党的领导。”②

党的领导是中国式法治现代化的政治保障和组织保障，各级党组织必须把党的领导贯穿于依法治国各领域全过程。各级党委应健全党领导依法治国的制度和工作机制，履行对本地区本部门法治工作的领导责任。习近平强调，中央全面依法治国委员会要管宏观、谋全局、抓大事，既要破解当下突出问题，又要谋划长远工作，把主要精力放在顶层设计

① 习近平：《坚定不移走中国特色社会主义法治道路　为全面建设社会主义现代化国家提供有力法治保障》，载《求是》2021年第5期。

② 《习近平关于全面依法治国论述摘编》，中央文献出版社2015年版，第27页。

上。党中央决定成立中央全面依法治国委员会，是贯彻落实党的十九大精神、加强党对全面依法治国集中统一领导的需要，是研究解决依法治国重大事项重大问题、协调推进中国特色社会主义法治体系和社会主义法治国家建设的需要。[①] 各级党委（党组）应支持立法、执法、司法机关开展工作，支持司法机关依法独立公正行使职权。党委政法委是党委领导和管理政法工作的职能部门，是实现党对政法工作领导的重要组织形式，必须充分发挥政法委落实政策、凝聚共识、发挥合力的组织保障作用。习近平指出："各级党委政法委要把工作着力点放在把握政治方向、协调各方职能、统筹政法工作、建设政法队伍、督促依法履职、创造公正司法环境上，健全完善政治督察、综治督导、执法监督、纪律作风督查巡查等制度机制。"[②]党的各级组织应充分发挥职能，保障推进法治中国建设，"各部门各方面一定要增强大局意识，自觉在大局下思考、在大局下行动，跳出部门框框，做到相互支持、相互配合"[③]。各级立法、执法、司法机关党组（党委）要加强领导、履职尽责，保障宪法法律实施，严格执行《领导干部干预司法活动、插手具体案件处理的记录、通报和责任追究规定》等制度。全面依法治国的工作重点在基层，应当充分发挥基层党组织在全面推进依法治国中的战斗堡垒作用，加强基层法治机构和组织建设，教育引导基层广大党员、干部增强法治观念、提高依法办事能力。党对法治工作的组织领导主要是通过领导干部来落实和实现的，必须发挥好各级领导干部的重要组织保障作用、政治核心作用和模范带头作用。

党的领导是中国特色社会主义法治之魂，全面依法治国决不照搬别国模式和做法。习近平指出："在坚持和拓展中国特色社会主义法治道路这个根本问题上，我们要树立自信、保持定力。走中国特色社会主义法治道路是一个重大课题，有许多东西需要深入探索，但基本的东西必

---

① 参见习近平：《论坚持全面依法治国》，中央文献出版社 2020 年版，第 222～227 页。

② 习近平：《论坚持全面依法治国》，中央文献出版社 2020 年版，第 249～250 页。

③ 习近平：《加快建设社会主义法治国家》，载《求是》2015 年第 1 期。

须长期坚持。”[①]我们要坚持的中国特色社会主义法治道路，本质上是中国特色社会主义道路在法治领域的具体体现。从制度的属性来看，政治制度是根本的，法治要与政治制度相适应、相配套。习近平强调，世界上不存在完全相同的政治制度，也不存在适用于一切国家的政治制度模式。各国国情不同，每个国家的政治制度都是独特的，都是由这个国家的人民决定的，都是在这个国家历史传承、文化传统、经济社会发展的基础上长期发展、渐进改进、内生性演化的结果。中国特色社会主义政治制度之所以行得通、有生命力、有效率，就是因为它是从中国的社会土壤中生长起来的。我们有符合国情的一套理论、一套制度，同时我们也抱着开放的态度，无论是传统的还是外来的，都要取其精华、去其糟粕，但基本的东西必须是我们自己的，我们只能走自己的道路。习近平指出："我国社会主义政治制度优越性的一个突出特点是党总揽全局、协调各方的领导核心作用，形象地说是'众星捧月'，这个'月'就是中国共产党。在国家治理体系的大棋局中，党中央是坐镇中军帐的'帅'，车马炮各展其长，一盘棋大局分明。”[②]习近平强调，我们必须牢记，党的领导是中国特色社会主义法治之魂，是我们的法治同西方资本主义国家的法治最大的区别，“有一点要明确，我们推进全面依法治国，决不照搬别国模式和做法，决不走西方所谓'宪政'、'三权鼎立'、'司法独立'的路子。实践证明，我国政治制度和法治体系是适合我国国情和实际的制度，具有显著优越性。在这个问题上，我们要有自信、有底气、有定力。事实教育了我们的人民群众，人民群众越来越自信”[③]。因此，党的领导是中国式法治现代化新道路的最大优势，走中国式法治现代化道路，绝不是要虚化、弱化甚至动摇、否定党的领导，而是为了进一步加强党的领导、巩固党的执政地位、改善党的执政方式、提高党的执政能力，保证党和国家

① 习近平：《加快建设社会主义法治国家》，载《求是》2015 年第 1 期。

② 习近平：《论坚持党对一切工作的领导》，中央文献出版社 2019 年版，第 9 页。

③ 习近平：《坚定不移走中国特色社会主义法治道路　为全面建设社会主义现代化国家提供有力法治保障》，载《求是》2021 年第 5 期。

长治久安。习近平在中央全面依法治国工作会议上的讲话指出,当前和今后一个时期,推进全面依法治国,要"以解决法治领域突出问题为着力点,坚定不移走中国特色社会主义法治道路,在法治轨道上推进国家治理体系和治理能力现代化,为全面建设社会主义现代化国家、实现中华民族伟大复兴的中国梦提供有力法治保障"[①]。

三、党领导中国式法治现代化的基本方式

要把党的领导贯彻到依法治国全过程和各方面,坚持党的领导,不是一句空的口号,必须具体体现在党领导立法、保证执法、支持司法、带头守法上,党领导立法、保证执法、支持司法、带头守法也是党领导中国式法治现代化的重要抓手和基本方式。习近平指出:"我们要坚持走中国特色社会主义法治道路,加快构建中国特色社会主义法治体系,建设社会主义法治国家。全面依法治国,核心是坚持党的领导、人民当家作主、依法治国有机统一,关键在于坚持党领导立法、保证执法、支持司法、带头守法。"[②]

(一)党领导立法

立法是法治建设的首要环节,法治建设要坚持立法先行。在中国式法治现代化的历史进程中,党始终高度重视和大力推进立法工作,在形成中国特色社会主义法律体系的基础上,不断推进中国特色社会主义法治体系建设。

1. 党高度重视和大力推进立法工作

新中国成立以来特别是改革开放以来,我们党高度重视和大力推进法律制度的创新工作。自从党的十一届三中全会提出应当把立法工作摆在国家立法机关的重要议事日程以来,加强立法工作,逐步形成中国

① 习近平:《坚定不移走中国特色社会主义法治道路 为全面建设社会主义现代化国家提供有力法治保障》,载《求是》2021 年第 5 期。

② 习近平:《在庆祝中国共产党成立 95 周年大会上的讲话》,载《人民日报》2016 年 7 月 2 日,第 2 版。

特色社会主义法律体系,便成为国家法治化进程的一件大事。建立法律体系,必须立足中国的国情,从中国的实际出发,走中国特色的法律体系形成之路。在党中央的领导下,全国人大及其常委会开始大规模的国家立法。1997 年 9 月召开的党的十五大第一次提出到 2010 年形成有中国特色社会主义法律体系的历史性任务。在依法治国、建设社会主义法治国家的总体战略下,提出形成有中国特色社会主义法律体系的明确的历史时段的目标要求,深刻反映了中国共产党人对中国特色社会主义法治发展规律的理性自觉,极大地推动当代中国的法治与立法进程。经过各方面的不懈努力,2011 年 3 月 10 日,十一届全国人大四次会议正式宣布:一个立足中国国情和实际、适应改革开放和社会主义现代化建设需要、集中体现党和人民意志的,以宪法为统帅,以宪法相关法、民法商法等多个法律部门的法律为主干,由法律、行政法规、地方性法规等多个层次的法律规范构成的中国特色社会主义法律体系已经形成。习近平深刻分析了中国特色社会主义法律体系如期形成以后立法工作面临的新形势,指出:"现在,我们国家和社会生活各方面总体上实现了有法可依,这是我们取得的重大成就。同时,我们也要看到,实践是法律的基础,法律要随着实践发展而发展。转变经济发展方式,扩大社会主义民主,推进行政体制改革,保障和改善民生,加强和创新社会管理,保护生态环境,都会对立法提出新的要求。"①很显然,中国特色社会主义法律体系形成以后,面对社会转型时期广泛而深刻的社会变革,立法工作的任务依然繁重而艰巨,推动中国特色社会主义法律体系的完善和发展,已经成为摆在党和国家面前的一个重大课题。党的十八大以来,以习近平同志为核心的党中央把加快形成完备的法律规范体系、完善和发展中国特色社会主义法律体系作为建设中国特色社会主义法治体系的一项重点任务,加以统筹谋划和推进。在中央全面依法治国工作会议上的讲话中,习近平总结了党的十八以来我国法律体系建设取得的成就,

---

① 《习近平关于全面依法治国论述摘编》,中央文献出版社 2015 年版,第 43 页。

指出:“党的十八大以来,全国人大及其常委会通过宪法修正案,制定法律 48 件,修改法律 203 件次,作出法律解释 9 件,通过有关法律问题和重大问题的决定 79 件次。截至目前,现行有效法律 282 件,行政法规 608 件,地方性法规 12,000 余件。”[①]在此基础上,习近平强调,要加快完善中国特色社会主义法律体系,使之更加科学完备、统一权威。

2. 从党和国家工作大局出发看待立法工作

习近平强调,各有关方面都要从党和国家工作大局出发看待立法工作,不要囿于自己那些所谓利益,更不要因此对立法工作形成干扰。要想明白,国家和人民整体利益再小也是大,部门、行业等局部利益再大也是小。如果有关方面都在相关立法中掣肘,都抱着自己那些所谓利益不放,或者都想避重就轻、拈易怕难,不仅实践需要的法律不能及时制定和修改,就是弄出来了,也可能不那么科学适用,还可能造成相互推诿扯皮甚至“依法打架”。[②] 立法体制是关于立法权力配置与运行的制度体系。要牢牢把握党的领导是社会主义法治最根本的保证,坚持党领导立法、保证执法、支持司法、带头守法,充分发挥党总揽全局、协调各方的领导核心作用,确保法治中国建设的正确方向。要加强党对立法工作的集中统一领导,完善党委领导、人大主导、政府依托、各方参与的立法工作格局。党中央领导全国立法工作、研究决定国家立法工作中的重大问题,有立法权的地方党委按照党中央大政方针领导本地区立法工作。中共中央于 2016 年 2 月制定的《关于加强党领导立法工作的意见》,对党领导立法的指导思想、主要原则、制度机制和方式方法等作出了具体规定,成为加强党领导立法工作的纲领性文件。党的十八届四中全会《中共中央关于全面推进依法治国若干重大问题的决定》(以下简称十八届四中全会《决定》)指出,加强党对立法工作的领导,完善党对立法工作中重大问题决策的程序。习近平明确提出:“要积极推进国家安全、科技

---

① 习近平:《坚定不移走中国特色社会主义法治道路 为全面建设社会主义现代化国家提供有力法治保障》,载《求是》2021 年第 5 期。

② 参见习近平:《论坚持全面依法治国》,中央文献出版社 2020 年版,第 20 页。

创新、公共卫生、生物安全、生态文明、防范风险、涉外法治等重要领域立法，健全国家治理急需的法律制度、满足人民日益增长的美好生活需要必备的法律制度，填补空白点、补强薄弱点。数字经济、互联网金融、人工智能、大数据、云计算等新技术新应用快速发展，催生一系列新业态新模式，但相关法律制度还存在时间差、空白区。网络犯罪已成为危害我国国家政治安全、网络安全、社会安全、经济安全等的重要风险之一。"①《法治中国建设规划（2020—2025 年）》提出，建设法治中国，必须加强和改进立法工作，深入推进科学立法、民主立法、依法立法，不断提高立法质量和效率，以高质量立法保障高质量发展、推动全面深化改革、维护社会大局稳定。要针对法律规定之间不一致、不协调、不适应问题，及时组织清理。对某一领域有多部法律的，条件成熟时进行法典编纂。加强立法的协同配套工作，实行法律草案与配套规定同步研究、同步起草，增强法律规范整体功效。加强立法评估论证工作。加强法律法规解释工作。建设全国统一的法律、法规、规章、行政规范性文件、司法解释和党内法规信息平台。

3. 加强党对立法工作的领导和监督

完善党对立法工作中重大问题决策的程序，凡立法涉及重大体制和重大政策调整的，必须报党中央讨论决定。党中央向全国人大提出宪法修改建议，依照宪法规定的程序进行宪法修改。法律制定和修改的重大问题由全国人大常委会党组向党中央报告。要建立健全立法监督工作机制，完善监督程序。推进法律法规规章起草征求人大代表、政协委员意见工作。依法处理国家机关和社会团体、企业事业组织、公民对法规规章等书面提出的审查要求或者审查建议。健全立法机关和社会公众沟通机制，开展立法协商，充分发挥政协委员、民主党派、工商联、无党派人士、人民团体、社会组织在立法协商中的作用，探索建立有关国家机

---

① 习近平：《坚定不移走中国特色社会主义法治道路　为全面建设社会主义现代化国家提供有力法治保障》，载《求是》2021 年第 5 期。

关、社会团体、专家学者等对立法中涉及的重大利益调整论证咨询机制。拓宽公民有序参与立法途径,健全法律法规规章草案公开征求意见和公众意见采纳情况反馈机制,广泛凝聚社会共识。完善法律草案表决程序,对重要条款可以单独表决。习近平指出:"要加强党对立法工作的集中统一领导,完善党委领导、人大主导、政府依托、各方参与的立法工作格局。要把改革发展决策同立法决策更好结合起来,既通过深化改革完善法治,又通过更完善的法治保障各领域改革创新,确保国家发展、重大改革于法有据。"①习近平对地方人大及其常委会工作作出重要指示强调,新形势新任务对人大工作提出新的更高要求。地方人大及其常委会要按照党中央关于人大工作的要求,围绕地方党委贯彻落实党中央大政方针的决策部署,结合地方实际,创造性地做好立法、监督等工作,更好助力经济社会发展和改革攻坚任务。要自觉接受同级党委领导,密切同人民群众的联系,更好发挥人大代表作用,接地气、察民情、聚民智,用法治保障人民权益、增进民生福祉。要加强自身建设,提高依法履职能力和水平,增强工作整体实效。②《法治中国建设规划(2020—2025年)》指出,完善立法工作格局,加强党对立法工作的领导,完善党委领导、人大主导、政府依托、各方参与的立法工作格局。党中央领导全国立法工作、研究决定国家立法工作中的重大问题,有立法权地方的党委按照党中央大政方针领导本地区立法工作。

(二)党保证执法

法律的生命在于实施,法律的有效实施是全面依法治国的重点和难点。习近平多次引用"徒法不足以自行"和"天下之事,不难于立法,而难于法之必行"等法谚,强调法律实施的重要性。习近平指出:"我们必须加强宪法和法律实施,维护社会主义法制的统一、尊严、权威,形成人们不愿违法、不能违法、不敢违法的法治环境,做到有法必依、执法必严、

① 习近平:《在中央人大工作会议上的讲话》,载《求是》2022年第5期。

② 参见《结合地方实际创造性做好立法监督等工作 更好助力经济社会发展和改革攻坚任务》,载《人民日报》2019年7月19日,第1版。

违法必究。”[①]只有加快建设包括宪法实施和执法、司法、守法等方面的体制机制，坚持依法行政和公正司法，确保宪法法律全面有效实施，才能形成高效的法治实施体系。

1. 党的领导是严格执法的有力保障

执法是实施法律的主要方式，党保证执法是指在党的领导下推进依法行政、建设法治政府，保证严格规范公正文明执法，树立执法公信力和法治权威。习近平要求：“执法是行政机关履行政府职能、管理经济社会事务的主要方式，各级政府必须依法全面履行职能，坚持法定职责必须为、法无授权不可为，健全依法决策机制，完善执法程序，严格执法责任，做到严格规范公正文明执法。”[②]习近平指出，行政执法工作面广量大，一头连着政府，一头连着群众，直接关系群众对党和政府的信任、对法治的信心。[③]“推进全面依法治国，法治政府建设是重点任务和主体工程，对法治国家、法治社会建设具有示范带动作用，要率先突破。现在，法治政府建设还有一些难啃的硬骨头，依法行政观念不牢固、行政决策合法性审查走形式等问题还没有根本解决。要用法治给行政权力定规矩、划界限，规范行政决策程序，健全政府守信践诺机制，提高依法行政水平。”[④]因此，必须加强党对执法工作的领导，坚持党的领导是深入推进严格执法的有力保障，“党的十八大以来，党中央确定的一些重大改革事项，健全纪检监察机关、公安机关、检察机关、审判机关、司法行政机关各司其职，侦查权、检察权、审判权、执行权相互配合的体制机制等，要紧盯不放，真正一抓到底，抓出实效”[⑤]。习近平指出，政府是执法主

① 《习近平关于全面依法治国论述摘编》，中央文献出版社 2015 年版，第 44～45 页。

② 《习近平关于全面依法治国论述摘编》，中央文献出版社 2015 年版，第 61～62 页。

③ 参见习近平：《坚定不移走中国特色社会主义法治道路　为全面建设社会主义现代化国家提供有力法治保障》，载《求是》2021 年第 5 期。

④ 习近平：《坚定不移走中国特色社会主义法治道路　为全面建设社会主义现代化国家提供有力法治保障》，载《求是》2021 年第 5 期。

⑤ 习近平：《坚定不移走中国特色社会主义法治道路　为全面建设社会主义现代化国家提供有力法治保障》，载《求是》2021 年第 5 期。

体，对执法领域存在的有法不依、执法不严、违法不究甚至以权压法、权钱交易、徇私枉法等突出问题，老百姓深恶痛绝，必须下大气力解决，“各级政府必须坚持在党的领导下、在法治轨道上开展工作，加快建设职能科学、权责法定、执法严明、公开公正、廉洁高效、守法诚信的法治政府”①。党的领导是全面依法治国、建设法治政府的根本保证，必须坚持党总揽全局、协调各方，发挥各级党委的领导作用，把法治政府建设摆到工作全局更加突出的位置。中共中央、国务院印发的《法治政府建设实施纲要（2021—2025 年）》指出，坚持党的全面领导，确保法治政府建设正确方向，各级党委和政府要深入学习领会习近平法治思想，把习近平法治思想贯彻落实到法治政府建设全过程和各方面。各级党委要切实履行推进法治建设领导职责，安排听取有关工作汇报，及时研究解决影响法治政府建设重大问题。各级政府要在党委统一领导下，履行法治政府建设主体责任，谋划落实好法治政府建设各项任务，主动向党委报告法治政府建设中的重大问题。各级政府及其部门主要负责人要切实履行推进本地区本部门法治政府建设第一责任人职责，作为重要工作定期部署推进、抓实抓好。各地区党委法治建设议事协调机构及其办事机构要加强法治政府建设的协调督促推动。

2. 坚持依法行政、严格执法

行政机关是实施法律法规的重要主体，必须坚持依法行政，带头严格执法。要加快转变政府职能，习近平指出：“执法是行政机关履行政府职能、管理经济社会事务的主要方式，各级政府必须依法全面履行职能，坚持法定职责必须为、法无授权不可为，健全依法决策机制，完善执法程序，严格执法责任，做到严格规范公正文明执法。”②为此，应当尽快构建职责明确、依法行政的政府治理体系，在法治轨道上着力厘清政府和市场、政府和社会的关系，解决好政府职能越位、缺位、错位的问题，更

① 《习近平关于全面依法治国论述摘编》，中央文献出版社 2015 年版，第 60 ~ 61 页。

② 习近平：《加快建设社会主义法治国家》，载《求是》2015 年第 1 期。

加注重用法律和制度遏制不当干预经济活动的行为。应当深入推进简政放权,最大限度减少政府对微观事务的管理。推行清单制度,公开审批流程,提高审批透明度,持续整治变相设置行政许可事项的违法违规行为。围绕推动高质量发展、构建新发展格局,加快转变政府职能。“徒法不足以自行。”习近平强调,法律需要人来执行,如果执法的人自己不守法,那法律再好也没用,“行政机关是实施法律法规的重要主体,要带头严格执法,维护公共利益、人民权益和社会秩序。执法者必须忠实于法律,既不能以权压法、以身试法,也不能法外开恩、徇情枉法”[①]。《法治政府建设实施纲要(2021—2025 年)》指出,党的十八大以来,特别是《法治政府建设实施纲要(2015—2020 年)》贯彻落实 5 年来,各地区各部门多措并举、改革创新,法治政府建设取得重大进展。党对法治政府建设的领导不断加强,责任督察和示范创建活动深入实施,法治政府建设推进机制基本形成;“放管服”改革纵深推进,营商环境大幅优化;依法行政制度体系日益健全,重大行政决策程序制度初步建立,行政决策公信力持续提升;行政执法体制机制改革大力推进,严格规范公正文明执法水平普遍提高;行政权力制约和监督全面加强,违法行政行为能够被及时纠正查处;社会矛盾纠纷依法及时有效化解,行政争议预防化解机制更加完善;各级公务员法治意识显著增强,依法行政能力明显提高。到 2025 年,政府行为全面纳入法治轨道,职责明确、依法行政的政府治理体系日益健全,行政执法体制机制基本完善,行政执法质量和效能大幅提升,突发事件应对能力显著增强,各地区各层级法治政府建设协调并进,更多地区实现率先突破,为到 2035 年基本建成法治国家、法治政府、法治社会奠定坚实基础。

3. 深化行政执法体制改革

统筹配置行政执法职能和执法资源,最大限度减少不必要的行政执法事项。进一步整合行政执法队伍,继续探索实行跨领域跨部门综合执

---

① 习近平:《论坚持全面依法治国》,中央文献出版社 2020 年版,第 21 页。

法。推动执法重心向市县两级政府下移，加大执法人员、经费、资源、装备等向基层倾斜力度。习近平指出，建立执法队伍主管部门和相关行业管理部门相互支持、密切配合、信息共享的联动机制。[①] 健全执法全过程管控，完善行政执法权限协调机制。健全行政执法和刑事司法衔接机制，全面推进“两法衔接”信息平台建设和应用。要完善行政强制执行体制机制，坚持严格规范公正文明执法。习近平指出：“要用法治给行政权力定规矩、划界限，规范行政决策程序，健全政府守信践诺机制，提高依法行政水平。”[②]全面推行行政执法公示制度、执法全过程记录制度、重大执法决定法制审核制度。加大食品药品、公共卫生、生态环境、安全生产、劳动保障、野生动物保护等关系群众切身利益的重点领域执法力度。推进统一的行政执法人员资格和证件管理、行政执法文书基本标准、行政执法综合管理监督信息系统建设。全面推行行政裁量权基准制度，规范执法自由裁量权。改进和创新执法方式，加强行政指导、行政奖励、行政和解等非强制行政手段的运用。建立行政执法案例指导制度。建立健全行政执法风险防控机制。严格执行突发事件应对有关法律法规，依法实施应急处置措施，全面提高依法应对突发事件能力和水平。《法治政府建设实施纲要(2021—2025 年)》对深化行政执法体制改革提出明确要求，要“完善权责清晰、运转顺畅、保障有力、廉洁高效的行政执法体制机制，大力提高执法执行力和公信力”。

4. 加强党对执法工作监督

执法是行政机关履行政府职能、管理经济社会事务的主要方式，各级政府必须依法全面履行职能，坚持法定职责必须为、法无授权不可为，健全依法决策机制，完善执法程序，严格执法责任，做到严格规范公正文明执法。为了实现严格公正文明执法，必须加强对执法活动的监督，“我们要加强对执法活动的监督，坚决排除对执法活动的非法干预，坚

---

① 参见习近平：《论坚持全面依法治国》，中央文献出版社 2020 年版，第 221 页。

② 习近平：《坚定不移走中国特色社会主义法治道路　为全面建设社会主义现代化国家提供有力法治保障》，载《求是》2021 年第 5 期。

决防止和克服地方保护主义和部门保护主义，坚决防止和克服执法工作中的利益驱动，坚决惩治腐败现象，做到有权必有责、用权受监督、违法必追究”[①]。要加强对行政权力的制约和监督的制度建设，习近平强调，推进严格执法，重点是解决执法不规范、不严格、不透明、不文明以及不作为、乱作为等突出问题。要以建设法治政府为目标，建立行政机关内部重大决策合法性审查机制，积极推行政府法律顾问制度，推进机构、职能、权限、程序、责任法定化，推进各级政府事权规范化、法律化。要全面推进政务公开，强化对行政权力的制约和监督，建立权责统一、权威高效的依法行政体制。要严格执法资质、完善执法程序，建立健全行政裁量权基准制度，确保法律公正、有效实施。[②] 要最大限度减少政府对微观事务的管理。对保留的审批事项，要推行权力清单制度，公开审批流程，提高审批透明度，压缩自由裁量权。对审批权力集中的部门和岗位要分解权力、定期轮岗，强化内部流程控制，防止权力滥用。《法治政府建设实施纲要(2021—2025 年)》提出，健全行政执法工作体系，全面推进严格规范公正文明执法。着眼提高人民群众满意度，着力实现行政执法水平普遍提升，努力让人民群众在每一个执法行为中都能看到风清气正、从每一项执法决定中都能感受到公平正义。要实现这些未来目标，就必须加强和创新对党执法工作的监督。

(三)党支持司法

公正司法是维护公平正义的最后一道防线。“所谓公正司法，就是受到侵害的权利一定会得到保护和救济，违法犯罪活动一定要受到制裁和惩罚。”[③]党的十八大以来，在以习近平同志为核心的党中央的精心谋划和有力推动下，司法体制改革深入展开，推出了司法责任制、员额制和以审判为中心的刑事诉讼制度改革等一系列重大司法改革举措，依法纠正了一批重大冤假错案，司法公信力不断提高。

---

① 《习近平关于全面依法治国论述摘编》，中央文献出版社 2015 年版，第 58 页。

② 参见习近平：《加快建设社会主义法治国家》，载《求是》2015 年第 1 期。

③ 《习近平关于全面依法治国论述摘编》，中央文献出版社 2015 年版，第 67 页。

1. 保证司法机关依法独立公正行使职权

党支持司法就是要加强党对司法机关的绝对领导，支持司法机关依法独立行使职权，努力让人民群众在每一个司法案件中感受到公平正义。习近平指出，要正确处理坚持党的领导和确保司法机关依法独立公正行使职权的关系。保证司法机关依法独立公正行使职权是我们党的明确主张。我国《宪法》规定，人民法院、人民检察院依照法律规定独立行使审判权、检察权，不受行政机关、社会团体和个人的干涉。我们一些领导干部对怎么坚持党对政法工作的领导认识不清、把握不准，有的该管的不敢管、不会管，怕人家说以权压法、以言代法；有的对政法部门职责范围内的事情管得过多过细，管了一些不该管、管不好的具体业务工作；有的甚至为了一己私利，插手和干预司法个案。各级党组织和领导干部要适应科学执政、民主执政、依法执政的要求，支持政法系统各单位依照宪法法律独立负责、协调一致开展工作。政法机关党组织要建立健全重大事项向党委报告制度、在执法司法中发挥政治核心作用制度、党组（党委）成员依照工作程序参与重要业务和重要决策制度，确保政法工作沿着正确方向前进。①

2. 在党的领导下深化司法体制改革

习近平反复强调要在党的领导下深化司法体制改革，指出“党的领导是社会主义法治的根本保证，坚持党的领导是我国社会主义司法制度的根本特征和政治优势”②。“深化司法体制改革，是要更好坚持党的领导、更好发挥我国司法制度的特色、更好促进社会公平正义。凡是符合这个方向、应该改又能够改的，就要坚决改；凡是不符合这个方向、不应该改的，就决不能改。简单临摹、机械移植，只会造成水土不服，甚至在根本问题上出现颠覆性错误。”③“深化司法体制改革，完善司法管理体制和司法权力运行机制，必须在党的统一领导下进行，坚持和完善我国

---

① 参见习近平：《论坚持全面依法治国》，中央文献出版社 2020 年版，第 43 ~ 44 页。

② 习近平：《论坚持全面依法治国》，中央文献出版社 2020 年版，第 147 页。

③ 《习近平关于全面依法治国论述摘编》，中央文献出版社 2015 年版，第 77 页。

社会主义司法制度。”[①]要明确各级法院职能定位，充分发挥审级监督功能。完善民事再审程序，探索将具有普遍法律适用指导意义、关乎社会公共利益的案件交由较高层级法院审理。加强人权司法保障，健全未成年人司法保护体系。完善知识产权、金融、海事等专门法院建设，加强互联网法院建设。深化与行政区划适当分离的司法管辖制度改革。坚持“让审理者裁判、由裁判者负责”，依法赋权独任庭、合议庭。健全重大、疑难、复杂案件由院庭长直接审理机制。坚持“谁办案谁负责、谁决定谁负责”，落实检察官办案主体地位。健全担任领导职务的检察官直接办案制度。加强办案团队建设，推动司法人员专业化分工、类案专业化办理。健全专业法官会议、检察官联席会议制度，切实发挥为办案组织提供法律咨询的功能。加强和完善指导性案例制度，确保法律适用统一。《法治中国建设规划(2020—2025 年)》指出，建设公正高效权威的中国特色社会主义司法制度。紧紧抓住影响司法公正、制约司法能力的深层次问题，坚持符合国情和遵循司法规律相结合，坚持和加强党对司法工作的绝对领导。健全公安机关、检察机关、审判机关、司法行政机关各司其职，侦查权、检察权、审判权、执行权相互配合、相互制约的体制机制。深化司法体制综合配套改革，全面落实司法责任制。

3. 加强规范司法权力的制度建设

要以优化司法职权配置为重点，健全司法权力分工负责、相互配合、相互制约的制度安排。要着力解决领导机关和领导干部违法违规干预问题，这是导致执法不公、司法腐败的一个顽瘴痼疾。一些党政领导干部出于个人利益，打招呼、批条子、递材料，或者以其他明示、暗示方式插手干预个案，甚至让执法司法机关做违反法定职责的事。习近平指出：“要确保审判机关、检察机关依法独立公正行使审判权、检察权。这是我们党和国家的一贯主张，党的十八大继续强调了这一点。司法不能受

① 《习近平谈治国理政》(第 2 卷)，外文出版社 2017 年版，第 131 页。

权力干扰,不能受金钱、人情、关系干扰,防范这些干扰要有制度保障。"[①]习近平强调,各级党组织和领导干部都要旗帜鲜明支持司法机关依法独立行使职权,绝不容许利用职权干预司法、插手案件。司法人员要刚正不阿,勇于担当,敢于依法排除来自司法机关内部和外部的干扰,坚守公正司法的底线。要坚持以公开促公正、树公信,构建开放、动态、透明、便民的阳光司法机制,杜绝"暗箱操作",坚决遏制司法腐败。制度的生命力在于执行,有了制度没有严格执行就会形成"破窗效应"。比如,世界上许多国家都对律师同法官、检察官接触交往作出严格规定,严禁律师和法官私下会见,不能共同出入酒店、娱乐场所甚至同乘一部电梯。但是,我们的一些律师和法官、检察官相互勾结,充当"司法掮客",老百姓说是"大盖帽,两头翘,吃了被告吃原告",造成了十分恶劣的影响。这方面已经有的制度要严格执行,不完善的制度要抓紧完善,筑起最严密的篱笆墙。在执法办案各个环节都要设置隔离墙、通上高压线,谁违反制度就要给谁最严厉的处罚,终身禁止从事法律职业,构成犯罪的要依法追究刑事责任。

4. 加强党对司法活动的监督

习近平指出,近年来,司法腐败案件集中暴露出权力制约监督不到位问题。一些人通过金钱开路,几乎成了法外之人,背后有政法系统几十名干部为其"打招呼""开路条",监督形同虚设。要加快构建规范高效的制约监督体系,坚决破除"关系网"、斩断"利益链",让"猫腻""暗门"无处遁形。公正是司法的灵魂和生命,公正司法事关人民切身利益,事关社会公平正义,事关全面推进依法治国。由于多种因素的影响,司法活动中也存在一些司法不公、冤假错案、司法腐败以及金钱案、权力案、人情案等问题。因此,为了维护司法公正,必须加强对司法活动的监督,习近平强调,坚持公正司法,需要做的工作很多。我们提出要努力让人民群众在每一个司法案件中都感受到公平正义,所有司法机关都要紧

---

① 习近平:《论坚持全面依法治国》,中央文献出版社2020年版,第23页。

紧围绕这个目标来改进工作，重点解决影响司法公正和制约司法能力的深层次问题。因此，"法官、检察官要有审案判案的权力，也要加强对他们的监督制约，把对司法权的法律监督、社会监督、舆论监督等落实到位，保证法官、检察官做到'以至公无私之心，行正大光明之事'，把司法权关进制度的笼子，让公平正义的阳光照进人民心田，让老百姓看到实实在在的改革成效"[①]。《法治中国建设规划（2020—2025 年）》对加强司法活动的监督提出了明确要求，其中包括健全对法官、检察官办案的制约和监督制度，促进司法公正；完善民事、行政检察监督和检察公益诉讼案件办理机制；完善刑事立案监督和侦查监督工作机制；加强人权司法保障。

（四）党带头守法

全民守法是依法治国的必然要求和重要环节，任何组织或者个人都必须在宪法和法律的范围内活动，依照宪法和法律行使权利或权力、履行义务或职责，"要逐步在广大干部群众中树立法律的权威，使大家都相信，只要是合理合法的诉求，通过法律程序就能得到合理合法的结果"[②]。

1. 维护宪法法律权威

宪法法律至上是中国特色社会主义法治的核心观念和基本原则。树立宪法法律至上的观念，意味着任何组织和个人都必须尊重宪法法律权威，都必须在宪法法律范围内活动，都必须依照宪法法律行使权力或权利、履行职责或义务，都不得有超越宪法法律的特权。任何人违反宪法法律都要受到法律追究，绝不允许任何人以任何借口任何形式以言代法、以权压法、徇私枉法。在我国，法是党的主张和人民意愿的统一体现，党领导人民制定宪法法律，党领导人民实施宪法法律，党自身必须在宪法法律范围内活动，这就是党的领导力量的体现，"维护宪法法律权

① 习近平：《论坚持全面依法治国》，中央文献出版社 2020 年版，第 147 ~ 148 页。

② 习近平：《论坚持全面依法治国》，中央文献出版社 2020 年版，第 24 页。

威就是维护党和人民共同意志的权威，捍卫宪法法律尊严就是捍卫党和人民共同意志的尊严，保证宪法法律实施就是保证党和人民共同意志的实现"[①]。习近平强调，每个党政组织、每个领导干部必须服从和遵守宪法法律，不能把党的领导作为个人以言代法、以权压法、徇私枉法的挡箭牌，"对各级领导干部，不管什么人，不管涉及谁，只要违反法律就要依法追究责任，绝不允许出现执法和司法的'空档'"[②]。维护宪法法律权威意味着法律面前人人平等，平等是社会主义法律的基本属性，是社会主义法治的基本要求。习近平指出："坚持法律面前人人平等，必须体现在立法、执法、司法、守法各个方面。任何组织和个人都必须尊重宪法法律权威，都必须在宪法法律范围内活动，都必须依照宪法法律行使权力或权利、履行职责或义务，都不得有超越宪法法律的特权。任何人违反宪法法律都要受到追究，绝不允许任何人以任何借口任何形式以言代法、以权压法、徇私枉法。"因此，"党既要坚持依法治国、依法执政，自觉在宪法法律范围内活动，又要发挥好各级党组织和广大党员、干部在依法治国中的政治核心作用和先锋模范作用"。[③] 习近平强调，"党大还是法大"是一个政治陷阱，是一个伪命题，我们说不存在"党大还是法大"的问题，是把党作为一个执政整体、就党的执政地位和领导地位而言的，"具体到每个党政组织、每个领导干部，就必须服从和遵守宪法法律。有些事情要提交党委把握，但这种把握不是私情插手，不是包庇性的干预，而是一种政治性、程序性、职责性的把握。这个界线一定要划分清楚"[④]。党既领导人民制定宪法法律，也领导人民执行宪法法律，党自身必须在宪法法律范围内活动，"党对政法工作的领导主要是管方向、管政策、管原则、管干部，不是包办具体事务，不要越俎代庖，领导干部更不

---

① 习近平：《论坚持全面依法治国》，中央文献出版社 2020 年版，第 136 页。

② 习近平：《加快建设社会主义法治国家》，载《求是》2015 年第 1 期。

③ 习近平：《论坚持全面依法治国》，中央文献出版社 2020 年版，第 107、108 页。

④ 习近平：《坚定不移走中国特色社会主义法治道路　为全面建设社会主义现代化国家提供有力法治保障》，载《求是》2021 年第 5 期。

能借党对政法工作的领导之名对司法机关工作进行不当干预”①。

2. 严格遵守党的各项规矩

各级组织和全体党员严格遵守更为严格的制度和规矩。习近平指出,我们党的党内规矩是党的各级组织和全体党员必须遵守的行为规范和规则,党的规矩包括:“其一,党章是全党必须遵循的总章程,也是总规矩。其二,党的纪律是刚性约束,政治纪律更是全党在政治方向、政治立场、政治言论、政治行动方面必须遵守的刚性约束。其三,国家法律是党员、干部必须遵守的规矩,法律是党领导人民制定的,全党必须模范执行。其四,党在长期实践中形成的优良传统和工作惯例。”②中国特色社会主义法治体系中的规范体系包括法律规范体系和党内法规体系,党内法规体系是我国社会主义法治体系的重要组成部分。党内法规的重要特点是大量使用道德话语和道德规范对中共党员尤其是党员领导干部提出更高的道德要求和更严的道德境界,如忠诚、自律、批评教育、检讨、诫勉等,这些具体细微的道德要求和规定能够对人的思想道德产生深入和实际的影响。习近平指出:“坚持高标准和守底线相结合。全面从严治党,既要注重规范惩戒、严明纪律底线,更要引导人向善向上,发挥理想信念和道德情操引领作用。”③法律是对社会道德要求居于中等的普通人的要求,而党规是对社会道德要求居于高等的中共党员的要求,二者针对不同对象提出不同层次的道德要求,因而能够起到互补的作用。习近平强调:“坚持依规治党和以德治党相统一,坚持高标准和守底线相结合,把从严治党实践成果转化为道德规范和纪律要求,党内法规制度体系更加健全。”④这些要求已在诸多党内法规中明确体现,如《中国

① 《全面依法治国,必须抓住领导干部这个“关键少数”》,载人民网 2015 年 5 月 18 日,http://jhsjk.people.cn/article/27017189。

② 《习近平关于全面依法治国论述摘编》,中央文献出版社 2015 年版,第 117 页。

③ 《习近平在第十八届中央纪律检查委员会第六次全体会议上的讲话》,载人民网 2017 年 8 月 23 日,http://jhsjk.people.cn/article/29489862。

④ 《习近平在第十八届中央纪律检查委员会第六次全体会议上的讲话》,载人民网 2017 年 8 月 23 日,http://jhsjk.people.cn/article/29489862。

共产党廉洁自律准则》对党员和党员领导干部的廉洁自律规范提出具体要求,通过正面清单规定了党员和党员领导干部需要具备的道德素养,要求中国共产党全体党员和各级党员领导干部必须自觉培养高尚道德情操,努力弘扬中华民族传统美德,廉洁自律,接受监督,永葆党的先进性和纯洁性。《中国共产党纪律处分条例》通过负面清单规定了党员和党员领导干部的道德底线,如违反生活纪律行为包括生活奢靡、贪图享乐、追求低级趣味,违背社会公序良俗,在公共场所有不当行为,造成不良影响等。我国近年来不断加强党内法规制度建设,已经形成比较完善的党内法规体系,不仅完善了社会主义法治体系,而且对于提高党员尤其是党员领导干部的道德素质起到了重要的推动作用,党员和党员领导干部道德素质的提升又带动了整个社会成员道德素质的提升。习近平强调:"纲纪不彰,党将不党,国将不国。要在全党同志特别是高级干部中进一步重申,必须坚持依法治国、依法执政、依法行政,任何人都不得违背党中央的大政方针、搞'独立王国'、自行其是,任何人都不得把党的政治纪律和政治规矩当儿戏、胡作非为,任何人都不得凌驾于国家法律之上、徇私枉法,任何人都不得把司法权力作为私器牟取私利、满足私欲。党纪国法的红线不能逾越。"①

3. 把权力关进制度的笼子里

领导干部必须受到监督既是对领导干部行使权力的监督,也是对领导干部正确行使权力的制度保护。习近平强调,能不能正确对待、自觉接受党和人民监督,是衡量领导干部党性修养水平的一个重要尺度。我们党有严密的组织性和纪律性,党的根本宗旨是全心全意为人民服务,那么,接受组织和人民监督就天经地义。各级领导干部都要牢记,任何人都没有法律之外的绝对权力,任何人行使权力都必须为人民服务、对人民负责并自觉接受人民监督。如果权力没有约束就会导致腐败,腐败的本质是权力出轨、越轨,为了防止权力腐败,必须把权力关进制度的笼

---

① 《习近平关于全面依法治国论述摘编》,中央文献出版社 2015 年版,第 119 页。

子里,“划清权力边界,厘清权力清单,明确什么权能用、明确什么权不能用,强化权力流程控制,压缩自由裁量空间,杜绝各种暗箱操作,把权力运行置于党组织和人民群众监督之下,最大限度减少权力寻租的空间”[①]。习近平指出:“我们说要把权力关进制度的笼子里,就是要依法设定权力、规范权力、制约权力、监督权力。如果法治的堤坝被冲破了,权力的滥用就会像洪水一样成灾。各级党政组织、各级领导干部手中的权力是党和人民赋予的,是上下左右有界受控的,不是可以为所欲为、随心所欲的。要把厉行法治作为治本之策,把权力运行的规矩立起来、讲起来、守起来,真正做到谁把法律当儿戏,谁就必然要受到法律的惩罚。”[②]要建立健全相关制度,用制度管权管事管人。要突出重点,重在管用有效,全方位扎紧制度笼子,更多用制度治党、管权、治吏。“要在全党开展法规制度宣传教育,引导广大党员、干部牢固树立法治意识、制度意识、纪律意识,懂法纪、明规矩,知敬畏、存戒惧,形成尊崇制度、遵守制度、捍卫制度的良好氛围。”[③]对领导干部的法治素养,从其踏入干部队伍的那一天起就要开始抓,教育引导他们把法治的第一粒扣子扣好。一个干部能力有高低,但在遵纪守法上必须过硬,这个不能有差别。一个人纵有天大的本事,如果没有很强的法治意识、不守规矩,也不能当领导干部,这个关首先要把住。一方面,要加强教育、培养自觉,促使领导干部不断增强法治意识,养成法治习惯。另一方面,要加强管理、强化监督,设置领导干部法治素养“门槛”,发现问题就严肃处理,不合格的就要从领导干部队伍中剔除出去。绝不能让那些法治意识不强、无法无天的人一步步升上来,这种人官当得越大,对党和国家危害就越大。对于一把手的监督至关重要,习近平非常重视解决好对一把手监督的难题,明确指出:“抓住‘关键少数’,破解一把手监督难题。各级领导班子

---

① 习近平:《论坚持全面依法治国》,中央文献出版社2020年版,第152页。

② 《习近平关于全面从严治党论述摘编》,中央文献出版社2016年版,第110页。

③ 《习近平关于全面从严治党论述摘编》,中央文献出版社2016年版,第111页。

一把手是‘关键少数’中的‘关键少数’。”[①]一把手权力集中，受到的监督很少，遵章守纪基本上靠自觉，这样能不犯错误、不出问题吗？我们必须用刚性制度把一把手管住，保证一把手正确用权、廉洁用权。领导干部要自觉接受组织和群众监督，这对自己有好处，可以警醒自己始终秉公用权，避免跌入腐败的陷阱。[②]

4. 领导干部要带头遵守法律

领导干部要牢记法律红线不可逾越、法律底线不可触碰，带头遵守法律、执行法律，带头营造办事依法、遇事找法、解决问题用法、化解矛盾靠法的法治环境。谋划工作要运用法治思维，处理问题要运用法治方式，说话做事要先考虑一下是不是合法，把握不准的就要去查一查党纪国法是怎样规定的，还可以请法律专家、法律顾问帮助把把关。[③]“各级领导干部要带头依法办事，带头遵守法律，对宪法和法律保持敬畏之心，牢固确立法律红线不能触碰、法律底线不能逾越的观念，不要去行使依法不该由自己行使的权力，也不要去干预依法自己不能干预的事情，更不能以言代法、以权压法、徇私枉法，做到法律面前不为私心所扰、不为人情所困、不为关系所累、不为利益所惑。不懂这个规矩，就不是合格的干部。如果领导干部都不遵守法律，怎么叫群众遵守法律？上行下效嘛！”[④]习近平举例子指出，《党政领导干部选拔任用工作条例》规定，选拔任用党政领导干部，应当按照干部管理权限由党委（党组）集体讨论作出任免决定，或者决定提出推荐、提名的意见；不准利用职务便利私自干预下级或者原任职地区、单位干部选拔任用工作。可是，在现实生活中，不少人离开后甚至离开多年后仍然插手原地区原单位的干部任用，把那些地方当成了私人领地。因此，党纪国法不能成为“橡皮泥”“稻草人”，无论是因为“法盲”导致违纪违法，还是故意违规违法，都要受到追

---

① 《习近平关于全面从严治党论述摘编》，中央文献出版社2021年版，第403页。

② 参见《习近平关于严明党的纪律和规矩论述摘编》，中国方正出版社2016年版，第100页。

③ 参见《习近平关于全面依法治国论述摘编》，中央文献出版社2015年版，第124页。

④ 习近平：《论坚持全面依法治国》，中央文献出版社2020年版，第25页。

究,否则就会形成"破窗效应"。法治之下,任何人都不能心存侥幸,都不能指望法外施恩,没有免罪的"丹书铁券",也没有"铁帽子王"。[①]《法治社会建设实施纲要(2020—2025年)》指出,充分发挥领导干部带头尊法学法守法用法对全社会的示范带动作用,进一步落实国家工作人员学法用法制度,健全日常学法制度,强化法治培训,完善考核评估机制,不断增强国家工作人员特别是各级领导干部依法办事的意识和能力。

四、健全党领导中国式法治现代化的制度与工作机制

习近平指出,全党同志都必须清醒认识到,全面依法治国决不是要削弱党的领导,而是要加强和改善党的领导。要健全党领导全面依法治国的制度和工作机制,推进党的领导制度化、法治化,通过法治保障党的路线方针政策有效实施。"实践证明,我国政治制度和法治体系是适合我国国情和实际的制度,具有显著优越性。在这个问题上,我们要有自信、有底气、有定力。事实教育了我们的人民群众,人民群众越来越自信。"[②]

(一)推进党的领导制度化、法治化

习近平指出:"推进党的领导制度化、法治化,既是加强党的领导的应有之义,也是法治建设的重要任务。"[③]习近平强调,"共产党人的斗争是有方向、有立场、有原则的,大方向就是坚持中国共产党领导和我国社会主义制度不动摇"[④],"我们治国理政的本根,就是中国共产党领导和社会主义制度。我们思想上必须十分明确,推进国家治理体系和治理能力现代化,绝不是西方化、资本主义化!"[⑤]办好中国的事情,关键在党,

---

① 参见习近平:《论坚持全面依法治国》,中央文献出版社2020年版,第141页。

② 习近平:《坚定不移走中国特色社会主义法治道路 为全面建设社会主义现代化国家提供有力法治保障》,载《求是》2021年第5期。

③ 习近平:《论坚持全面依法治国》,中央文献出版社2020年版,第223页。

④ 《习近平谈治国理政》(第3卷),外文出版社2020年版,第226页。

⑤ 《习近平关于总体国家安全观论述摘编》,中央文献出版社2018年版,第24页。

中国特色社会主义最本质的特征是中国共产党领导,中国特色社会主义制度的最大优势是中国共产党领导。因此,我们不仅要防止"中等收入陷阱",也要防止落入"西方化的陷阱","我们是中国共产党执政,各民主党派参政,没有反对党,不是三权鼎立、多党轮流坐庄,我国法治体系要跟这个制度相配套"①。治理国家,使人民安然有序,就要健全各项制度。中国特色社会主义国家制度和法律制度是在长期实践探索中形成的,是人类制度文明史上的伟大创造,是被实践证明了的科学制度体系,具有显著优势。②

因此,为了维护政权安全和制度安全,一方面,必须通过制度尤其是法治保障和维护党的领导和执政。习近平指出,社会主义法治是制度之治最基本最稳定最可靠的保障,"要进一步推进党的领导入法入规,善于使党的主张通过法定程序成为国家意志、转化为法律法规,推进党的领导制度化、法治化、规范化"③。正反两方面的经验告诉我们,国际国内环境越是复杂,改革开放和社会主义现代化建设任务越是繁重,越要运用法治思维和法治手段巩固执政地位、改善执政方式、提高执政能力,保证党和国家长治久安。要健全党领导全面依法治国的制度和工作机制,推进党的领导制度化、法治化,通过法治保障党的路线方针政策有效实施。④ 另一方面,必须坚持在党的领导下不断完善中国特色社会主义制度。党的十九届四中全会通过的《中共中央关于坚持和完善中国特色社会主义制度　推进国家治理体系和治理能力现代化若干重大问题的决定》(以下简称十九届四中全会《决定》)指出,加强党对坚持和完善中国特色社会主义制度、推进国家治理体系和治理能力现代化的领导。习近平强调,我们要在坚持好、巩固好已经建

---

① 《习近平关于总体国家安全观论述摘编》,中央文献出版社 2018 年版,第 31~32 页。

② 参见习近平:《论坚持全面依法治国》,中央文献出版社 2020 年版,第 262~263 页。

③ 习近平:《论坚持全面依法治国》,中央文献出版社 2020 年版,第 273 页。

④ 参见习近平:《坚定不移走中国特色社会主义法治道路　为全面建设社会主义现代化国家提供有力法治保障》,载《求是》2021 年第 5 期。

立起来并经过实践检验的根本制度、基本制度、重要制度的前提下，坚持从我国国情出发，继续加强制度创新，加快建立健全国家治理急需的制度、满足人民日益增长的美好生活需要必备的制度，“要及时总结实践中的好经验好做法，成熟的经验和做法可以上升为制度、转化为法律”①。要强化制度的执行力，加强制度的执行监督，切实把我国的制度优势转化为制度效能。

（二）健全党领导中国式法治现代化的制度

习近平指出，党的十八大以来，我们推进全面深化改革，健全党的领导体制机制，加强人民当家作主制度建设，完成宪法部分内容修改，推动社会主义协商民主广泛多层制度化发展，深化党和国家机构改革，深化经济体制改革，深化司法体制综合改革，深化生态文明体制改革，深化国防和军队改革，建立国家监察制度，中国特色社会主义制度日趋成熟定型，中国特色社会主义法治体系不断完善，为推动党和国家事业取得历史性成就、发生历史性变革发挥了重大作用。习近平强调：“我们要坚持党总揽全局、协调各方的领导核心作用，坚持依法治国基本方略和依法执政基本方式，善于使党的主张通过法定程序成为国家意志，善于使党组织推荐的人选成为国家政权机关的领导人员，善于通过国家政权机关实施党对国家和社会的领导，支持国家权力机关、行政机关、审判机关、检察机关依照宪法和法律独立负责、协调一致地开展工作。”②

为了坚持和加强党的全面领导，不断建立健全党的全面领导制度体系，党中央采取了一系列有力举措。党的十九届六中全会总结指出：“党健全党的领导制度体系，完善党领导人大、政府、政协、监察机关、审判机关、检察机关、武装力量、人民团体、企事业单位、基层群众性自治组织、社会组织等制度，确保党在各种组织中发挥领导作用。党坚持民主集中制，建立健全党对重大工作的领导体制，强化党中央决策议事协调

① 习近平：《论坚持全面依法治国》，中央文献出版社 2020 年版，第 266 页。

② 《习近平关于全面依法治国论述摘编》，中央文献出版社 2015 年版，第 19 页。

机构职能作用，完善推动党中央重大决策落实机制，严格执行向党中央请示报告制度……”中国特色社会主义国家制度和法律制度在实践中显示出巨大优势，如民主集中制是我国国家组织形式和活动方式的基本原则，是我国国家制度的突出特点。在党的领导下，各国家机关是一个统一整体，既合理分工，又密切协作，既充分发扬民主，又有效进行集中，克服了议而不决、决而不行、行而不实等不良现象，避免了相互掣肘、效率低下的弊端。

《法治中国建设规划（2020—2025 年）》对健全党的全面领导制度提出了明确要求，要推进党的领导入法入规，着力实现党的领导制度化、法治化。完善党领导人大、政府、政协、监察机关、审判机关、检察机关、武装力量、人民团体、企事业单位、基层群众自治组织、社会组织等制度。将坚持党的全面领导的要求载入国家机构组织法，载入政协、民主党派、工商联、人民团体、国有企业、高等学校、有关社会组织等的章程。完善党委依法决策机制，健全议事规则和决策程序。中国特色社会主义国家制度和法律制度需要坚持好、实施好，也需要不断完善和发展，该规划中的这些要求是我国今后健全党的全面领导制度、健全党领导中国式法治现代化制度的基本方向。

（三）健全党领导中国式法治现代化的工作机制

深化党和国家机构改革，健全体现和落实党的全面领导的工作机制，成立中央全面深化改革委员会、中央国家安全委员会、中央网络安全和信息化委员会、中央财经委员会、中央全面依法治国委员会等，强化党中央决策议事协调机构职能作用，落实党中央对各方面工作的全面领导。习近平在中央全面依法治国委员会第一次会议上的讲话指出，党中央决定组建中央全面依法治国委员会，这是我们党历史上第一次设立这样的机构，目的是加强党对全面依法治国的集中统一领导，统筹推进全面依法治国工作。“党的十八届四中全会制定了推进全面依法治国的顶层设计、路线图、施工图。党的十九大对新时代推进全面依法治国提出了新任务，明确到二〇三五年，法治国家、法治政府、法治社会要基本建成。为了更好落实这些目标任务,党中央听取各方意见和建议,决定成立中央全面依法治国委员会。成立这个委员会,就是要健全党领导全面依法治国的制度和工作机制,强化党中央在科学立法、严格执法、公正司法、全民守法等方面的领导,更加有力地推动党中央决策部署贯彻落实。”[①]《法治中国建设规划(2020—2025年)》指出,中央全面依法治国委员会做好法治中国建设的顶层设计、总体布局、统筹协调、整体推进、督促落实,实现集中领导、高效决策、统一部署。地方各级党委法治建设议事协调机构要加强对本地区法治建设的牵头抓总、运筹谋划、督促落实等工作。各地区各部门要全面准确贯彻落实本规划精神和要求,结合实际制定实施方案,明确分工、压实责任,狠抓落实、务求实效,力戒形式主义、官僚主义。中央依法治国办要强化统筹协调,加强督办、推进落实,确保规划各项任务措施落到实处。

为了加强党对国家安全工作的领导,推进党对国家安全工作领导的制度化、法治化,党的十八届三中全会决定成立国家安全委员会,习近平总书记亲自担任委员会主席。习近平指出:“国家安全委员会主要职责是制定和实施国家安全战略,推进国家安全法治建设,制定国家安全工作方针政策,研究解决国家安全工作中的重大问题。”[②]习近平强调,我国的安全工作体制机制还不能适应维护国家安全的需要,需要搭建一个强有力的平台统筹国家安全工作,成立国家安全委员会的目的就是更好适应我国国家安全面临的新形势新任务,建立集中统一、高效权威的国家安全体制,加强对国家安全工作的领导。[③] 习近平在十九届中央国家安全委员会一次会议上进一步强调,要加强党对国家安全工作的集中统一领导,实施更为有力的统领和协调,“正确把握当前国家安全形势,全

① 习近平:《论坚持全面依法治国》,中央文献出版社2020年版,第222~223页。

② 《习近平谈治国理政》(第1卷),外文出版社2018年版,第84~85页。

③ 参见习近平:《坚持总体国家安全观　走中国特色国家安全道路》,载《人民日报》2014年4月16日,第1版。

面贯彻落实总体国家安全观,努力开创新时代国家安全工作新局面,为实现‘两个一百年’奋斗目标、实现中华民族伟大复兴的中国梦提供牢靠安全保障”①。习近平要求,中央国家安全委员会要发挥好统筹国家安全事务的作用,抓好国家安全方针政策贯彻落实,完善国家安全工作机制,着力在提高把握全局、谋划发展的战略能力上下功夫,不断增强驾驭风险、迎接挑战的本领。十九届中央国家安全委员会一次会议还审议通过了《党委(党组)国家安全责任制规定》,通过党内法规的形式明确了各级党委(党组)维护国家安全的主体责任,要求各级党委(党组)加强对履行国家安全职责的督促检查,确保党中央关于国家安全工作的决策部署落到实处。② 国家安全委员会成立后便成为我国国家安全制度体系的核心,《国家安全法》对此也作了规定:“中央国家安全领导机构负责国家安全工作的决策和议事协调,研究制定、指导实施国家安全战略和有关重大方针政策,统筹协调国家安全重大事项和重要工作,推动国家安全法治建设。”

五、发挥领导干部在中国式法治现代化中的关键作用

坚持抓住领导干部这个“关键少数”是习近平法治思想的核心要义之一,领导干部是全面推进依法治国的关键,坚持抓住领导干部这个“关键少数”既是我国法治理论的重要创新,又是我国法治实践的强大保障。领导干部一般是指在各级党政机关、事业单位、人民团体和军队中担负领导职责的干部以及国有企事业单位的领导人员,他们在整个干部队伍中的人数占比较少,但却是关键的少数,我国向来有“民以吏为师”的传统,领导干部是全面推进依法治国的“关键少数”,各级领导干部在推进依法治国中肩负着重要责任,发挥关键作用。

---

① 习近平:《论坚持党对一切工作的领导》,中央文献出版社 2019 年版,第 245 页。

② 参见习近平:《全面贯彻落实总体国家安全观 开创新时代国家安全工作新局面》,载《人民日报》2018 年 4 月 18 日,第 1 版。

(一)发挥领导干部的关键作用是加强党对全面依法治国领导的内在要求

全面推进依法治国是一个系统工程,必须加强党对法治工作的组织领导。习近平指出:"在坚持党对政法工作的领导这样的大是大非面前,一定要保持政治清醒和政治自觉,任何时候任何情况下都不能有丝毫动摇。"[①]在我国特定的政法体制中,领导干部履行对本地区本部门法治工作的领导责任,制定和贯彻落实法治建设的具体意见和实施方案,对于全面依法治国的推进作用至关重要。各级党组织对依法治国工作的领导主要是通过领导干部进行部署落实,领导干部肩负着推进全面依法治国的关键职责,起到关键的推动作用。习近平强调,必须把党的领导贯彻到依法治国全过程,坚持党的领导不是一句空的口号。一方面,要坚持党总揽全局、协调各方的领导核心作用;另一方面,要改善党对依法治国的领导,不断提高党领导依法治国的能力和水平。[②] 因此,党的领导能否在全面依法治国中得到具体落实,领导干部是关键,发挥领导干部的关键作用是加强党对全面依法治国领导的内在要求。习近平指出:"党领导立法、保证执法、支持司法、带头守法,主要是通过各级领导干部的具体行动和工作来体现、来实现。因此,高级领导干部做尊法学法守法用法的模范,是实现全面推进依法治国目标和任务的关键所在。"[③]

(二)发挥领导干部的关键作用是全面推进依法治国的重要保障

习近平指出,实现党的各项目标任务,关键在党,关键在人,"关键在党,就要确保党在发展中国特色社会主义历史进程中始终成为坚强领导核心。关键在人,就要建设一支宏大的高素质干部队伍"[④]。依法治国是党领导人民治国理政的基本方略,新时代,我们党要团结带领人民实现"两个一百年"奋斗目标、实现中华民族伟大复兴的中国梦,必须贯

---

① 《习近平关于全面依法治国论述摘编》,中央文献出版社 2015 年版,第 20 页。

② 参见习近平:《加快建设社会主义法治国家》,载《求是》2015 年第 1 期。

③ 习近平:《论坚持全面依法治国》,中央文献出版社 2020 年版,第 135 页。

④ 《习近平关于全面从严治党论述摘编》,中央文献出版社 2016 年版,第 121 页。

彻新时代党的组织路线，努力造就一支忠诚干净担当的高素质干部队伍，抓住领导干部这个“关键少数”、发挥领导干部的关键作用是全面推进依法治国的重要保障。习近平指出：“坚持抓‘关键少数’和管‘绝大多数’相统一。提高全面从严治党实效，必须坚持唯物辩证法，既讲‘两点论’，又讲‘重点论’，在兼顾一般的同时紧紧抓住主要矛盾和矛盾的主要方面，以重点突破带动整体推进，在整体推进中破解重点难题。”① 同样，在推进全面依法治国的进程中，抓住领导干部这个“关键少数”就能够处理好关键少数与绝大多数的关系。一方面，抓住领导干部这个“关键少数”就是抓住了推进全面依法治国的关键要素和主要矛盾，领导干部是贯彻落实全面依法治国决策部署的重要组织者、推动者和实践者，各级领导干部的高度重视和大力推进是全面依法治国、建设社会主义法治国家的坚强保障；另一方面，领导干部通过以上率下的作用发挥能够形成“头雁效应”，这个“关键少数”能够领导和带领绝大多数贯彻落实党的全面推进依法治国的路线方针政策。

（三）发挥领导干部的关键作用事关全面推进依法治国的实际效果

领导干部能够组织领导和推进法治工作，主要是因为他们手中掌握重要的权力，领导干部能否正确认识和使用手中的权力，在很大程度上决定着全面依法治国的方向、道路、进度。习近平指出：“领导干部具体行使党的执政权和国家立法权、行政权、监察权、司法权，是全面依法治国的关键。”②各级领导干部在推进依法治国方面肩负着重要责任，全面依法治国，必须抓住领导干部这个“关键少数”，这也就是我们党一直强调的，政治路线确定之后，干部就是决定因素。如果没有领导干部的以身作则和积极作为，依法治国的正确政治方向就难以保证，依法治国的道路选择就会出现偏差，依法治国的进度安排就难以有效推进，“事实

① 《十九大以来重要文献选编》（上），中央文献出版社 2019 年版，第 189 页。

② 习近平：《坚定不移走中国特色社会主义法治道路　为全面建设社会主义现代化国家提供有力法治保障》，载《求是》2021 年第 5 期。

证明，领导干部对法治建设既可以起到关键推动作用，也可能起到致命破坏作用”[①]，所有领导干部都要警醒起来、行动起来，坚决纠正和解决法治不彰问题。各级领导干部担负着贯彻落实党中央关于全面依法治国重大决策部署和具体推进依法治国的重要使命和法定职责，大多数领导干部能够坚持党对依法治国领导的政治方向，坚持走中国特色社会主义法治道路，按照要求及时推进依法治国的进度，不折不扣贯彻落实全面依法治国的路线方针政策，从而通过领导干部关键作用的发挥，形成良好的全面依法治国的实际效果。各级领导干部为我国社会主义法治建设发生历史性变革、取得历史性成就作出了重大贡献。

（四）发挥领导干部的关键作用集中体现了我国法治发展的内在机理

习近平从世界各国法治进程的内生动力和演进历程科学分析和总结了我国法治化的生成和发展模式。从已经实现现代化国家的发展历程看，像英国、美国、法国等西方国家，呈现出来的主要是自下而上社会演进模式，即适应市场经济和现代化发展需要，经过一二百年乃至二三百年内生演化，逐步实现法治化，政府对法治的推动作用相对较小。像新加坡、韩国、日本等，呈现出来的主要是政府自上而下在几十年时间的快速推动法治化，政府对法治的推动作用很大。就我国而言，我们要在短短几十年时间内在 14 多亿人口的大国实现社会主义现代化，就必须自上而下、自下而上双向互动地推进法治化。[②] 我国历来重视党和政府对法治建设的推动作用，不断推进我国法治现代化的进程，“我们党领导人民不断推进依法治国进程，为改革开放和社会主义现代化建设提供了法治保障”[③]。与此同时，我们党高度重视广大人民群众在全面依法治国中的主体作用，“要充分调动人民群众投身依法治国实践的积极性

① 参见《习近平关于协调推进“四个全面”战略布局论述摘编》，中央文献出版社 2015 年版，第 110 页。

② 参见习近平：《论坚持全面依法治国》，中央文献出版社 2020 年版，第 136 页。

③ 习近平：《论坚持全面依法治国》，中央文献出版社 2020 年版，第 19 页。

和主动性,使全体人民都成为社会主义法治的忠实崇尚者、自觉遵守者、坚定捍卫者,使尊法、信法、守法、用法、护法成为全体人民的共同追求"①。在我国法治发展进程中,无论是党和政府的推动,还是广大人民群众的积极参与,领导干部的具体组织和推动是形成自上而下与自下而上的双向互动来推进法治发展的关键所在,"在我们国家,各级领导干部的信念、决心、行动,对全面推进依法治国具有十分重要的意义"②。

六、小结

中国特色社会主义法治最本质的特征是中国共产党领导,走中国式法治现代化新道路必须始终坚持党的领导,党的领导是中国式法治现代化新道路的根本保证和最大优势。要把党的领导贯彻到依法治国全过程和各方面,党领导立法、保证执法、支持司法、带头守法是党领导中国式法治现代化的基本方式。要健全党领导全面依法治国的制度和工作机制,推进党的领导制度化、法治化,通过法治保障党的路线方针政策有效实施。要发挥领导干部在中国式法治现代化新道路中的关键作用,坚持抓住领导干部这个"关键少数"既是我国法治理论的重要创新,又是我国法治实践的强大保障。

党的十九届六中全会《决议》指出:"中国共产党是领导我们事业的核心力量。中国人民和中华民族之所以能够扭转近代以后的历史命运、取得今天的伟大成就,最根本的是有中国共产党的坚强领导。历史和现实都证明,没有中国共产党,就没有新中国,就没有中华民族伟大复兴。治理好我们这个世界上最大的政党和人口最多的国家,必须坚持党的全面领导特别是党中央集中统一领导,坚持民主集中制,确保党始终总揽全局、协调各方。"加强党对法治中国建设的集中统一领导,充分发挥党总揽全局、协调各方的领导核心作用,建设法治中国,走中国式法治现代

① 习近平:《加快建设社会主义法治国家》,载《求是》2015 年第 1 期。

② 习近平:《论坚持全面依法治国》,中央文献出版社 2020 年版,第 136 页。

化新道路，必须始终把党的领导作为社会主义法治最根本的保证，把加强党的领导贯彻落实到全面依法治国全过程和各方面。习近平在中共中央政治局第三十五次集体学习时强调："各级党委（党组）要担负好主体责任，聚焦重大部署、重要任务、重点工作，加强组织领导，主动担当作为，力戒形式主义、官僚主义。中央依法治国办要发挥好职能作用，推动党中央法治建设决策部署落到实处。各条战线各个部门要齐抓共管、压实责任、形成合力，提高工作法治化水平。"[①]《法治中国建设规划（2020—2025年）》对我国未来加强党对法治工作的领导提出了明确要求，该规划指出，法治是中国共产党和中国人民的不懈追求，各级党委（党组）和领导干部要支持立法、执法、司法机关开展工作，支持司法机关依法独立公正行使职权。党的各级组织部门等要发挥职能作用，保障推进法治中国建设。中央和省级党政部门要明确负责本部门法治工作的机构。各级立法、执法、司法机关党组（党委）要加强领导、履职尽责，机关基层党组织和党员要充分发挥战斗堡垒和先锋模范作用，保障宪法法律实施。

---

① 习近平：《坚定不移走中国特色社会主义法治道路　更好推进中国特色社会主义法治体系建设》，载《求是》2022年第4期。

第四章　中国式法治现代化的价值准则

党的十九届五中全会提出，在新时代全面建设社会主义现代化国家的新征程中，要实现“全体人民共同富裕取得更为明显的实质性进展”。党的十九届六中全会《决议》强调，中国特色社会主义新时代是“全国各族人民团结奋斗、不断创造美好生活、逐步实现全体人民共同富裕的时代”。在党的二十大报告中，习近平强调，“中国式现代化是全体人民共同富裕的现代化”。很显然，推动共同富裕、实现社会公平正义，是推进和拓展中国式法治现代化的必然要求。

一、概述

“价值取向就其实质而言属于价值意识的范畴。价值意识是在价值判断活动中所形成的一种特殊的社会意识，是对客观价值关系的主观反映。这种意识一经形成，就会产生一定的价值指引功能，其直接影响到人们在日常事务中的价值判断活动。”[①]进一步推演之，所谓“价值取向是指一定社会或阶级为了实现其政治经济目的，依据其价值观念和价值原则要求，通过规范、激励和引导的方式所形成的总的指导思想以及所提倡的社会生活的总体指向”[②]。因而，价值取向是一个国家乃至整个社会的价值追求，是对社会成员的价值目标的倡导和号召，具有社会整体性，可以形成全社会的凝聚力。

中国式法治现代化“是在特定的时间和空间条件下所发生的一场法治创新运动，是一个从传统人治社会向现代法治社会的转型过程，是中华法律文明成长与跃进的过程。就当代中国法治现代化的发展阶段而言，由于受到中国特殊国情条件的制约，当代中国法治现代化要经历一个从初级到高级、由传统到现代的发展过程，是一个漫长的法律制度变革过程。这个过程从发展序列上看，体现了阶段性与连续性的辩证统一；这个过程从法律发展类型上看，则意味着从人治型的价值规范体系向法治型的价值规范体系的历史性、创造性的更替。就当代中国式法治现代化的基本目标而言，其旨在于保障人民民主，建设现代法治国家，使民主制度化、法律化。就当代中国法治现代化的动力机制而言，其主要动力来自当代中国内部存在着的处于变化状态中的经济和政治条件，来自现代市场经济和民主政治建设所形成的强大合力”[③]。

中国式法治现代化的价值取向是在传统的人治型价值规范体系向现代的法治型价值规范体系转型过程中，依据社会主流价值观念和价值原则要求，通过规范、激励和引导的方式所形成的总指导思想以及所提倡的社会生活的基本价值立场、价值态度和价值倾向，以期加快建设社会主义法治国家。当代中国正处于推进法治现代化的关键时期，多元价值观会碰撞交流，有效整合社会多元价值观，就显得尤为重要。习近平

① 徐晨光、张民、谭树新：《价值取向与价值导向的区别和联系》，载《湖南师范大学社会科学学报》1996 年第 2 期。

② 唐凯麟：《伦理学》，高等教育出版社 2003 年版，第 508 页。

③ 公丕祥：《中国法制现代化的进程与前景》，载《南京师大学报（社会科学版）》1998 年第 4 期。

强调,培育和弘扬社会主义核心价值观,不断提升文化软实力,不仅是社会系统得以正常运转、社会秩序得以有效维护的重要途径,也是国家治理体系和治理能力的重要方面。历史和现实都表明,构建具有强大感召力的核心价值观,关系社会和谐稳定,关系国家长治久安。[①]

党的十八大强调,倡导富强、民主、文明、和谐,倡导自由、平等、公正、法治,倡导爱国、敬业、诚信、友善,积极培育和践行社会主义核心价值观。这里富强、民主、文明、和谐体现了国家层面的价值目标;自由、平等、公正、法治表达了社会层面的价值取向;爱国、敬业、诚信、友善反映了公民个人层面的价值准则。核心价值观是一个民族赖以维系的精神纽带,是一个国家共同的思想道德基础。把社会主义核心价值观全方位、深层次融入法治建设,是坚持依法治国和以德治国相结合的必然要求。[②] 由于篇幅所限,本章主要围绕公正这一价值取向展开论述。公正是法治的生命线。公平正义是我们党追求的一个非常崇高的价值,全心全意为人民服务的宗旨决定了我们必须追求公平正义,保护人民权益、伸张正义。党的十九届四中全会明确将“坚持全面依法治国,建设社会主义法治国家,切实保障社会公平正义和人民权利”作为我国国家制度和国家治理体系的显著优势之一,并提出“健全社会公平正义法治保障制度”。全面依法治国,推进中国式法治现代化必须紧紧围绕保障和促进社会公平正义来进行,把社会公平正义这一法治价值追求体现在立法、执法、司法、守法等法治建设各个环节,“努力让人民群众在每一项法律制度、每一个执法决定、每一宗司法案件中都感受到公平正义”[③]。

二、作为中国式法治现代化价值准则的社会公平正义

中国式法治现代化是一个从传统型法制向现代型法治的转型发展

① 参见《习近平谈治国理政》(第1卷),外文出版社2018年版,第163页。

② 参见《习近平法治思想概论》,高等教育出版社2021年版,第304页。

③ 习近平:《论坚持全面依法治国》,中央文献出版社2020年版,第229页。

过程,是一个法律制度的变革过程。在这一转型过程中,追求社会公平正义是法治精神的灵魂之所在。①

(一)社会公平正义的基本内涵

努力实现社会公平正义始终是中国共产党人不懈追求的崇高价值目标,也是中国式法治现代化新道路的价值基础。新中国成立初期,以毛泽东同志为代表的中国共产党人高度重视社会公平问题,将社会公平正义视为社会主义社会的内在要求和最大优越性,②主张保障人民的基本权利、努力实现机会公平、注重收入合理分配、提出共同富裕的终极目标、主张维护公平的国际关系。③ 以邓小平同志为代表的中国共产党人把反对特权与教育改革作为实现社会机会公平正义的切入点,把按劳分配为主体作为实现社会分配公平正义的立足点,把推动国家生活的民主化法制化作为实现社会规则公平正义的着力点,把实现共同富裕作为实现社会结果公平正义的落脚点。④ 以江泽民同志为代表的中国共产党人提出实现社会公平正义的基础是执政为民,实现社会公平正义的途径是社会发展,⑤实现社会公平正义的根本目的是满足中国最大多数人的根本利益。以胡锦涛同志为代表的中国共产党人根据我国经济社会发展的新形势,提出构建社会主义和谐社会的重大理念,创新发展了中国共产党人关于社会公平正义思想,强调实现社会公平正义是实现中国特色社会主义的内在要求。⑥ 只有维护和实现社会平正义,才能充分激发当今社会的创造活力。⑦

---

① 参见[美]金勇义:《中国与西方的法律观念》,陈国平等译,辽宁人民出版社 1989 年版,第 79 页。

② 参见陈家付:《社会公平正义:中国梦的价值之维》,载《理论学习》2013 年第 7 期。

③ 参见王槐生:《毛泽东公平思想初探》,载《毛泽东思想研究》2005 年第 6 期。

④ 参见白石、邓如辛:《邓小平社会公平思想内涵的探讨》,载《毛泽东思想研究》2013 年第 6 期。

⑤ 参见古小丹、于桂荣:《论江泽民同志的社会公平思想》,载《毛泽东思想研究》2007 年第 4 期。

⑥ 参见胡锦涛:《坚定不移沿着中国特色社会主义道路前进　为全面建成小康社会而奋斗——在中国共产党第十八次全国代表大会上的报告》,载《人民日报》2012 年 11 月 18 日版。

⑦ 参见何铁:《胡锦涛同志对社会公平正义思想的创新》,载《湖南行政学院学报》2008 年第 2 期。

党的十八大以来,以习近平同志为核心的党中央高度重视社会公平正义问题。习近平明确提出全面深化改革的出发点和落脚点是“促进社会公平正义、增进人民福祉”。由此,我们不难发现,实现社会公平正义已经被提到了改革的价值高度。以习近平同志为核心的党中央所部署的各项改革举措无一例外地都在向着“实现社会公平正义”发力。无论是深化经济体制改革以“推动经济更有效率、更加公平、更可持续发展”的相关举措,还是为“促进社会公平正义”而“建立更加公平可持续的社会保障制度”的相关举措;无论是“建立公平开放透明的市场规则”以“提高资源配置效率和公平性”的相关举措,还是“按照统一税制、公平税负、促进公平竞争的原则”以完善税收制度的相关举措;无论是健全城乡发展一体化体制机制,以“让广大农民平等参与现代化进程、共同分享现代化成果”的相关举措,还是“保证各种所有制经济依法平等使用生产要素、公开公平公正参与市场竞争、同等受到法律保护”,以完善基本经济制度的相关举措;[①]无论是“强化权力运行制约和监督体系,让权力在阳光下运行”,还是建设法治中国、深化司法体制改革以“让人民群众在每一个司法案件中都感受到公平正义”[②]的相关举措,总之,实现社会公平正义都被作为党的十八大以来各项改革举措的核心价值而凸显出来。[③] 不仅如此,习近平还进一步从制度、组织、治理能力、国际合作等方面深入论述了社会公平正义的思想,在制度层面上,指出要运用法治思维和法治方式,切实推进全面依法治国,维护社会公平正义;在组织层面上,强调要加强作风建设,坚持公正执法,促进社会公平正义;在治理能力层面上,提出要创新社会治理模式,提升国家治理能力,进而保障社会公平正义;在国际合作层面上,主张要倡导合作共赢,坚持和平

① 参见白雪秋:《促进社会公平正义 增进人民福祉 习近平改革思想的价值高度》,载《人民论坛》2013 年第 36 期。

② 习近平:《论坚持全面依法治国》,中央文献出版社 2020 年版,第 14 页。

③ 参见白雪秋:《促进社会公平正义 增进人民福祉 习近平改革思想的价值高度》,载《人民论坛》2013 年第 36 期。

共处五项原则，全力维护国际公平正义。[①]

显然，在新中国成立以来不同时期，尽管党和国家领导人为实现社会公平正义针对国情设计了侧重点各不相同的制度构想，努力实现社会公平正义却一直是贯穿当代中国社会发展和法治现代化进程的主旋律。在追求社会公平正义这一基本价值判断标准的规范、激励和引导下，作为价值主体的人民群众紧紧团结在一起，为实现中国式法治现代化的宏伟蓝图而不懈努力。[②] 因而，实现社会的公平正义日渐成为衡量中国式法治现代化进程的价值标尺。这里所指的价值标尺，是指社会民众判定某一特定事物有无价值及价值大小的标准或尺度。这一概念涵盖了两个层面的含义：其一，衡量特定事物有用性的标准或尺度，即衡量社会主体（人）与客体（自然、社会等外界物）之间是否存在需求与满足对应关系的标准或尺度；其二，衡量特定事物重要性的标准或尺度，即衡量客体满足社会主体改造社会实践活动所需要的功能及其属性程度的标准和尺度。[③] 依此逻辑推演，中国式法治现代化进程与实现社会公平正义二者之间存在需求与满足的对应关系，符合有用性的衡量标准。同时实现社会公平正义的程度对中国式法治现代化实践活动影响深远，也符合重要性的衡量标准。因此，实现社会公平正义对于推进中国式法治现代化实践活动无疑具有重大的价值意义。

就其本质而言，实现社会公平正义是社会主义本质的内在要求，是实现人民主体地位的必然归宿。社会主义的本质是指在不断解放和发展生产力的基础上，逐步实现全体社会成员的普遍富裕，使社会发展的成果为人们所共享。[④] 党的十八大以来，以习近平同志为核心的党中央根据时代和实践的新要求，创造性地发展了马克思主义社会公平正义的

---

① 参见黄河、申来津：《习近平公平正义思想论析》，载《电子科技大学学报（社科版）》2016 年第 4 期。

② 参见何建华：《马克思的公平正义观与社会主义实践》，载《浙江社会科学》2007 年第 6 期。

③ 参见兰久富：《重新厘定价值哲学的研究对象——兼论价值关系说是一种狭义价值论》，载《北京师范大学学报（社会科学版）》2013 年第 6 期。

④ 参见魏礼群：《坚定不移走共同富裕道路》，载《求是》2014 年第 15 期。

思想。习近平关于社会公平正义的思想论述是新的历史条件下马克思主义与中国实践相结合的产物,是其民本情怀的集中体现。习近平反复强调,实现社会公平正义要坚持“以人民为中心”。“公平正义是中国特色社会主义的内在要求,所以必须在全体人民共同奋斗、经济社会发展的基础上,加紧建设对保障社会公平正义具有重大作用的制度,逐步建立社会公平保障体系。共同富裕是中国特色社会主义的根本原则,所以必须使发展成果更多更公平惠及全体人民,朝着共同富裕方向稳步前进。”[①]“人民对美好生活的向往就是我们的奋斗目标。”“我们的责任,就是要团结带领全党全国各族人民,继续解放思想,坚持改革开放,不断解放和发展社会生产力,努力解决群众的生产生活困难,坚定不移走共同富裕的道路。”[②]党的十九届五中全会提出,要提高劳动报酬在初次分配中的比重,着力提高低收入群体收入,扩大中等收入群体,要力争在2035年实现人民生活更加美好,人的全面发展、全体人民共同富裕取得更为明显的实质性发展。因此,实现社会公平正义要以人民为中心,始终把人民根本利益当作标准或尺度。“检验我们一切工作的成效,最终都要看人民是否真正得到了实惠,人民生活是否真正得到了改善,人民权益是否真正得到了保障。面对人民过上更好生活的新期待,我们不能有丝毫自满和懈怠,必须再接再厉,使发展成果更多更公平惠及全体人民,朝着共同富裕方向稳步前进。”[③]新中国成立以来,特别是改革开放以来,中国共产党在推动社会公平、实现共同富裕方面取得了举世瞩目的成就。但我们也必须清醒认识到,我们现在仍处于社会主义初级阶段,我国人口众多、区域发展不平衡的国情决定了我们要实现共同富裕的目标还需要长期的艰苦奋斗。正是基于此,习近平指出,“‘十三五’

---

① 《习近平谈治国理政》(第1卷),外文出版社2018年版,第13页。

② 《习近平:人民对美好生活的向往就是我们的奋斗目标》,载人民网2012年11月16日,http://jhsjk.people.cn/article/19596022。

③ 《习近平在纪念毛泽东同志诞辰120周年座谈会上的讲话》,载人民网2013年12月27日,http://jhsjk.people.cn/article/23954163。

规划作为全面建成小康社会的收官规划，必须紧紧扭住全面建成小康社会存在的短板，在补齐短板上多用力"，"谋划'十三五'时期经济社会发展，必须全力做好补齐短板这篇大文章"。[①] 习近平在中央扶贫开发工作会议上强调："消除贫困、改善民生、逐步实现共同富裕，是社会主义的本质要求，是我们党的重要使命。全面建成小康社会，是我们对全国人民的庄严承诺。脱贫攻坚战的冲锋号已经吹响。我们要立下愚公移山志，咬定目标、苦干实干，坚决打赢脱贫攻坚战，确保到2020年所有贫困地区和贫困人口一道迈入全面小康社会。"这就把促进社会公平正义、实现共同富裕与精准扶贫工作一起纳入全面建成小康社会的工作部署之中。此后，习近平总书记在全国脱贫攻坚总结表彰大会上再次强调："脱贫摘帽不是终点，而是新生活、新奋斗的起点。解决发展不平衡不充分问题、缩小城乡区域发展差距、实现人的全面发展和全体人民共同富裕仍然任重道远。"[②]推动全体人民共同富裕既是中国特色社会主义建设改革的发展方向，又是新时代中国共产党的奋斗目标，是中国共产党人初心使命的重要体现。[③]

实现社会公平正义，是共享发展理念的应有之义。"治天下也，必先公，公则天下平矣。"[④]习近平提出的共享发展理念内在地包含了全民共享、全面共享、共建共享、渐进共享这四个方面。"共享发展是全民共享。这是就共享的覆盖面而言的。共享发展是人人享有、各得其所，不是少数人共享、一部分人共享。"[⑤]而要实现全民共享就必须要以实现社会公平正义为基础，以与"发展为了人民、发展依靠人民、发展成果由人民共享"的基本宗旨相契合。共享是全面共享，这是就共享的内容而言

---

① 《习近平：关于〈中共中央关于制定国民经济和社会发展第十三个五年规划的建议〉的说明》，载人民网2015年11月4日，http://jhsjk.people.cn/article/27773638。

② 习近平：《在全国脱贫攻坚总结表彰大会上的讲话》，人民出版社2021年版，第20页。

③ 参见袁航：《新时代促进共同富裕"路线图"的哲学意蕴》，载《南开学报（哲学社会科学版）》2022年第2期。

④ 孙肖远：《共享发展理念的理论内涵与实践价值》，载《科学社会主义》2016年第4期。

⑤ 《十八大以来重要文献选编》（下），中央文献出版社2018年版，第170页。

的。“共享发展就要共享国家经济、政治、文化、社会、生态各方面建设成果，全面保障人民在各方面的合法权益。”[①]而要实现全面共享就必须要以实现社会的公平正义为前提，唯其如此我们才能真正关注共享发展的全面性和协调性，在经济、政治、文化、社会、生态等各个方面全面满足人民群众多元化的要求，不断提升共享内容的类别和质量，[②]从而让我们的人民“有更好的教育、更稳定的工作、更满意的收入、更可靠的社会保障、更高水平的医疗卫生服务、更舒适的居住条件、更优美的环境……”[③]此外，“共享发展是共建共享，这是就共享的实现途径而言的。共建才能共享，共建的过程也是共享的过程。要充分发扬民主，广泛汇聚民智，最大激发民力，形成人人参与、人人尽力、人人都有成就感的生动局面”[④]。而要实现共建共享就必须要以实现社会公平正义为纽带，唯其如此，广大人民群众才能通过一整套保障权利公平、机会公平、规则公平的制度体系参与到全面建设小康社会、实现国家现代化的过程中来，既合理照顾社会弱势群体同时又注重激发社会活力，才能真正将建设者和分享者合二为一，成为共建共享者。再者，共享发展是渐进共享，这是就共享实现的过程而言的。共享发展旨在全面建成小康社会最终实现共同富裕，但就我国现实国情而言，我国当前仍然处于社会主义初级阶段，这也就决定了共享发展必定要经历一个从低级到高级的渐进式过程。这就要求我们“要根据现有条件把能做的事情尽量做起来，积小胜为大胜，不断朝着全体人民共同富裕的目标前进”[⑤]。显然，在实现渐进式共享的过程中，唯有从推进社会公平正义这一着力点入手，通过区域协调发展、城乡协调发展从而让发展成果惠及更多群众，让人民群众有更多获得感，让各项改革举措真正接地气、聚人气。

---

① 《十八大以来重要文献选编》(下)，中央文献出版社 2018 年版，第 170 页。

② 参见谢加书：《科学理解习近平总书记的共享思想》，载《华南理工大学学报(社会科学版)》2017 年第 2 期。

③ 《习近平谈治国理政》(第 1 卷)，外文出版社 2018 年版，第 4 页。

④ 《十八大以来重要文献选编》(下)，中央文献出版社 2018 年版，第 170 页。

⑤ 《十八大以来重要文献选编》(下)，中央文献出版社 2018 年版，第 170 页。

（二）社会公平正义的具体表征

实现社会公平正义对于推进中国式法治现代化事业意义重大。党的十八届四中全会将“坚持法律面前人人平等”确立为全面推进依法治国必须坚持的五大原则之一，并将“平等”定位为“社会主义法律的基本属性”，进而提出“依法保障公民权利，加快完善体现权利公平、机会公平、规则公平的法律制度”[①]。这就进一步明确了作为中国式法治现代化价值尺度的社会公平正义的基本要求。

其一，权利公平。一般来说，权利公平是指社会成员参与国家事务和社会事务的起点公平，它要求社会公民不因性别、种族、职业、财产、受教育状况等方面所存在的差异而在诸如生存权、居住权、劳动就业权、财产权、诉讼权等基本权利的享有和保护方面受到差别对待。[②] 权利公平问题不仅是社会成员参与国家事务和社会事务的逻辑起点和实践基点，也是当前社会公平问题在权利现象上的具体体现和反映，[③]它构成了实现社会公平正义的重要前提，所要实现的是维持人之为人的最低水平层面上的公平。若公民所享有和受保护的权利低于这个水平，社会个体之间最起码的权利公平也就丧失殆尽，社会公平自然无从谈起。唯有实现了权利公平这个逻辑大前提，才有可能进一步实现机会公平、规则公平。[④] 权利公平不仅具有托底性，还具有综合性。就此而言，权利公平的内涵绝不仅仅局限于某一项权利或者某一类权利，而是涵盖了社会成员参与国家事务和社会事务的方方面面的权利。诸如经济领域的平等就业权、平等保护财产权，政治领域的选举权、被选举权，文化领域的受教育权，社会领域的福利救济，等等。

就权利公平的本质而言，权利作为人们相互之间的许可和承诺，是

---

① 参见《中共中央关于全面推进依法治国若干重大问题的决定》，人民出版社 2014 年版，第 11 页。

② 参见张艳：《论机会公平》，载《前沿》2006 年第 8 期。

③ 参见刘作翔：《权利平等的观念、制度与实现》，载《中国社会科学》2015 年第 7 期。

④ 参见牛先锋：《社会公平的多重内涵及其政策意义》，载《理论探讨》2006 年第 5 期。

以公正平等为精神内核的,“公正平等不仅是经济性权利的基础,同时也是政治性权利的基础,个人的权利观念也正是起源于社会公正平等的思想观念”[①]。对此,马克思、恩格斯曾有过深刻的阐述,强调无产阶级所要求和实现的是“所有人的平等权利和平等义务”,“一切人,作为人来说,都有某些共同点,在这些共同点所及的范围内,他们是平等的。一切人或至少是一个国家的一切公民,或一个社会的一切成员,都应当有平等的政治地位和社会地位”[②]。由此,权利公平作为一种价值理念,体现了保障宪法基本权利在政府施政过程中的高阶性和终极性,同时也彰显了人权保护和法治精神在中国式法治现代化进程中的基础性地位。[③]权利公平所追求的是一种社会生活状态,即生活在特定社会历史条件下的个人和组织的权利状况达到基本的平衡。但由于社会实践活动的复杂性、区域社会环境的综合性、个体生活背景的差异性等诸多因素的影响,社会个体之间必然会在教育背景、经济状况、健康状况、就业技能等诸多领域存在或大或小的差别。而权利公平所努力的方向就是在特定的社会历史条件下,摒弃不合理的权利差异分配,最终实现社会公平的最大化。权利公平是社会主义法治的精髓和要义之一,也是法律面前人人平等原则在权利方面的具体体现。我国现行《宪法》第 33 条第 2 款明确规定:“中华人民共和国公民在法律面前一律平等。”这就为权利公平设定了宪法根据。[④] 也正是得益于《宪法》的进一步确认,以权利主体的多元性和权利内容的多样性为基础的权利公平理念日渐扩散到当代法治现代化进程的各个领域。

其二,机会公平。机会公平主要是指社会成员参与国家事务和社会事务的机会平等,其获得生存与谋求发展的机会平等,每个社会成员不

---

① 参见谷春德主编:《西方法律思想史》,中国人民大学出版社 2000 年版,第 238 页。

② 《马克思恩格斯选集》(第 3 卷),人民出版社 1995 年版,第 444 页。

③ 参见王桦宇:《论现代财政制度的法治逻辑——以面向社会公平的分配正义为中心》,载《法学论坛》2014 年第 3 期。

④ 参见刘作翔:《权利平等的观念、制度与实现》,载《中国社会科学》2015 年第 7 期。

因为身份、居住地域、性别、职业的差异而在参与国家事务和社会事务中受到歧视和限制，每个社会成员均享有平等的机会进入各种社会领域，凭借其自身的能力按共同认可的规则进行竞争，从而获得相应的回报。[①] 具言之：(1)竞争向每位社会成员开放的底线公平。每个社会成员均有参加与其能力相匹配的各种活动的机会，均有大致相同的发展机会和发展前景，进而从总体上保证竞争向每位社会成员开放的底线公平。(2)社会发展成果由每个社会成员共享的包容性公平。一个机会公平的社会应当是“人人均能共享改革发展成果”的社会，要求社会发展具有共享性和可持续性，努力做到发展为了人民、发展依靠人民、发展成果由人民共享。(3)社会稀缺资源得到合理优化配置的分配公平。各个社会成员公平参与竞争的机会作为一种社会稀缺资源，其本身就是多元利益博弈和多方利益平衡的结果，唯有公平合理地分配有限的机会资源才能最大限度地实现社会资源分配的最优化。尤其是在关乎各个社会成员个人前途与命运的各种竞争机会面前，通过规范有序的遴选机制从而确保“最具有竞争优势的申请者得到相应的职位，这显然比掺杂其他暗箱操作因素的独断任命更为有利于紧缺社会资源的优化配置”[②]。

就机会公平的本质而言，主要是指每个社会成员参与社会公共资源分配的可能性空间大致平衡以及发展余地的基本合理。(1)从公平机会的归属主体来看，它不局限于某一个社会个体或者某一类社会群体，而是涵盖了每个社会成员，不能因为某一个社会个体或者某一类社会群体某一方面特质的差异而剥夺其参与公平竞争的机会。(2)就机会公平所指向的目标来看，它取决于机会归属主体意愿获取的目标，诸如就业机会、教育机会、个人发展机会等事项。(3)就机会归属主体与机会

---

① 参见周长明：《社会公正——认识和对待社会弱势群体的重要维度》，载《天府新论》2005 年第 2 期。

② 参见[英]布莱恩·巴利：《社会正义论》，曹海军译，凤凰出版传媒集团、江苏人民出版社 2008 年版，第 111 页。

目标二者间的对应关系来看，不仅存在确保关系，即确保机会归属主体可以达到其意愿获取的目标，还存在可能关系即机会归属主体达到其意愿获取的目标的可能性，而介于确保关系与可能关系之间各种形式的关系都会是公平机会关系的可能存在状态。[①] （4）就机会公平的表现形式而言，包括了共享性机会的公平和竞争性机会的公平，前者是指每个社会成员参与社会资源分配的可能性空间大致平衡，即每个社会成员作为一个独立个体均有机会参与当前已有社会公共资源的分配，共享社会发展的成果；而后者是指每个社会成员发展余地基本合理，即在当前社会资源有限的社会大背景之下，通过公平合理的竞争机制和规范有序的遴选机制，从而让那些最具有竞争优势和最符合遴选条件的社会个体参与到相应社会实践当中。[②] 当然，作为对发展余地基本合理的必要补充，对于那些不具有竞争优势，无法拥有同等竞争机会的社会弱势群体则要给予兜底性的福利保障，唯其如此才是真正意义上的机会公平。

其三，规则公平。一般来说，规则公平主要是指社会运行规则要合乎生活常识与理性，凸显时代进步的内在要求，符合社会发展的客观规律，反映最广大人民的根本利益，从而为社会文明的进步与发展提供规则保障。[③] 具体而言，规则公平主要体现在以下三个方面：（1）既定规则所调整的对象以及适用的基本条件是无差别的。在特定时间和空间场域当中，社会运行规则一旦确立，其所调整的对象便是全体的社会成员，而非某一个体或某一类群体，同时其适用的基本条件也是无差别的，否则就构成歧视或特权。当然若时间和空间场域发生巨大的变化，既定社会规则也应进行相应的调整。[④] （2）既定规则所设定的权利义务是无差

---

① 参见虞新胜：《制度正义：影响机会公平的根本因素》，载《理论导刊》2015 年第 6 期。

② 参见吴忠民：《社会公正论》，山东人民出版社 2004 年版，第 121 ~ 122 页。

③ 参见牛先锋：《社会公平的多重内涵及其政策意义》，载《理论探讨》2006 年第 5 期。

④ 参见彭剑鸣：《中国语境下规则公平的建构》，载《贵州师范大学学报（社会科学版）》2014 年第 4 期。

别的。确保社会活动参与主体间权利义务的公平是维护社会利益分配格局合理性和有序性的客观要求[①],唯有让不同社会活动参与主体的权利义务保持大致的平衡状态才能真正实现社会的公平。(3)既定规则对权利与义务的保护措施或制裁力度是无差别的。不同社会个体在参与社会事务和国家事务过程中所产生的权利义务关系总和构成了社会利益,社会利益缺乏保护将使各种权利义务关系处于不确定状态,因此对权利义务关系的保护就是对社会总体利益的调节。在对社会总体利益进行调节的过程中,对于权利与义务的保护措施或制裁力度应当平等。唯其如此才能使多元社会个体对相同权利予以平等的尊重,对相同义务予以平等的履行,否则必然会陷入选择性的权利损害与义务履行的恶性循环。

就规则公平的本质而言,它是实现社会公平正义的重要制度屏障,是权利公平与机会公平的制度表达以及形式体现。规则公平的实现,必须建构在一定的制度基础之上,获得法律规范的确认、指引和保障。具体而言,(1)规则公平是以制度和法治为根本保障的程序公平。一个规则公平的社会必然是以规章制度为依据的常态他律和以法律为依据的底线他律相结合的产物。唯有以制度和法治为根本保障才能以可预期的、看得见的方式分享社会有限的社会资源,实现真正的规则公平。(2)规则公平是表征国家治理现代化总体水平的治理公平。一个规则公平的社会必然是具备较完善治理体系和较好治理能力的现代社会,同时也是社会善治程度较高的社会。规则公平是现代法治社会最基本的制度安排,从治理到善治,从制度建设到依法治国,国家治理现代化总体水平不断提升,社会规则公平程度也与日俱增。(3)规则公平是对社会个体不当诉求进行约束的制度公平。现代社会作为多元主体共存共生的有机整体,要想实现社会秩序的良性运行必须追求帕累托最优,但社会秩序运行的现状却并非时时刻刻都可以达成这种效果,因为"当众多

① 参见万俊人:《伦理学新论》,中国青年出版社 1994 年版,第 382 页。

集体成员之间存在公共物品上的普遍依赖关系时，分立个体的独立行动将不会使结果向帕累托有效的方向转化”[①]。在这种情形之下就需要公平的规则对社会个体的不当诉求进行约束，及时避免各种妨碍社会利益最大化的行为。

综上所述，权利公平、机会公平、规则公平作为社会公平正义的具体表征，三者紧密关联。权利公平问题不仅是全体社会成员参与国家事务和社会事务的逻辑起点和实践基点，同时也是实现社会公平正义的重要前提。机会公平则是每个社会成员参与社会公共资源分配的可能性空间大致平衡以及发展余地的基本合理，其着眼于为每个社会成员平等参与社会公共资源分配创造机会，约束既得利益者凭借特权或者垄断优势获得“天然”的利益，是实现社会团结的根本路径。规则公平是实现权利公平、机会公平的必然要求，是社会公平正义建设的落脚点。

三、效率与公平之间的价值抉择

效率一般是指投入与产出或成本与收益之间的关系。在一定条件下，投入产出比高，就是有效率的，投入产出比低，就是缺乏效率的。这里的产出或收益是指对人有用的物品，因此效率也就成了投入与效用之间的最佳函数关系。[②] 而公平则是一套价值体系，是人类一直向往和追求的目标。

（一）效率与公平的关系

就效率与公平的关系而言，二者不仅是辩证统一的关系，也是历史统一的关系。就辩证统一关系而言，公平是效率实现的前提和动力。首先，公平保证了经济行为主体的权利和机会，是效率实现的前提。公平是现代市场经济健康运行的基石，只有保证了平等的权利和机会，人们

---

① 参见[美]詹姆斯·M. 布坎南：《公共物品的需求与供给》，马珺译，上海人民出版社 2009 年版，第 85 页。

② 参见强世功：《法理学视野中的公平与效率》，载《中国法学》1994 年第 4 期。

参与经济活动的积极性才会得到鼓励和释放，经济效率才有可能实现。同时公平的规则也进一步规范了市场运行的秩序和方向，是效率持续的前提。社会是人类互利合作的利益系统，其中既有利益的一致性，也包含利益的冲突。公平就是用来调节利益关系、平衡利益安排、避免利益冲突、分配合作剩余的价值规范。通过公平的规则为经济的发生、发展提供框架性条件以协调行为、减少摩擦、维持秩序，从而达到缩减交易成本、间接提高效率的目的。公平为效率实现提供了基本动力。在市场经济中，坚持按劳动和贡献分配的“应得”原则，充分维护了劳动者的主体地位，是激发劳动者生产积极性、提高劳动生产率的最有效的手段，实质上构成了社会经济发展的动力机制。[①] 其次，效率是公平得以实现的基础与保障。效率提升的生产力不但能够促进生产的发展，更为分配的进行提供物质资料。同时公平的普适性特点对其实现也提出了苛刻的效率要求。公平制度出台后，不仅要通过执行落实使其成为社会共同遵守的行为准则，更要经过诸如宣传、教育等方式促使社会成员普遍认可并形成价值自觉。在这个实现过程中，效率的作用十分关键。公平的普适性特点要求用高效的方式将其规则与观念迅速推广到全社会。否则，在推广过程中出现的差异化状态就会导致不平等现象的产生，从而给公平的实现带来挑战。因此，制度的高效率执行本身深刻反映了公平价值的内在机理。

就历史统一关系而言，效率的内涵和要求在不断变化，人们对公平的理解也在不断发生变化。效率与公平作为生产与分配关系的具体体现，两者之间的矛盾不会消失，但也正是由于两者间的矛盾运动，才不断推动公平与效率在更高层次上统一，即历史的统一。[②] 这就要求我们：一要从整体上把握两者之间的关系，以效率促发展，以公平促稳定，两者

---

① 参见邹智贤、王皓：《经济哲学视域下公平与效率关系之和解》，载《湘潭大学学报（哲学社会科学版）》2022 年第 1 期。

② 参见丁春福、陈彦超：《新时代：公平与效率关系解析及政策选择》，载《黑龙江社会科学》2018 年第 4 期。

都要关注；二要从动态上保持二者之间的平衡。从现实情况看，二者不可能自始至终处于一种和谐统一的状态，因此，就需要根据社会发展的不同阶段和社会主要矛盾的新变化，及时进行调整。当社会效率不高时，就要首先强调效率，但同时兼顾公平；当社会需要公平时，就要强调公平优先，但要兼顾效率，以保持二者之间的总体平衡。

（二）效率与公平关系的历史演进

新中国成立以来，随着经济社会的发展，党中央对于效率与公平关系的认识也经历了不同的历史阶段，不同的历史时期有不同的提法。总体上看，大致经历了从“公平优先、兼顾效率”到“兼顾效率与公平”，从“效率优先，兼顾公平”到“更加注重社会公平”，从“更公平”“三个公平”到“更有效率、更加公平”的演变。

新中国成立后，人民当家作主，实现了人人平等，社会主义公有制经济和按劳分配原则也确立起来。值得注意的是，实际上，这是一种“公平优先、兼顾效率”。改革开放以来，追求效率的改革导向成为人们的共识。而提高效率的根本方法就是重新贯彻按劳分配的原则，让利益和生产挂钩。从农村实行家庭联产承包责任制到企业放权让利，从劳动工资制改革到承包、租赁经营地位和收入的界定，从消费品市场逐步完善到生产要素市场日益放开，都围绕利益的分配展开。[①] 党的十四大强调要坚持以按劳分配为主体、其他分配方式为补充，并提出要“兼顾效率与公平”。[②] 党的十四届三中全会在强调坚持按劳分配为主体、多种分配形式并存的同时，提出“效率优先，兼顾公平”的原则。党的十五大进一步提出，在社会主义初级阶段“把按劳分配和按生产要素分配结合起来，坚持效率优先、兼顾公平，有利于优化资源配置，促进经济发展，保持社会稳定”。

党的十六大首次提出“要确立劳动、资本、技术和管理等生产要素

---

① 参见强世功：《法理学视野中的公平与效率》，载《中国法学》1994 年第 4 期。

② 参见江泽民：《加快改革开放和现代化建设步伐　夺取有中国特色社会主义事业的更大胜利》，人民出版社 1992 年版，第 4 页。

按贡献参与分配的原则”，完善按劳分配为主体、多种分配方式并存的分配制度。坚持效率优先、兼顾公平，既要提倡奉献精神又要落实分配政策，既要反对平均主义又要防止收入悬殊，以共同富裕为目标，扩大中等收入者比重，提高低收入者收入水平。在商品经济条件下，各经济行为主体参与分配的对象必然是价值形态的社会财富，因此各生产要素参与分配的尺度也必然是其对价值创造所作的贡献。党的十六大进一步指出，初次分配要注重效率，发挥市场的作用，鼓励一部分人通过诚实劳动、合法经营先富起来；再分配要注重公平，加强政府对收入分配的调节职能，调节差距过大的收入。党的十六届五中全会则在坚持各种生产要素按贡献参与分配的同时，强调要更加注重社会公平，加大调节收入分配的力度，努力缓解地区之间和部分社会成员收入分配差距扩大的趋势。党的十七大对收入分配政策作出了调整。一是确立以人为本的思想，强调走共同富裕道路，促进人的全面发展，做到发展为了人民、发展依靠人民、发展成果由人民共享。二是提出要健全劳动、资本、技术、管理等生产要素按贡献参与分配的制度，创造条件让更多群众拥有财产性收入。三是提出要调整国民收入分配格局，逐步提高居民收入在国民收入分配中的比重，提高劳动报酬在初次分配中的比重；着力提高低收入者收入，基本消除绝对贫困现象，逐步提高扶贫标准和最低工资标准；保护合法收入，调节过高收入，取缔非法收入，使中等收入者占多数，逐步扭转收入分配差距扩大趋势。四是强调要建立体现社会公平的社会保障制度，加快建立覆盖城乡居民的社会保障体系，争取做到人人享有基本生活保障和基本医疗卫生服务。五是强调要协调效率与公平的关系，把提高效率同促进社会公平结合起来，初次分配和再分配都要处理好效率与公平的关系，再分配更加注重公平。党的十七届五中全会通过的《中共中央关于制定国民经济和社会发展第十二个五年规划的建议》中继续这样的表述。因此，在这一时期，中央坚持的是“更加注重社会公平”的提法。

党的十八大提出：“实现发展成果由人民共享，必须深化收入分配制度改革，努力实现居民收入增长和经济发展同步、劳动报酬增长和劳动生产率提高同步，提高居民收入在国民收入分配中的比重，提高劳动报酬在初次分配中的比重。初次分配和再分配都要兼顾效率和公平，再分配更加注重公平。完善劳动、资本、技术、管理等要素按贡献参与分配的初次分配机制，加快健全以税收、社会保障、转移支付为主要手段的再分配调节机制。"①党的十八大以来，以习近平同志为核心的党中央明确提出全面深化改革的出发点和落脚点是"促进社会公平正义、增进人民福祉"，通过改革"让一切劳动、知识、技术、管理、资本的活力竞相迸发，让一切创造社会财富的源泉充分涌流"，其目的是"让发展成果更多更公平惠及全体人民"。党的十八届四中全会更是将"平等"定位为"社会主义法律的基本属性"，进而提出"依法保障公民权利，加快完善体现权利公平、机会公平、规则公平的法律制度"。② 显而易见，政府已经将公平提到了改革的价值高度。系统部署的全面深化改革举措无一例外地都在向着"公平"发力。习近平进一步强调，"共享理念实质就是坚持以人民为中心的发展思想，体现的是逐步实现共同富裕的要求"。践行以人民为中心的发展思想，就"要坚持社会主义基本经济制度和分配制度，调整收入分配格局，完善以税收、社会保障、转移支付等为主要手段的再分配调节机制，维护社会公平正义，解决好收入差距问题，使发展成果更多更公平惠及全体人民"③。

由上可见，公平与效率都是中国特色社会主义法治的重要价值，追求公平与效率的统一，是中国特色社会主义法治的内在要求。在当下社会转型变革时期，社会公平正义问题显得更加突出，在公平与效率的关系问题上强调更加重视公平，无疑具有重要的现实意义。因之，要着力

① 《中国共产党第十八次全国代表大会文件汇编》，人民出版社 2012 年版，第 33 页。

② 参见《中共中央关于全面推进依法治国若干重大问题的决定》，人民出版社 2014 年版，第 11 页。

③ 《习近平在省部级主要领导干部学习贯彻党的十八届五中全会精神专题研讨班上的讲话》，载人民网 2016 年 5 月 10 日，http://jhsjk.people.cn/article/28337020。

解决收入分配差距较大问题，使发展成果更多更公平惠及全体人民，朝共同富裕方向稳步前进，努力实现权利公平、机会公平、规则公平。[①]

四、推动共同富裕实现社会公平正义的实践路径

在我国全面建成小康社会开启现代化建设新征程的关键时刻，习近平总书记作了关于扎实推进共同富裕的重要讲话，强调共同富裕是社会主义的本质要求，是中国式现代化的重要特征。[②] 在党的二十大报告进一步指出："共同富裕是中国特色社会主义的本质要求，也是一个长期的历史过程。我们坚持把实现人民对美好生活的向往作为现代化建设的出发点和落脚点，着力维护和促进社会公平正义，着力促进全体人民共同富裕，坚决防止两极分化。"因之，必须科学审视共同富裕视域下的社会公平正义，努力探寻推动共同富裕、实现社会公平正义的实践路径。

（一）共同富裕视域下的社会公平正义

在新的时代条件下实现共同富裕，很重要的方面就是要以习近平新时代中国特色社会主义思想为指导，"正确处理效率和公平的关系，构建初次分配、再分配、三次分配协调配套的基础性制度安排"[③]。从历史规律来看，中国式现代化道路与西方现代化道路有根本差异，以人民为中心的中国式现代化与共同富裕内在关联、同步推进。以人民为中心的现代化，必须让人民群众在现代化进程中共享社会发展成果。当下，伴随全面小康社会的实现，绝对贫困问题得以解决，但相对贫困问题依然突出。进入新发展阶段，实现共同富裕是开启现代化建设新征程的着力点，实现这一目标不仅要处理好效率和公平的关系，同时要科学判断当前存在的收入差距及其原因，进一步优化分配机制，减少相对

① 参见公丕祥主编：《当代中国的法治现代化》，法律出版社 2017 年版，第 252 页。

② 参见习近平：《扎实推动共同富裕》，载《求是》2021 年第 20 期。

③ 习近平：《扎实推动共同富裕》，载《求是》2021 年第 20 期。

贫困。[①]

处理好效率和公平的关系。进入新发展阶段，实现富裕首先必须要进一步做大蛋糕，蛋糕要做大就必须要发展，要发展就必须有效率。不仅如此，各类社会资源分配过程中要体现公平，不仅要做大蛋糕还要分配好蛋糕。首先，我国仍然处于社会主义初级阶段，属于中等收入国家，与西方发达国家相比存在一定差距。因此，努力发展经济在未来很长一段时间无疑是国家发展的重心所在。收入差距问题需要在发展的过程中去解决，离开经济发展这个基础也就无从谈起共同富裕。[②] 其次，公平不等于平均。公平内在地要求同等情况同等对待，不同情况差别对待。因此，实现共同富裕并不是追求绝对的平均主义。绝对平均主义从形式上看似乎是平等的，但对于那些具有创新能力和辛勤付出劳动的个体而言则是不公平的，同时也在很大程度上扼杀了不同群体参与社会活动的积极性和创造性，会严重影响社会经济发展，因而这种形式意义上的公平是不可持续的，也并非共同富裕的本意所在。[③] 而要真正实现共同富裕就必须要通过机会公平和规则公平，让社会成员都能参与到社会财富创造以及社会公共资源分配的过程之中。正是就此而言，新时代所追求的共同富裕，不是形式意义上的平均主义，而是允许合理差异的共同富裕。只关注公平而不关注效率，搞形式意义上的平均主义也只会让共同富裕变成无源之水、无本之木。因而，只有“正确处理效率和公平的关系，构建初次分配、再分配、三次分配协调配套的基础性制度安排”[④]才能在最大限度保证公平的同时使其具有对创新和勤劳的激励作用，从而真正促进公平和效率的有机统一。

优化分配机制改革，减少相对贫困。就我国当前的经济发展现状而

---

① 参见洪银兴：《以包容效率与公平的改革促进共同富裕》，载《经济学家》2022 年第 2 期。

② 参见高培勇：《为什么说促进共同富裕要正确处理效率和公平的关系》，载《理论导报》2021 年第 10 期。

③ 参见高培勇：《为什么说促进共同富裕要正确处理效率和公平的关系》，载《理论导报》2021 年第 10 期。

④ 习近平：《扎实推动共同富裕》，载《求是》2021 年第 20 期。

言，在推进共同富裕过程中依然存在如何跨越“中等收入陷阱”的问题。参照世界各国在跨越“中等收入陷阱”方面的经验及教训，进一步优化分配机制，减少相对贫困，克服两极分化现象，无疑是跨越“中等收入陷阱”的必要路径。当下，推进共同富裕是在已经解决了绝对贫困，仍然存在相对贫困问题的条件下提出来的要求。习近平指出，2020 年全面建成小康社会之后，我们将消除绝对贫困，但相对贫困仍将长期存在。党的十九届四中全会进一步提出要“坚决打赢脱贫攻坚战，巩固脱贫攻坚成果，建立解决相对贫困的长效机制”。这标志着新时代推进共同富裕工作的重心已从解决绝对贫困转向相对贫困的治理。在 2020 年全面建成小康社会基础上，相对贫困的治理已经上升为推动共同富裕的关键所在。当前我国居民收入结构的明显特点之一就是低收入群体仍是社会大多数。要实现共同富裕的目标就是要努力形成让中等收入群体占社会结构中的大多数的橄榄型收入结构。此外，因弱势群体知识和技能相对缺失导致的结构性失业，也是引发相对贫困的重要方面。因此，在实现共同富裕的过程中还需要解决居民知识层次与技能水平差异的问题，努力提高他们的劳动就业能力，从而扩大中等收入群体在社会中所占比重，从而进一步减少相对贫困。①

（二）推动共同富裕实现社会公平正义的实践路径

全面建成小康社会任务完成后，我国进入一个推进社会主义现代化建设、实现共同富裕的新发展阶段。目前，促进共同富裕仍然面临着许多困境和挑战。如我国发展不平衡不充分的问题仍然很突出，城乡区域发展和收入分配差距较大，民生领域的短板仍较为明显等，我国处于并将长期处于社会主义初级阶段的基本国情没有变。这决定了共同富裕目标的实现将是一个长期且艰巨的过程。因而，必须加强顶层设计，采取有力举措，推动共同富裕、实现社会公平正义。

其一，构建促进高质量发展的体制机制，有效解决生产力发展不充

① 参见洪银兴：《以包容效率与公平的改革促进共同富裕》，载《经济学家》2022 年第 2 期。

分的问题。实现小康社会向全面共同富裕的转变,首先应该推动生产力的发展,继续“做大蛋糕”,实现社会物质财富的极大丰富。[①] 高质量发展是高水平共享的前提,现阶段要重点构建推进高质量发展、实现共同富裕的体制机制。党的十九届五中全会明确提出“十四五”时期经济社会发展要以推动高质量发展为主题。我国发展中的矛盾和问题集中体现在发展质量上,要求我们必须把发展质量问题摆在更为突出的位置,着力提升发展质量和效益,为共同富裕的实现创造更加丰裕的物质财富。完善社会主义市场经济体制是推动经济高质量发展的重点。要在继续利用好市场配置资源、提高社会生产效率的前提下,加快完善市场经济体制建设,加快构建以国内大循环为主体、国内国际双循环相互促进的新发展格局。因此,要深刻把握高质量发展的时代主题,主动迎接未来可能出现的各种风险挑战,着力解决发展不平衡不充分的问题,不断提高人民生活品质,为推动共同富裕、实现社会公平正义打下坚实的社会经济基础。

其二,建立完善人权司法保障制度和产权保护制度,为实现共同富裕创设制度基础。推动共同富裕离不开具体的国家法治制度。要通过逐步建立和完善人权司法保障制度和产权保护制度,从而实现维护社会公平正义的目标。就人权司法保障制度而言,习近平指出:“我们要依法保障全体公民享有广泛的权利,保障公民的人身权、财产权、基本政治权利等各项权利不受侵犯,保证公民的经济、文化、社会等各方面权利得到落实,努力维护最广大人民根本利益,保障人民群众对美好生活的向往和追求。”[②]要实现社会公平正义,必须大力加强人权司法保障制度建设。在司法发展领域,要通过切实保障公民的合法财产权,逐步减少适用死刑的罪名,逐步完善和建构司法救助和司法援助制度,完善律师执业保障制度,健全错案防止、纠正和责任追究制,大力推进以审判为中心

---

① 参见乔惠波:《试论共同富裕的内涵、基础及推进路径》,载《东岳论丛》2022 年第 2 期。

② 习近平:《论坚持全面依法治国》,中央文献出版社 2020 年版,第 14 页。

的刑事诉讼制度改革等一系列措施,切实加大人权司法保障制度建设力度。就产权保护制度而言,“产权制度是社会主义市场经济的基石,保护产权是坚持社会主义基本经济制度的必然要求。有恒产者有恒心,经济主体财产权的有效保障和实现是经济社会持续健康发展的基础”[①]。因此,完善产权保护制度是促进社会公平正义的重要制度保障,必须“健全以公平为核心原则的产权保护制度,加强对各种所有制经济组织和自然人财产权的保护,清理有违公平的法律法规条款”[②]。唯其如此,才能从法治制度上切实保障公民的财产权益和知识产权创新收益,增强广大人民群众安全感,在全社会营造一种公平公正的社会环境。

其三,推进以实现共同富裕为目标的国家治理体系和治理能力现代化。促进共同富裕是社会主义现代化的重要目标,也是国家治理现代化的具体目标之一。党和政府围绕共同富裕构建治理体系,增强治理的有效性,实现高效能治理,不断推动共同富裕。因此,要转变政府职能,科学配置权力。规范权力行使,健全权力运行的制约监督机制,促进和实现共同富裕。坚持和完善人民当家作主制度体系,发展全过程人民民主,丰富民主形式,拓宽民主渠道,使国家制度和社会治理更好地体现人民意志,保障人民权益。“法治是国家治理体系和治理能力的重要依托。”[③]要全面推进依法治国,加快法治中国建设,通过法律的形式运行和实施体现社会公平正义的制度和规范,完善我国的法律体系和法律实施监督机制,健全社会公平正义法治保障制度,推进国家治理现代化与法治现代化进程,从而为社会实现共同富裕、维护社会公平正义奠定坚实的法治制度基础。

其四,构建以共享为核心的民生福祉制度体系,大力提升民生福祉水平。共享发展作为新发展理念中的重要组成部分,是建设共同富裕社

---

① 《中共中央、国务院关于完善产权保护制度依法保护产权的意见》,载《人民日报》2016 年 11 月 28 日版。

② 参见《习近平谈治国理政》(第 2 卷),外文出版社 2017 年版,第 259 页。

③ 习近平:《论坚持全面依法治国》,中央文献出版社 2020 年版,第 3 页。

会必须遵循的根本理念。共享发展即要使发展成果更多更公平惠及全体人民,其“实质就是坚持以人民为中心的发展思想,体现的是逐步实现共同富裕的要求”①。只有坚持共享发展,才能在经济社会不断发展的基础上,朝着共同富裕的目标不断前进。在法治社会建设领域,要通过坚持完善共建共治共享的社会治理制度,建设多元主体共同平等参与的社会治理共同体,构建基层社会治理新格局。要发挥党的领导核心作用,健全党组织领导的自治法治德治相结合的城乡基层治理体系,实现政府治理和居民自治良性互动秩序,为推动共同富裕、实现社会公平正义创造和谐的社会环境。

五、小结

中国式法治现代化是一个法律制度转型与变革的过程。在这一过程中,维护和实现社会公平正义作为中国式法治现代化的价值准则之一,是践行以人民为中心发展理念的应有之义。要维护和实现好社会公平正义,要科学理解作为社会公平正义具体表征的权利公平、机会公平、规则公平三者间的辩证关系。其中,权利公平不仅是全体社会成员参与国家事务和社会事务的逻辑起点和实践基点,也是实现社会公平正义的重要前提。机会公平则是每个社会成员参与社会公共资源分配的可能性空间大致平衡以及发展余地的基本合理,着眼于为每个社会成员平等参与社会公共资源分配创造机会,约束既得利益者凭借特权或者垄断优势获得“天然”的利益,是实现社会团结的根本路径。规则公平是实现权利公平、机会公平的不可或缺的载体,是实现社会公平正义的制度基础。在开启现代化建设新征程的新的历史条件下,努力推动共同富裕、实现公平正义,不仅是社会主义的本质要求,也是中国式法治现代化的重要特征。而要实现这一目标必须要加强系统思维和顶层设计,在全面发展的同时加强重点领域法律制度建设。通过构建促进高质量发展的

---

① 《习近平谈治国理政》(第2卷),外文出版社2017年版,第214页。

体制机制,有效解决生产力发展不充分的问题;建立完善人权司法保障制度和产权保护制度,夯实推动共同富裕的制度基础;推进以共同富裕为目标的国家治理体系和治理能力的现代化;构建以共享为核心的民生福祉制度体系,大力提升民生福祉水平。

第五章　中国式法治现代化的战略目标

目标引领方向、凝聚力量。中国式法治现代化涉及方方面面，在实际工作中必须有一个总揽全局、牵引各方的战略目标。中国式法治现代化的战略目标的确定，既能够清晰地展望中国式法治现代化的愿景和发展方向，又能够突出中国式法治现代化的推进重点和主要任务，具有举旗定向的重大价值意义。

中国式法治现代化必须坚持走正确的道路，树立明确的目标，才能汇聚各方力量，获得长远发展。因此，我们要毫不动摇地把握好中国式法治现代化的性质和方向，毫不动摇坚持走中国特色社会主义法治道路。

一、概述

中国式法治现代化的战略目标的确定，是当代中国共产党人在深刻总结我国法治建设成功经验和历史性成就的基础上，作出的更富规律性、更具创造性的科学概括。党的十八大以来，以习近平同志为核心的党中央从关系党和国家前途命运的战略全局高度来定位法治、布局法治、厉行法治，将全面依法治国纳入实现中华民族伟大复兴的战略全局之中，将全面依法治国纳入统筹推进“五位一体”总体布局和协调推进“四个全面”战略布局等庞大系统工程之中，将全面依法治国纳入国家治理体系和治理能力现代化之中，进行了开创性的探索实践，取得了法治建设重大历史性成就。

党的十八届四中全会对全面推进依法治国作出了重大战略部署，深刻阐明全面推进依法治国的重大意义，明确提出全面推进依法治国的总目标是建设中国特色社会主义法治体系，建设社会主义法治国家。党的十九大进一步提出，全面依法治国是中国特色社会主义的本质要求和重要保障。要坚定不移走中国特色社会主义法治道路。[①]

党的十九大以来，党中央组建中央全面依法治国委员会，从全局和战略高度对全面依法治国又作出一系列重大决策部署，推动我国社会主义法治建设发生历史性变革、取得历史性成就，全面依法治国实践取得重大进展。2020 年 11 月 16 日至 17 日召开的中央全面依法治国工作会议，确立了习近平法治思想在全面依法治国工作中的指导地位。习近平强调，要从把握新发展阶段、贯彻新发展理念、构建新发展格局的实际出发，围绕“建设中国特色社会主义法治体系，建设社会主义法治国家”的总目标，坚持党的领导、人民当家作主、依法治国有机统一，以解决法治领域突出问题为着力点，坚定不移走中国特色社会主义法治道路，在法治轨道上推进国家治理体系和治理能力现代化，为全面建设社会主义现代化国家、实现中华民族伟大复兴的中国梦提供有力法治保障。[②]

中华民族伟大复兴离不开法治的坚强保障。在党的二十大报告中，习近平深刻阐述了新时代新征程中国共产党的使命任务，指出：“从现在起，中国共产党的中心任务就是团结带领全国各族人民全面建成社会

① 参见习近平：《决胜全面建成小康社会　夺取新时代中国特色社会主义伟大胜利——在中国共产党第十九次全国代表大会上的报告》，人民出版社 2017 年版，第 22 页。

② 参见习近平：《论坚持全面依法治国》，中央文献出版社 2020 年版，第 1 页。

主义现代化强国、实现第二个百年奋斗目标,以中国式现代化全面推进中华民族伟大复兴。”①中国式法治现代化是实现中华民族伟大复兴中国梦这一“伟大梦想”的重要构成要素。实现中华民族伟大复兴的中国梦,必须全面推进依法治国。推动共同富裕、促进社会公平正义,把我国建设成为富强民主文明和谐美丽的社会主义现代化强国,离不开全面依法治国。中国式法治现代化不仅是实现伟大梦想的价值基础、基本内容,也是实现伟大梦想的行动保障。因此,中国式法治现代化必须结合实现伟大梦想、进行伟大斗争、建设伟大工程、推进伟大事业的实践全面推进、不断拓展。

全面推进依法治国是推进国家治理体系和治理能力现代化的重要组成部分,是提升党的执政能力的重大战略保障。我们正处于实现国家治理体系和治理能力现代化的关键阶段,只有在法治轨道上不断深化改革、在法治轨道上推进国家治理体系和治理能力现代化,才能在具有许多新的历史特点的伟大斗争中赢得新胜利,确保党和国家长治久安,不断开拓中国特色社会主义更加广阔的发展前景。坚持和拓展中国式法治现代化新道路,对于实现国家治理体系和治理能力现代化,全面提升党的依法执政、依法治国能力,具有重大的意义。

法治体系是国家治理体系的重要依托,也是中国式法治现代化的基础。只有形成完备的法律规范体系、高效的法治实施体系、严密的法治监督体系、有力的法治保障体系、完善的党内法规体系,才能不断为法治现代化提供动力、激发活力。确定中国式法治现代化的战略目标,有利于统一思想、凝聚全党全国各族人民的法治共识,保障全面依法治国沿着正确的方向前进。各国因历史、文化和发展道路的不同,存在不同的法律制度模式和法治体系。中国式法治现代化是在中国的国情下展开的深刻的法治变革与交流过程,必须着力建设中国特色社会主义法治体系,沿着中国特色社会主义法治道路前进。

---

① 《中国共产党第二十次全国代表大会文件汇编》,人民出版社 2022 年版,第 18 页。

显然，坚持和拓展中国式法治现代化新道路，不仅要达到全面依法治国所要实现的“建设中国特色社会主义法治体系，建设社会主义法治国家”这一总目标，还要着眼于实现中华民族伟大复兴的战略全局，重点把握国家治理体系和治理能力现代化的内在要求，由此理解中国式法治现代化的战略目标。

二、中国式法治现代化与实现中华民族伟大复兴

实现中华民族伟大复兴是党和国家面向未来的政治宣言。它着眼于坚持和发展中国特色社会主义，体现了中国共产党高度的历史担当和使命追求。提出“中华民族伟大复兴”有着深厚的历史感。1840 年鸦片战争后，中华民族经历了内忧外患、山河破碎的民族苦难，中国人民经过一代又一代的努力奋斗，进行了不屈不挠、前赴后继的奋勇抗争。实现中华民族伟大复兴，一要求得民族独立和人民解放，二要实现国家繁荣富强和人民共同富裕。1978 年改革开放以来，我们党提出社会主义初级阶段理论，其核心思想就是要在社会主义条件下实现工业化和现代化。而新时代全面建设社会主义现代化强国的战略任务，则是推动国家繁荣富强和人民共同富裕，实现中华民族伟大复兴。党的十九大提出在全面建成小康社会基础上，开启全面建设社会主义现代化强国新征程，这意味着中华民族迎来了从站起来、富起来到强起来的伟大飞跃，迎来了实现中华民族伟大复兴的光明前景。全面建成社会主义现代化强国，意味着中华民族伟大复兴的宏伟愿景从理想变为现实。

(一)中国式法治现代化是中华民族伟大复兴的必然要求

中国式法治现代化是中国式现代化的重要内容。习近平总书记在庆祝建党百年大会的讲话中明确提出“中国式现代化新道路”的重大命题。十九届六中全会《决议》中进一步论述“中国式现代化道路”的重大论断，深刻分析中国式现代化与实现中华民族伟大复兴的内在关联，强调“明确坚持和发展中国特色社会主义，总任务是实现社会主义现代化和中华民族伟大复兴，在全面建成小康社会的基础上，分两步走在本世

纪中叶建成富强民主文明和谐美丽的社会主义现代化强国,以中国式现代化推进中华民族伟大复兴”①。在党的二十大报告中,习近平鲜明提出“以中国式现代化全面推进中华民族伟大复兴”的重大论断。很显然,推进中国式法治现代化是实现中华民族伟大复兴的内在要求。

首先,中国式法治现代化是实现中华民族伟大复兴奋斗目标的必然抉择。根据党的十九大精神,到中国共产党成立100年时全面建成小康社会,到新中国成立100年时建成富强民主文明和谐美丽的社会主义现代化强国。“两个一百年”奋斗目标实际就是中华民族伟大复兴的具象化。中华民族伟大复兴凝结着无数仁人志士的不懈努力,是全体中华儿女坚定不移的信念。

党的十八大以来,在以习近平同志为核心的党中央领导下,中国人民在民族复兴的征程中取得了历史性的重大进展。现阶段,我们已经“实现第一个百年奋斗目标,开启实现第二个百年奋斗目标新征程,朝着实现中华民族伟大复兴的宏伟目标继续前进”②。今天,“我们比历史上任何时期都更接近中华民族伟大复兴的目标,比历史上任何时期都更有信心、有能力实现这个目标”③。

法治是发展的重要保证。实现中华民族伟大复兴的战略目标,离不开法治的坚强保证。中国式法治现代化是中国式现代化的有机组成部分,对于实现国家治理体系和治理能力现代化,建设中国特色社会主义法治体系,建设社会主义法治国家,具有重大的战略意义。实现中国式现代化,把我国建设成为富强民主文明和谐美丽的社会主义现代化强国,与坚持和拓展中国式法治现代化新道路密切相关。

其次,中国式法治现代化是进行伟大斗争、建设伟大工程、推进伟大事业的应有之义。实现中华民族伟大复兴的中国梦,必须结合进行伟大

---

① 《中共中央关于党的百年奋斗重大成就和历史经验的决议》,人民出版社2021年版,第24页。

② 《中共中央关于党的百年奋斗重大成就和历史经验的决议》,人民出版社2021年版,第87页。

③ 参见习近平:《在纪念孙中山先生诞辰150周年大会上的讲话》,载《人民日报》2016年11月12日,第1版。

斗争、建设伟大工程、推进伟大事业的实践来进行。实现伟大梦想,必须进行具有许多新的历史特点的伟大斗争;实现伟大梦想,必须深入推进党的建设新的伟大工程;实现伟大梦想,必须推进中国特色社会主义这一造福中国人民的伟大事业。伟大斗争,伟大工程,伟大事业,伟大梦想,紧密联系、相互贯通、相互作用。①

伟大斗争、伟大工程、伟大事业离不开中国式法治现代化新道路的深入展开。为此,要通过法治方式为推进伟大斗争、伟大工程、伟大事业构筑坚实的法治基础。推进全面依法治国在实现中华民族伟大复兴的战略全局中地位突出、意义重大。我们必须把中国式法治现代化新道路有机融入实现中华民族伟大复兴的战略全局,把弘扬法治精神、培育法治文化纳入实现中华民族伟大复兴的时代进程中展开,从而更加卓有成效地推进具有许多新的历史特点的伟大斗争、伟大工程、伟大事业。

最后,中国式法治现代化是推动共同富裕、促进社会公平正义这一民族复兴重大主题的时代要求。推动共同富裕、促进社会公平正义,是社会主义的本质属性和根本目的,是实现中华民族伟大复兴的重大任务,也是新时代中国式现代化的基本价值定位。中国式法治现代化的社会主义性质,“必然要求当代中国法治发展始终关注和认真对待促进共同富裕、维护社会正义问题,抓紧建设对推动共同富裕、促进社会正义具有重大作用的法治制度,突出问题导向,创新法治制度安排,为坚持和拓展中国式法治现代化新道路奠定坚实的法治价值基础”②。

(二)中国式法治现代化是中华民族伟大复兴的基本内容

中华民族伟大复兴离不开法治现代化。中国式法治现代化贯穿于中华民族伟大复兴的全过程,是中华民族伟大复兴的重要内容。

---

① 参见习近平:《决胜全面建成小康社会　夺取新时代中国特色社会主义伟大胜利——在中国共产党第十九次全国代表大会上的报告》,人民出版社2017年版,第15~17页。

② 公丕祥:《共同富裕与社会正义:中国式法治现代化新道路的重要特征》,载《民主与法制(周刊)》2022年第1期。

习近平指出："法治兴则民族兴，法治强则国家强。当前，我国正处在实现中华民族伟大复兴的关键时期，世界百年未有之大变局加速演进，改革发展稳定任务艰巨繁重，对外开放深入推进，需要更好发挥法治固根本、稳预期、利长远的作用。"[①]因此，实现中华民族伟大复兴，必然要求我们把全面推进依法治国放在更加突出、更加重要的全局性、基础性和战略性地位，坚定地走中国式法治现代化新道路。

中国式法治现代化是具有社会主义性质、反映法治现代化一般规律的现代化法治发展新路。"推进中国式法治现代化，必须在习近平法治思想的指引下，始终不渝地坚持以人民为中心，认真对待实现共同富裕、促进社会正义的重大时代议程，把增进人民福祉、促进共同富裕、维护社会正义的要求落实到全面依法治国各领域全过程。"[②]为此，需要总结和运用党领导人民实行法治的成功经验，围绕社会主义法治建设重大理论和实践问题，汲取中华法律文化精华，借鉴国外法治有益经验，发展符合中国实际、具有中国特色、体现社会发展规律的社会主义法治理论，为中国式法治现代化新道路提供理论指导和学理支撑。

实现中华民族伟大复兴时代进程中的中国式法治现代化，面临的一个重大问题就是正确认识和处理好党的领导与依法治国、人民当家作主的关系。习近平指出："我们强调坚持党的领导、人民当家作主、依法治国有机统一，最根本的是坚持党的领导。"[③]党的十八届四中全会《决定》进一步强调："社会主义法治必须坚持党的领导，党的领导必须依靠社会主义法治。只有在党的领导下依法治国、厉行法治，人民当家作主才能充分实现，国家和社会生活法治化才能有序推进。"[④]在当代中国，法治建设、人民当家作主与党的领导高度一致、密不可分，

---

① 习近平：《坚持走中国特色社会主义法治道路　更好推进中国特色社会主义法治体系建设》，载《求是》2022 年第 4 期。

② 公丕祥：《共同富裕与社会正义：中国式法治现代化新道路的重要特征》，载《民主与法制周刊》2022 年第 1 期。

③ 《习近平关于全面依法治国论述摘编》，中央文献出版社 2015 年版，第 19 页。

④ 《中共中央关于全面推进依法治国若干重大问题的决定》，人民出版社 2014 年版，第 5 页。

绝不能把党的领导与法治建设割裂开来、对立起来。因此，习近平强调："只有坚持党的领导，人民当家作主才能充分实现，国家和社会生活制度化、法治化才能有序推进。不能把坚持党的领导同人民当家作主、依法治国对立起来，更不能用人民当家作主、依法治国来动摇和否定党的领导。"[①]

法治对人的尊重更多的是通过"人民当家作主"方略的实施来实现。"人民当家作主"是"坚持以人民为中心"的基本内涵，也是党的领导的基本指针。党的领导离不开对民生的全面保障，包括落实人民各项权益，推进共同富裕，促进人的全面发展。党的领导、依法治国的基本任务便是确认和保障民众的各项权利，体现人民意志。

为此，一方面，要加强党对法治工作的领导，提高立法、执法、司法工作质量，使法治发展全过程充分体现党的主张和人民的意志，切实实现依法治国同党的领导、人民当家作主的有机统一。就立法而言，"善于使党的主张通过法定程序成为国家意志"[②]。另一方面，要"把党领导人民制定和实施宪法法律同党坚持在宪法法律范围内活动统一起来"[③]。健全党的领导的相关制度、体制，建立完善对党的机构的权力监督体制，建立完善依法处理党组织与社会组织之间的关系的协调机制，依法组织和领导党的政法工作及各项事业的发展。

（三）中国式法治现代化是实现中华民族伟大复兴的重要保障

全面推进中国式法治现代化，是有效应对民族复兴进程中各类矛盾和风险挑战的战略举措，是实现中华民族伟大复兴不可或缺的法治保障。实现民族复兴这一伟大梦想，亟须现代化法治的有力保障，以期有效应对重大挑战、抵御重大风险、克服重大阻力、解决重大矛盾。

推进中国式法治现代化，是同实现中华民族伟大复兴的伟大梦想的

---

① 《习近平关于全面依法治国论述摘编》，中央文献出版社 2015 年版，第 19 页。

② 《中共中央关于全面推进依法治国若干重大问题的决定》，人民出版社 2014 年版，第 5 ~ 6 页。

③ 《中共中央关于全面推进依法治国若干重大问题的决定》，人民出版社 2014 年版，第 9 ~ 10 页。

时代使命密切相关的法治发展举措。我国正处于中华民族伟大复兴、全面建成现代化强国进程的关键阶段,国际形势错综复杂,国内改革发展任务极为繁重。全面推进依法治国,推动中国式法治现代化,必须坚持从我国实际出发,适应新常态,落实总目标,有计划、有秩序地开展法治中国各项建设任务。

党的十九大报告中鲜明提出"中国特色社会主义进入新时代,我国社会主要矛盾已经转化为人民日益增长的美好生活需要和不平衡不充分的发展之间的矛盾"的重大判断。[①] 就法治领域而言,社会主要矛盾新变化"集中表现为人民日益增长的法治新需要与不平衡不充分的法治发展之间的矛盾。在人民物质文化需要日益得到满足的基础上,人民日趋广泛的民主法治、公平正义需求,已经成为人民不断增长的美好生活需要的不可或缺的组成部分"[②]。

在实现中华民族伟大复兴中国梦的关键阶段,法治实践面临许多突出矛盾和问题。诸如政府对经济交往行为及市场干预不当、管理不到位,涉及民生的事业发展尚存有制度缺陷、利益失衡状况,地区差别、城乡差别依旧存在,社会生活中道德失范、诚信缺失时有发生,等等。面对新形势新任务,需要统筹国内国际两个大局,更好维护和运用我国发展的重要战略机遇期,更好统筹社会力量、平衡社会利益、调节社会关系、规范社会行为,使我国社会在深刻变革中既生机勃勃又井然有序。实现经济发展、政治清明、文化昌盛、社会公正、生态良好,实现我国和平发展的战略目标,必须更好发挥法治的引领和规范作用。[③]

复兴之路上,国家现代化大业还面临发展、稳定多重任务和诸多矛盾风险挑战。为夯实复兴之路的执政基础、保障人民基本权利,"愈益

---

① 参见习近平:《决胜全面建成小康社会　夺取新时代中国特色社会主义伟大胜利——在中国共产党第十九次全国代表大会上的报告》,人民出版社 2017 年版,第 11 页。

② 参见公丕祥:《共同富裕与社会正义:中国式法治现代化新道路的重要特征》,载《民主与法制周刊》2022 年第 1 期。

③ 参见《中共中央关于全面推进依法治国若干重大问题的决定》,人民出版社 2014 年版,第 2 页。

期待党和国家通过实施全面依法治国基本方略，进一步深化法治领域改革，健全推动共同富裕、促进社会正义的法治制度体系，以期有力回应人民的法治新需要”①。

总之，推进和拓展中国式法治现代化是一个系统工程，是国家治理领域一场广泛而深刻的革命。推进中华民族伟大复兴大业，全面实现中国式法治现代化新道路战略目标主题，需要付出长期艰苦努力。

三、中国式法治现代化与国家治理体系和治理能力现代化

坚持和完善中国特色社会主义制度、推进国家治理体系和治理能力现代化，是实现中华民族伟大复兴的重大战略决策。国家治理体系和治理能力现代化，旨在推进使国家治理体系制度化、科学化、规范化、程序化，从而把中国特色社会主义各方面的制度优势转化为治理国家的效能。

（一）国家治理体系和治理能力现代化的战略安排

国家治理体系是指在党的领导下管理国家的制度体系，包括经济、政治、文化、社会、生态文明和党的建设等各领域体制机制、法律法规安排，是内容完整且相互协调的各项国家制度、体制、机制的综合系统；国家治理能力则是运用国家治理制度、机制、体制管理社会各方面事务的能力，包括维护国家安全、人民安宁、社会安定等各个方面的能力。“国家治理体系和治理能力是一个有机整体，相辅相成，有了好的国家治理体系才能提高治理能力，提高国家治理能力才能充分发挥国家治理体系的效能。”②

一般而言，国家治理体系和治理能力现代化基本要素包括六个方面。

---

① 参见公丕祥：《共同富裕与社会正义：中国式法治现代化新道路的重要特征》，载《民主与法制周刊》2022 年第 1 期。

② 《习近平谈治国理政》（第 1 卷），外文出版社 2018 年版，第 91 页。

一是制度化。制度建设是现代化的基础工程。党的十九届四中全会《决定》针对国家治理的若干重大问题,“聚焦坚持和完善支撑中国特色社会主义制度的根本制度、基本制度、重要制度”,确立了坚持和完善党的领导制度体系、坚持和完善人民当家作主制度体系、坚持和完善中国特色社会主义法治体系等十三项国家治理制度体系,并“明确了各项制度必须坚持和巩固的根本点、完善和发展的方向”。①

二是参与性。现代化的国家治理体系是一种民主的治理体系,强调公共权力的产生和运作必然是遵循民主规则,使社会各界、公众有参与国家治理、社会治理的制度安排及空间。在当代中国,国家治理坚持以人民为中心,保障人民当家作主,充分体现人民的意志和人民的“主体性”。就加强和创新社会治理而言,党的十九届四中全会《决定》提出“完善党委领导、政府负责、民主协商、社会协同、公众参与、法治保障、科技支撑的社会治理体系,建设人人有责、人人尽责、人人享有的社会治理共同体,确保人民安居乐业、社会安定有序,建设更高水平的平安中国”②。因而,各级党委、政府、社会组织、公众在不同领域发挥治理的主体作用,这种主体性的发挥是相对的、互动的与合作的,它以法治为保障、以共治为路径,最终实现善治,实现国家治理体系和治理能力现代化目标。

三是多元治理。国家治理体系并非单纯的调整模式,而是需要诸如政治、法律、道德、宗教、文化等多种治理模式、方法的共同推进。在各种调整方式中,法律治理在实践中具有基础性、保障性功能。就社会治理而言,党的十八大以来,社会治理已形成了共治模式,十九届四中全会确立了“法治、德治、自治”这一基本共治体制。在实践中,各地还形成了“政治、法治、德治、自治、智治”这一社会治理共治的创新模式。

---

① 参见《中共中央关于坚持和完善中国特色社会主义制度 推进国家治理体系和治理能力现代化若干重大问题的决定》,人民出版社2019年版,第55页。

② 《中共中央关于坚持和完善中国特色社会主义制度 推进国家治理体系和治理能力现代化若干重大问题的决定》,人民出版社2019年版,第28页。

四是监督性。健全国家治理与社会治理的监督体系，可以有效防范国家与社会治理中的各种不规范和各类违法行为，促进公共权力运行的制度化和规范化，维护有利于规制权力运行和公共秩序的制度和程序。

五是效率化。现代化的国家治理体系应当注重科学性、战略性、系统性和有效性，有利于提高行政治理效率和治理效益，从而有效地维护社会稳定和社会秩序。

六是法治化。法治是国家治理体系和治理能力的重要依托和保障。国家治理与社会治理的基本方式是法治，国家治理与社会治理现代化有赖于各个领域的法治化。要以法治的可预期性、可操作性、可救济性等优势来凝聚转型时期的社会共识，使不同利益主体依法追求和实现自身利益最大化，进而在法治轨道上推进国家治理体系和治理能力现代化。

党的十八届三中全会提出全面深化改革的总目标，即完善和发展中国特色社会主义制度、推进国家治理体系和治理能力现代化。[①] 总目标是坚持和发展中国特色社会主义的必然要求，也是全面建设社会主义现代化国家的应有之义。党的十九届四中全会对推进国家治理体系和治理能力现代化作出重大制度安排，并明确提出：到我们党成立一百年时，在各方面制度更加成熟更加定型上取得明显成效；到二〇三五年，各方面制度更加完善，基本实现国家治理体系和治理能力现代化；到新中国成立一百年时，全面实现国家治理体系和治理能力现代化，使中国特色社会主义制度更加巩固、优越性充分展现。[②] 党的十八大以来，我们党领导人民统筹推进"五位一体"总体布局、协调推进"四个全面"战略布局，推动中国特色社会主义制度更加完善、国家治理体系和治理能力现代化水平明显提高，为政治稳定、经济发展、文化繁荣、民族团结、人民幸福、社会安宁、国家统一提供了有力保障。实践证明，中国特色社会主义

---

① 参见《中共中央关于全面深化改革若干重大问题的决定》，载《十八大以来重要文献选编》（上），中央文献出版社 2014 年版，第 512 页。

② 参见《中共中央关于坚持和完善中国特色社会主义制度　推进国家治理体系和治理能力现代化若干重大问题的决》，人民出版社 2019 年版，第 5 ~ 6 页。

制度和国家治理体系是以马克思主义为指导、植根中国大地、具有深厚中华文化根基、深得人民拥护的制度和治理体系,是具有强大生命力和巨大优越性的制度和治理体系,是能够持续推动拥有十四亿人口大国进步和发展、确保拥有五千多年文明史的中华民族实现"两个一百年"奋斗目标进而实现伟大复兴的制度和治理体系。①

(二)在法治轨道上推进国家治理体系和治理能力现代化

推进国家治理体系和治理能力现代化,必然要求全面推进依法治国,推动中国式法治现代化深入展开。法治是调节社会利益关系的基本方式,是社会公平正义的集中体现,国家治理必须构筑在法治的基础上。因之,习近平强调要"坚持在法治轨道上推进国家治理体系和治理能力现代化"②。

首先,法治是国家治理体系和治理能力现代化的内在需要。众所周知,国家治理的基本社会经济条件是社会主义市场经济,而市场经济要求市场机制对资源配置发挥决定性作用。市场经济本质上是法治经济。一是要规范政府行为,防止政府对经济活动的不当干预,依法维护市场主体的财产权利、人身权利。二是要规范市场伦理秩序,维护交易中的诚实信用和公平竞争的秩序,防范并有效治理市场交易中的假冒伪劣、坑蒙拐骗等不道德乃至违法犯罪的行为。三是要建构有效的法治化防控体系,维护市场经济的法治环境。由此,要通过科学立法,建构市场经济资源配置的法律体系,实现市场对资源配置的决定性作用并取得最大效益;要建立严格执法、公正司法体制,有效解决市场争议,维护市场秩序,保护市场主体权利平等、机会平等,进一步推动经济发展。

其次,推进国家治理体系和治理能力现代化是一个系统的工程,离不开法治保障。推进国家治理体系和治理能力现代化的时代,必然要面对各式各样的社会矛盾与冲突,因而必须采取全方位的改革举措。"改

① 参见《中共中央关于坚持和完善中国特色社会主义制度 推进国家治理体系和治理能力现代化若干重大问题的决定》,人民出版社2019年版,第2~3页。

② 习近平:《论坚持全面依法治国》,中央文献出版社2020年版,第3页。

革进入攻坚期和深水区,国际形势复杂多变,我们党面对的改革发展稳定任务之重前所未有、矛盾风险挑战之多前所未有,依法治国在党和国家工作全局中的地位更加突出、作用更加重大。"[①]因此,坚持和拓展法治现代化新道路必须依靠法治路径,通过合法有效的措施,消除改革道路上的各种弊端,克服阻挠推进国家治理体系和治理能力现代化的消极因素,维护改革的成果,捍卫人民群众合法权益。

最后,推进国家治理的法治化,势必要求法治的全面介入。中国式法治现代化是实现国家治理现代化的重要途径。推进国家治理体系和治理能力现代化,就是要推进和实现国家治理体系和治理能力的法治化、民主化、科学化和信息化,其重心是推进国家制度与国家治理的法治化,把国家各项事业、各项工作纳入法治化轨道。推进国家治理法治化,一要推动国家治理制度体系的法治化,构建完备科学的制度体系,推进国家治理制度的规范化、系统化;二要实现国家治理能力的法治化,用法治方式提升科学立法的组织实行能力,强化宪法和法律的实施能力、监督能力,增强严格执法、公正司法以及法律服务能力。

(三)提升党的执政能力和执政水平,不断推进中国式法治现代化

推进国家治理体系和治理能力现代化,离不开党的执政能力、执政水平的提升。党的十九届四中全会提出的党的领导制度建设的重要方面即是要"健全提高党的执政能力和领导水平制度"。不断提升党的执政能力和执政水平,是坚持和改善党的领导的内在要求,是推进中国式法治现代化的根本保证。党的执政能力是党对国家政权、经济文化事业和社会事务进行领导的能力,具体通过执政体制、途径和方式展开,坚持做到"科学执政、民主执政、依法执政"。科学执政强调的是执政要合乎规律性,用科学的思想、制度、方法来配置和运用权力、治国理政;民主执政强调党要坚持为人民执政,保证人民当家作主,通过民主的制度和程

---

① 参见《中共中央关于全面推进依法治国若干重大问题的决定》,人民出版社 2014 年版,第 2 页。

序来运用权力、管理国家;依法执政则是党的执政能力的保障。

在推进中国式法治现代化的时代条件下,提高党的执政能力的重要要求之一,就是坚持依法执政。依法执政是推进治理现代化的重要内容,也是实现中国式法治现代化的应有之义。依法执政要适应社会经济发展的法治化趋势,积极运用法律手段促进社会发展、调整利益关系,善于在法治的框架内解决社会矛盾和问题。要通过依法执政,把党的意志和路线方针政策落实到经济、政治、文化、社会和生态文明建设的各个领域,从而有力提升党应对考验、抵御风险的能力。

维护宪法和法律的权威是依法执政的基本要求。党的执政行为要符合法治精神、法治原则和法律规范,善于运用宪法和法律来治理国家和社会。因此,坚持依法执政,一要提升党领导立法、保证执法、支持司法、带头守法的能力。党的十八大以来,以习近平同志为核心的党中央把全面依法治国纳入“四个全面”战略布局予以有力推进,对全面依法治国作出一系列重大决策部署,组建中央全面依法治国委员会,完善党领导立法、保证执法、支持司法、带头守法制度[①],不断推进国家的经济、政治、文化和社会生活的法治化、规范化。二要深化对依法执政规律的研究,围绕全面推进依法治国、实现中国式法治现代化的战略任务,深入总结我们党坚持依法执政的历史经验,深刻把握住依法执政的内在机理,从而为提升党依法执政、依法治国战略提供智识支撑。三要不断完善依法执政的体制和机制,健全依法执政的权力运行和制约体制,提高党总揽全局、协调各方的能力。四要处理好治国理政与管党治党关系。依法执政既要求党依据宪法、法律治国理政,也要求党依据党内法规管党治党。尤其是要处理好党的意志与国家法律制定和实施的关系。一方面,“立法涉及重大体制和重大政策调整的,必须报党中央讨论决定。党中央向全国人大提出宪法修改建议,依照宪法规定的程序进行宪法修

---

① 参加习近平:《坚持走中国特色社会主义法治道路 更好推进中国特色社会主义法治体系建设》,载《求是》2022 年第 4 期。

改。法律制定和修改的重大问题由全国人大常委会党组向党中央报告”;另一方面,要“把党领导人民制定和实施宪法法律同党坚持在宪法法律范围内活动统一起来”①。

四、中国式法治现代化与建设中国特色社会主义法治体系

(一)建设中国特色社会主义法治体系的提出

建设中国特色社会主义法治体系,就是“在中国共产党领导下,坚持中国特色社会主义制度,贯彻中国特色社会主义法治理论,形成完备的法律规范体系、高效的法治实施体系、严密的法治监督体系、有力的法治保障体系,形成完善的党内法规体系,坚持依法治国、依法执政、依法行政共同推进,坚持法治国家、法治政府、法治社会一体建设,实现科学立法、严格执法、公正司法、全民守法,促进国家治理体系和治理能力现代化”②。坚持和拓展中国式法治现代化新道路,必须高度重视加快建设中国特色社会主义法治体系。

中国共产党成立100多年以来,带领人民不断推进法治建设。邓小平曾深刻指出,领导制度、组织制度问题更带有根本性、全局性、稳定性和长期性。为了保障人民民主,必须加强法制。党的十一届三中全会开启了社会民主法治建设的历史新时期。党的十五大提出依法治国基本方略,党的十六大、十七大重申全面实施依法治国基本方略,党的十六届四中全会将依法执政确立为新的历史条件下我们党执政的一个基本方式。随着中国特色社会主义进入新时代,法治在国家现代化进程中的地位更加重要。党的十八大明确提出法治是治国理政的基本方式,党的十八届三中全会明确提出要建设法治中国。党的十八届四中全会根据新的实践和时代发展,提出全面推进依法治国的总目标是“建设中国特色社会

---

① 《中共中央关于全面推进依法治国若干重大问题的决定》,人民出版社2014年版,第9~10页。

② 《中共中央关于全面推进依法治国若干重大问题的决定》,人民出版社2014年版,第4页。

主义法治体系，建设社会主义法治国家”。全面推进依法治国总目标的提出，是新时代治国理政思想的重大创新，为推进中国式法治现代化指明了方向。

中国特色社会主义法治体系是推进全面依法治国的总抓手。习近平强调，坚持建设中国特色社会主义法治体系，要加快形成完备的法律规范体系、高效的法治实施体系、严密的法治监督体系、有力的法治保障体系，形成完善的党内法规体系。要坚持依法治国和以德治国相结合，实现法治和德治相辅相成、相得益彰。要积极推进国家安全、科技创新、公共卫生、生物安全、生态文明、防范风险、涉外法治等重要领域立法，健全国家治理急需的法律制度、满足人民日益增长的美好生活需要必备的法律制度。① 2021 年 12 月 6 日，中共中央政治局就建设中国特色社会主义法治体系进行第三十五次集体学习，习近平发表重要讲话进一步强调，要坚持走中国特色社会主义法治道路，更好推进中国特色社会主义法治体系建设。“建设中国特色社会主义法治体系，要顺应事业发展需要，坚持系统观念，全面加以推进。”②

中国特色社会主义法治体系这一重大理念内涵丰富，“其鲜明特点和突出优势是坚持党的领导、坚持中国特色社会主义制度、坚持依法治国和依规治党有机统一、坚持依法治国和以德治国相结合”③。在这里，至关重要的是要坚持法治体系建设的正确方向。习近平指出：“中国特色社会主义法治体系是中国特色社会主义制度的重要组成部分，必须牢牢把握中国特色社会主义这个定性，坚定不移走中国特色社会主义法治道路，正确处理政治和法治、改革和法治、依法治国和以德治国、依法治国和依规治党的关系，在坚持党的全面领导、保证人民当家作主等重大

---

① 参见习近平：《坚定不移走中国特色社会主义法治道路 为全面建设社会主义现代化国家提供有力法治保障》，载《求是》2021 年第 5 期。

② 习近平：《坚持走中国特色社会主义法治道路 更好推进中国特色社会主义法治体系建设》，载《求是》2022 年第 4 期。

③ 周叶中：《中国特色社会主义法治体系的鲜明特点和突出优势》，载《红旗文稿》2022 年第 4 期。

问题上做到头脑特别清晰、立场特别坚定。要始终坚持以人民为中心，坚持法治为了人民、依靠人民、造福人民、保护人民，把体现人民利益、反映人民愿望、维护人民权益、增进人民福祉落实到法治体系建设全过程。我们要建设的中国特色社会主义法治体系，必须是扎根中国文化、立足中国国情、解决中国问题的法治体系，不能被西方错误思潮所误导。”①

（二）加快形成完备的法律规范体系

建设完备的法律规范体系，必须坚持立法先行。要恪守以民为本、立法为民理念，贯彻社会主义核心价值观，使每一项立法都符合宪法精神、反映人民意志、得到人民拥护。要把公正、公平、公开原则贯穿立法全过程，完善立法体制机制，坚持立改废释并举，增强法律法规的及时性、系统性、针对性、有效性。②

一方面，要加快重点领域立法，在将国家现代化建设纳入法治轨道的同时，重点“加强国家安全等重要领域立法，加快数字经济等领域立法步伐，努力健全国家治理急需、满足人民日益增长的美好生活需要必备的法律制度。发挥依规治党对党和国家事业发展的政治保障作用，形成国家法律和党内法规相辅相成的格局”③。

另一方面，要不断提高法律规范体系的质量。要重点解决现有法律体系中法律部门、法律规范不协调、不一致，体系性不强等突出问题；解决现有法律体系中部分法律法规缺失问题，尤其是要适应经济社会发展等社会物质生活条件的变迁，增强法律法规的系统性；解决部分法律法规的科学化水平不够的问题，增强法律法规的可操作性、适用性，从而着力推动立法高质量发展。

（三）加快形成高效的法治实施体系

法治的生命力在于实施，法治的权威也在于实施。各级国家行政机

---

① 习近平：《坚持走中国特色社会主义法治道路　更好推进中国特色社会主义法治体系建设》，载《求是》2022年第4期。

② 参见《中共中央关于全面推进依法治国若干重大问题的决定》，人民出版社2014年版，第8页。

③ 习近平：《坚持走中国特色社会主义法治道路　更好推进中国特色社会主义法治体系建设》，载《求是》2022年第4期。

关、要坚持依法行政，各级国家审判机关、检察机关要坚持公正司法，加快推进法治政府建设，不断提高司法公信力。国务院和地方各级人民政府作为国家权力机关的执行机关，负有严格贯彻实施宪法和法律的重要职责，要规范政府行为，切实做到严格规范公正文明执法。司法机关要深化司法体制改革，保证依法独立公正行使审判权、检察权。

形成高效的法治实施体系，必须深化法治领域改革。要围绕让人民群众在每一项法律制度、每一个执法决定、每一宗司法案件中都感受到公平正义这一目标，深化司法体制综合配套改革，加快建设公正高效权威的社会主义司法制度。法治领域改革政治性、政策性强，必须把握原则、坚守底线，决不能把改革变成“对标”西方法治体系、“追捧”西方法治实践。①

（四）加快形成严密的法治监督体系

加强法治监督，是建设中国特色社会主义法治体系的基本要求。要通过党内监督、社会监督、舆论监督、行政监督、司法监督、审计监督来约束规范公共权力，维护公民权利。全国人大及其常委会和国家有关监督机关要担负起宪法和法律监督职责，加强对宪法和法律实施情况的监督检查，健全监督机制和程序，坚决纠正违宪违法行为。地方各级人大及其常委会要依法行使职权，保证宪法和法律在本行政区域内得到遵守和执行。② 严格执法、公正司法，离不开对法律实施的强力监督。只有加强对法律实施的监督，才能防止和纠正以言代法、恃权凌法、徇私枉法之风，才能防止和纠正有法不依、执法不严之风，才能在全社会形成遵法守法之风，社会主义法治才会有权威性，才会有生命力。

（五）加快形成有力的法治保障体系

法治保障体系一般包括政治保障、思想保障、组织保障和运行保障。

---

① 参见习近平：《坚持走中国特色社会主义法治道路　更好推进中国特色社会主义法治体系建设》，载《求是》2022年第4期。

② 参见习近平：《在首都各界纪念现行宪法公布施行30周年大会上的讲话》，载《十八大以来重要文献选编》（上），中央文献出版社2014年版，第89～90页。

坚持党的领导是社会主义法治的政治保障;贯彻中国特色社会主义法治理论,增强社会成员法治意识是社会主义法治的思想保障;法治工作队伍的建设,则是社会主义法治保障体系中的组织和人才保障;建立科学的法治建设指标体系和考核标准并有效实施是社会主义法治的运行保障。[①] 有力的法治保障体系,是推进中国特色社会主义法治体系建设的必然要求,是促进社会公平正义、增进人民福祉的重要举措,是宪法法律得以贯彻实施的重要手段。只有法治保障体系科学、机制健全、资源充分,才能确保严格执法、公正司法,为宪法和法律的统一正确实施提供基础。

(六)加快形成完善的党内法规体系

完善党内法规体系,实现党内法规体系与国家法律体系相衔接、相配套,是更好地推进依法治国、依法执政,实现中国式法治现代化的重要基础。完善的党内法规体系,既是适应中国式法治现代化新道路的需要,也是加强党的建设、进一步提升党的执政能力的内在要求。作为执政党,加强党内法规规范化、体系化建设,坚持在宪法的范围内科学执政、民主执政、依法执政,是推进党的建设、保持党的先进性和旺盛生命力的重要方式与途径。

加快完善党内法规体系,要坚持与国家法律制度建设协调统一。要深刻认识我们党的执政兴国的重大使命,充分认清加快党内法规制度建设的重要性,坚持依法治国与制度治党、依规治党统筹推进、一体建设。为提高党的执政能力和执政水平、推进国家治理现代化和中国式法治现代化提供有力的制度保证。

五、基本建成法治国家法治政府法治社会

(一)基本实现法治国家法治政府法治社会的目标定位

党的十九大科学提出了新时代实现中国式现代化的“新两步走”的

---

① 参见张文显:《大力加强法治工作队伍建设》,载《人民法院报》2014 年 11 月 19 日,第 5 版。

重大战略安排，由此确定了推进中国式法治现代化的战略愿景。第一阶段，从 2020 年到 2035 年，在基本实现社会主义现代化的同时，基本建成法治国家、法治政府、法治社会。第二阶段，从 2035 年到 21 世纪中叶，在把我国建成富强民主文明和谐美丽的社会主义现代化强国的同时，全面实现包括法治在内的国家治理体系和治理能力现代化。[①] 根据这一推进新时代中国式法治现代化的重大战略安排，党的十九届五中全会通过的《中共中央关于制定国民经济和社会发展第十四个五年规划和二〇三五年远景目标的建议》，重申了党的十九大作出的法治目标设计，进一步明确到 2035 年的法治建设蓝图，即“基本实现国家治理体系和治理能力现代化，人民平等参与、平等发展权利得到充分保障，基本建成法治国家、法治政府、法治社会”[②]。党的二十大进一步提出，到 2035 年，“基本实现国家治理体系和治理能力现代化，全过程人民民主制度更加健全，基本建成法治国家、法治政府、法治社会”。[③] 显然，未来实现中国式法治现代化战略目标之时，新时代的国家治理效能将得到新提升，社会主义民主法治将更加健全，社会公平正义将进一步彰显，国家行政体系将更加完善，政府作用将更好发挥，行政效率和公信力将显著提升，社会治理特别是基层治理水平将明显提高。在基本实现国家治理现代化的战略目标的统领下，中国式法治现代化要在三个重点领域取得突破性进展，达致预期的目标，即人民平等参与、平等发展权利得到充分保障；法治国家、法治政府、法治社会基本建成；各方面制度更加完善。[④] 其中，“法治国家、法治政府、法治社会基本建成”是基本实现国家法治现代化中最具代表性的法治发展目标。中国式法治现代化的进程，是一场深刻的法治革命，“在这一法治革命的过程中，法治国家、法治政府、法

---

① 参见习近平：《决胜全面建成小康社会 夺取新时代中国特色社会主义伟大胜利——在中国共产党第十九次全国代表大会上的报告》，人民出版社 2017 年版，第 27 ~ 29 页。

② 《中共中央关于制定国民经济和社会发展第十四个五年规划和二〇三五年远景目标的建议》，人民出版社 2020 年版，第 5 页。

③ 参见《中国共产党第二十次全国代表大会文件汇编》，人民出版社 2022 年版，第 20 页。

④ 参见公丕祥：《新时代中国法治现代化的战略安排》，载《中国法学》2018 年第 3 期。

治社会这三者相互联系,构成法治中国的有机整体"[①]。法治国家是法治政府、法治社会建设的目标,法治政府、法治社会建设必须服从、服务于法治国家建设;法治政府是法治国家建设的主体和重点,是法治社会建设的先导和示范;法治社会是法治国家、法治政府建设的基础和依托,法治国家、法治政府建设必须筑牢法治社会根基。[②]

基本建成法治国家,意味着2035年我国将基本建成中国特色社会主义立法、执法、司法、法律监督等系统的法治体系;建成与基本实现社会主义现代化国家相适应的现代法治体制、机制;建成与国民素质和社会文明程度相吻合,与人民美好生活需要相吻合的法治文化环境;形成在法治轨道上推进国家治理体系和治理能力现代化的完备制度与实践体系。

基本建成法治政府,意味着2035年国家行政体系更加完善,政府作用更好发挥;政府职权、事权划分更加合理、规范;行政执法水平、效率和公信力显著提升;政府从决策到执行及监督的整个过程都被纳入法治化轨道,权利与责任相联,建立起系统的行政监督、社会监督有机结合的行政监督体制与机制;建立起系统有效的政府保障营商环境与经济发展的法治体系与机制;各级政府领导干部和政府工作人员带头尊法守法,成为一种常态。

基本建成法治社会,意味着2035年我国将形成多领域多层次的社会治理体系,共建共治共享的社会治理格局及社会治理共同体基本形成;公共法律服务体系基本建成;全民守法、法治信仰已成为社会普遍共识。

为达到2035年基本实现法治国家、法治政府、法治社会这一中国式法治现代化的阶段性目标,必须高举中国特色社会主义伟大旗帜,坚持党的全面领导,深入贯彻习近平法治思想,坚持以人民为中心,坚持把实

---

① 公丕祥:《新时代中国法治现代化的战略安排》,载《中国法学》2018年第3期。

② 参见袁曙宏:《坚持法治国家、法治政府、法治社会一体建设》,载《人民日报》2020年4月21日,第9版。

现、维护广大人民根本利益作为中国式法治现代化的出发点和落脚点，扎实推动共同富裕，不断增强人民群众获得感、幸福感、安全感，促进人的全面发展和社会全面进步；“统筹推进经济建设、政治建设、文化建设、社会建设、生态文明建设的总体布局，协调推进全面建设社会主义现代化国家、全面深化改革、全面依法治国、全面从严治党的战略布局”[①]，以满足人民日益增长的美好生活需要为根本目的，在法治轨道上推进国家治理体系和治理能力现代化。

（二）基本实现法治国家、法治政府、法治社会的战略布局

1. 坚持全面推进科学立法、严格执法、公正司法、全民守法

基本建成法治国家、法治政府、法治社会，要坚持全面推进科学立法、严格执法、公正司法、全民守法。科学立法意味着每一项立法都符合宪法精神、反映人民意志、得到人民拥护。要把公正、公平、公开原则贯穿立法全过程，完善立法体制机制，坚持立改废释并举，增强法律法规的及时性、系统性、针对性、有效性。[②]

推进科学立法，要完善以宪法为核心的中国特色社会主义法律体系，体现宪法在法律体系中根本法的地位；要明确新时代立法的工作重点，特别要以保护产权、维护契约、统一市场、平等交换、公平竞争、有效监管为基本导向，加强社会主义市场经济主体权益保护、市场秩序稳定、经济发展保障方面的立法；要增强立法工作人员的法治理念尤其是“以民为本”“立法为民”的观念培育。“要依法保障全体公民享有广泛的权利，保障公民的人身权、财产权、基本政治权利等各项权利不受侵犯，保证公民的经济、文化、社会等各方面权利得到落实，努力维护最广大人民根本利益，保障人民群众对美好生活的向往和追求。”[③]

---

① 《中共中央关于制定国民经济和社会发展第十四个五年规划和二〇三五年远景目标的建议》，人民出版社 2020 年版，第 6 页。

② 参见《中共中央关于全面推进依法治国若干重大问题的决定》，人民出版社 2014 年版，第 8 页。

③ 参见《十八大以来重要文献选编》（上），中央文献出版社 2014 年版，第 90～91 页。

推进严格执法，意味着各级政府必须坚持在党的领导下、在法治轨道上开展工作，创新执法体制，完善执法程序，推进综合执法，严格执法责任，建立权责统一、权威高效的依法行政体制，加快建设职能科学、权责法定、执法严明、公开公正、廉洁高效、守法诚信的法治政府。[①] 要建立健全依法决策机制，依法全面履行政府职能，深化行政执法体制改革，完善行政组织和行政程序法律制度，推进机构、职能、权限、程序、责任法定化。

推进公正司法，意味着必须完善司法管理体制和司法权力运行机制，规范司法行为，加强对司法活动的监督，努力让人民群众在每一个司法案件中感受到公平正义。要确保依法独立公正行使审判权和检察权，明确司法机关内部各层级权限，健全内部监督制约机制；要优化司法职权配置；要健全事实认定符合客观真相、办案结果符合实体公正、办案过程符合程序公正的法律制度；[②]要保障人民群众参与司法，加强人权司法保障，让人民群众切身感受到公平正义就在身边，"要坚持以公开促公正、树公信，构建开放、动态、透明、便民的阳光司法机制，杜绝暗箱操作，坚决遏制司法腐败"[③]。

推进全民守法，意味着"必须弘扬社会主义法治精神，建设社会主义法治文化，增强全社会厉行法治的积极性和主动性，形成守法光荣、违法可耻的社会氛围，使全体人民都成为社会主义法治的忠实崇尚者、自觉遵守者、坚定捍卫者"[④]。社会主义法治意识体现着党的领导、人民当家作主、依法治国有机统一的法治精神。全面推进依法治国离不开社会主义法治意识的培育。要坚持把全民普法和守法作为依法治国的长期基础性工作，深入开展法治宣传教育，引导全民自觉守法、遇事找法、解

---

① 参见《中共中央关于全面推进依法治国若干重大问题的决定》，人民出版社 2014 年版，第 15 页。

② 参见《中共中央关于全面推进依法治国若干重大问题的决定》，人民出版社 2014 年版，第 20～23 页。

③ 习近平：《论坚持全面依法治国》，中央文献出版社 2020 年版，第 115 页。

④ 《中共中央关于全面推进依法治国若干重大问题的决定》，人民出版社 2014 年版，第 26 页。

决问题靠法。普法工作要紧跟时代,在针对性和实效性上下功夫,落实“谁执法谁普法”普法责任制,特别是要加强青少年法治教育,不断提升全体公民法治意识和法治素养。要完善预防性法律制度,坚持和发展新时代‘枫桥经验’,促进社会和谐稳定。①

2 坚持依法治国、依法执政、依法行政共同推进

全面依法治国是一个系统工程,要整体谋划,更加注重系统性、整体性、协同性。习近平强调,要坚持依法治国、依法执政、依法行政共同推进,法治国家、法治政府、法治社会一体建设。② 依法治国、依法执政、依法行政是紧密联系、相互支撑的。依法治国是就国家和社会治理而言的,依法执政是就党的建设和执政方式而言的,依法行政是政府自身建设的要求。习近平指出:“依法治国是我国宪法确定的治理国家的基本方略,而能不能做到依法治国,关键在于党能不能坚持依法执政,各级政府能不能依法行政。”③

“共同推进”要求在中国式法治现代化新道路战略目标引导下,做到依法治国、依法执政、依法行政协调发展。现阶段的重点任务就是依法行政,重点是“解决执法不规范、不严格、不透明以及不作为、乱作为等突出问题”,“要以建设法治政府为目标,建立行政机关内部重大决策合法性审查机制,积极推行政府法律顾问制度,推进机构、职能、权限、程序、责任法定化,推进各级政府事权规范化、法律化”,从而建立健全依法决策机制、规范重大行政决策程序、规范行政权责、增强公众参与实效。④

“共同推进”要抓住领导干部这个“关键少数”,把法治建设成效作为衡量各级领导班子和领导干部工作实绩的重要内容,并将其纳入政绩考核指标体系,从而带动全社会增强法治观念。

---

① 参见习近平:《坚定不移走中国特色社会主义法治道路 为全面建设社会主义现代化国家提供有力法治保障》,载《求是》2021 年第 5 期。

② 参见习近平:《坚定不移走中国特色社会主义法治道路 为全面建设社会主义现代化国家提供有力法治保障》,载《求是》2021 年第 5 期。

③ 习近平:《论坚持全面依法治国》,中央文献出版社 2020 年版,第 113 页。

④ 参见习近平:《论坚持全面依法治国》,中央文献出版社 2020 年版,第 113 页。

3. 坚持法治国家、法治政府、法治社会一体建设

党的十九大把"法治国家、法治政府、法治社会基本建成"确立为到2035年基本实现社会主义现代化的重要内容，开启了新时代全面依法治国、推进中国式法治现代化新征程。而基本建成法治国家、法治政府、法治社会，则需要坚持法治国家、法治政府、法治社会一体建设。在2020年至2035年这一新时代中国法治现代化进程的第一个阶段中，"法治国家、法治政府、法治社会一体建设与基本建成，这深刻反映了新时代中国法治现代化的前进方向，无疑标志着法治中国在中国大地上基本建成"①。

法治国家、法治政府、法治社会三者相互联系、内在统一，是法治建设的三大支柱。在推进基本建成法治国家、法治政府、法治社会的时代进程中，必须将法治国家、法治政府、法治社会建设同步规划、同步实施、一体建设。

坚持"一体建设"，是协调推进"四个全面"战略布局的内在要求。协调推进"四个全面"战略布局，是以习近平同志为核心的党中央确立的治国理政重大方略，全面依法治国既是"四个全面"战略布局的重要内容，也是"四个全面"战略布局的重要保障。坚持"一体建设"，可以更好满足人民群众在民主、法治、公平、正义等方面日益增长的需求。只有坚持"一体建设"，才能使人民群众切实感受到社会公平正义，有更多获得感、幸福感、安全感。

坚持"一体建设"，也是全面深化改革的必然要求。要在法治下推进改革，在改革中完善法治。只有坚持"一体建设"，坚持以法治思维和法治方式推进改革，才能更好发挥法治对改革的引领、规范和保障作用，及时确认和巩固改革成果，确保各领域各方面改革始终在法治轨道上全面推进。中国式法治现代化是一项庞大的系统工程，必须统筹兼顾、整体谋划。坚持"一体建设"可以汇聚各方力量，实现国家、政府、社会各

① 公丕祥：《新时代中国法治现代化的战略安排》，载《中国法学》2018年第3期。

层面制度体系系统完备、运行有效，加快推进社会主义法治国家建设。

法治国家、法治政府、法治社会相辅相成，法治国家是目标，法治政府是主体，法治社会是基础。法治国家是法治政府、法治社会建设的目标，法治政府、法治社会建设要紧紧围绕建设社会主义法治国家的目标，创新制度、完善体制机制、明确工作任务。法治政府是法治国家建设的重点。“一体建设”既要坚持系统推进，又要坚持重点展开，强化法治政府建设力度。法治政府建设对法治国家、法治社会建设具有示范带动作用。法治政府基本建成是法治国家基本建成的主要标志。法治社会是法治国家、法治政府建设的基础，基本建成法治社会，形成多层次多领域依法治理，才能增强法治国家、法治政府建设的社会基础。

（三）基本建成法治国家、法治政府、法治社会的队伍保障

法治工作队伍建设是中国式法治现代化的组织和人才保障。“全面推进依法治国，必须大力提高法治工作队伍思想政治素质、业务工作能力、职业道德水准，着力建设一支忠于党、忠于国家、忠于人民、忠于法律的社会主义法治工作队伍，为加快建设社会主义法治国家提供强有力的组织和人才保障。”①

加强法治工作队伍建设，是推进中国式法治现代化的需要。坚持全面依法治国基本方略，坚持依法治国、依法执政、依法行政共同推进，坚持法治国家、法治政府、法治社会一体建设，离不开一支高素质的法治工作队伍。“没有一支高素质的法治工作队伍，就不可能提高立法、执法、司法的质量和效率，再完备的法律体系也难以变为法治实践，社会公平正义、社会和谐稳定也将成为泡影，实现国家治理体系和国家治理能力现代化就将是一句空话。”②只有建设一支思想政治素质好、业务工作能力强、职业道德水准高的社会主义法治工作队伍，才能为加快建设社会主义法治国家提供强有力的组织和人才保障，以实现科学立法、严格执

① 《中共中央关于全面推进依法治国若干重大问题的决定》，人民出版社 2014 年版，第 30 页。

② 张文显：《大力加强法治工作队伍建设》，载《人民法院报》2014 年 11 月 19 日，第 5 版。

法、公正司法和全民守法的法治目标。

建设高素质法治队伍,首先,要把政治建设摆在首位,加强理想信念教育,深入开展社会主义核心价值观和社会主义法治理念教育,加强立法队伍、行政执法队伍、司法队伍建设。其次,要推进法治队伍正规化、专业化、职业化,提高职业素养和专业水平。再次,要建立法官、检察官逐级遴选制度。最后,建设高素质法治队伍,离不开包括律师、公证员、基层法律工作者、人民调解员和法律服务志愿者在内的法律服务队伍建设。

推进和拓展中国式法治现代化,为法学教育、法治人才培养提出了新要求。推进法治人才培养机制创新,建设高素质法律专业人才,不仅是法治队伍建设的基本目标和重要任务,也是推进中国式法治现代化的基础工程。因此,必须坚持用马克思主义法治理论、习近平法治思想作为法学教育的指导思想,牢固树立中国特色社会主义道路自信和理论自信,"把新时代中国特色社会主义法治思想落实到各法学学科的教材编写和教学工作中,推动进教材、进课堂、进头脑……要把推进全民守法作为基础工程……各级领导干部要带头尊法学法守法用法……讲好中国法治故事,提升我国法治体系和法治理论的国际影响力和话语权"①。

六、小结

党的十八大以来,以习近平同志为核心的党中央从关系党和国家前途命运的战略全局高度,将全面依法治国纳入实现中华民族伟大复兴的中国梦之中,开拓了波澜壮阔的中国式法治现代化新道路。实现中华民族伟大复兴,离不开中国式法治现代化战略目标的实现。

中国式法治现代化的推进要达成全面依法治国所要实现的"建设中国特色社会主义法治体系,建设社会主义法治国家"这一全面依法治

---

① 习近平:《坚持走中国特色社会主义法治道路　更好推进中国特色社会主义法治体系建设》,载《求是》2022 年第 4 期。

国总目标;而且,作为国家治理体系和治理能力现代化的有机组成部分,中国式法治现代化将国家治理体系和治理能力现代化作为坚定不移实行法治的重大战略目标,在法治轨道上全力推进国家治理现代化。

中国式法治现代化战略目标的实现,内在蕴含着到2035年“基本建成法治国家、法治社会、法治政府”这一新时代中国式法治现代化的阶段性目标,因此,必须坚持全面推进科学立法、严格执法、公正司法、全民守法,坚持依法治国、依法执政、依法行政共同推进,坚持法治国家、法治政府、法治社会一体建设。

第六章　中国式法治现代化的战略安排

新中国成立以来，中国式法治现代化经历了一个极不平凡的历史进程，中国法治领域发生了历史性变革。随着中国特色社会主义新时代的到来，推进中国式法治现代化面临全新的境况和重大战略机遇，展现出前所未有的宏伟愿景也提出了新的历史使命。因而，在新的时代条件下，深刻把握新时代中国式法治现代化进程战略安排，深入揭示推进中国式法治现代化进程战略安排所蕴含的逻辑要义，就显得尤为重要。

一、概述

对当代中国法治演进过程的初步考察表明，中国式法治现代化的战略筹划，始终是与党和国家对中国现代化进程的战略构想内在联系在一起的。中国特色社会主义进入新时代，标志着中国式现代化运动站在一个新的时代起点上，当代中国发展迈进了一个新的社会历史阶段。党的十九大报告的一个重要理论贡献，就是作出了我国社会主要矛盾新变化的重大政治判断，进而清晰地阐述了以习近平同志为核心的党中央关于从全面建成小康社会到基本实现现代化、再到全面建成社会主义现代化强国的重大战略谋划，指明了中国特色社会主义进入新时代的奋斗目标和前进方向。这就是“新时代中国特色社会主义发展的战略安排”。[①] 这一战略安排蕴含丰富的法治意义，昭示着新时代中国法治现代化进程的宏伟愿景。

新中国成立以来，在国家发展进程中，在中国社会不同历史时期生产力与生产关系、经济基础与上层建筑之间的基本矛盾运动的深刻作用下，社会主要矛盾几经变化，对党和国家的大政方针与战略安排产生了重大影响，也在很大程度上决定着法治发展战略的基本走向。因此，着力考察新中国成立 70 多年来社会生活的剧烈变动及其法治意义，系统梳理回顾新中国成立以来特别是改革开放 40 多年来中国现代化战略目标的形成、发展、丰富与完善的历史过程，深刻分析社会主要矛盾的历史运动与中国现代化战略目标及国家法治发展目标之间的内在关联，深入探讨党的十九大报告对新时代中国特色社会主义发展的战略安排及其法治蕴含，对于在习近平法治思想的指引下，准确把握在实现第一个百年奋斗目标的基础上向着第二个百年奋斗目标进军的时代进程中全面推进法治中国建设的发展方向，不断深化新时代全面依法治国实践，深入贯彻推进中国式法治现代化进程的战略安排，坚定地实现推进中国式法治现代化的战略目标，无疑是大有裨益的。

二、邓小平的小康社会愿景及其“三步走”战略中的法治图式

新中国成立以后，中国共产党就确立了建设社会主义现代化国家的战略目标，并经历了从建设工业化国家的发展战略到建设现代化国家的发展战略的转变。社会主义改造基本完成，为新中国成立初期的社会主

① 参见习近平：《决胜全面建成小康社会　夺取新时代中国特色社会主义伟大胜利——在中国共产党第十九次全国代表大会上的报告》，人民出版社 2017 年版，第 29 页。

义建设提供了极为有利的发展条件。因而,完成社会主义工业化的任务,建设先进的社会主义工业国,进而在此基础上,提高人民的物质生活和文化生活水平,已经成为党和国家的中心任务。1956 年 9 月,毛泽东在中共八大的开幕词中发出了“把我国建设成为一个伟大的社会主义工业化的国家”的号召。[①]《中国共产党第八次全国代表大会关于政治报告的决议》把人民对于建立先进的社会主义工业国的要求同落后的农业国的现实之间的矛盾作为社会主义改造基本完成以后社会主要矛盾的重要内容,强调要“把我国尽快地由落后的农业国变为先进的社会主义工业国”。[②] 20 世纪 60 年代初,我国逐步由工业化的发展战略转向现代化的发展战略。1964 年 12 月,周恩来在三届全国人大一次会议上所作的政府工作报告中指出:“要在不太长的历史时期内,把我国建设成为一个具有现代农业、现代工业、现代国防和现代科学技术的社会主义强国。”周恩来还提出了“两步走”的经济发展构想,即“第一步,建立一个独立的比较完整的工业体系和国民经济体系;第二步,全面实现农业、工业、国防和科学技术的现代化,使我国经济走在世界的前列”。[③]后来,1975 年 1 月召开的四届全国人大一次会议进一步重申了三届全国人大一次会议提出的实现四个现代化的战略目标和“两步走”的具体构想,并且提出“今后的十年,是实现上述两步设想的关键的十年”,在这个时期内,不仅要在 1980 年以前实现第一步设想,而且要向实现第二步设想的宏伟目标前进。[④]

1978 年 12 月,党的十一届三中全会作出了把全党工作的着重点转

---

① 参见毛泽东:《中国共产党第八次全国代表大会开幕词》,载《建国以来重要文献选编》(第 9 册),中央文献出版社 2011 年版,第 31 页。

② 参见《中国共产党第八次全国代表大会关于政治报告的决议》,载《建国以来重要文献选编》(第 9 册),中央文献出版社 2011 年版,第 293 页。

③ 参见《发展国民经济的主要任务》,载《周恩来选集》(下卷),人民出版社 1984 年版,第 439 页。

④ 参见《向四个现代化的宏伟目标前进》,载《周恩来选集》(下卷),人民出版社 1984 年版,第 479 页。“八二宪法”在序言中综述新中国成立以来取得的巨大成就和未来国家发展任务时,充分体现出上述“两步走”的发展设想。

移到社会主义现代化建设上来的重大战略决策，开启了当代中国改革开放的历史新时期，并且确立了党在新时期的总任务。[①] 1981 年 6 月，党的十一届六中全会在《关于建国以来党的若干历史问题的决议》中，重新提炼和表述了八大关于社会主要矛盾的重大判断，对改革开放历史新时期我国社会主要矛盾作出了新的表达，在此基础上把党在新的历史时期的奋斗目标表述为“把我们的国家，逐步建设成为具有现代农业、现代工业、现代国防和现代科学技术的，具有高度民主和高度文明的社会主义强国”。[②] 实际上，在改革开放之初，邓小平就力图从中国的国情出发，思考和筹划当代中国发展战略的重大问题，提出了建设小康社会、实现中国式的现代化的重大命题。在 1978 年 12 月 13 日的中共中央工作会议闭幕会上，邓小平强调，“实现四个现代化是一场深刻的伟大的革命”，要“把我国建成现代化的社会主义强国”。[③] 后来在 1979 年 3 月 30 日召开的党的理论工作务虚会上的讲话中，邓小平把“搞现代化建设”视为当前和今后相当长一个历史时期党和国家的主要任务，指出“要适合中国情况，走出一条中国式的现代化道路”，并且提出了在 20 世纪内实现四个现代化的时间表。[④] 同年 10 月，在省、市、自治区委员会第一书记座谈会上的讲话中，邓小平对“中国式的现代化”作了解释，指出中国式的现代化“就是把标准放低一点。特别是国民生产总值，按人口平均来说不会很高”，力争到 20 世纪末国民生产总值达到人均 1000 美元，比目前人均不到 300 美元提高两三倍。[⑤] 中国式的现代化，不仅包括经济发展的指标，而且包括政治、法治、社会与文化等方面的发展要求。所以，邓小平在 1979 年 10 月的中国文学艺术工作者第四次代表大会上的

① 参见《三中全会以来重要文献选编》(上)，人民出版社 1982 年版，第 4 页。

② 参见《三中全会以来重要文献选编》(下)，人民出版社 1982 年版，第 783 ~ 784 页。

③ 参见《解放思想，实事求是，团结一致向前看》，载《邓小平文选》(第 2 卷)，人民出版社 1994 年版，第 152、153 页。

④ 参见《坚持四项基本原则》，载《邓小平文选》(第 2 卷)，人民出版社 1994 年版，第 162 ~ 163 页。

⑤ 参见《关于经济工作的几点意见》，载《邓小平文选》(第 2 卷)，人民出版社 1994 年版，第 194 ~ 195 页。

祝词中强调,“我们要在大幅度提高社会生产力的同时,改革和完善社会主义的经济制度和政治制度,发展高度的社会主义民主和完善的社会主义法制。我们要在建设高度物质文明的同时,提高全民族的科学文化水平,发展高尚的丰富多彩的文化生活,建设高度的社会主义精神文明”。①

在中国的国情下,推进中国式的现代化建设,是一个长期艰巨的历史过程。邓小平在深刻总结新中国成立以来国家发展经验的基础上,面向未来提出了中国式现代化的分步走的国家发展战略。1979 年 12 月 6 日在与日本首相大平正芳谈话时,邓小平第一次提出了小康社会的概念,把中国式的现代化与“小康之家”等同起来,说道:“我们要实现的四个现代化,是中国式的四个现代化。我们的四个现代化的概念,不是像你们那样的现代化的概念,而是‘小康之家’。到本世纪末,中国的四个现代化即使达到了某种目标,我们的国民生产总值人均水平也还是很低的”,“中国到那时也还是一个小康的状态”,“只是一个小康的国家”。②这一时期,邓小平把在 20 世纪末实现四个现代化即中国式的现代化或达到小康水平作为当代中国现代化的初步目标,并且提出了在此基础之上“继续前进,逐步达到更高程度的现代化”的历史任务。③ 1982 年 8 月,邓小平在会见联合国秘书长德奎利亚尔的谈话中,第一次明确提出了当代中国实现现代化的两步走的构想,即“在本世纪末实现现代化的一个初步目标,这就是达到小康的水平”;然后,在这个新起点上,“再花

---

① 参见《在中国文化艺术工作者第四次代表大会上的祝词》,载《邓小平文选》(第 2 卷),人民出版社 1994 年版,第 208 页。

② 参见《中国本世纪的目标是实现小康》,载《邓小平文选》(第 2 卷),人民出版社 1994 年版,第 237~238 页;另参见《建设有中国特色社会主义》,载《邓小平文选》(第 3 卷),人民出版社 1993 年版,第 64 页。

③ 参见《目前的形势和任务》,载《邓小平文选》(第 2 卷),人民出版社 1994 年版,第 241、259 页;另参见《贯彻调整方针,保证安定团结》,载《邓小平文选》(第 2 卷),人民出版社 1994 年版,第 356 页。

三十年到五十年时间,接近发达国家的水平"。[1] 基于这一战略构想,1982 年 9 月举行的中共十二大,进一步明确提出了从 1981 年到 20 世纪末的 20 年的翻两番的中国经济发展目标。[2] 对此,同年 9 月 18 日,邓小平在陪同朝鲜劳动党中央委员会总书记金正日去四川访问途中的谈话中专门说道:"十二大提出的奋斗目标,是二十年翻两番。二十年是从 1981 年算起,到本世纪末。大体上分两步走,前十年打好基础,后十年高速发展。"[3]关于中国经济建设二十年翻两番的奋斗目标,在邓小平以后的多次讲话或谈话中一再提及。[4] 从苏州等地的实践经验及其成效来看,经过二十年的努力,国民生产总值人均翻两番、达到小康水平的目标是一定能够实现的。因此,1984 年 3 月,邓小平在会见日本首相中曾根康弘时的谈话中更加明确了建设"小康社会"的新概念,指出"这几年一直摆在我们脑子里的问题是,我们提出的到本世纪末翻两番的目标能不能实现,会不会落空?从提出到现在,五年过去了。从这五年看起来,这个目标不会落空。翻两番,国民生产总值人均达到八百美元,就是到本世纪末在中国建立一个小康社会。这个小康社会,叫作中国式的现代化。翻两番、小康社会、中国式的现代化,这些都是我们的新概念"。[5]

建设小康社会这一重大国家发展战略命题的提出,确立了中国式的现代化进程的阶段性目标指向,为党和国家统筹国家现代化建设全局提供了基本准绳。邓小平强调,"所谓小康,从国民生产总值来说,就是年人均达到八百美元",这是到 20 世纪末要实现的中国式的现化代的"最

---

① 参见《中国的对外政策》,载《邓小平文选》(第 2 卷),人民出版社 1994 年版,第 416 ~ 417 页;另参见《维护世界和平,搞好国内建设》,载《邓小平文选》(第 3 卷),人民出版社 1993 年版,第 57 页。

② 参见《中国共产党第十二次全国代表大会文件汇编》,人民出版社 1982 年版,第 14 ~ 15 页。

③ 参见《一心一意搞建设》,载《邓小平文选》(第 3 卷),人民出版社 1993 年版,第 9 页。

④ 参见《邓小平文选》(第 3 卷),人民出版社 1993 年版,第 16、24、66、70、88 ~ 89、98、128、212 页。

⑤ 参见《发展中日关系要看得远些》,载《邓小平文选》(第 3 卷),人民出版社 1993 年版,第 54 页。

低目标”。[①] 不仅如此,邓小平还强调,“到本世纪末翻两番,国民生产总值按人口平均达到八百美元,人民生活达到小康水平。这个目标对发达国家来说是微不足道的,但对中国来说,是一个雄心壮志,是一个宏伟的目标。更为重要的是,在这个基础上,再发展三十年到五十年,力争接近世界发达国家的水平”。因此,“我们第一步是实现翻两番,需要二十年,还有第二步,需要三十年到五十年,恐怕是要五十年,接近发达国家的水平。两步加起来,正好五十年至七十年”。[②] 邓小平进一步指出,“我们的目标,第一步是到二〇〇〇年建立一个小康社会”。“所谓小康社会,就是虽不富裕,但日子好过。”“那时我们可以进入国民生产总值达到一万亿美元以上的国家的行列。”“有了本世纪末的基础,再花三十年到五十年时间,人均国民生产总值再翻两番。”[③]这里邓小平清晰地勾画了中国式现代化的“两步走”的国家经济发展战略,提出了两个“翻两番”的奋斗目标。

随着当代中国改革开放的进一步深入,邓小平的“两步走”发展构想逐步演进为“三步走”的中国现代化发展战略。1987 年 4 月 30 日,邓小平在会见西班牙客人的谈话中第一次正式阐述了“三步走”的国家发展战略,指出:“我们原定的目标是,第一步在八十年代翻一番。以一九八〇年为基数,当时国民生产总值人均只有二百五十美元,翻一番,达到五百美元。第二步是到本世纪末,再翻一番,人均达到一千美元。实现这个目标意味着我们进入小康社会,把贫困的中国变成小康的中国。那时国民

---

① 参见《建设有中国特色的社会主义》,载《邓小平文选》(第 3 卷),人民出版社 1993 年版,第 64 页。

② 参见《我们的宏伟目标和根本政策》,载《邓小平文选》(第 3 卷),人民出版社 1993 年版,第 77、79 页;《中国是信守诺言的》,载《邓小平文选》(第 3 卷),人民出版社 1993 年版,第 102 页;《改革科技体制是为了解放生产力》,载《邓小平文选》(第 3 卷),人民出版社 1993 年版,第 109 页;《政治上发展民主,经济上实行改革》,载《邓小平文选》(第 3 卷),人民出版社 1993 年版,第 117 页;《在中国共产党全国代表会议上的讲话》,载《邓小平文选》(第 3 卷),人民出版社 1993 年版,第 143 页。

③ 《争取整个中华民族的大团结》,载《邓小平文选》(第 3 卷),人民出版社 1993 年版,第 161 ~ 162 页;《社会主义必须摆脱贫穷》,载《邓小平文选》(第 3 卷),人民出版社 1993 年版,第 224 ~ 225 页。

生产总值超过一万亿美元,虽然人均数还很低,但是国家的力量有很大增加。我们制定的目标更重要的还是第三步,在下世纪用三十年到五十年再翻两番,大体上达到人均四千美元。做到这一步,中国就达到中等发达的水平。这是我们的雄心壮志。"[①]同年 8 月,邓小平在会见意大利共产党领导人的谈话中,再次提及"三步走"的构想:"我国经济发展分三步走,本世纪走两步,达到温饱和小康,下个世纪用三十年到五十年时间再走一步,达到中等发达国家的水平。这就是我们的战略目标,这就是我们的雄心壮志。"[②]对于这个"三步走"的发展战略思路,邓小平亦称之为"三个目标",强调第一个目标是解决温饱问题,第二个目标是在本世纪末达到小康水平,第三个目标则是在下个世纪的五十年内达到中等发达国家水平。[③]

邓小平提出的"三步走"的中国发展战略构想,成为中国式现代化道路的基本考量,并在党的十三大报告和十四大报告中得到了集中的体现。1987 年 10 月召开的党的十三大,深刻总结了十一届三中全会以来九年间党和国家事业发生的巨大变化及其重要经验,重申了邓小平反复论述的"三步走"的国家发展战略,强调"在社会主义初级阶级,发展社会生产力所要解决的历史课题,是实现工业化和生产的商品化、社会化、现代化"。十一届三中全会以后,我国经济建设的战略部署大体上分三步走,即"第一步,实现国民生产总值比一九八〇年翻一番,解决人民的温饱问题。这个任务已经基本实现。第二步,到本世纪末使国民生产总值再增长一倍,人民生活达到小康水平。第三步,到下个世纪中叶,人均国民生产产值达到中等发达国家水平,人民生活比较富裕,基本实现现

---

① 《吸取历史经验,防止错误倾向》,载《邓小平文选》(第 3 卷),人民出版社 1993 年版,第 226 页。

② 《一切从社会主义初级阶段的实际出发》,载《邓小平文选》(第 3 卷),人民出版社 1993 年版,第 251 页。

③ 参见《我们干的事业是全新的事业》,载《邓小平文选》(第 3 卷),人民出版社 1993 年版,第 256 页。

代化。然后,在这个基础上继续前进"。[①] 显然,这里提出的国家发展战略目标,确定了国家现代化进程的两个极为重要的阶段性任务,这就是到20世纪末进入小康社会或达到小康水平,再到21世纪中叶基本实现现代化。由此,党的十三大报告指出"现在,最重要的是走好第二步",实现了第二步任务,国家现代化建设将取得新的巨大进展。"人民群众将能过上比较殷实的小康生活,在我们这样一个人口众多而又基础落后的国家,人民普遍丰衣足食,安居乐业,无疑是一项宏伟壮丽而又十分艰巨的事业"。[②] 与经济发展第二步的历史性任务相适应,党的十三大报告对中国法治建设与发展作出了战略部署,提出要适应推进经济体制改革、建立社会主义计划商品经济体制的法治要求,国家要运用经济手段、法律手段和必要的行政手段,调节市场供求关系,推进经济体制改革,创造适宜的经济和社会环境;要按照所有权经营权分离的原则,搞活全民所有制企业,运用法律手段,以契约形式确定国家与企业之间、企业所有者与企业经营者之间的责权利关系;抓紧建立完备的经济法规体系,并加强司法、严肃执法。与此同时,党的十三大报告还强调,要以邓小平同志1980年8月在中央政治局扩大会议上所作的《党和国家领导制度的改革》为指导,坚决审慎地推进政治体制改革,"社会主义民主和社会主义法制不可分割","国家的政治生活、经济生活和社会生活的各个方面,民主和专政的各个环节,都应做到有法可依,有法必依,执法必严,违法必究"。因此,要坚持一手抓建设和改革,一手抓法制,法制建设必须贯穿于改革的全过程,法制建设又必须保障建设和改革的秩序,使改革的成果得以巩固。[③]

三、新"三步走"国家发展战略及其法权要求

1992年10月召开的党的十四大第一次明确提出了建立社会主义市场经济体制的经济体制改革目标,并且把"三步走"的国家发展战略

① 参见《十三大以来重要文献选编》(上),中央文献出版社2011年版,第14页。

② 参见《十三大以来重要文献选编》(上),中央文献出版社2011年版,第15页。

③ 参见《十三大以来重要文献选编》(上),中央文献出版社2011年版,第23~24、27、29~31、40页。

概括为邓小平建设有中国特色社会主义理论的主要内容之一,强调十一届三中全会以来,在社会主义建设的战略步骤问题上,我们党提出基本实现现代化分三步走。"在现代化建设的长过程中要抓住时机,争取出现若干个发展速度比较快、效益又比较好的阶段,每隔几年上一个台阶"。因而,党的十四大报告基于"三步走"发展战略中解决温饱问题提前实现、达到小康社会第一步发展目标的现实考量,第一次提出了"两个一百年"的国家发展的奋斗目标,指出"在九十年代,我们要初步建立起新的经济体制,实现达到小康水平的第二步发展目标。再经过二十年的努力,到建党一百周年的时候,我们将在各方面形成一整套更加成熟更加定型的制度。在这样的基础上,到下世纪中叶建国一百周年的时候,就能够达到第三步发展目标,基本实现社会主义现代化"。在这里,两个百年奋斗目标的具体内涵是:第一个百年奋斗目标是在20世纪末"人民生活由温饱进入小康"的基础上,再奋斗20年,到2021年中国共产党成立一百周年之际,在各方面形成一整套更加成熟更加定型的制度;第二个百年奋斗目标则是指到21世纪中叶中华人民共和国成立一百周年之际,基本实现现代化。党的十四大关于"两个百年奋斗目标"这一中国式现代化发展战略的提出,为当代中国法治现代化进程提供了强劲动力。为此,与推进以建立社会主义市场经济体制为目标的经济体制改革相适应,党的十四大报告提出,"必须按照民主化和法制化紧密结合的要求,积极推进政治体制改革",要"高度重视法制建设。加强立法工作,特别是抓紧制订与完善保障改革开放、加强宏观经济管理、规范微观经济行为的法律和法规,这是建立社会主义市场经济体制的迫切要求"。不仅如此,还要"严格执行宪法和法律,加强执法监督,坚决纠正以言代法、以罚代刑等现象,保障人民法院和人民检察院依法独立进行审判和检察",并且"把民主法制实践和民主法制教育结合起来,不断增强广大干部群众的民主意识和法制观念"。[①] 这实际上提出了构建社会

① 参见《十四大以来重要文献选编》(上),中央文献出版社2011年版,第10、24、25、40页。

主义市场经济体制的法治基础的时代课题。

建立社会主义市场经济体制这一重大的历史性任务的提出，对当代中国法治现代化提出了全新的要求。在实现中国式现代化的第二步战略目标的时代进程中，当代中国法治建设与发展面临诸多重要任务。1993年11月，党的十四届三中全会通过的《中共中央关于建立社会主义市场经济体制若干问题的决定》，围绕在20世纪末初步建立起新的经济体制、实现达到小康水平的第二步发展目标的新时期历史性任务，强调“社会主义市场经济体制的建立和完善，必须有完备的法制来规范和保障”，要着眼于构成社会主义市场经济体制基本框架的主要环节，“建立相应的法律体系”。党的十四届三中全会还提出了20世纪90年代中国法治发展的基本目标，即“遵循宪法规定的原则，加快经济立法，进一步完善民商法律、刑事法律、有关国家机构和行政管理方面的法律，本世纪末初步建立适应社会主义市场经济的法律体系；改革、完善司法制度和行政执法机制，提高司法和行政执法水平；建立健全执法监督机制和法律服务机构，深入开展法制教育，提高全社会的法律意识和法制观念”。[①] 这幅体现建设小康社会的第二步战略目标的法权要求的20世纪90年代中国法治发展蓝图，覆盖立法、执法、司法、执法监督、法律服务、法制教育等法治建设的主体内容，明确了当代中国法治现代化的阶段性目标；尤其是关于在20世纪末初步建立适应社会主义市场经济的法律体系的法治发展目标设定，清晰地体现了“改革决策与立法决策紧密结合”的法治改革精神，旨在“为社会主义市场经济提供法律规范”，[②] 为实现中国式现代化的第二步战略目标打牢法治基础。

从1978年党的十一届三中全会开启的当代中国改革开放，极大地激发出中国经济社会发展的蓬勃生机与活力。如果说1990年12月党的十三届七中全会通过的《中共中央关于制定国民经济和社会发展十

---

① 参见《改革开放以来历届三中全会文件汇编》，人民出版社2013年版，第57、83页。

② 参见《改革开放以来历届三中全会文件汇编》，人民出版社2013年版，第83页。

年规划和“八五”计划的建议》,在重申十一届三中全会以来确立的中国现代化建设“三步走”战略部署的基础上,强调“国民生产总值比1980年翻一番,解决人民温饱问题”的第一步战略目标已经基本实现,进入20世纪90年代后的十年要实现第二步战略目标,即到20世纪末国民生产总值比1980年翻两番,“人民生活从温饱达到小康”,在这一进程中,“社会主义民主和法制建设进一步健全”,“加快经济法制建设,促进经济调控的规范化、制度化”,以适应发展有计划商品经济的法治需求;[①]那么,随着十年规划与“八五”计划的制定和实施,中国现代化建设进入了一个新的发展阶段,原定到2000年国民生产总值比1980年翻两番的发展目标于1995年提前完成,因而有必要对今后一个时期的中国发展目标作出新的战略设计。因此,1995年9月召开的党的十四届五中全会通过了《中共中央关于制定国民经济和社会发展“九五”计划和二〇一〇年远景目标的建议》,提出了未来十五年中国经济社会发展的战略规划。按照这个战略规划,到2000年全面完成现代化建设的第二步战略部署,实现人均国民生产总值比1980年翻两番,基本消除贫困现象,人民生活达到小康水平;初步建立社会主义市场经济体制,从而为21世纪初开始实施第三步战略部署奠定更好的物质技术和经济体制基础。与此同时,2010年国民经济和社会发展的主要奋斗目标是,实现国民生产总值比2000年翻一番,使人民的小康生活更加宽裕,形成比较完善的社会主义市场经济体制。按照这个战略规划的总体要求,经过十五年的努力,我国社会生产力、综合国力、人民生活水平将再上一个大台阶,社会主义民主法制建设将取得明显进展,为21世纪中叶实现第三步战略目标,基本实现现代化,开创新的局面。[②] 显然,这是当代中国经济和社会综合发展的跨世纪宏伟蓝图,突出实现第二步发展目标和启动第三步战略规划的物质技术条件和经济体制基础,以推进经济体制转轨和

---

① 参见《十三大以来重要文献选编》(中),中央文献出版社2011年版,第731、764页。

② 参见《十四大以来重要文献选编》(中),中央文献出版社2011年版,第778、781~783页。

经济增长方式转变这两个具有全局意义的根本性转变。这个十五年的跨世纪战略规划还提出了社会主义民主法制建设取得明显进展的法治发展目标,强调要加快经济立法,建立和完善适应社会主义市场经济体制的法律体系。坚持改革开放和法制建设的统一,做到改革决策、发展决策与立法决策紧密结合,并把经济立法放在重要位置,用法律引导、推进和保障社会主义市场经济的健康发展。由此可见,该战略规划作为在发展社会主义市场经济条件下的第一个跨度为十五年的中长期战略规划,集中表达了作为执政党的中国共产党实现中国式现代化的战略意志与战略行动,不仅确定了实现第二步战略目标的行动方案,而且勾画了第三步战略构想的奋斗蓝图;不仅提出了未来十五年的中国经济发展方针,而且第一次把法治发展摆在了国家现代化进程的重要位置进行精心筹划,突出建立和完善社会主义市场经济体制的法治保障,部署了当代中国法治建设与发展的中长期任务和主攻方向,从而成为后来党和国家制定当代中国经济社会与法治发展的战略方案的基本遵循。

如果说党的十四大在“两个百年奋斗目标”的战略把握中确立了到2000年实现达到小康水平的第二步发展目标后开始实施第三步战略部署,并且把第三步发展目标分解为2000年到2020年和2020年到21世纪中叶两个具体时段,那么,1997年9月召开的党的十五大则在“九五”计划和2010年远景目标规划的基础上,强调“我们党在改革开放初期提出的本世纪末达到小康的目标,能够如期实现”,从总体上更加清晰地架构了进入21世纪中国现代化建设的新“三步走”的新世纪国家发展战略。党的十五大报告指出:“展望下世纪,我们的目标是,第一个十年实现国民生产总值比二零零零年翻一番,使人民的小康生活更加宽裕,形成比较完善的社会主义市场经济体制;再经过十年的努力,到建党一百年时,使国民经济更加发展,各项制度更加完善;到世纪中叶建国一百年时,基本实现现代化,建成富强民主文明的社会主义国家。”[①]在这里,

---

① 参见《十五大以来重要文献选编》(上),人民出版社2000年版,第4、50页。

21 世纪的上半个世纪中国现代化的长过程分为三个各有其确定的发展目标的发展阶段，即 2000 年至 2010 年，从进入小康社会到人民的小康生活更加宽裕，从初步建立社会主义市场经济体制到形成比较完善的社会主义市场经济体制；2010 年至 2020 年，实现国民经济更加发展、各项制度更加完善的国家发展目标；2020 年到 2050 年，基本实现现代化，把我国建设成为富强民主文明的社会主义国家。在这幅当代中国现代化进程的蓝图中，法治发展居于重要的历史地位。党的十五大报告确立了邓小平理论作为我们党的指导思想的历史地位，把“发展民主、健全法制，建设社会主义法治国家”这一邓小平理论的重要内容纳入党在社会主义初级阶段的基本纲领，进而在中国共产党的历史上第一次提出了依法治国的基本方略，阐述了坚持党的领导、发扬人民民主、严格依法办事三者统一的根本法治原则，作出了推进依法治国、建设社会主义法治国家的重大战略决策。党的十五大报告指出：“依法治国，就是广大人民群众在党的领导下，依照宪法和法律规定，通过各种途径和形式管理国家事务，管理经济文化事业，管理社会事务，保证国家各项工作都依法进行，逐步实现社会主义民主的制度化、法律化，使这种制度和法律不因领导人的改变而改变，不因领导人看法和注意力的改变而改变。”[①]基于依法治国这一党领导人民治理国家的基本方略，党的十五大进一步重申了十一届三中全会提出的“有法可依、有法必依、执法必严、违法必究”的十六字法制建设方针，对 21 世纪前十年的中国法治建设作出了战略部署，其中新提出的法治举措主要有：一是强调在经过十一届三中全会以来近二十年的努力，初步形成以宪法为核心和基础的中国特色社会主义法律体系框架的基础上，要“加强立法工作，提高立法质量，到二〇一〇年形成有中国特色社会主义法律体系”。二是强调“维护宪法和法律的尊严，坚持法律面前人人平等，任何人、任何组织都没有超越法律的特权”。三是强调“一切政府机关都必须依法行政，切实保障公民权利，实

① 《十五大以来重要文献选编》(上)，人民出版社 2000 年版，第 30～31 页。

行执法责任制和评议考核制”。四是强调要“推进司法改革，从制度上保证司法机关依法独立公正地行使审判权和检察权，建立冤案、错案责任追究制度”。五是强调“法制建设同精神文明建设必须紧密结合，同步推进”。六是强调要“深入开展普法教育，增强全民的法律意识，着重提高领导干部的法制观念和依法办事能力”。七是强调要“加强对宪法和法律实施的监督，维护国家法制统一”。[①] 很显然，十五大提出的法治建设措施，昭示着跨世纪中国法治发展的战略重点。

经过1978年改革开放以来二十多年的不懈努力，进入21世纪时，我国实现了邓小平所构想的中国式现代化建设的前两步战略目标，人民生活总体上达到了小康水平。2000年10月召开的党的十五届五中全会通过了《中共中央关于制定国民经济和社会发展第十个五年计划的建议》。该建议根据十五大精神，明确提出从21世纪开始实施第三步战略部署，并且第一次鲜明提出“全面建设小康社会”的重大命题，强调“我国将进入全面建设小康社会，加快推进社会主义现代化的新的发展阶段”，“这是中华民族发展史上一个新的里程碑”。这份建议把依法治国、建设社会主义法治国家视为中国现代化的重要目标，对21世纪第一个五年计划期间的法治发展设定了总体要求，亦即“民主法制建设取得明显进展”。具体而言，主要包括以下几个方面：(1)重点建立和完善适应社会主义市场经济体制的法制体系，规范市场经济条件下的财产关系、信用关系和契约关系，维护市场秩序，保护公平竞争；(2)推进政府工作法制化，从严治政，依法行政；(3)完善公务员制度；(4)加快推进执政责任制、评议考核制，提高行政执法水平；(5)推进司法改革，完善司法保障，强化司法监督，依法独立行使审判权和检察权，严格执法，公正司法；(6)健全依法行使权力的制约机制，加强对权力运行的监督，使廉政建设法制化；(7)深入开展社会主义法制教育，提高全体人民首先是

① 参见《十五大以来重要文献选编》(上)，人民出版社2000年版，第32～33页。

各级领导干部的法制观念。[1] 可见,“十五”期间法治发展的构想,与中国现代化建设第三步战略部署密切相连,充分反映了加入世界贸易组织之后发展社会主义市场经济的法治需求,体现了对于进入21世纪推进中国法治发展的战略性问题的高度关注。

四、从全面建设小康社会到全面建成小康社会的法治发展目标

进入21世纪,当代中国迈入了向现代化建设第三步战略目标进军的新征程,这亦表明中国式法治现代化正处于依法治国、建设社会主义法治国家的新时期。

如前所述,自1978年12月召开的党的十一届三中全会以来,当代中国共产党人根据中国式现代化的发展战略,适时地提出阶段性的奋斗目标,经历了从解决温饱问题到进入小康社会再到全面建设小康社会的渐次深化的过程。“小康”是一个富有浓厚的传统文化色彩的概念。在儒家思想体系中,小康和大同通常作为一对概念并称使用。大同社会意指一个发展阶段更高的社会状态,而小康社会则是相对于大同社会而言的一个较低级的发展阶段,但是这个阶段也是一个生活相对富足的社会。经过新中国成立以来特别是改革开放以来多年的艰苦奋斗,到世纪之交,我国人民生活总体上达到小康水平,当代中国从整体上进入了小康社会。因此,2002年11月召开的党的十六大郑重指出:“经过全党和全国各族人民的共同努力,我们胜利实现了现代化建设‘三步走’战略的第一步、第二步目标,人民生活总体上达到小康水平。这是社会主义制度的伟大胜利,是中华民族发展史上的一个新的里程碑。”[2]很显然,十多亿人口的东方大国达到了总体小康水平,这的确是一件了不起的大事,是一个在中华民族发展史上具有伟大历史意义的壮举。随着人类社会进入21世纪,当代中国开始实施中国现代化进程“三步走”战略安排

---

① 参见《十五大以来重要文献选编》(中),人民出版社2001年版,第1369、1370、1396页。

② 《十六大以来重要文献选编》(上),中央文献出版社2005年版,第14页。

中的第三步发展战略。党的十六大在十五大关于第三步发展战略的三个时段的战略构想的基础上,进一步提出了全面建设小康社会的奋斗目标,以统摄第三步发展战略的前两个时段的发展目标。党的十六大报告明确指出:“综观全局,二十一世纪头二十年,对我国来说,是一个必须紧紧抓住并且可以大有作为的重要战略机遇期。根据十五大提出的到二〇一〇年、建党一百年和新中国成立一百年的发展目标,我们要在本世纪头二十年,集中力量,全面建设惠及十几亿人口的更高水平的小康社会,使经济更加发展、民主更加健全、科教更加进步、文化更加繁荣、社会更加和谐、人民生活更加殷实。这是实现现代化建设第三步战略目标必经的承上启下的发展阶段,也是完善社会主义市场经济体制和扩大对外开放的关键阶段。经过这个阶段的建设,再继续奋斗几十年,到本世纪中叶基本实现现代化,把我国建成富强民主文明的社会主义国家。”[①] 这里党的十六大报告把实现中国现代化建设第三步战略目标的 21 世纪的前五十年,划分为 2000 年到 2020 年全面建设小康社会的二十年和 2020 年之后直至 21 世纪中叶基本实现现代化的三十年两个历史发展阶段,这是建党一百年和新中国成立一百年的两个百年奋斗目标内在相连的伟大历程。这个新世纪历史长河的前二十年的发展目标,就是全面建设小康社会。从总体小康水平到全面建设小康社会,是当代中国共产党人统筹中国式现代化建设全局而作出的重大战略抉择,深刻反映了中国国情下的现代化运动的基本轨迹。应注意的是,十六大报告从中国经济社会发展不平衡的国情出发,提出了一个极富时代意义的重大战略论断,强调“有条件的地方可以发展得更快一些,在全面建设小康社会的基础上,率先基本实现现代化”。[②] 这就为经济社会发展水平相对较高的中国东部地区加快推进现代化建设开拓了广阔的发展空间。

按照十六大报告所勾画的全面建设小康社会的奋斗目标,惠及十几

① 参见《十六大以来重要文献选编》(上),中央文献出版社 2005 年版,第 14 ~ 15 页。

② 《十六大以来重要文献选编》(上),中央文献出版社 2005 年版,第 15 ~ 16 页。

亿人口的更高水平的小康社会,是中国特色社会主义经济、政治、文化全面发展的社会。小康社会不仅意味着经济上的发展——“国内生产总值到二〇二〇年力争比二〇〇〇年翻两番,综合国力和国际竞争力明显增强”,而且意味着政治上的发展、法制上的完备和文化上的进步——“社会主义民主更加完善,社会主义法制更加完备,依法治国基本方略得到全面落实,人民的政治、经济和文化权益得到切实尊重和保障。基层民主更加健全,社会秩序良好,人民安居乐业”。[①] 由此出发,十六大对全面建设小康社会进程中的中国法治发展作出了战略谋划,提出了一系列影响深远的重大法治原则和法治举措。首先,第一次明确提出党的领导、人民当家作主、依法治国三者有机统一的重大法治原则,强调“发展社会主义民主政治,最根本的是要把坚持党的领导、人民当家作主和依法治国有机统一起来。党的领导是人民当家作主和依法治国的根本保证,人民当家作主是社会主义民主政治的本质要求,依法治国是党领导人民治理国家的基本方略”。其次,第一次鲜明阐述了中国共产党坚持依法执政的重大法治原则,强调要“改革和完善党的领导方式和执政方式”,在法治的轨道上实施党对国家和社会的领导。再次,第一次对“推进司法体制改革”作出了重大战略部署,强调“社会主义司法制度必须保障在全社会实现公平和正义”,并且在完善司法机关的机构设置、职权划分和管理制度,保证司法机关依法独立公正地行使司法权,完善诉讼程序,切实解决执行难问题,改革司法机关的工作机制和人财物管理体制,加强对司法工作的监督等方面,提出了推进司法体制改革的具体举措。最后,十六大报告还进一步重申了十五大关于到2010年形成中国特色社会主义法律体系的法治目标,并且对推进依法行政、维护法制的统一和尊严、拓展和规范法律服务、加强法制宣传教育等作出了具体部署。[②] 可以看出,在新世纪新阶段,中国法治发展进程无疑面临全新的境况。

---

① 参见《十六大以来重要文献选编》(上),中央文献出版社2005年版,第15页。

② 参见《十六大以来重要文献选编》(上),中央文献出版社2005年版,第24~27页。

随着当代中国进入全面建设小康社会、加快推进国家现代化的新的发展阶段，中国式法治现代化日益向纵深推进。2003 年 10 月，党的十六届三中全会通过的《中共中央关于完善社会主义市场经济体制若干问题的决定》，根据十六大提出的完善社会主义市场体制的战略任务，明确提出要“按照依法治国的基本方略，着眼于确立制度、规范权责、保障权益，加强经济立法”，全面推进经济法制建设，完善经济法律制度；与此同时，要加强执法和监督，“提高行政执法、司法审判和检察的能力和水平，确保法律法规的有效实施，维护法制的统一和尊严”。①

在十六大的中国式现代化发展战略思路指引下编制的第十一个五年规划，基于对中国式现代化建设已经站在一个新的历史起点上的重大判断，努力贯彻以人为本、全面协调可持续的科学发展观和建设社会主义和谐社会的重大战略思想，综合分析“十一五”期间经济社会发展状况和未来五年发展的各方面条件，提出了“十一五”时期当代中国发展的主要目标，强调在全面建设小康社会的承前启后的关键时期，开创中国特色社会主义经济建设、政治建设、文化建设、社会建设的新局面，为后十年顺利发展、实现全面建设小康社会的战略目标打下坚实的基础。2005 年 10 月，党的十六届五中全会通过的《中共中央关于制定国民经济和社会发展第十一个五年规划的建议》，确立了到 2010 年人均国内生产总值比 2000 年翻一番的国家发展目标，这比中央先前提出的十年内国内生产总值翻一番的要求更高一些；与“社会主义市场经济体制比较完善”的目标要求相适应，民主法制建设要在“十一五”期间取得新进展。这里“十一五”时期中国法治发展的主要任务是，贯彻依法治国的基本方略，全面推进法制建设，形成中国特色社会主义法律体系；完善市场主体、市场交易、市场监督、社会管理、可持续发展等方面的法律法规；加快建设法治政府，全面推进依法行政，健全科学民主决策机制和行政监督机制；推进司法体制和工作机制改革，规范司法行为，加强司法监

① 参见《改革开放以来历届三中全会文件汇编》，人民出版社 2013 年版，第 138～139 页。

督,促进司法公正,维护司法权威;做好普法工作;尊重和保障人权,促进人权事业全面发展。[①] 显然,经过"十一五"时期的中国法治建设与发展,全面建设小康社会的法治基础更加坚实与可靠。

在新世纪新阶段,用二十年的时间实现全面建设小康社会奋斗目标,这是实施中国式现代化建设第三步发展战略的一个至关重要的阶段,也是一个承上启下的阶段。经过这个阶段,再奋斗三十年,到21世纪中叶,基本实现国家现代化的第三步战略目标。2007年10月召开的党的十七大,继续重申和强化了十六大提出的到2020年全面建设小康社会的奋斗目标。十七大报告指出:"我们已经朝着十六大确立的全面建设小康社会的目标迈出了坚实步伐,今后要继续努力奋斗,确保到二〇二〇年实现全面建成小康社会的奋斗目标。"不仅如此,十七大报告还提出实现全面建设小康社会奋斗目标的新要求,强调"我们必须适应国内外形势的新变化,顺应各族人民过上更好生活的新期待,把握经济社会发展趋势和规律,坚持中国特色社会主义经济建设、政治建设、文化建设、社会建设的基本目标和基本政策构成的基本纲领,在十六大确立的全面建设小康社会目标的基础上对我国发展提出新的更高要求"。[②] 这就是增强发展协调性,努力实现经济又好又快发展;扩大社会主义民主,更好保障人民权益和社会公平正义;加强文化建设,明显提高全民族文明素质;加快发展社会事业,全面改善人民生活;建设生态文明,基本形成节约能源资源和保护生态环境的产业结构、增长方式、消费模式。由此,十七大报告进一步描绘了到2020年全面建设小康社会目标实现之时的宏伟图景,即"我们这个历史悠久的文明古国和发展中社会主义大国,将成为工业化基本实现、综合国力显著增强、国内市场总体规模位居世界前列的国家,成为人民富裕程度普遍提高、生活质量明显改善、生态环境良好的国家,成为人民享有更加充分民主权利、具有更高

---

① 参见《十六大以来重要文献选编》(中),中央文献出版社2011年版,第1065、1066、1074、1082页。

② 参见《十七大以来重要文献选编》(上),中央文献出版社2009年版,第15页。

文明素质和精神追求的国家，成为各方面制度更加完善、社会更加充满活力而又安定团结的国家，成为对外更加开放、更加具有亲和力、为人类文明作出更大贡献的国家”。[①] 2010 年 10 月，党的十七届五中全会通过的《中共中央关于制定国民经济和社会发展第十二个五年规划的建议》，紧密衔接到 2020 年实现全面建设小康社会奋斗目标，提出了“十二五”时期中国经济社会的主要目标。[②] 显然，实现全面建设惠及十几亿人口的更高水平小康社会的奋斗目标，必将为到 21 世纪中叶基本实现现代化打下坚实的基础。

在坚持依法治国基本方略的时代条件下，全面建设小康社会必然对中国式法治现代化提出新的要求。党的十七大报告和十七届五中全会关于“十二五”规划的建议从中国特色社会主义经济建设、政治建设、文化建设、社会建设“四位一体”的总体布局出发，勾画了全面建设小康社会的法治发展目标。十七大报告突出了三个方面的重点目标要求：一是依法治国基本方略深入落实；二是全社会法制观念进一步增强；三是法治政府建设取得新成效。由此出发，十七大报告确定了今后五年中国法治建设的具体任务，第一次鲜明提出要“全面落实依法治国基本方略、加快建设社会主义法治国家”的战略性任务，强调要完善中国特色社会主义法律体系，加强宪法和法律实施，维护社会主义法制的统一、尊严、权威，推进依法行政，深化司法体制改革，弘扬法治精神，尊重和保障人权等。[③] 中央关于“十二五”规划的建议，在“社会主义民主法制更加健全，人民权益得到切实保障”的总体要求中，更加强调要“全面落实依法治国基本方略，完善中国特色社会主义法律体系，维护法制权威，推进依法行政、公正廉洁执法，加强普法教育，形成人人学法守法的良好社会氛围，加快建设社会主义法治国家。加强人权保障，促进人权事业全面发

① 参见《十七大以来重要文献选编》（上），中央文献出版社 2009 年版，第 16 页。

② 参见《十七大以来重要文献选编》（中），中央文献出版社 2011 年版，第 976～977 页。

③ 参见《十七大以来重要文献选编》（上），中央文献出版社 2009 年版，第 15、24 页。

展”。[①] 因此,在全面建设小康社会这一重大战略目标下,推进中国式法治现代化面临新的形势与任务。全面建设小康社会,意味着法治在国家和社会生活中的地位更加重要、作用日益明显,必须运用法律手段有效调节社会关系,促进经济社会发展,维护社会和谐稳定;意味着法律制度和机制更加完善,必须积极稳妥推进法治改革,建立健全法律的各项制度和各方面的运行机制,切实维护宪法和法律的权威;还意味着全社会的法治意识不断增强,必须大力弘扬法治精神,特别是各级党组织和全体党员要自觉在宪法和法律范围内活动;也意味着人民合法权益得到有力的法治保障,必须切实尊重和保障人权,依法保证全体社会成员平等参与、平等发展的权利。所以,小康社会是一个崇尚法治的社会。

进入新世纪新阶段,十六大以来全面建设小康社会十年的伟大实践,取得了一系列新的历史性成就,中国经济总量从世界第六位跃居第二位,国家面貌发生新的历史性变化,确乎把当代中国式现代化建设推进到了一个新的发展阶段。因而,2012 年 11 月召开的党的十八大,从实现社会主义现代化和中华民族伟大复兴这一建设中国特色社会主义的总任务出发,在重申“两个百年奋斗目标”的同时,提出确保到 2020 年实现全面建成小康社会的宏伟目标,充分体现了在十六大、十七大确立的全面建设小康社会目标的基础上努力实现新的要求,实现国内生产总值和城乡居民人均收入比 2010 年翻一番。而全面建成小康社会的法治发展目标则集中表达为四个方面,即“依法治国基本方略全面落实,法治政府基本建成,司法公信力不断提高,人权得到切实尊重和保障”。[②] 不仅如此,十八大报告还在我们党的历史上第一次清晰地界定了与全面建成小康社会目标相适应的全面深化改革开放的目标。十八大报告指出:“全面建成小康社会,必须以更大的政治勇气和智慧,不失

① 参见《十七大以来重要文献选编》(中),中央文献出版社 2011 年版,第 998 页。

② 参见《中国共产党第十八次全国代表大会文件汇编》,人民出版社 2012 年版,第 15 ~ 16 页。

时机深化重要领域改革，坚决破除一切妨碍科学发展的思想观念和体制机制弊端，构建系统完备、科学规范、运行有效的制度体系，使各方面制度更加成熟更加定型。"而在政法建设领域的改革目标，则是"加快推进社会主义民主政治制度化、规范化、程序化，从各层次各领域扩大公民有序政治参与，实现国家各项工作法治化"。[①] 根据全面建成小康社会和全面深化改革开放之法治目标的总体要求，十八大报告强调，"法治是治国理政的基本方式"，要"更加注重发挥法治在国家治理和社会管理中的重要作用，维护国家法制统一、尊严、权威，保证人民依法享有广泛权利和自由"。由此，十八大报告在"全面推进依法治国"的基本构架中，第一次表述了中国法治建设的新的十六字方针，亦即"推进科学立法、严格执法、公正司法、全民守法"。进而，十八大报告围绕法治建设新十六字方针，对全面建成小康社会的法治任务作出了具体部署。一是完善中国特色社会主义法律体系，加强重点领域立法，拓展人民有序参与立法途径；二是推进依法行政，做到严格规范公正文明执法；三是进一步深化司法体制改革，确保审判机关、检察机关依法独立公正执行审判权、检察权；四是深入开展法制宣传教育，弘扬社会主义法治精神，树立社会主义法治理念，增强全社会学法尊法守法用法意识；五是提高领导干部运用法治思维和法治方式深化改革、推动发展、化解矛盾、维护稳定的能力；六是党领导人民制定宪法和法律，党必须在宪法和法律范围内活动，任何组织或者个人都不得有超越宪法和法律的特权，绝不允许以言代法、以权压法、徇私枉法。[②] 可见，党的十八大把法治发展放在推进国家治理、实现治国理政的战略目标中加以统筹，使之成为促进国家和社会生活中各方面制度更加成熟更加定型的坚强保障，进而成为全面建成小康社会、全面深化改革开放的大目标的有机构成要素，这充分表明当代中国共产党人对法治建设与发展的高度重视与

---

① 参见《中国共产党第十八次全国代表大会文件汇编》，人民出版社 2012 年版，第 17 页。

② 参见《中国共产党第十八次全国代表大会文件汇编》，人民出版社 2012 年版，第 23 ~ 26 页。

战略自觉。

党的十八大以来,以习近平同志为核心的党中央从坚持和发展中国特色社会主义的战略全局出发,提出并形成了全面建成小康社会、全面深化改革、全面依法治国、全面从严治党的重大战略布局,把全面推进依法治国、加快建设社会主义法治国家放在“四个全面”的战略布局中加以战略谋划,摆在这一事关党和国家事业长远发展的总战略中扎实推进。习近平精辟指出,“这个战略布局,既有战略目标,也有战略举措,每一个‘全面’都具有重大战略意义。全面建成小康社会是我们的战略目标,到二〇二〇年实现这个目标,我们国家的发展水平就会迈上一个大台阶,我们所有奋斗都要聚焦于这个目标”,“从这个战略布局看,做好全面依法治国各项工作意义十分重大。没有全面依法治国,我们就治不好国、理不好政,我们的战略布局就会落空。要把全面依法治国放在‘四个全面’的战略布局中来把握,深刻认识全面依法治国同其他三个‘全面’的关系,努力做到‘四个全面’相辅相成、相互促进、相得益彰”。① 在“四个全面”战略布局这一当代中国在新的历史条件下治国理政总方略的引领下,十八大以来当代中国法治发展取得了重大进展,中国法治领域发生了历史性变革,进入了全面依法治国的新时代。2013 年 11 月,党的十八届三中全会通过的《中共中央关于全面深化改革若干重大问题的决定》,按照十八大提出的全面深化改革开放的总体目标要求,明确提出“到二〇二〇年,在重要领域和关键环节改革上取得决定性成果,完成本决定提出的改革任务,形成系统完备、科学规范、运行有效的制度体系,使各方面制度更加成熟更加定型”。基于此,该决定把“完善和发展中国特色社会主义制度,推进国家治理体系和治理能力现代化”确定为全面深化改革的总目标,把全面依法治国、建设法治中国视为国家治理体系和治理能力现代化的重要内容,在我们党的历史上第一次明确提出了“推进法治中国建

① 参见《习近平谈治国理政》(第 2 卷),外文出版社 2017 年版,第 23 ~ 24 页。

设”的重大战略任务，并且从维护宪法法律权威、深化行政执法体制改革、确保依法独立公正行使审判权检察权、健全司法权力运行机制、完善人权司法保障制度等方面部署了三十多项法治领域重大改革任务，[①]指明了新的时代条件下全面推进依法治国的战略方向。

全面推进依法治国是当代中国共产党人治国理政的一个重大战略思想，也是“四个全面”战略布局的有机组成部分。党的十八大提出确保到2020年全面建成小康社会的宏伟目标，并且把依法治国基本方略全面落实作为全面建成小康社会目标的重要内容。全面深化改革和全面依法治国是实现全面建成小康社会战略目标的“鸟之双翼、车之两轮”。[②] 如果说十八届三中全会对全面深化改革作出了重大战略部署，那么，2014年10月召开的党的十八届四中全会，则在我们党的历史上第一次专题研究全面依法治国重大问题。十八届四种全会《决定》，立足国家现代化建设的全局和长远发展，加强全面推进依法治国的战略谋划，提出了180多项法治领域重大改革项目，制定了全面依法治国的顶层设计方案。一是明确一个指导思想，即围绕中国特色社会主义事业总体布局，全面推进依法治国，坚持走中国特色社会主义法治道路，贯彻中国特色社会主义法治理论，坚持党的领导、人民当家作主、依法治国有机统一，坚决维护宪法法律权威，依法维护人民权益，维护社会公平正义，维护国家安全稳定，为实现“两个一百年”奋斗目标、实现中华民族伟大复兴的中国梦提供有力法治保障。二是确立一个总目标，这就是“建设中国特色社会主义法治体系，建设社会主义法治国家”。[③] 三是坚持五项原则，即坚持中国共产党的领导，坚持人民主体地位，坚持法律面前人人平等，坚持依法治国和以德治国

① 参见《中共中央关于全面深化改革若干重大问题的决定》，人民出版社2013年版，第3、7、31～35页。

② 参见《习近平关于全面依法治国论述摘编》，中央文献出版社2015年版，第14页。

③ 参见《中共中央关于全面推进依法治国若干重大问题的决定》，人民出版社2014年版，第4页。

相结合,坚持从中国实际出发。四是把握一个工作布局,亦即坚持依法治国、依法执政、依法行政共同推进,坚持法治国家、法治政府、法治社会一体建设。五是落实六大重点任务,这就是保证宪法全面贯彻实施,完善中国特色社会主义法律体系,加快建设法治政府,着力提升司法公信力,促进全民守法,推进法治社会建设。六是提供三大保障,即加强和改进党对法治工作的领导,为全面推进依法治国提供根本政治保证;加强法治工作队伍建设,为加快建设社会主义法治国家提供强有力的组织和人才保障;坚定推进法治领域改革,为全面建设法治中国提供科学有效的体制、制度和机制保障。因此,十八届四中全会《决定》强调,"全面推进依法治国是一个系统工程,是国家治理领域一场广泛而深刻的革命,需要付出长期艰苦努力。全党同志必须更加自觉地坚持依法治国、更加扎实地推进依法治国,努力实现国家各项工作法治化,向着建设法治中国不断前进"。

在"四个全面"的战略布局中,作为战略目标,全面建成小康社会处于灵魂和统帅的地位。根据十八大确定的到 2020 年全面建成小康社会这一中国现代化建设"三步走"发展战略的第二步战略目标,推进中国式法治现代化面临全新的形势和全新的要求。2015 年 10 月,党的十八届五中全会通过的《中共中央关于制定国民经济和社会发展第十三个五年规划的建议》(以下简称《十三五规划建议》),鲜明地提出"到二〇二〇年全面建成小康社会,是我们党确定的'两个一百年'奋斗目标的第一个百年奋斗目标。'十三五'时期是全面建成小康社会决胜阶段,'十三五'规划必须紧紧围绕实现这个奋斗目标来制定"。因此,中央《十三五规划建议》在十八大的基础上,对如期实现全面建成小康社会奋斗目标作了战略规划,进一步重申十八大关于到 2020 年国内生产总值和城乡居民人均收入比 2010 年翻一番的第二步战略目标,更加突出如期全面建成小康社会进程中的法治发展的新的目标要求。该建议明确地把"坚持依法治国"确立为如期实现全面建成小康社会奋斗目标必须遵循的六个原则之一,提出"法治是发展的可靠保障"的重大命题,强调要把创新、协调、绿色、开放、共享的五大新发展理念贯彻落实到当代中国发展全局之中，指出“必须坚定不移走中国特色社会主义法治道路，加快建设中国特色社会主义法治体系，建设社会主义法治国家，推进科学立法、严格执法、公正司法、全民守法，加快建设法治经济和法治社会，把经济社会发展纳入法治轨道”。由此出发，《十三五规划建议》在十八大已经确定的全面建成小康社会的法治领域目标要求的基础上，深刻反映十八大以来法治领域历史性变革的重大成果，确立了全面建成小康社会的国家制度建设与法治发展的新目标，即“各方面制度更加成熟更加定型。国家治理体系和治理能力现代化取得重大进展，各领域基础性制度体系基本形成。人民民主更加健全，法治政府基本建成，司法公信力明显提高。人权得到切实保障，产权得到有效保护”。[①] 基于如期全面建成小康社会的法治发展新的目标要求，《十三五规划建议》精辟阐述了发展与法治之间的内在关联，进一步指出“厉行法治是发展社会主义市场经济的内在要求”，要“运用法治思维和法治方式推动发展”。对于作为执政党的中国共产党来说，“必须坚持依法执政，全面提高党依据宪法法律治国理政、依据党内法规管党治党的能力和水平”。因而，该建议从立法、执法、司法、守法四个维度，有重点地部署了“十三五”时期中国法治发展的主要任务。在立法发展方面，强调要“加强党对立法工作的领导。加快重点领域立法，坚持立改废释并举，深入推进科学立法、民主立法，加快形成完备的法律规范体系”。在依法行政方面，提出要“加强法治政府建设，依法设定权力、行使权力、制约权力、监督权力，依法调控和治理经济，推行综合执法，实现政府活动全面纳入法治轨道”。在司法改革方面，强调要“深化司法体制改革，尊重司法规律，促进司法公正，完善对权利的司法保障、对权力的司法监督”。在全民守法方面，提出要“弘扬社会主义法治精神，增强全社会特别是公职

---

① 参见《中共中央关于制定国民经济和社会发展第十三个五年规划的建议》，人民出版社 2015 年版，第 6、8 页。

人员尊法学法守法用法观念,在全社会形成良好法治氛围和法治习惯”。[①] 由上可见,《十三五规划建议》展示了一幅如期实现全面建成小康社会的新第二步战略目标的法治图景。这一全面建成小康社会法治新理念新思路新举措,在2016年3月16日十二届全国人大四次会议通过的《国民经济和社会发展第十三个五年规划纲要》中得到了集中体现。

五、新时代中国式法治现代化的新“两步走”战略格局

2017年10月,在决胜全面建成小康社会、中国特色社会主义进入新时代的关键时期召开的党的十九大,基于对当代中国发展的新的历史方位之战略考量,对实现第一个百年奋斗目标、向第二个百年奋斗目标进军作出了重大战略部署,开启了新时代全面推进中国式法治现代化的新征程。习近平在十九大报告中深刻指出:“从十九大到二十大,是‘两个一百年’奋斗目标的历史交汇期。我们既要全面建成小康社会、实现第一个百年奋斗目标,又要乘势而上开启全面建设社会主义现代化国家新征程,向第二个百年奋斗目标进军。”[②]因而,在这个重要的历史交汇期,当代中国首先要实现全面建成小康社会这一国家现代化进程中具有里程碑意义的重大战略目标。在法治发展领域,全面建成小康社会决胜期的法治建设,要按照十六大、十七大、十八大和十八届三中、四中、五中全会提出的全面推进依法治国各项要求,紧扣我国社会主要矛盾的新变化,着力解决法治发展不平衡不充分的突出问题,有效满足人民日益增长的民主、法治、公平、正义、安全等方面的需求,扎实推进中国特色社会主义法治建设,确保如期实现各方面制度更加成熟更加定型、国家各项工作法治化的全面建成小康社会的法治战略目标,“使全面建成小康社

---

① 参见《中华人民共和国国民经济和社会发展第十三个五年规划纲要》,人民出版社2016年版,第9、11、14~15、185~187页。

② 习近平:《决胜全面建成小康社会 夺取新时代中国特色社会主义伟大胜利——在中国共产党第十九次全国代表大会上的报告》,人民出版社2017年版,第28页。

会得到人民认可、经得起历史检验”。[①] 在这个重要的历史交汇期,随着全面建成小康社会目标以及全面推进依法治国阶段性目标的如期实现,我国将要在新的历史起点上开启全面建设现代化国家的新的伟大征程,奋力实现全面推进法治中国建设的新的战略目标。十九大报告在我们党的历史上第一次把从2020年到21世纪中叶的三十年分为两个十五年时段进行战略统筹,清晰地描绘了全面建成社会主义现代化强国、实现中国法治现代化的宏伟蓝图,从而形成了新时代推进中国式法治现代化的新“两步走”的战略格局。其中,实现第二个百年奋斗目标,又分两个历史时段,由此确定了全面实现中国式现代化的“两个阶段”或“两步走”的战略行动方案。按照十九大报告的战略设计,“第一个阶段,从二〇二〇年到二〇三五年,在全面建成小康社会的基础上,再奋斗十五年,基本实现社会主义现代化”,“第二个阶段,从二〇三五年到本世纪中叶,在基本实现现代化的基础上,再奋斗十五年,把我国建成富强民主文明和谐美丽的社会主义现代化强国”。[②] 这是实现中国式现代化第二个百年奋斗目标的“两步走”的发展战略构想,把原来确定的到21世纪中叶基本实现现代化的第三步战略目标时限提前了十五年,并且提出了全面建成社会主义现代化强国的第三步发展战略目标。“从全面建成小康社会到基本实现现代化,再到全面建成社会主义现代化强国,是新时代中国特色社会主义发展的战略安排。”[③]因此,十九大关于第二个百年奋斗目标的崭新的重大战略设计,凝聚着当代中国共产党人加快推进中国式现代化的坚韧不拔、锲而不舍的战略意志和坚定决心,展示了当代中国发展新的历史方位中的现代化法治强国建设的运动轨迹。

根据中国特色社会主义事业发展“五位一体”总体布局的战略把握,十九大报告深入阐述了从2020年到2035年基本实现现代化的政治

① 参见《中国共产党第十九次全国代表大会文件汇编》,人民出版社2017年版,第22页。

② 参见《中国共产党第十九次全国代表大会文件汇编》,人民出版社2017年版,第23页。

③ 《中国共产党第十九次全国代表大会文件汇编》,人民出版社2017年版,第23页。

建设与法治发展目标,指出到那时,“人民平等参与、平等发展权利得到充分保障,法治国家、法治政府、法治社会基本建成,各方面制度更加完善,国家治理体系和治理能力现代化基本实现”。[①] 显然,在新时代实现中国式现代化进程中的战略目标的第一个阶段,新时代中国式法治现代化蕴含丰厚的内涵和确定的目标指向。这里贯穿着一个总体战略目标和三个重点领域目标之内在结合的基本实现国家现代化的法治战略构想。“国家治理体系和治理能力现代化基本实现”,这是从 2020 年到 2035 年基本实现现代化进程中国家法治发展的总体战略目标。如前文所述,十八届三中全会提出了推进国家治理体系和治理能力现代化的重大战略任务。这是一个极为宏大的国家制度创新发展的战略工程,需要通过全面深化改革,在各个领域推进国家制度的发展和完善,全面提升国家制度的执行力,推进国家治理现代化的制度重塑。《十三五规划建议》明确提出,到 2020 年全面建成小康社会的新的目标之一,就是“国家治理体系和治理能力现代化取得重大进展”。[②] 十九大报告进一步提出到 2035 年在新时代全面建成现代化强国的第一个阶段,基本实现国家治理体系和治理能力现代化。因此,从国家治理现代化取得重大进展到国家治理现代化基本实现,这无疑是国家治理领域革命性进程中的一个历史性飞跃。全面推进依法治国,实现中国式法治现代化,对于构建现代化的国家治理体系具有至关重要的作用。习近平指出,“法律是治国之重器,法治是国家治理体系和治理能力的重要依托”[③],要“坚持在法治轨道上推进国家治理体系和治理能力现代化”[④]。因而,必须把实现国家治理体系和治理能力现代化构筑在坚实的法治基础之上,坚定地推进中国式法治现代化。实际上,法治现代化是国家治理现代化的应有

---

① 参见《中国共产党第十九次全国代表大会文件汇编》,人民出版社 2017 年版,第 23 页。

② 参见《十八大以来重要文献选编》(中),中央文献出版社 2016 年版,第 791 页。

③ 《中国共产党第十八届中央委员会第四次全体会议文件汇编》,人民出版社 2014 年版,第 68 页。

④ 习近平:《论坚持全面依法治国》,中央文献出版社 2020 年版,第 3 页。

之义。当代中国法治现代化的本质意义就在于实现从人治向法治的根本性转变，把国家治理活动纳入法治化的轨道，构建法治型的国家治理体系，通过法治方式将国家治理现代化的基本要求、体制机制、程序方法转化为国家治理主体的实际行动。只有这样，国家治理现代化才会成为可能。诚如习近平所强调的，“建设中国特色社会主义法治体系、建设社会主义法治国家是实现国家治理体系和治理能力现代化的必然要求，也是全面深化改革的必然要求，有利于在法治轨道上推进国家治理体系和治理能力现代化，有利于在全面深化改革总体框架内全面推进依法治国各项工作，有利于在法治轨道上不断深化改革”。[①] 因而，法治现代化与国家治理现代化有内在联系、不可分割，二者处于同一个历史进程之中。十九大报告在对新时代中国式现代化进程作出“两步走”的战略安排时，确立了到2035年基本实现国家治理现代化的战略目标，这实际上表明从2020年到2035年是当代中国法治发展在实现全面小康社会法治发展目标的基础上基本实现中国式法治现代化的历史时段。十九届四中全会《决定》根据十九大精神，对新时代推进国家治理现代化的总体目标作出了相应的战略安排，[②]十九届五中全会通过的《中共中央关于制定国民经济和社会发展第十四个五年规划和二〇三五年远景目标的建议》亦进一步强调，到2035年，基本实现国家治理体系和治理能力现代化，基本建成法治国家、法治政府、法治社会。[③] 这无疑展现了推进新时代中国式法治现代化的战略前景。在这个重要的历史时段，在基本实现国家治理现代化及国家法治现代化的战略目标的统摄下，新时代中国式法治现代化要在三个重点领域取得突破性进展，达到预期的目标。

---

① 参见《十八大以来重要文献选编》(中)，中央文献出版社2016年版，第148页。

② 参见《中共中央关于坚持和完善中国特色社会主义制度　推进国家治理体系和治理能力现代化若干重大问题的决定》，人民出版社2019年版，第5～6页。

③ 参见《中国共产党第十九届中央委员会第五次全体会议文件汇编》，人民出版社2020年版，第22页。

第一,“人民平等参与、平等发展权利得到充分保障”。文明社会的法治现代化运动蕴涵着丰富的价值,具有鲜明的价值属性,往往通过自由、权利、正义、平等、利益、安全、秩序等价值要素表现出来。法治现代化进程的价值属性更为深刻的内涵在于:一定社会历史时期的法治发展是在生产力和交换关系发展的基础上形成的对一定社会主体自由、权利、平等、正义等价值诉求的确认与表达,是对社会主体的自由、权利、平等、正义的价值需求的维护和实现。在现代法治社会,社会主体的自主性、自由、权利、平等和尊严,是文明社会法治现代化成长与进步的价值标尺,彰显了当代法治发展的真正价值所在。因此,到2035年基本实现中国国家治理现代化,首先意味着必须运用法律形式系统地、明确地确认社会主体的平等参与、平等发展权利,切实保障社会主体的平等权利得以实现。到那时,与平等价值观念相连的中国特色社会主义法治体系,适应当代社会发展的本质趋势,必然将保证实现公民在法律面前一律平等的原则,注重对社会关系的平权型的横向的法律调整,充分发挥社会主体的自主性、能动性和首创精神,着力建构一个有机协调的合理的现代平等权利体系。诚如习近平所强调的,要善于运用法律手段保障公民享有广泛的权利,“保障公民的人身权、财产权、基本政治权利等各项权利不受侵犯,保证公民的经济、文化、社会等各方面权利得到落实,努力维护最广大人民根本利益,保障人民群众对美好生活的向往和追求”①。

第二,“法治国家、法治政府、法治社会基本建成”。新时代中国式法治现代化的进程,是一场深刻的法治革命。这一法治革命的基本目标,就是要坚持从中国的国情出发,建设法治国家、法治政府和法治社会,进而实现中国法治的现代化。在这一法治革命的过程中,法治国家、法治政府、法治社会这三者相互联系,构成法治中国的有机整体。因此,

① 习近平:《在首都各界纪念现行宪法公布施行30周年大会上的讲话》,人民出版社2012年版,第10页。

习近平指出,要"坚持法治国家、法治政府、法治社会一体建设"。[①] 一般来说,法治国家主要是指确立法律统治、维护法律权威的国家,这是法治政府、法治社会的基本前提。在当代中国,法治国家基本建成,意味着从立法到执法和司法的每一个法律实践环节都必须有严格的法定程序,意味着将国家权力纳入法律设定的轨道,并且不同国家机关的权力均由法律加以明文规定,也意味着社会主体在这一有序化的法律体系中获得最大限度的自由和权利。法治政府是法治国家的有机组成部分,是指严格按照法定权限和程序行使权力、履行职责的政府。在推进新时代法治政府建设的过程中,基本建成法治政府,就必须"坚持法定职责必须为、法无授权不可为",[②]按照合法行政、合理行政、程序正当、高效便民、诚实守信、权责统一的基本要求,加快推进依法行政,切实规范行政行为,做到"依法设定权力、行使权力、制约权力、监督权力,依法调控和治理经济",[③]从而把政府活动全部纳入法治轨道。法治社会是一个信仰法治、依法治理的社会,这是法治国家和法治政府的基础。在当代中国,法治社会基本建成,不仅表明整个社会有机体建立在坚实的法治基础之上,把社会公共治理活动纳入一个规范有序的法治轨道,加快形成政社分开、权责明确、依法自治的现代社会组织体制,基层社会自治得到更加充分的发展,努力实现政府治理和社会自我调节、居民自治良性互动,而且意味着各级党组织和广大党员领导干部带头遵守宪法和法律,全社会成员信仰宪法和法律,现代法治精神得到广泛弘扬,社会主义法治文化建设取得显著进展。很显然,按照十九大的总体部署,在2020年开启的新时代中国式法治现代化进程的第一个阶段中,法治国家、法治政府、法治社会一体建设与基本建成,深刻反映了新时代

---

① 参见《习近平关于全面依法治国论述摘编》,中央文献出版社2015年版,第3页。

② 参见《中共中央关于全面推进依法治国若干重大问题的决定》,人民出版社2014年版,第15页。

③ 参见《中共中央关于制定国民经济和社会发展第十三个五年规划的建议》,人民出版社2016年版,第41页。

中国法治现代化的前进方向，无疑标志着法治中国在中国大地上基本建成。

第三，“各方面制度更加完善”。在当代中国，完善和发展中国特色社会主义制度，是推进国家治理体系和治理能力现代化的基本取向。中国特色社会主义制度是中国共产党人把马克思主义基本原理同中国具体实际相结合进行的制度文明的伟大创造，是在长期革命、建设和改革的艰辛探索中形成的具有强大生命力的体系化的制度系统。从总体上看，“中国特色社会主义制度，就是人民代表大会制度的根本政治制度，中国共产党领导的多党合作和政治协商制度、民族区域自治制度以及基层自治制度等基本制度，中国特色社会主义法律体系，公有制为主体、多种所有制经济共同发展的基本经济制度，以及建立在这些制度基础上的经济体制、政治体制、文化体制、社会体制等各项具体制度”。[①] 这些制度深深地植根于中国社会的土壤之中，是中国在“历史传承、文化传统、经济社会发展的基础上长期发展、渐进改进、内生性演化的结果”，[②]体现了中国制度文明传承转化与中国制度文明创新发展的有机统一，因而具有蓬勃的生机与活力。伴随着当代中国社会转型变革的进程，中国特色社会主义制度正经历一个发展完善、成熟定型的历史性过程。1992年春，邓小平在南方谈话中精辟指出：“恐怕再有三十年的时间，我们才会在各方面形成一整套更加成熟、更加定型的制度。”[③]党的十八大报告勾画的全面建成小康社会战略目标的重要内容之一，就充分体现了邓小平的上述思想，强调“以更大的政治勇气和智慧，不失时机深化重要领域改革，坚决破除一切妨碍科学发展的思想观念和体制机制弊端，构建系统完备、科学规范、运行有效的制度体系，使各方面制度更加成熟更加

① 参见《中国共产党第十八次全国代表大会文件汇编》，人民出版社2012年版，第11~12页。

② 参见习近平：《在庆祝全国人民代表大会成立60周年大会上的讲话》，人民出版社2014年版，第16页。

③ 参见《邓小平文选》（第3卷），人民出版社1993年版，第372页。

定型”。[①]《中共中央关于全面深化改革若干重大问题的决定》进一步把到2020年“使各方面制度更加成熟更加定型”确立为全面深化改革的制度建设目标。[②]《十三五规划建议》亦重申了这一全面建成小康社会的新的制度发展目标,指出要在十八大已经确定的全面建成小康社会目标要求的基础上,实现“各方面制度更加成熟更加定型”,“各领域基础性制度体系基本形成”。[③] 因而,在当代中国,各方面制度更加成熟更加定型,各领域基础性制度体系基本形成,是到2020年全面建成小康社会制度建设目标的主要标志。在此基础上,十九大报告确立了到2035年基本实现国家现代化及国家治理现代化的制度建设目标,即“各方面制度更加完善”。从各方面制度更加成熟更加定型,到各方面制度更加完善,不仅反映了从全面建成小康社会到基本实现现代化的制度建设的量的增长态势,而且体现了这一进程的制度建设的质的飞跃的标志性成果,进而构成了基本实现国家治理现代化的坚实制度基础。中国特色社会主义法律制度是中国特色社会主义制度体系的有机组成部分,也是国家治理体系的基本依托。新中国成立以来特别是改革开放多年来,中国特色社会主义法律制度与时俱进、创新发展。在全面依法治国进入新时代的历史条件下,随着到2035年国家治理现代化的基本实现,中国特色社会主义法律制度必将在新时代深化依法治国实践、加快建设法治中国的伟大事业中不断创新发展、更加完备完善,从而开辟新时代中国法治现代化进程的新境界。

在新时代开启全面建成现代化强国、向第二个百年奋斗目标进军的新征程中,当代中国共产党人不忘初心、牢记使命,坚定地致力于实现中华民族伟大复兴这一近代以来中华民族最伟大的梦想。“今天,我们比

① 参见《中国共产党第十八次全国代表大会文件汇编》,人民出版社2012年版,第17页。

② 参见《中共中央关于全面深化改革若干重大问题的决定》,人民出版社2013年版,第7页。

③ 参见《十八大以来重要文献选编》(中),中央文献出版社2016年版,第791页。

历史上任何时期都更接近、更有信心和能力实现中华民族伟大复兴的目标。"[①]十九大报告鲜明提出,从2035年到21世纪中叶中华人民共和国成立100周年的时候,"把我国建成富强民主文明和谐美丽的社会主义现代化强国。到那时,我国物质文明、政治文明、精神文明、社会文明、生态文明将全面提升,实现国家治理体系和治理能力现代化,成为综合国力和国际影响力领先的国家,全体人民共同富裕基本实现,我国人民将享有更加幸福安康的生活,中华民族将以更加昂扬的姿态屹立于世界民族之林"。[②] 随着全面建成小康社会、实现第一个百年奋斗目标,当代中国开启了全面建设社会主义现代化国家、向第二个百年奋斗目标进军的新征程。这标志着当代中国进入了新发展阶段。习近平指出:"新发展阶段是我们党带领人民迎来从站起来、富起来到强起来历史性跨越的新阶段。"新发展阶段的主题,就是建设具有中国特色、符合中国实际的现代化。"新发展阶段就是全面建设社会主义现代化国家、向第二个百年奋斗目标进军的阶段。这在我国发展进程中具有里程碑意义。"[③]在这幅全面建成中国现代化强国的宏伟蓝图中,政治与法治发展占有重要的地位,政治文明将得到全面提升,国家治理体系和治理能力现代化得以实现。文明的内涵极为丰富,文明的表现形式亦丰富多样。在当今社会,通常把文明划分为物质文明、政治文明、精神文明、社会文明和生态文明五种形态。因而,政治文明是文明的有机构成要素。一般来说,政治文明是指人类在政治实践中所创造的体现社会进步趋势的政治文化成果以及由此而建立的政治社会架构。政治文明具有三个特点:其一,政治文明所体现的是一种政治发展的进步趋向;其二,政治文明的基本载体是反映政治发展进步走向的政治文化成果;其三,政治文明的基本

---

① 习近平:《决胜全面建成小康社会　夺取新时代中国特色社会主义伟大胜利——在中国共产党第十九次全国代表大会上的报告》,人民出版社2017年版,第15页。

② 参见《中国共产党第十九次全国代表大会文件汇编》,人民出版社2017年版,第12、23页。

③ 习近平:《论把握新发展阶段、贯彻新发展理念、构建新发展格局》,中央文献出版社2021年版,第5~6、471页。

目标就是要建设和发展代表人类进步的政治制度和政治意识的一种政治社会。十九大报告把政治文明确立为到21世纪中叶全面建成现代化强国的重要标识,使之成为中国式现代化建设的重大战略目标之一,展示了将中国建设成为高度民主的社会主义现代化国家的坚定战略意志和深远战略谋划。在新时代全面建成现代化强国的过程中,推进社会主义政治文明建设,实现社会主义政治文明的全面提升,这无疑是一个庞大而复杂的社会系统工程。从总体上看,在新时代全面提升中国政治文明,必然要经历三个转变,亦即要实现从不平衡、不充分的政治发展向更加平衡、更加充分的政治发展的转变;要从民主制度还不尽完善的政治文明向民主制度更加完善的政治文明的转变;要从传统的人治型政治体制向现代的法治型的高度民主政治体制的转变。这三个重要转变,必将使新时代中国社会主义政治文明建设焕发出强大的生机和活力,充分体现了坚持走中国特色社会主义政治发展道路、实现中国社会主义政治文明全面提升的内在要求。法治文明是政治文明的有机构成要素,也是政治文明的基本依托和保障。在新时代推进中国式法治现代化的历史进程中,到21世纪中叶全面实现法治现代化,意味着中国法治文明从传统到现代转型发展的历史性飞跃,意味着中国法治文明的结构与体系的时代重塑,意味着中国法治文明的世界意义的充分展示,也意味着中国法治文明的全面提升。这将成为全面实现国家治理体系和治理能力现代化的深厚法治基础,这无疑集中体现了新时代中国式法治现代化新征程的壮阔前景。

六、小结

历史与现实充分表明,国家发展进程的每一步战略谋划,必然包括国家法治发展的战略考量以及由此形成的战略安排。新中国成立以来特别是1978年改革开放四十多年来国家现代化历程的每一个重要发展阶段,都随着治国理政方式的调适及法治发展目标的战略选择,对当代中国国家与社会生活产生极为深刻的影响,在很大程度上推动着中国法治发展领域的历史转型与巨大变革，进而使中国式法治现代化运动在空前广阔的时空条件下波澜壮阔地展开。

新中国成立之初，中国共产党人就明确地勾画出建设一个伟大的社会主义工业化国家的战略蓝图，1956 年党的八大作出了从落后的农业国向先进的工业国转变的战略部署，由此确立了建立完备的法制的发展目标。即便在后来以阶级斗争为纲的年代，党和国家依然执着地提出实现“四个现代化”的奋斗目标及其“两步走”的经济发展构想。

1978 年 12 月召开的党的十一届三中全会，标志着当代中国进入了一个改革开放的历史新时期。适应全党工作重心转移到现代化建设上来的战略要求，党和国家着手对新时期中国现代化进程进行战略设计。邓小平以马克思主义为理论依据，凭借巨大的勇气和实事求是的坚韧品格，从中国的具体国情出发，对中国式现代化发展战略进行总体谋划，提出了要“走出一条中国式的现代化道路”的重大战略命题，创造性地提出并阐释了“小康社会”的概念，中国式现代化的“两步走”国家发展战略进而演进为“三步走”的战略构想：第一步国民生产总值在 20 世纪 80 年代翻一番，第二步到 20 世纪末再翻一番，第三步进入 21 世纪再用 30 年至 50 年再翻两番，达到世界中等发达国家水平。与这一中国式现代化发展战略相适应，邓小平强调要进行党和国家领导制度改革，实行社会主义法治，推进社会主义民主制度化、法律化，“使这种制度和法律不因领导人的改变而改变，不因领导人的看法和注意力的改变而改变”。邓小平提出的“三步走”中国式现代化的战略设计，在 1987 年党的十三大报告和 1992 年党的十四大报告中得到了集中体现。

20 世纪 90 年代以来，随着建立社会主义市场经济体制的战略目标的确定与实施，当代中国经济充满着强劲的动力与蓬勃的生机，原定到 2000 年国民生产总值比 1980 年翻两番的发展目标于 1995 年提前完成。因而，1997 年 9 月召开的党的十五大从中国现代化的战略全局出发，在十四届五中全会提出的国家中长期战略规划的基础上，描绘了以“两个一百年”奋斗目标为主线的新“三步走”的新世纪中国现代化进程的发展蓝图。按照这一战略构想，第一步，21 世纪的第一个十年实现国民生产总值比 2000 年翻一番，实现从进入小康社会到人民小康生活更加富裕的转变；第二步，从 2010 年到 2020 年，再经过十年的努力，到中国共产党成立 100 周年之时，国民经济更加发展，各项制度更加完善；第三步，从 2020 年到 21 世纪中叶，再经过三十年左右的努力，到中华人民共和国成立 100 周年时，基本实现国家现代化。与这一新"三步走"的国家发展战略相适应，十五大确立了邓小平理论作为我们党的长期指导思想的历史地位，在我们党的历史上第一次提出了依法治国、建设社会主义法治国家的基本方略，第一次确定了到 2010 年形成中国特色社会主义法律体系的法治发展目标，并且对 21 世纪前十年的中国法治发展作出了战略部署。依据新"三步走"的国家发展战略规划，21 世纪初召开的党的十六大作出了从总体小康水平到全面建设小康社会的重大战略部署，进一步明确地把全面建设小康社会确定为 21 世纪前二十年的重大战略目标任务，强调全面建设惠及十几亿人口的更高水平的小康社会，是实现中国现代化建设第三步战略目标必经的承上启下的发展阶段；经过这个阶段的国家建设，再继续奋斗几十年，到 21 世纪中叶基本实现国家现代化。在十六大所勾画的全面建设小康社会的战略蓝图中，"依法治国基本方略得到全面落实"是小康社会的基本法治标识。因而，十六大第一次明确提出党的领导、人民当家作主和依法治国三者有机统一的重大法治原则，第一次深刻阐释中国共产党坚持依法执政这一治国理政基本方式的重大法治命题，第一次对推进司法体制改革作出了重大战略部署。2007 年 10 月召开的党的十七大更加鲜明地提出了到 2020 年全面建设小康社会的战略目标及法治建设举措。很显然，全面小康社会是一个崇尚法治的社会。

党的十八大以来，以习近平同志为核心的党中央从坚持和发展中国特色社会主义的战略全局出发，统筹推进"五位一体"总体布局，协调推进"四个全面"战略布局，对实现到 2020 年全面建成小康社会的第一个百年奋斗目标及其法治发展进行了精心周到的战略谋划。在此基础上，

2017 年 10 月召开的党的十九大,深刻反映中国特色社会主义进入新时代的运动逻辑,综合分析国际国内形势和当代中国发展条件,确立了从 2020 年到 21 世纪中叶实现第二个百年奋斗目标分为两个阶段的战略发展思路,从而作出了从全面建成小康社会到基本实现现代化再到全面建成社会主义现代化强国的崭新的战略安排。这一战略安排具有鲜明的法治发展指向,实际上提出了推进新时代中国式法治现代化的新"两步走"战略构想,从而勾画了全面建设法治中国的宏伟愿景。按照十六大、十七大、十八大提出的全面建成小康社会各项要求,到 2020 年全面建成小康社会。到那时,各方面制度更加成熟更加定型,国家治理体系和治理能力现代化取得重大进展,各领域基础性制度体系基本形成;人民民主更加健全,法治政府基本建成,司法公信力明显提高,人权得到切实保障,产权得到有效保护。在此基础上,第一步,从 2020 年到 2035 年基本实现现代化,比原来的设想提前了 15 年。到那时,在政治建设与法治发展领域,人民平等参与、平等发展权利得到充分保障,法治国家、法治政府、法治社会基本建成,各方面制度更加完善,国家治理体系和治理能力现代化基本实现。第二步,从 2035 年到 21 世纪中叶全面建成富强民主文明和谐美丽的社会主义现代化强国。到那时,在政治与法治发展领域,社会主义政治文明将全面提升,我国实现国家治理体系和治理能力现代化。法治文明是政治文明的重要内容。政治文明的全面提升,必然意味着在这一进程中我国法治文明将历史性地得到全面提升。党的十九届四中全会设定了推进国家治理现代化的总体目标:到中国共产党成立 100 年时,在国家制度和国家治理体系建设各方面制度更加成熟更加定型上取得明显成效;到 2035 年,基本实现国家治理体系和治理能力现代化;到新中国成立 100 年时,全面实现国家治理体系和治理能力现代化。法治现代化是国家治理现代化的有机组成部分,二者内在联系、不可分割,处于同一历史进程之中。中国国家治理现代化的实现,同样表明中国式法治现代化的全面实现。随着全面建成小康社会的第一个百年奋斗目标的如期实现,当代中国进入了以全面建成社会主义现代化强国为目标的新发展阶段,对推进中国式法治现代化提出了全新的要求。因此,自党的十八大以来,以习近平同志为核心的党中央对于中国式现代化进程中第二个百年奋斗目标的崭新的重大战略安排,描绘了一幅新时代推进中国式法治现代化的恢宏画卷。

第七章　中国式法治现代化的总体布局

推进中国式法治现代化是一个系统工程,必须运用系统思维,加强战略协同,坚持依法治国、依法执政、依法行政共同推进,法治国家、法治政府、法治社会一体建设。在这一法治系统工程中,依法治国推进法治中国建设的关键是依宪治国,依法执政推进依规治党建设的核心是依宪执政。坚持依宪执政是中国共产党在新的历史条件下领导方式和执政方式的重大转变,是推进中国式法治现代化的必然要求。法治政府建设是全面依法治国的重要任务和主体工程,要率先突破,推动行政权力在法治轨道上运行,坚持法定职责必须为、法无授权不可为。从广泛的意义上讲,法治社会是依法治理、依法而治、依法自治的社会,是构筑法治国家的基础,要不断提升全民法治意识和法治修养,加快推进社会治理法治化,坚持走乡村善治之路,为推进中国式法治现代化打下坚实的社会基础。

一、概述

坚持依法治国、依法执政、依法行政共同推进，法治国家、法治政府、法治社会一体建设，是习近平法治思想的重要组成部分，是全面依法治国，走中国式法治现代化道路，推进法治中国建设的总体工作布局。习近平强调，全面依法治国是一个系统工程，要整体谋划，更加注重系统性、整体性、协同性。依法治国、依法执政、依法行政是一个有机整体，关键在于党要坚持依法执政、各级政府要坚持依法行政。法治国家、法治政府、法治社会相辅相成，法治国家是法治建设的目标，法治政府是建设法治国家的重点，法治社会是构筑法治国家的基础。[①] 中国特色社会主义进入新时代以来，以习近平同志为核心的党中央领导党和人民坚持和拓展中国特色社会主义法治道路，推动我国法治建设实现了从"依法治国"到"全面依法治国"，从建设"法治国家"到建设"法治中国"，从建设"中国特色社会主义法律体系"到建设"中国特色社会主义法治体系"，从"依法治理"到"法律和道德共治、依法治国与依规治党有机统一"，从"有法可依、有法必依、执法必严、违法必究"到"科学立法、严格执法、公正司法、全民守法"，从"法律之治"到"良法善治"，从"国家法治"到"国内法治和涉外法治统筹推进"的历史转折与重大转型，开创了中国式法治现代化新道路，创造了人类法治文明新形态。[②] 党和国家相继发布的"一规划两纲要"，即《法治中国建设规划（2020—2025年）》《法治社会建设实施纲要（2020—2025年）》《法治政府建设实施纲要（2021—2025年）》，是新时代全面推进依法治国、建设法治中国的重大举措，必将引领和推进中国式法治现代化新进程，并对人类法治文明新形态的构建产生广泛而深远的影响。党的十九届六中全会进一步强调，法治兴则国家兴，法治衰则国家乱；全面依法治国是中国特色社会主义的本质要求和

---

① 参见习近平：《坚定不移走中国特色社会主义法治道路　为全面建设社会主义现代化国家提供有力法治保障》，载《求是》2021年第5期。

② 参见张文显：《中国式法治现代化道路》，载《中国社会科学报》2021年10月15日，第11版。

重要保障,是国家治理的一场深刻革命;坚持依法治国首先要坚持依宪治国,坚持依法执政首先要坚持依宪执政。必须坚持中国特色社会主义法治道路,贯彻中国特色社会主义法治理论,坚持依法治国、依法执政、依法行政共同推进,坚持法治国家、法治政府、法治社会一体建设,全面增强全社会尊法学法守法用法意识和能力。[①] 党的二十大从坚持以中国式现代化全面推进中华民族伟大复兴的战略高度,进一步强调,要"围绕保障和促进社会公平正义,坚持依法治国、依法执政、依法行政共同推进,坚持法治国家、法治政府、法治社会一体建设,全面推进科学立法、严格执法、公正司法、全民守法,全面推进国家各方面工作法治化"[②],为中国式法治现代化道路指明了前进的方向,提供了理论指引和工作遵循。

二、依宪治国推进法治中国建设

党的十八大以来,以习近平同志为核心的党中央从坚持和发展中国特色社会主义的全局和战略高度定位法治、布局法治、厉行法治,开创了全面依法治国新局面,为在新的起点上建设法治中国奠定了坚实基础。

(一)依宪治国将"宪法"视为"治理国家"的核心

作为治国理政的行动纲领,习近平是最早使用依宪治国概念来强调宪法在治国理政中的核心地位和重要作用的领导人。时任浙江省主要领导的习近平在2002年12月4日《浙江日报》上发表题为《全面贯彻实施宪法促进社会主义政治文明建设》的文章,结合浙江省依法治省的实际,全面论述了宪法在依法治国中的重要地位和作用。习近平明确提出,依法治国、依法治省,首要的是依宪治国、依宪治省;增强法治观念,首要的是要牢固树立宪法观念,自觉维护宪法权威。作为地方领导人,

---

① 参见《中共中央关于党的百年奋斗重大成就和历史经验的决议》,人民出版社2021年版,第42页。

② 参见《中国共产党第二十次全国代表大会文件汇编》,人民出版社2022年版,第34页。

习近平率先提出了依宪治国、依宪治省、依宪办事等依据宪法治国理政的思想,表现出了巨大的理论勇气。2006 年 4 月 25 日,在浙江省委十一届十次全会报告中,第一次非常明确地把"宪法"视为"治理国家"的核心,习近平指出,坚持依法治国,其核心就是要确立和实现以宪法和法律治理国家的最具权威价值的取向。习近平在地方从政期间,根据地方工作的特点,逐渐形成了依据宪法治国理政的思想,对宪法作为根本法在治国理政中的地位和作用形成了较为系统的认识,为担任党的总书记之后形成全面和系统的依宪治国重要论述奠定了理论基础。2012 年 12 月 4 日,习近平在首都各界纪念现行宪法公布施行三十周年大会上的讲话中指出:"我国宪法同党和人民进行的艰苦奋斗和创造的辉煌成就紧密相连,同党和人民开辟的前进道路和积累的宝贵经验紧密相连。"①党的十八大强调,依法治国是党领导人民治理国家的基本方略,法治是治国理政的基本方式,要全面推进依法治国,加快建设社会主义法治国家,必须全面贯彻实施宪法。党的十八大以来,以习近平同志为核心的党中央坚持把依宪治国作为建设法治中国、推进中国式法治现代化的首要任务和基础性工作,把党和国家各项事业、各项工作全面纳入宪法轨道,坚决维护宪法法律权威。

涵括依宪治国重要论述的习近平法治思想,是推进全面依法治国、建设法治中国、实现中国式法治现代化的根本遵循和行动指南,丰富和发展了中国特色社会主义宪法理论,标志我们党对宪法的认识和实践达到了一个新的高度,是推进中国式法治现代化道路的理论基础。习近平关于依宪治国的重要论述,形成了一整套科学完备的理论体系,主要包括:坚持党的领导是我国宪法的根本政治原则;我国宪法至上的法制地位;国家一切权力属于人民是我国宪法的人民属性;我国宪法的独特优势是明确规定了国家的根本任务、发展道路、奋斗目标和国家各方面事业发展要求;我国宪法在国家制度和国家治理体系中的作用;我国宪法

---

① 习近平:《论坚持全面依法治国》,中央文献出版社 2020 年版,第 7 页。

的实施监督机制;我国宪法的实施保障措施。我们要深刻理解习近平法治思想及其关于宪法的重要论述,推动宪法实施,保证依法治国、依宪治国的正确方向,不断推动法治中国理论和实践创新发展。

(二)坚持"两个不动摇"

习近平强调,坚持依法治国首先要坚持依宪治国,坚持宪法确定的中国共产党领导地位不动摇,坚持宪法确定的人民民主专政的国体和人民代表大会制度的政体不动摇。[①] 坚持宪法确定的中国共产党领导地位不动摇,首先要深刻认识西方所谓的"宪政"的阶级本质。习近平强调,我们讲依宪治国、依宪执政,同西方所谓"宪政"有着本质区别,不能把二者混为一谈。[②] 警惕和防范西方所谓"宪政"、多党轮流执政、"三权鼎立"等政治思潮的侵蚀影响。[③] 我国宪法是以根本法的形式反映了党带领人民进行革命、建设、改革取得的成果,反映了在历史和人民选择中形成的党的领导地位。全国各族人民、一切国家机关和武装力量、各政党和各社会团体、各企业事业组织,都必须以宪法为根本的活动准则,都负有维护宪法尊严、保证宪法实施的职责。任何组织和个人都不得有超越宪法法律的特权,一切违反宪法法律的行为都必须予以追究。[④] 在中国共产党领导下,人民代表大会制度在长期实践中得到持续巩固、发展和完善,展现出蓬勃生机和巨大优势,为党领导人民创造经济快速发展奇迹和社会长期稳定奇迹提供了重要制度保障。[⑤] 坚持宪法确定的人民民主专政的国体和人民代表大会制度的政体不动摇,就是在中国特色

---

① 参见习近平:《坚定不移走中国特色社会主义法治道路　为全面建设社会主义现代化国家提供有力法治保障》,载《求是》2021 年第 5 期。

② 参见习近平:《坚定不移走中国特色社会主义法治道路　为全面建设社会主义现代化国家提供有力法治保障》,载《求是》2021 年第 5 期。

③ 参见《中共中央关于党的百年奋斗重大成就和历史经验的决议》,人民出版社 2021 年版,第 39 页。

④ 参见习近平:《坚定不移走中国特色社会主义法治道路　为全面建设社会主义现代化国家提供有力法治保障》,载《求是》2021 年第 5 期。

⑤ 参见信春鹰:《中国共产党与我国的根本政治制度》,载《求是》2021 年第 23 期。

社会主义法律体系中,宪法居于最高的法律地位,坚持依宪治国。发展全过程人民民主,坚持和完善人民代表大会制度,必须坚持依法治国、维护宪法法律权威,使民主制度化、法律化,使这种制度和法律不因领导人的改变而改变,不因领导人的看法和注意力的改变而改变。宪法是国家的根本法,坚持依法治国首先要坚持依宪治国,坚持依法执政首先要坚持依宪执政。我们必须坚持把依法治国作为党领导人民治理国家的基本方略、把法治作为治国理政的基本方式,不断把法治中国建设推向前进。[①] 党的十九届四中全会提出,到党成立100周年时,在各方面制度更加成熟更加定型上取得明显成效。在党中央集中统一领导下,人民代表大会制度更加成熟更加定型体现在以下几个方面:加强党对人大工作领导的制度,全国人大及其常委会的组织制度,国家机构制度体系,立法制度和体制,监督制度和机制,基层民主制度,保障代表主体地位的制度机制等。新时代赋予新使命。我们要不断坚持和完善人民代表大会制度,坚定人民代表大会制度自信,通过人民代表大会制度保证党领导人民有效治理国家;健全人民当家作主制度体系,保证人民当家作主;贯彻依法治国基本方略,不断完善中国特色社会主义法治体系;不断加强和改进监督工作,实施正确监督、有效监督。[②]

(三)扎实推进全过程人民民主

进入新时代新阶段,要推进依宪治国、发展宪法确立的人民民主制度,就是要深入、扎实地推进全过程人民民主。党的十九届六中全会强调,党的十八大以来,我们深化对民主政治发展规律的认识,提出全过程人民民主的重大理念。我国全过程人民民主不仅有完整的制度程序,而且有完整的参与实践。人民代表大会制度是实现我国全过程人民民主的重要制度载体。从全国人大常委会组成人员联系本级人大代表机制,到优化人大常委会、专门委员会组成人员结构,完善人大组织制度、工作

---

① 参见习近平:《论坚持全面依法治国》,中央文献出版社2020年版,第72页。

② 参见信春鹰:《中国共产党与我国的根本政治制度》,载《求是》2021年第23期。

制度、议事程序,健全人大讨论决定重大事项制度,果断查处拉票贿选案,坚决维护人民代表大会制度权威和尊严。[①] 全过程人民民主制度的伟大实践还表现在,社会主义协商民主广泛多层次制度化发展,中国共产党领导的多党合作和政治协商制度实现新发展,民族区域自治制度得到切实贯彻落实,基层群众自治制度充满活力。[②] 因此,我国全过程人民民主实现了过程民主和成果民主、程序民主和实质民主、直接民主和间接民主、人民民主和国家意志相统一,是全链条、全方位、全覆盖的民主,是最广泛、最真实、最管用的社会主义民主。我们要继续推进全过程人民民主建设,把人民当家作主具体地、现实地体现到党治国理政的政策措施上来,具体地、现实地体现到党和国家机关各个方面各个层级工作上来,具体地、现实地体现到实现人民对美好生活向往的工作上来。[③] 因此,党的领导是全过程人民民主的根本保证,中国社会土壤是全过程人民民主的深厚根基,人民广泛持续参与是全过程人民民主的显著特征,真实管用是全过程人民民主的价值所在。在推进中国式法治现代化的新征程上,我们要进一步加强党对发展全过程人民民主的领导,坚定法治全过程人民民主的政治自觉,健全全过程人民民主的制度体系,提高全过程人民民主主体的民主素质。[④]

三、依宪执政推进依规治党建设

中国共产党领导人民推进法治建设的百年历程充分表明,全面依法治国是国家治理的一场深刻革命。坚持和拓展中国式法治现代化道路,作为执政党的中国共产党首先必须坚持依法执政、依宪执政。

---

① 参见《〈中共中央关于党的百年奋斗重大成就和历史经验的决议〉辅导读本》,人民出版社2021年版,第213~214页。

② 参见《〈中共中央关于党的百年奋斗重大成就和历史经验的决议〉辅导读本》,人民出版社2021年版,第214~215页。

③ 参见习近平:《在中央人大工作会议上的讲话》,载《求是》2022年第5期。

④ 参见《〈中共中央关于党的百年奋斗重大成就和历史经验的决议〉辅导读本》,人民出版社2021年版,第216~219页。

（一）改进执政方式推进依宪执政

在谈到坚持党的领导，需要更加注重改进党的领导方式和执政方式时，习近平强调，“依法执政，关键是依宪执政。新形势下，我们党要履行好执政兴国的重大职责，必须依据党章从严治党、依据宪法治国理政。党领导人民制定宪法和法律，党领导人民执行宪法和法律，党自身必须在宪法和法律范围内活动，真正做到党领导立法、保证执法、带头守法”[①]。依宪执政是党领导人民治理国家、执政党执政方式的历史飞跃。改进中国共产党的执政方式，最要紧的是做到“三个善于”，即善于使党的主张通过法定程序变成国家意志，善于使党组织推荐的人选通过法定程序成为国家领导人员，善于通过国家政权机关实施党对国家和社会的领导。只有坚持依宪执政，才能保证中国共产党长期执政，才能保证党和国家长治久安。在推进依宪治国、建设社会主义法治国家的历史进程中，作为执政党的中国共产党能不能遵守宪法、能不能做到依宪执政，是关系到党和国家前途和命运的重大抉择。依宪执政要求执政党在宪法和法律范围内活动，这就意味着执政党需要将自己的治国主张依照法定程序上升为国家法律，并将其贯穿于国家事务管理的全过程和各方面。

（二）依规治党必须加强党内法规制度建设

依宪治国、依宪执政必须依规治党。治国必先治党，治党务必从严，从严必有法度。依规治党是中国共产党按照党规治理党的思想和实践，依规治党首先必须加强党内法规制度建设。习近平强调，加强党内法规制度建设是全面从严治党的长远之策、根本之策。我们党要履行好执政兴国的重大历史使命、赢得具有许多新的历史特点的伟大斗争胜利、实现党和国家的长治久安，必须坚持依法治国与制度治党、依规治党统筹推进、一体建设。要加快形成完备的法律规范体系、高效的法治实施体系、严密的法治监督体系、有力的法治保障体系，形成完善的党内

---

① 习近平：《论坚持全面依法治国》，中央文献出版社 2020 年版，第 15 页。

法规体系。[1] 完善的党内法规体系要坚持依法治国和依规治党有机统一，确保党既依据宪法法律治国理政，又依据党内法规管党治党、从严治党。涵括党内法规体系的中国特色社会主义法治体系是中国特色社会主义制度的重要组成部分，必须牢牢把握中国特色社会主义这个定性，正确处理政治和法治、改革和法治、依法治国和以德治国、依法治国和依规治党的关系，在坚持党的全面领导、保证人民当家作主等重大问题上做到头脑特别清晰、立场特别坚定。要发挥依规治党对党和国家事业发展的政治保障作用，形成国家法律和党内法规相辅相成的格局。

（三）依规治党站在新的历史起点上

2021 年 7 月 1 日，习近平总书记在庆祝中国共产党成立 100 周年大会上宣布，我们党已经“形成比较完善的党内法规体系”。这是党的建设史特别是党内法规制度建设史上的一个重要里程碑，标志着党内法规制度建设由此迈入高质量发展新阶段，全面从严治党、依规治党站在新的历史起点上。[2] 十九届六中全会《决议》总结全面从严治党经验时指出，党坚持依规治党，严格遵守党章，形成比较完善的党内法规体系，严格制度执行，党的建设科学化、制度化、规范化水平明显提高。[3] 习近平进一步强调，我们党历来重视党内法规制度建设，注重运用党内法规管党治党、提高党的执政能力和领导水平。党的十八大以来，以习近平同志为核心的党中央坚持全面从严治党、依规治党，严格执行党章，形成比较完善的党内法规体系，制度权威性和执行力不断增强，党内法规制度建设取得显著成绩，积累了新的重要经验。要增强依规治党的自觉性和

---

① 参见习近平：《坚定不移走中国特色社会主义法治道路　为全面建设社会主义现代化国家提供有力法治保障》，载《求是》2021 年第 5 期。

② 参见中共中央办公厅法规局：《中国共产党党内法规体系》，载《人民日报》2021 年 8 月 4 日，第 1 版。

③ 参见《中共中央关于党的百年奋斗重大成就和历史经验的决议》，人民出版社 2021 年版，第 32 页。

坚定性，把牢政治方向，提高政治站位，扛起政治责任，紧紧围绕党和国家工作大局继续推进党内法规制度建设。要发挥好党内法规在维护党中央集中统一领导、保障党长期执政、党和国家长治久安方面的重大作用，在推进新时代党的建设新的伟大工程、落实全面从严治党方面的重大作用，确保党在坚持和发展中国特色社会主义的历史进程中始终成为坚强领导核心，为全面建设社会主义现代化国家、实现中华民族伟大复兴的中国梦提供坚强政治保证。[①]

（四）党内法规已从一个纲领、一部党章发展为一个比较完善的体系

2018 年 8 月 24 日，习近平在中央全面依法治国委员会第一次会议上强调，依规治党深入党心，依法治国才能深入民心。党的十八大以来，我们制定修订了 140 多部中央党内法规，出台了一批标志性、关键性、基础性的法规制度，有规可依的问题基本得到解决。[②] 截至 2021 年 7 月 1 日，全党现行有效党内法规共 3615 部。其中，党中央制定的中央党内法规 211 部，中央纪律检查委员会以及党中央工作机关制定的部委党内法规 163 部，省、自治区、直辖市党委制定的地方党内法规 3241 部。党内法规使用党章、准则、条例、规定、办法、规则、细则 7 类名称，现行有效党内法规包括党章 1 部，准则 3 部，条例 43 部，规定 850 部，办法 2034 部，规则 75 部，细则 609 部。[③] 主要包括：《中国共产党章程》《关于新形势下党内政治生活的若干准则》《廉洁自律准则》《中央委员会工作条例》《中共中央政治局关于改进工作作风、密切联系群众的八项规定》《中共中央政治局关于加强和维护党中央集中统一领导的若干规定》《地方党委工作条例》《国有企业基层组织工作条例（试

① 参见《习近平作出重要指示强调　发挥好党内法规在维护党中央集中统一领导　保障党长期执政和国家长治久安方面的重大作用》，载《人民日报》2021 年 12 月 21 日，第 1 版。

② 参见习近平：《论坚持全面依法治国》，中央文献出版社 2020 年版，第 223 页。

③ 参见中共中央办公厅法规局：《中国共产党党内法规体系》，载《人民日报》2021 年 8 月 4 日，第 1 版。

行)》《支部工作条例(试行)》《党组工作条例》《工作机关条例(试行)》《组织工作条例》《宣传工作条例》《统一战线工作条例》《政法工作条例》《机构编制工作条例》《重大事项请示报告条例》《党校(行政学院)工作条例》《党政领导干部选拔任用工作条例》《党员权利保障条例》《党政领导干部考核工作条例》《党务公开条例(试行)》《军队党的建设条例》《中国人民解放军政治工作条例》《党内功勋荣誉表彰条例》《国家功勋荣誉表彰条例》《党内监督条例》《巡视工作条例》《问责条例》《纪律处分条例》《党内法规制定条例》《党徽党旗条例》等。历经百年日积月累,党内法规已从一个纲领、一部党章发展为一个比较完善的体系。①

中国式法治现代化需要依规治党和思想建党同向发力。思想建党是我们党的传家宝,依规治党是全面从严治党的长远之策。党的十八大以来,以习近平同志为核心的党中央坚持依法执政,把思想建党和制度治党紧密结合,推进党内教育常态化制度化,坚持尊崇党章、依规治党,加强纪律建设,扎实制度笼子,形成比较完善的党内法规体系,实现依规治党和依法治国有机统一,执行制度的力度、广度和精度不断提升,确保依法执政落地生根。②

四、依法行政推进法治政府建设

走中国式法治现代化新道路,必须坚持依法行政,推进法治政府建设。依法治国、依法执政、依法行政是一个有机整体,关键是各级政府要坚持依法行政。党的九届全国人大二次会议通过的宪法修正案规定"中华人民共和国实行依法治国,建设社会主义法治国家",从而使依法治国基本方略上升到国家根本大法。依法行政是依法治国的重要组成部分,在很大程度上对依法治国基本方略的实行具有决定性的意义。依

① 参见宋功德:《党内法规的百年演进与治理之道》,载《中国法学》2021 年第 5 期。

② 参见《〈中共中央关于党的百年奋斗重大成就和历史经验的决议〉辅导读本》,人民出版社 2021 年版,第 62 页。

法治国反映了新时期执政党领导方式的基本特征。依法行政作为依法治国基本方略的重要组成部分,反映了行政机关运作方式的基本特征,且其本身就是体现党的执政地位和执政作用的重要方面。行政权力的运用,充分体现着国家政权的性质,密切联系社会公共利益和公民的个人利益,事关中国特色社会主义事业的兴衰成败。推进全面依法治国,法治政府建设是重点任务和主体工程,对法治国家、法治社会建设具有示范带动作用,要率先突破。要用法治给行政权力定规矩、划界限,规范行政决策程序,健全政府守信践诺机制,提高依法行政水平。要根据新发展阶段的特点,围绕推动高质量发展、构建新发展格局,加快转变政府职能,加快打造市场化、法治化、国际化营商环境,推动形成全国统一、公平竞争、规范有序的市场体系。[①]

(一)推进政府机构职能优化协同高效

坚持优化政府组织结构与促进政府职能转变、理顺部门职责关系统筹结合,使机构设置更加科学、职能更加优化、权责更加协同。构建简约高效的基层管理体制,实行扁平化和网格化管理。推进编制资源向基层倾斜,鼓励、支持从上往下跨层级调剂使用行政和事业编制。全面实行政府权责清单制度,推动各级政府高效履职尽责。调整完善地方各级政府部门权责清单,加强标准化建设,实现同一事项的规范统一。严格执行市场准入负面清单,普遍落实"非禁即入",分级分类推进行政审批制度改革,坚决防止以备案、登记、行政确认、征求意见等方式变相设置行政许可事项,推行行政审批告知承诺制。深化投资审批制度改革,推进投资领域行政执法监督。根据不同领域特点和风险程度确定监管内容、方式和频次,提高监管精准化水平。加快建设服务型政府,提高政务服务效能。[②]

---

① 参见《求是》杂志编辑部:《指导新时代全面依法治国的纲领性文献》,载《求是》2021 年第 5 期。

② 参见《法治政府建设实施纲要(2021—2025 年)》,中国法制出版社 2021 年版,第 4 ~ 6 页。

（二）推进政府治理规范化程序化法治化

坚持科学立法、民主立法、依法立法，着力实现政府立法质量和效率并重并进，努力使政府治理各方面制度更加健全、更加完善。首先，加强重要领域立法。积极推进国家安全、科技创新、公共卫生、文化教育、民族宗教、生物安全、生态文明、防范风险、反垄断、涉外法治等重要领域立法，健全国家治理急需的法律制度、满足人民日益增长的美好生活需要必备的法律制度。及时跟进研究数字经济、互联网金融、人工智能、大数据、云计算等相关法律制度，抓紧补齐短板，以良法善治保障新业态新模式健康发展。其次，完善立法工作机制。增强政府立法与人大立法的协同性，完善立法论证评估制度，加大立法前评估力度，认真论证评估立法项目必要性、可行性。建立健全立法风险防范机制，积极运用新媒体新技术拓宽公众参与立法渠道，完善立法听证、民意调查机制。修改法规规章备案条例，推进政府规章层级监督，强化省级政府备案审查职责。推进区域协同立法，强化计划安排衔接、信息资源共享、联合调研论证、同步制定修改。最后，加强行政规范性文件制定监督管理。依法制定行政规范性文件，建立健全行政规范性文件制定协调机制，健全行政规范性文件动态清理工作机制。加强对行政规范性文件制定和管理工作的指导监督，推动管理制度化规范化。全面落实行政规范性文件合法性审核机制，严格落实行政规范性文件备案审查制度。[①]

（三）提升行政决策公信力和执行力

坚持科学决策、民主决策、依法决策，着力实现行政决策程序规定严格落实、决策质量和效率显著提高。首先，强化依法决策意识。各级行政机关负责人要牢固树立依法决策意识，严格遵循法定权限和程序作出决策，确保决策内容符合法律法规规定。行政机关主要负责人作出重大决策前，应当听取合法性审查机构的意见。把是否遵守决策程序制度、是否做到依法决策作为对政府部门党组（党委）开展巡视巡察和对行政

① 参见《法治政府建设实施纲要（2021—2025年）》，中国法制出版社2021年版，第7～9页。

机关主要负责人开展考核督察、经济责任审计的重要内容。其次,严格落实重大行政决策程序。充分发挥风险评估功能,确保所有重大行政决策都严格履行合法性审查和集体讨论决定程序,推行重大行政决策事项年度目录公开制度。涉及社会公众切身利益的重要规划、重大公共政策和措施、重大公共建设项目等,应当通过举办听证会等形式加大公众参与力度,建立健全决策过程记录和材料归档制度。最后,加强行政决策执行和评估。完善行政决策执行机制,决策机关应当在决策中明确执行主体、执行时限、执行反馈等内容。建立健全重大行政决策跟踪反馈制度,依法推进决策后评估工作,将决策后评估结果作为调整重大行政决策的重要依据,严格落实重大行政决策终身责任追究制度和责任倒查机制。[①]

（四）推进依法行政严格规范公正文明执法

各级政府和政府各部门的工作人员特别是领导干部要从巩固我们党的执政地位、维护国家政权的高度,根据我国人民民主专政的社会主义国家性质,全面、深刻地领会依法行政的精神实质,充分认识依法行政的重大意义,增强依法行政的自觉性,不断提高依法行政的能力和水平。[②] 各级政府和政府各部门及其工作人员的一切行政行为必须符合法律、法规规范,切实做到依法办事、严格执法。从严治政,依法行政,必须铁面无私,执法如山,决不允许滥用职权、执法犯法、徇私枉法。要坚决消除执法中的腐败现象,坚持纠正不顾国家全局利益和人民根本利益的本位主义和地方保护主义。对违法者,不论涉及什么单位、什么人,都要依法严肃查处,以儆效尤。因此,习近平指出:“全面依法治国是国家治理的一场深刻革命,必须坚持厉行法治,推进科学立法、严格执法、公正司法、全民守法。推进科学立法、民主立法、依法立法,以良法促进发展、保障善治。建设法治政府,推进依法行政,严格规范

---

① 参见《法治政府建设实施纲要(2021—2025年)》,中国法制出版社2021年版,第9~11页。

② 参见中共中央文献研究室编:《十五大以来重要文献选编》(中),人民出版社2001年版,第1064页。

公正文明执法。”[①]

（五）用法治给行政权力定规矩、划界限

法治政府就是政府在行使权力、履行职责过程中坚持法治原则，严格依法行政，政府的各项权力都在法治轨道上运行。各级人民政府从决策、执行到监督的整个过程都纳入法治化轨道，权利与责任紧密相联，集阳光政府、有限政府、诚信政府、责任政府于一身。法治政府建设要求各级政府全面推进依法行政，深化“放管服”改革，进一步厘清政府与市场、政府与社会的边界，推动有效市场和有为政府更好结合，加大政务公开力度，强化对行政权力的制约和监督，不断提高政府公信力和执行力，为保障经济又好又快发展和社会和谐稳定发挥更大的作用。法治政府建设的关键是要推进政府法制建设，尤其是通过完善行政主体法律制度、行政行为法律制度、行政监督与救济法律制度、国家公务员法律制度，以及重大决策听证制度、重要事项公示制度、重点工作通报制度、政务信息查询制度给行政权力定规矩、划界限，制定政府部门权力和责任清单，建立健全政府行政的法律依据和督促政府依法行政的法律制度。依法行政建设法治政府，是全面落实依法治国基本方略的重要内容，成为政府施政的基本准则。

继 1999 年颁布《关于全面推进依法行政的决定》后，2004 年国务院又发布《全面推进依法行政实施纲要》，明确了建设法治政府的目标，提出了全面推进依法行政的指导思想和具体目标、基本原则和要求、主要任务和措施。党的十八大以来，法治政府建设取得重大进展。面对推进国家治理体系和治理能力现代化的新形势新任务，法治政府建设还需要持续深化推进。习近平强调，要深入推进依法行政，加快建设法治政府。各级行政机关必须依法履行职责，坚持法定职责必须为、法无授权不可为，决不允许任何组织或者个人有超越法律的特权。[②] 政府是执法主

① 习近平：《论坚持全面依法治国》，中央文献出版社 2020 年版，第 186 页。

② 参见习近平：《论坚持全面依法治国》，中央文献出版社 2020 年版，第 74 页。

体,对执法领域存在的有法不依、执法不严、违法不究甚至以权压法、权钱交易、徇私枉法等突出问题,必须下大气力解决。各级政府必须坚持在党的领导下、在法治轨道上开展工作,加快建设职能科学、权责法定、执法严明、公开公正、廉洁高效、守法诚信的法治政府。[①] 2021 年 8 月 11 日,中共中央、国务院印发《法治政府建设实施纲要(2021—2025 年)》,强调党的十八大以来,特别是《法治政府建设实施纲要(2015—2020 年)》贯彻落实 5 年来,各地区各部门多措并举、改革创新,法治政府建设取得重大进展。党对法治政府建设的领导不断加强,责任督察和示范创建活动深入实施,法治政府建设推进机制基本形成;"放管服"改革纵深推进,营商环境大幅优化;依法行政制度体系日益健全,重大行政决策程序制度初步建立,行政决策公信力持续提升;行政执法体制机制改革大力推进,严格规范公正文明执法水平普遍提高;行政权力制约和监督全面加强,违法行政行为能够被及时纠正查处;社会矛盾纠纷依法及时有效化解,行政争议预防化解机制更加完善;各级公务员法治意识显著增强,依法行政能力明显提高。[②]

在现实生活中,依法行政还存在一些亟待解决的突出问题。比如一些行政机关违法行使职权或者不作为造成对国家和社会公共利益侵害或者有侵害危险的案件,如国有资产保护、国有土地使用权转让、生态环境和资源保护等,由于这些案件与公民、法人和其他社会组织没有直接利害关系,公民、法人和其他社会组织没有也无法提起公益诉讼,导致违法行政行为缺乏有效司法监督,不利于促进依法行政、严格执法,也不利于加强对公共利益的保护。由检察机关提起公益诉讼,有利于优化司法职权配置、完善行政诉讼制度,也有利于推进法治政府建设。[③] 推进严格执法,重点是解决执法不规范、不严格、不透明、不文明以及不作为、乱作为等突出问题。要以建设法治政府为目标,建立行政机关内部重大决

---

① 参见习近平:《论坚持全面依法治国》,中央文献出版社 2020 年版,第 97 页。

② 参见《法治政府建设实施纲要(2021—2025 年)》,中国法制出版社 2021 年版,第 1 ~ 2 页。

③ 参见习近平:《论坚持全面依法治国》,中央文献出版社 2020 年版,第 101 页。

策合法性审查机制，积极推行政府法律顾问制度，推进机构、职能、权限、程序、责任法定化，推进各级政府事权规范化、法律化。要全面推进政务公开，强化对行政权力的制约和监督，建立权责统一、权威高效的依法行政体制。要严格执法资质、完善执法程序，建立健全行政裁量权基准制度，确保法律公正、有效实施。

（六）加快转变政府职能，加快打造市场化、法治化、国际化营商环境

习近平多次强调，要根据新发展阶段的特点，围绕推动高质量发展、构建新发展格局，加快转变政府职能，加快打造市场化、法治化、国际化营商环境，打破行业垄断和地方保护，打通经济循环堵点，推动形成全国统一、公平竞争、规范有序的市场体系。[①] 市场经济是法治经济，要用法治来规范政府和市场的边界。法治政府建设需要加快转变政府职能，要用法律和制度遏制一些政府部门不当干预经济的惯性和冲动，解决好政府职能越位、缺位、错位的问题。无论是化解地方隐形债务，还是处理“僵尸企业”、淘汰落后产能等，都要依法依规解决，不能简单靠行政命令和手段。[②] 法治既是市场经济的内在要求，也是其良性运行的根本保障。习近平鲜明提出，“法治是最好的营商环境”[③]的重要论断，这为优化营商环境，支持市场主体平等竞争、蓬勃发展，推动中国经济实现高质量发展指明了方向。坚持将优化营商环境建设全面纳入法治化轨道，把依法平等保护各类市场主体产权和合法权益贯彻到立法、执法、司法、守法等各个环节，对于构建统一开放、竞争有序的现代市场体系，推进国家治理体系和治理能力现代化，必将产生更加深远的影响。创造市场化、法治化、国际化的营商环境，科学立法是前提。“立善法于天下，则天下治；立善法于一国，则一国治。”良法善治是政府行使经济职能的制度性安排和权威性表达，具有稳定性和可预期性，是企业投资兴业的主要参考和决策依据。

---

① 参见习近平：《坚定不移走中国特色社会主义法治道路　为全面建设社会主义现代化国家提供有力法治保障》，载《求是》2021 年第 5 期。

② 参见习近平：《论坚持全面依法治国》，中央文献出版社 2020 年版，第 255 页。

③ 习近平：《论坚持全面依法治国》，中央文献出版社 2020 年版，第 254 页。

目前，我国基本上建立了以《优化营商环境条例》为主干、以各类政策文件为补充、以地方优化营商环境立法为支干的优化营商环境立法体系。继续制定完善契合现代化经济体系需要的法治体系，才能更好发挥法治的固根本、稳预期、利长远作用。在现代市场经济条件下，各类市场主体最期盼的是平等的法律保护。为此，习近平强调，一次不公正的执法司法活动，对当事人而言，轻则权益受损，重则倾家荡产。要把平等保护贯彻到立法、执法、司法、守法等各个环节，依法平等保护各类市场主体产权和合法权益。对滥用查封、扣押、冻结财产等强制措施，把民事纠纷刑事化，搞选择性执法、偏向性司法的，要严肃追责问责。[①] 此外，法治政府建设还需要在行政执法上下功夫，习近平强调，行政执法工作面广量大，一头连着政府，一头连着群众，直接关系群众对党和政府的信任、对法治的信心。针对近年来整治执法不规范、乱作为等问题取得的成效，及存在的突出问题，习近平明确提出三个方面要求：一是推进严格规范公正文明执法，提高司法公信力；二是让执法既有力度又有温度；三是加强省市县乡四级全覆盖的行政执法协调监督工作体系建设，强化全方位、全流程监督，提高执法质量。[②]

(七)促进行政权力规范透明运行

坚持有权必有责、有责要担当、失责必追究，着力实现行政决策、执行、组织、监督既相互制约又相互协调，确保对行政权力制约和监督全覆盖、无缝隙，使党和人民赋予的权力始终用来为人民谋幸福。第一，形成监督合力。坚持将行政权力制约和监督体系纳入党和国家监督体系全局统筹谋划，突出党内监督主导地位。推动党内监督与人大监督、民主监督、行政监督、司法监督、群众监督、舆论监督等各类监督有机贯通、相互协调。积极发挥审计监督、财会监督、统计监督、执法监督、行政复议等的监督作用。自觉接受纪检监察机关监督，对行政机关公职人员违法

---

① 参见习近平：《论坚持全面依法治国》，中央文献出版社 2020 年版，第 254 ~ 255 页。

② 参见《求是》杂志编辑部：《指导新时代全面依法治国的纲领性文献》，载《求是》2021 年第 5 期。

行为严格追究法律责任，依规依法给予处分。第二，加强和规范政府督查工作。县级以上政府依法组织开展政府督查工作，重点对党中央、国务院重大决策部署落实情况、上级和本级政府重要工作部署落实情况、督查对象法定职责履行情况、本级政府所属部门和下级政府的行政效能开展监督检查，保障政令畅通，督促提高行政效能、推进廉政建设、健全行政监督制度。积极发挥政府督查的激励鞭策作用，坚持奖惩并举，对成效明显的按规定加大表扬和政策激励力度，对不作为乱作为的依规依法严肃问责。进一步明确政府督查的职责、机构、程序和责任，增强政府督查工作的科学性、针对性、实效性。第三，加强对行政执法制约和监督。加强行政执法监督机制和能力建设，充分发挥行政执法监督统筹协调、规范保障、督促指导作用，全面落实行政执法责任，严格按照权责事项清单分解执法职权、确定执法责任。加强和完善行政执法案卷管理和评查、行政执法机关处理投诉举报、行政执法考核评议等制度建设。大力整治重点领域行政执法不作为、乱作为，执法不严格、不规范、不文明、不透明等突出问题，围绕中心工作部署开展行政执法监督专项行动，建立并实施行政执法监督员制度。第四，全面主动落实政务公开。坚持以公开为常态、不公开为例外，用政府更加公开透明赢得人民群众更多理解、信任和支持。加强公开制度化、标准化、信息化建设，提高政务公开能力和水平。全面提升政府信息公开申请办理工作质量，依法保障人民群众合理信息需求。鼓励开展政府开放日、网络问政等主题活动，增进与公众的互动交流。加快构建具有中国特色的公共企事业单位信息公开制度。第五，加快推进政务诚信建设。健全政府守信践诺机制，建立政务诚信监测治理机制，建立健全政务失信记录制度，将违约毁约、拖欠账款、拒不履行司法裁判等失信信息纳入全国信用信息共享平台并向社会公开。建立健全政府失信责任追究制度，加大失信惩戒力度，重点治理债务融资、政府采购、招标投标、招商引资等领域的政府失信行为。①

---

① 参见《法治政府建设实施纲要（2021—2025年）》，中国法制出版社2021年版，第18～21页。

（八）全面建设数字法治政府

坚持运用互联网、大数据、人工智能等技术手段促进依法行政，着力实现政府治理信息化与法治化深度融合，优化革新政府治理流程和方式，大力提升法治政府建设数字化水平。首先，加快推进信息化平台建设。地方政府统筹建成本地区各级互联、协同联动的政务服务平台，实现从省（自治区、直辖市）到村（社区）网上政务全覆盖。分级分类推进新型智慧城市建设，促进城市治理转型升级。加强政府信息平台建设的统筹规划，优化整合各类数据、网络平台，防止重复建设。其次，加快推进政务数据有序共享。建立健全政务数据共享协调机制，进一步明确政务数据提供、使用、管理等各相关方的权利和责任，推动数据共享和业务协同，形成高效运行的工作机制，构建全国一体化政务大数据体系，加强政务信息系统优化整合。加快推进身份认证、电子印章、电子证照等统一认定使用，优化政务服务流程。加强对大数据的分析、挖掘、处理和应用，善于运用大数据辅助行政决策、行政立法、行政执法工作。建立健全运用互联网、大数据、人工智能等技术手段进行行政管理的制度规则。在依法保护国家安全、商业秘密、自然人隐私和个人信息的同时，推进政府和公共服务机构数据开放共享，优先推动民生保障、公共服务、市场监管等领域政府数据向社会有序开放。最后，深入推进“互联网＋”监管执法。加强国家“互联网＋监管”系统建设，积极推进智慧执法，加强信息化技术、装备的配置和应用。探索推行以远程监管、移动监管、预警防控为特征的非现场监管，解决人少事多的难题。加快建设全国行政执法综合管理监督信息系统，将执法基础数据、执法程序流转、执法信息公开等汇聚一体，建立全国行政执法数据库。①

五、依法自治推进法治社会建设

党的十八大以来，法治社会建设取得了重大进展。“法治社会”是

① 参见《法治政府建设实施纲要（2021—2025 年）》，中国法制出版社 2021 年版，第 21～23 页。

一个内涵丰富的重要法治概念。“什么样的社会算是法治社会呢?习近平总书记的一系列论述给出的答案是:党政依法治理、社会依法自治、全民自觉守法、矛盾依法化解、建成平安中国。”①

(一)法治社会是自治、法治、德治的有机结合

法治社会是全部社会生活的民主化、法治化、自治化,包括社会基层群众的民主自治,各社会组织、行业的自律,企事业单位和社区的民主管理,社会意识、社会行为、社会习惯都渗透着民主的法治精神,形成一种受社会强制力制约、由社会道德规范和社会共同体的组织规范所保障的法治文明。法治社会是法治国家建设的基础和依托,法治国家建设必须筑牢法治社会根基。全民守法是全面依法治国的长期性、基础性工程。法律要发挥作用,需要全社会信仰法律。法律的权威源自人民的内心拥护和真诚信仰。只有全面增强全民法治观念,让法治成为全民思维方式和行为习惯,加快建设法治社会,才能夯实法治国家建设的社会基础。要适应新时代我国社会主要矛盾的变化,在民主、法治、公平、正义、安全、环境等方面采取更多更有效的举措,推进全民普法,促进全民守法,发挥市民公约、乡规民约、行业规章、团体章程等社会规范在社会治理中的积极作用,推动多层次多领域依法治理,提高社会治理法治化水平,充分调动全社会推进中国特色社会主义法治建设的积极性、主动性、创造性,努力为法治国家建设奠定更加坚实的社会基础。推进法治社会建设,要紧紧围绕建设社会主义法治国家的目标进行顶层设计、完善体制机制、明确工作重点、作出部署安排。

(二)公平正义是法治社会的基本价值追求

法治社会与人治社会最大的区别在于,在法治社会中,社会公平正义是一切国家机关、社会组织和公民个人的基本价值追求。法治作为治国理政的基本方式,之所以得到全社会的认可和支持,就在于按照法治

---

① 张文显:《习近平法治思想研究(下)——习近平全面依法治国的核心观点》,载《法制与社会发展》2016 年第 4 期。

原则办事,每一个人都能体会到公平正义。在法治社会中,以实现社会公平正义为目标,就可以使人们之间的交往成本降到最低。因为只要按照宪法和法律办事,一切国家机关、社会组织和公民个人的行为就具有明确的"可预期性",人们就会在趋利避害的心理引导下,追求法治所设计的制度公平正义。在解决法律矛盾、纠纷和各种利益冲突中,更需要将公平正义作为解决法律争议的首选价值目标。按照公平正义原则的要求来处理纠纷、化解矛盾,人们就会心服口服,对司法机关的判决就会从内心深处真正接受。如果不努力让人民群众在每一个司法案件中都感受到公平正义,人民群众就不会相信司法机关,也不会相信党和政府。维护和实现社会公平正义,关系我们党执政的群众基础和制度根基。各级党政机关和领导干部必须把依法办事与追求公平正义紧密地结合在一起,从而赢得信任、赢得民心。

(三)促进法治社会的和谐有序

早在2005年,习近平总书记在浙江工作期间就特别强调,和谐社会是秩序良好的社会,它要求社会依照既定的规则有序运行,反对无序化和无序状态。实现社会和谐有赖于人们对法律的信仰和遵循。只有把社会生活的基本方面纳入法治的调整范围,经济、政治、文化和谐发展与社会全面进步才有切实的保障,整个社会才能成为一个和谐的社会。社会主义和谐社会的"六大特征"都具有法治的属性,"民主法治"是公共权力与公民权利的和谐,"公平正义"是社会规则与个人能力的和谐,"诚信友爱"是人与人之间关系的和谐,"充满活力"是社会成员的积极性、创造性与经济社会发展的和谐,"安定有序"是公民的行为方式与社会秩序的和谐,"人与自然和谐相处"是生产、生活、生态良性互动的和谐。在推进和谐社会建设中,无论是人与社会的和谐关系、人与人的和谐关系、人与自然的和谐关系,还是公共权力与个人权利的和谐关系,都必然会表现为一定的法律关系。从这一意义上说,和谐社会本质上是法治社会。同时,法治也为社会和谐提供重要保证。法治通过调节社会各种利益关系来维护和实现公平正义,法治为人们之间的诚信友爱创造良好的社会环境，法治为激发社会活力创造条件，法治为维护社会安定有序提供保障，法治为人与自然的和谐提供制度支持。[①] 2014 年 10 月 23 日，习近平在党的十八届四中全会第二次全体会议上更进一步强调，我国改革发展稳定形势总体是好的，但发展中不平衡、不协调、不可持续问题依然突出，人民内部矛盾和其他社会矛盾凸显，党风政风也存在一些不容忽视的问题，其中大量矛盾和问题与有法不依、执法不严、违法不究相关。市场经济应该是法治经济，和谐社会应该是法治社会。[②]

（四）全民守法是法治社会建设的基础性工程

全民守法是建设法治中国的重要环节，是弘扬法治精神的基础工程。只有增强全社会厉行法治的积极性和主动性，让法律成为全民信仰，才能最终建成法治社会。全民守法，不仅要求全体中国公民在法律面前人人平等地学法、守法、用法，而且要求一切在华工作、学习、生活、旅游的外国人、外国公司以及其他无中国国籍者都必须遵守中国的宪法和法律，任何个人和组织都不得有超越宪法和法律的特权。习近平强调，全民守法是法治社会的基础工程。普法工作要紧跟时代，在针对性和实效性上下功夫，落实“谁执法，谁普法”的普法责任制，特别是要加强青少年法治教育，不断提升全体公民的法治意识和法治素养，使法治成为社会共识和基本准则；要强化依法治理，培育全社会办事依法、遇事找法、解决问题用法、化解矛盾靠法的法治环境。[③]

（五）运用法治思维法治方式营造良好的法治环境

“善禁者，先禁其身而后人；不善禁者，先禁人而后身。”法治思维是将法律作为判断是非和处理事务的准绳，它要求崇尚法治、尊重法律，善于运用法律手段解决问题和推进工作。习近平强调，领导干部要提高依法办事能力，营造良好的法治环境，提高运用法治思维和法治方式深化

---

① 参见习近平：《之江新语》，浙江人民出版社 2007 年版，第 204 页。

② 参见习近平：《论坚持全面依法治国》，中央文献出版社 2020 年版，第 103 页。

③ 参见《求是》杂志编辑部：《指导新时代全面依法治国的纲领性文献》，载《求是》2021 年第 5 期。

改革、推动发展、化解矛盾、维护稳定的能力，努力推动形成办事依法、遇事找法、解决问题用法、化解矛盾靠法的良好法治环境，在法治轨道上推动各项工作。领导干部要牢记法律红线不可逾越、法律底线不可触碰，带头遵守法律、执行法律，带头营造办事依法、遇事找法、解决问题用法、化解矛盾靠法的法治环境。谋划工作要运用法治思维，处理问题要运用法治方式，说话做事要先考虑一下是不是合法，把握不准的就要去查一查党纪国法是怎样规定的，还可以请法律专家、法律顾问帮助把把关。领导干部要把对法治的尊崇、对法律的敬畏转化成思维方式和行为方式，做到在法治之下而不是法治之外更不是法治之上想问题、作决策、办事情。现在，广大干部群众的民主意识、法治意识、权利意识普遍增强，全社会对公平正义的渴望比以往任何时候都更加强烈，如果领导干部仍然习惯于人治思维、迷恋于以权代法，那十个有十个要栽大跟头。领导干部提高法治思维和依法办事能力，关键要做到以下几点：一要守法律、重程序，这是法治的第一位要求。二要牢记职权法定，明白权力来自哪里、界线划在哪里，做到法定职责必须为、法无授权不可为。三要保护人民权益，这是法治的根本目的。四要受监督，这既是对领导干部行使权力的监督，也是对领导干部正确行使权力的制度保护。[①]

（六）法治社会建设既要抓末端更要抓前端

古人说："消未起之患、治未病之疾，医之于无事之前。"我国国情决定了我们不能成为"诉讼大国"。我国有 14 多亿人口，如果大大小小的事都要打官司，那司法系统必然不堪重负。要推动更多法治力量向引导和疏导端用力，完善预防性法律制度。[②] 近年来，随着社会矛盾增多，全国法院受理案件数量不断增加，尤其是大量案件涌入最高人民法院，导致审判接访压力增大，息诉罢访难度增加，不利于最高人民法院发挥监督指导全国法院工作职能，不利于维护社会稳定，不利于方便当事人诉

① 参见习近平：《论坚持全面依法治国》，中央文献出版社 2020 年版，第 141 页。

② 参见习近平：《坚定不移走中国特色社会主义法治道路　为全面建设社会主义现代化国家提供有力法治保障》，载《求是》2021 年第 5 期。

讼。党的十八届四中全会提出，最高人民法院设立巡回法庭，审理跨行政区域重大行政和民商事案件。这样做，有利于审判机关重心下移、就地解决纠纷、方便当事人诉讼，有利于最高人民法院本部集中精力制定司法政策和司法解释、审理对统一法律适用有重大指导意义的案件。[①] 深入推进全面依法治国，必须要加强对法治建设的组织领导，重大部署、重要任务、重点工作要抓在手上，确保落到实处。要强化法治观念，严格依法办事，不断提高各领域工作法治化水平。法治工作部门要全面履职尽责。中央依法治国办要履行统筹协调、督促检查、推动落实的职责，及时发现问题，推动研究解决。要力戒形式主义、官僚主义，确保全面依法治国各项任务真正落到实处。[②] 预防性法律制度，主要是为防范各类矛盾纠纷发生而制定的一系列法律规范和制度。新时代"枫桥经验"就是注重运用多种社会矛盾纠纷化解机制，将矛盾纠纷消弭在事前、化解在基层。被称为矛盾纠纷化解的"东方经验"的调解制度是具有中国特色的预防性法律制度，人民调解员植根基层、来自群众，熟悉社情民意，有助更好满足广大人民群众诉求，预防社会矛盾升级。要通过各种线上线下、形式多样的学法、普法活动进行引导，通过现场、网络、电话、视频免费法律咨询和法律援助、人民调解、律师调解、行业调解等方式进行疏导，通过心理疏导、法律顾问、公证等方式进行预防，抓前端、治未病，对矛盾纠纷进行源头化解，最大限度地减少矛盾纠纷进入司法程序的数量，降低信访量，节约司法和信访成本，促进社会和谐稳定。在全面依法治国过程中，要找准预防性制度建设的着力点，积极回应人民群众的新要求新期待，提升用法治手段保障人民安居乐业的能力，从而不断增强人民群众的获得感幸福感安全感。

（七）坚持和发展新时代"枫桥经验"

诞生于20世纪60年代的"枫桥经验"，是党领导人民创造的一整套

---

① 参见习近平：《论坚持全面依法治国》，中央文献出版社2020年版，第99～100页。

② 参见习近平：《坚定不移走中国特色社会主义法治道路　为全面建设社会主义现代化国家提供有力法治保障》，载《求是》2021年第5期。

行之有效的社会治理方案,其本质和核心就是就地化解矛盾、解决纠纷,实现“小事不出村、大事不出镇、矛盾不上交”,这是基层社会治理的重要方式和成功经验,也是党的群众路线在社会治理领域的集中体现。“枫桥经验”就是培育全社会办事依法、遇事找法、解决问题用法、化解矛盾靠法的有效经验,是推进社会治理法治化的重要途径。习近平高度重视坚持发展新时代“枫桥经验”,在 2019 年 5 月 8 日召开的全国公安工作会议上,习近平强调,要把“枫桥经验”坚持好、发展好,把党的群众路线坚持好、贯彻好,充分发动群众、组织群众、依靠群众,推进基层社会治理创新,努力建设高水平的平安中国。2014 年 4 月 25 日,在十八届中央政治局第十四次集体学习时,习近平进一步强调,要全面推进依法治国,更好维护人民群众合法权益。对各类社会矛盾,要引导群众通过法律程序、运用法律手段解决,推动形成办事依法、遇事找法、解决问题用法、化解矛盾靠法的良好环境。我国改革发展稳定形势总体是好的,但发展中不平衡、不协调、不可持续问题依然突出,人民内部矛盾和其他社会矛盾凸显,党风政风也存在一些不容忽视的问题,其中大量矛盾和问题与有法不依、执法不严、违法不究相关。市场经济应该是法治经济,和谐社会应该是法治社会。解决制约持续健康发展的种种问题,克服部门保护主义和地方保护主义、维护市场秩序、保护知识产权、化解产能过剩、打击假冒伪劣产品、保护生态环境,保障人民民主、维护社会主义法制权威和尊严、克服执法不严和司法不公,解决人民最关心的教育、就业、收入分配、社会保障、医药卫生、住房等方面的突出问题,解决促进社会公平正义、完善互联网管理、加强安全生产、保障食品药品安全、改革信访工作制度、创新社会治理体制、维护社会和谐稳定等方面的难题,克服公器私用、以权谋私、贪赃枉法等现象,克服形式主义、官僚主义、享乐主义和奢靡之风,反对特权现象、惩治消极腐败现象等,都需要密织法律之网、强化法治之力。①

---

① 参见习近平:《论坚持全面依法治国》,中央文献出版社 2020 年版,第 103 ~ 104 页。

（八）完善社会矛盾纠纷多元预防调处化解综合机制

2020 年 3 月 30 日，习近平总书记在浙江考察时强调，基层是社会和谐稳定的基础。要完善社会矛盾纠纷多元预防调处化解综合机制，把党员、干部下访和群众上访结合起来，把群众矛盾纠纷调处化解工作规范起来，让老百姓遇到问题能有地方“找个说法”，切实把矛盾解决在萌芽状态、化解在基层。面对百年未有之大变局，社会矛盾纠纷进入高发期，利益格局调整、社会结构变化、组织形式变动加快，出现了群众合法权益的保护、群众不安情绪的疏导、群众合理诉求的解决等问题，新旧社会矛盾互相叠加，一些矛盾长期得不到解决很容易成为社会动荡不安的导火索。新形势、新矛盾、新诉求，倒逼我们必须采用多元化模式来化解基层社会矛盾，维护一方稳定、守护一方平安。中共中央印发《法治社会建设实施纲要（2020—2025 年）》，强调推进社会治理法治化，其中一项重要内容就是依法有效化解社会矛盾纠纷。因此，要坚持和发展新时代“枫桥经验”，完善社会矛盾纠纷多元预防调处化解综合机制，努力将矛盾纠纷化解在基层。化解矛盾纠纷是社会治理的重要内容。公正高效化解矛盾、定分止争，是推进国家治理体系和治理能力现代化的重要内容，也是法治社会建设的题中应有之义。

完善社会矛盾纠纷多元预防调处化解综合机制，强化矛盾纠纷源头预防，要大力弘扬“法为上、调为先、和为贵、让为贤”的调解文化，使人民群众的思想观念明显转变，引导群众理性表达诉求、依法化解纠纷。要建立重大矛盾源头风险评估机制，把矛盾纠纷源头发现及其预警研判工作纳入社会稳定风险评估体系建设，作为抓稳定风险评估机制和大调解层级管理机制建设的重要基础。要健全矛盾纠纷预警研判机制，矛盾纠纷调解协调机构与行政裁决、行政复议、仲裁、诉讼等矛盾纠纷多元化解法定职能部门要规范矛盾纠纷研判长效机制，健全定期与不定期、综合研判与重点研判相结合的矛盾纠纷研判常态工作制度。要按照层级管理、“谁主管，谁负责”和就近就快的原则，对排查受理的突出矛盾和问题，依照分析研判明确的调解措施和责任，第一时间调处化解矛盾纠纷,防止新产生的矛盾纠纷激化。要健全矛盾纠纷多元化解机制,规范人民调解工作,发挥人民调解源头化解矛盾纠纷的优势,增强人民调解的权威性和公信力。要健全行政调解制度,规范行政调解程序,认真办理行政复议、行政调解案件,化解矛盾纠纷。要深化"诉非衔接"工作,拓展司法调解范围,建立"诉非衔接"工作常态机制,规范诉讼与非诉讼方式在承办主体、办理程序、工作流程、运转机制、信息联络、处理效力等各个方面有效衔接。要发挥社会组织的辅助作用,建立健全社会力量参与矛盾纠纷调处化解机制,吸纳党员代表、人大代表、政协委员、律师和社会组织、新闻媒体等第三方参与矛盾纠纷调处化解工作。要进一步完善条块、部门之间联动开展矛盾纠纷排查、受理、调处、稳控和信息互通共享、工作"无缝对接"机制,规范衔接联动常态运行办法。要综合运用矛盾调处、权益保障、法制教育、心理疏导、困难帮扶等方式,及时化解和有效管控社会矛盾风险,最大限度发挥出矛盾纠纷多元化解机制整体作用。要完善群众来信件件有回复制度,将此作为及时解决群众诉求和改善信访秩序的重要抓手,让"来信与来访一样管用好用"成为社会共识,促使"来访"向"来信"转变,减轻群众"访累"和负担,减轻上级机关压力,推动形成良性信访秩序。①

(九)构建基层共建共治共享社会治理机制

党的十七大报告首次提出:"要健全党委领导、政府负责、社会协同、公众参与的社会管理格局,健全基层社会管理体制"。党的十八大报告增加了"法治保障"的要求,突出了法治在整个社会治理体制机制的地位和作用。党的十八届三中全会明确提出"创新社会治理体制",首次提出了"社会治理"的概念,实现了由"管理"向"治理"的转变,体现了当代中国共产党执政理念的重大转变和发展。党的十九大报告提出,"打造共建共治共享的社会治理格局"。十九届四中全会进一步提出建立和完善"共建共治共享社会治理制度",实现了由格局到制度的

---

① 参见《法治社会建设实施纲要(2020—2025年)》,人民出版社2020年版,第13~16页。

转变,无疑体现了运用制度进行法治社会建设的理念。基层是社会治理的深厚基础和重要支撑,治国安邦重在基层。要完善社会治理体系,健全党组织领导的自治、法治、德治相结合的城乡基层治理体系,调动各类社会主体,重视发挥他们在社会管理和公共服务领域的独特作用。要完善基层民主协商制度,实现政府治理同社会调节、居民自治良性互动,建设人人有责、人人尽责、人人享有的社会治理共同体。加强社区治理体系建设,形成基层治理新格局。深化居民自治制度,以法治保障社区在社会治理中的角色、承担的具体职责等,使社区依法在自治框架下发挥出应有的功能。充分调动在社区辖区范围内的单位、社团组织及社区居民参与社区建设与发展,积极发挥城乡社区的服务功能和管理功效。建立健全社会组织相关法律制度,在法律、法规中明确社会组织的运行机制、资金来源、权责、政府监督机制等,同时积极拓展开放公共服务市场,通过政府购置服务、建立鼓励弥补机制,引导激励社会组织参与社会治理。改善民生是社会治理创新的重要环节,实现社会治理现代化就是为了不断满足人民日益增长的美好生活需要,让广大人民群众实现治理成果共享。有效的制度安排与落实是实现全体人民共享发展成果的根本保证。只有以制度为基础保障,坚持社会治理为了人民,创新为民谋利、为民办事、为民解忧机制,才能真正实现发展为了人民、发展依靠人民,且发展成果由人民共享。因此,要不断完善民生保障制度,建立覆盖城乡、政府主导、可持续的公共服务体系等;建立民生制度落实的督查、问责机制和公共服务监管制度,在百姓敏感、关注度强的领域,如城乡居民大病保险、社会保障等制度建设方面要下足功夫,着力健全和不断夯实保障群众基本生活的制度基础,格外重视最需要关心的人群和最薄弱的环节,促进公共资源向基层延伸、向农村覆盖、向边远地区和生活困难群众倾斜,切实织就密实的民生保障网。

(十)依法治理网络空间

党的十八大以来,习近平提出强化互联网思维、利用互联网技术加强社会治理的重要思想,并将网络空间治理纳入国家网络空间安全战略范畴,依法治理网络空间成为推进法治社会建设的一项重要内容。首先,要完善网络法律制度。坚持现实空间与虚拟空间的协同治理,通过修订互联网信息服务管理、互联网信息服务信用管理等网络信息服务法律规范,推动现有法律规范延伸适用到网络空间。通过完善网络安全法配套规定和标准体系,建立健全关键信息基础设施安全保护、数据安全管理和网络安全审查等网络安全管理制度,加强对大数据、云计算和人工智能等新技术研发应用的规范引导。立足现代科技发展的快速动态特征,完善网络法律动态、调整网络法律制度,保持法律制度与现代网络技术发展相同步。其次,要培育良好的网络法治意识。网络空间是虚拟的,但运用网络空间的主体是现实的。坚持以网络空间主体规制为核心推进网络法治,培育网络空间主体网络法治意识,强化网络空间主体行为规范和引导事关网络空间治理的根本。坚持依法治网和以德润网相结合,将社会主义核心价值观培育全面融入网络法治意识培养之中,为网络空间治理奠定道德基础。通过构建互联网信息服务领域严重失信"黑名单"制度等失信惩戒机制,推动网络诚信制度化建设,强化网络信用监管,培养网民自律意识,推动形成政府依法监管、网站自净、网民自律和社会监督等多主体协同参与的共建式网络社会治理模式。最后,要保障公民依法安全用网。在观念层面,构建依法安全用网观念培育机制,推动牢固树立正确的网络安全观,依法防范网络安全风险。在组织支撑层面,细化立法,落实网络安全责任制,明确管理部门和网信企业的网络安全责任。在监管机制层面,建立完善统一高效的网络安全风险报告机制、研判处置机制,健全网络安全检查制度。加强对网络空间通信秘密、商业秘密、个人隐私以及名誉权、财产权等合法权益的保护。在法律责任层面,严格规范收集使用用户身份、通信内容等个人信息行为,加大对非法获取、泄露、出售、提供公民个人信息的违法犯罪行为的惩处力度。①

---

① 参见《法治社会建设实施纲要(2020—2025年)》,人民出版社2020年版,第17~19页。

六、小结

习近平指出,中国特色社会主义是党和人民历经千辛万苦、付出巨大代价取得的根本成就,是实现中华民族伟大复兴的正确道路。我们坚持和发展中国特色社会主义,推动物质文明、政治文明、精神文明、社会文明、生态文明协调发展,创造了中国式现代化新道路,创造了人类文明新形态。[①] 从总体上看,中国式法治现代化新道路,属于"现代化"道路,具有"本体规定性";属于当代"中国式"的道路,具有"空间规定性";是从中国历史发展进程中走出来的,具有"过程规定性";道路之"新",具有"关系规定性"。[②] 因此,立足新时代新阶段,加快推进中国特色社会主义法治建设,需要我们在中国式法治现代化新道路上不断完善法治中国建设的总体布局,坚持依宪治国推进法治中国建设,坚持依宪执政推进依规治党建设,坚持依法行政推进法治政府建设,坚持依法自治推进法治社会建设,从而在统筹推进中充分展现中国式法治现代化的强大生命力。

---

① 参见《中共中央关于党的百年奋斗重大成就和历史经验的决议》,人民出版社 2021 年版,第 64 页。

② 参见韩庆祥:《深刻把握"中国式现代化新道路"丰富内涵》,载《学习时报》2021 年 8 月 30 日,第 1 版。

第八章　中国式法治现代化的推进方式

研究中国式法治现代化，一个重要的问题就是要探讨在中国的法治国情条件下中国式法治现代化的推进方式，借以深入探讨推进中国式法治现代化的动因类型，进而把握中国式法治现代化的内在特质。正确认识这个问题，无疑有助于深化中国式法治现代化的理论逻辑研究和实践探索，揭示中国式法治现代化运动的基本规律。

一、概述

文明社会的法治现代化进程是多彩多姿的。不同民族或国度的法治现代化，在不同社会条件的作用下，总是循着特定的路径发展演化。在同一个社会形态之内，不同国家的经济、文化和思想发展水平是不一致的，国家形态和政治体制方面也有差异，每个国家又有其特定的历史发展、风俗习惯和民族传统特点，况且这些国家所处的地理位置、自然条件、人口状况也不尽相同。这些复杂的社会因素势必会使法治现代化运动呈现五彩缤纷、丰富多彩的特点。然而，在多样性的法治现代化运动中，确乎存在共同的、必然的法治发展的运动规律，支配或制约着文明社会法治现代化运动的历史进程。因此，法治现代化运动的一条基本定则，就在于这一进程的多样性统一性原理。马克思主义法律发展理论的深刻之处，就在于运用历史唯物主义法哲学的世界观和方法论准则，把握社会基本矛盾运动对于法律发展进程的支配性作用，深入考察历史向世界历史转变过程中法律发展现象多样性统一的运动图式，从大量具体的多样化的法律发展现象中探求法律发展的一般规律，揭示法律发展进程的内在统一性法则。与此同时，马克思主义经典作家强调，在不同社会历史条件下，社会基本矛盾运动往往具有不同的历史特点和民族的特性，世界历史进程亦不可能消弭这一矛盾运动的民族品格。[①] 因之，要从不同的社会历史环境条件出发，考察不同国度法律发展道路的运动机理。

总览世界法治现代化进程，以这一进程的推进方式为尺度，法治现代化类型区分为内生型和外发型这两种模式，前者是指最初推进动力产生于本社会内部的法治现代化类型，后者则是指最初推进动力来自社会外部冲击或挑战的法治现代化类型。然而，中国的特殊法治国情特点，决定了中国式法治现代化新道路的推进方式的独特性质。中国是一个人口庞大、地域辽阔、民族众多、国情复杂的社会主义东方大国。中国共产党在这样一个超大型国家实现长期执政，就必须深入分析中国社会内部存在的处于变动状态中的经济的、政治的、社会的、文化的、历史的乃至地理环境的诸方面条件或因素。“这样就有无数互相交错的力量，有无数个力的平行四边形，由此就产生一个合力，即历史结果，而这个结果又可以看作一个作为整体的、不自觉地和不自主地起着作用的力量的产物。”[②]由此，有必要进一步深刻把握中国式法治现代化新道路的特殊的

① 参见杨耕：《东方的崛起：关于中国式现代化的哲学反思》，北京师范大学出版社、北京出版社2015年版，第68～70页。

② 韦建桦主编：《马克思恩格斯文集》（第10卷），人民出版社2009年版，第592页。

推进方式。

在中国式法治现代化进程中的“无数个力的平行四边形”交互作用所形成的历史合力中，政府推动与社会演进之间的内在互动，则是这个“历史合力”的逻辑表征与现实载体。习近平十分注重研究中国式法治现代化的推进方式问题，在深刻总结世界法治现代化基本规律的基础上，精辟地阐述了三种不同的推进法治化类型，他指出：“从已经实现现代化国家的发展历程看，像英国、美国、法国等西方国家，呈现出来的主要是自上而下社会演进模式，即适应市场经济和现代化发展需要，经过一二百年乃至二三百年内生演化，逐步实现法治化，政府对法治的推动作用相对较小。像新加坡、韩国、日本等，呈现出来的主要是政府自上而下在几十年时间内快速推动法治化，政府对法治的推动作用很大。就我国而言，我们要在短短几十年时间内在13亿多人口的大国实现社会主义现代化，就必须自上而下、自下而上双向互动地推进法治化。”[①]这一重要论述以政府推动与社会演进的相互关系为分析维度，不仅精辟揭示了世界法治现代化进程的三种不同类型推进方式的主要特点，而且深刻阐释了中国式法治现代化推进方式的显著特色，对马克思主义法律发展理论作出了重要贡献，为深入探讨中国式法治现代化的形态特征及其内在机理指明了方向。

二、自下而上的法治现代化演进模式

一般来说，自下而上的法治现代化演进模式，或称为社会演进型法治现代化模式，主要是指由社会自身力量产生内部创新、经历漫长过程的法治变革道路，这是一个因社会内部条件的成熟而从传统法制走向现代法治的转型发展过程。这种自下而上地推进法治现代化的类型，一般以英国、美国、法国等欧美国家为主要代表。

从总体上看，社会演进型法治现代化模式，是因社会内部条件的逐

① 习近平：《论坚持全面依法治国》，中央文献出版社2020年版，第135～136页。

步成熟而渐进地发展起来的。在近代西方法律制度的形成过程中，西欧中世纪的市民社会革命无疑成为近代理性法的深刻的社会历史基础，造就了近代法律的主体架构。在这一时期，尽管封建性的习惯、国王的命令乃至贵族的习惯权利在社会调整系统中还占据重要的位置，但是法律的积极功能作用已经明显地体现出来，新的商法体系的出现，本身就意味着大规模商品交易活动和以新兴商人集团为主体的市民阶级对法律的迫切需求，同时也表明法律对社会经济变化的能动性反映与推动。尽管封建领主仍然支配司法过程，但由经过法律训练的官员作出专职裁判的做法已经得到重视，商事法院体系的形成表明了商人集团法律自主权的确立。依据城市特许状建立的城市组织系统，被划分为彼此间存在制约关系的立法、行政和司法部门，司法的独特地位得到了确证。此外，作为近代资产阶级前身的早期商人阶级反抗敌视它的封建法律制度的斗争，亦对近代西欧社会的法律变革产生了重要影响。这些从社会内部逐步生成的因素或条件，是近代法律的深厚社会渊源。[①] 大约从 13 世纪开始，随着《大宪章》(1215 年 6 月)的制定和颁布，英国开始了向近代法治的转变。而美国法律的直接渊源是英国法，“如同美国的语言一样，美国法律的基础来自英国”。[②]

应当看到，社会演进型法治现代化模式的形成与发展，与近代西方政治国家与市民社会之间的分离过程密切相关。在前近代时期，市民社会与政治国家之间具有高度的同一性，市民社会的每一个领域，都带有浓厚的政治性质，一切私人活动与事务都带有鲜明的政治烙印。在社会演进型法治现代化模式的形成过程中，随着商业、财产、劳动方式及同业公会等市民社会构成要素日益获得独立存在和发展的意义，市民社会开始同政治国家相分离。与此相适应，在英国革命、美国革命和法国革命等近代西方政治革命的推动下，近代政治国家也得到了发展。在这一历

① 参见[美]M. E. 泰格、M. R. 利维：《法律与资本主义的兴起》，纪琨译，学林出版社 1996 年版，第 1 ~ 4、270 ~ 278 页。

② 参见[美]劳伦斯·弗里德曼：《美国法律史》，周大伟译，北京大学出版社 2020 年版，第 5 页。

史进程中，英国的议会制度逐步确立，《拿破仑法典》确切地阐述了法国大革命的基本原则，[①]1787年美国联邦宪法则架构了分权与制衡的政治体制。[②]“不言而喻，政治制度本身只有在各私人领域达到独立存在的地方才能发展起来。在商业和地产还不自由、还没有达到独立的地方，也就不会有政治制度。”[③]近代的“政治解放”或政治革命加速了政治国家与市民社会分离的进程，消除了市民社会的政治性质。这一历史进程源于一定的社会生活条件，源于生产力与生产关系之间的矛盾，由此造成独具特质的社会演进型法治现代化模式。欧洲中世纪封建主义向资本主义的转变及其法权关系系统的历史变革，催生了社会演进型法治现代化模式。“封建制度是中世纪的生产和交往关系的政治形式。”[④]中世纪的欧洲无论是在乡村还是城市，等级结构表现得异常明显，而封建制“在政治上表现为特权”。[⑤]随着欧洲中世纪封建社会向近代资本主义社会的过渡，法权关系类型亦在经历一个深刻的变动过程。马克思将近代资本主义所有制关系称为“纯粹私有制”，亦即“抛弃了共同体的一切外观并消除了国家对所有制发展的任何影响”的新的私有财产关系类型。[⑥]按照马克思的看法，16世纪开启了资本主义“纯粹私有制”发展的时代，而“纯粹私有制”及其财产关系的历史运动，必然要在政治与法律生活领域中反映出来，表现为“权利、平权”。[⑦]因之，与前近代社会特权体制不同，近代社会权利体系或产权制度的确立，乃是“纯粹私有制”的必然的法权表现形态，构成了近代西方社会法律制度体系的基石。

---

① 参见[美]威廉·麦克尼尔：《世界史：从史前到21世纪全球文明的互动》，施诚、赵婧译，中信出版社2013年版，第329～330、385～389页。

② 参见何顺果：《美国文明三部曲》，人民出版社2011年版，第43～49页。

③ 《马克思恩格斯全集》（第3卷·第2版），人民出版社2002年版，第42页。

④ 《马克思恩格斯全集》（第3卷），人民出版社1960年版，第191页。

⑤ 参见《马克思恩格斯全集》（第3卷），人民出版社1960年版，第191页。

⑥ 参见《马克思恩格斯选集》（第1卷），人民出版社2012年版，第212页。

⑦ 参见《马克思恩格斯全集》（第3卷），人民出版社1960年版，第375页。

英国、美国、法国等最早走上资本主义现代化道路的国家，创设和形成现代法治的过程，尽管充满着许多激荡风云的重大社会变革事件，但从总体上看，却是一个自然演进的渐进变革的社会过程。诚然政府对法治发展进程的影响不可忽视，但就总体而言，政府所起的作用相对有限。不过，应注意的是，在西欧近代理性的形式主义法律的形成过程中，需要对国家的作用给予足够的关注。这一时期的国家，既不是典型的封建主义国家，也不是近代资本主义国家，而是专制主义国家。西欧专制主义国家是一种特殊类型的国家形式，是民族利益的共同体。在中世纪晚期，民族国家适应社会的需要逐步建立起来。到16世纪初，君主专制的民族国家政体几乎成为西欧的普遍政体。这种君主专制政体及其民族国家被思想家们称为所谓的理性国家。诚如马克思所说的，从马基雅维利到黑格尔的思想家，已开始用人的眼光来观察国家了，他们是从理性和经验而不是从神学中引申出国家的自然规律。[①] 他们的政治观念也许是很不相同的，但是似乎在一点上有着共同的取向，即主张国家的治理必须建立在法律的基础之上。正是这一信念，使这一时期的国家概念与法律的要素密切相联，进而使专制主义的民族国家具有一种新的内涵和特征。因之，形成于中世纪晚期并体现理性国家精神的西欧专制君主国家，从一开始就对创设近代理性的法律系统怀有浓厚的兴趣，法制建设成为这一时期国家活动的一个重要领域。西欧专制君主国家的统治者根据社会发展的需要，纷纷制定法律和法令，推动法律的发展，并且对罗马法的继承和复兴怀有浓厚的兴趣。虽然罗马法是前资本主义时期的法律，但是它包含着资本主义时期大多数法律关系的一般性规定，是近代理性的形式主义法律运动的法律基础。因此，罗马法的复兴浪潮是中世纪中后期西欧社会生活中一次重大的变革运动，它从法律层面反映了早期近代资本主义经济关系逐步建立、法律制度逐步转型的历史进程。王权以及专制国家在自12世纪以来重新发现罗马法运动的发展中

---

① 参见《马克思恩格斯全集》(第1卷)，人民出版社1956年版，第128页。

起了相当大的作用。这是因为，罗马法的复兴反映了广大新兴市民阶级的法权要求，而专制君主在同封建贵族的抗衡中，需要得到市民阶级的拥戴与支持，专制君主通过推动罗马法的发展，满足市民阶级的法权要求。然而，从更深的背景上看，专制君主对法律创制和罗马法发展的重视，实际上反映了君主自身利益的需要，也反映了新兴的经济关系对国家上层建筑的基本要求。在中世纪末期的王权与教权的斗争中，王权为了实现君主专制，战胜教权，战胜领主，就必须反映当时正在兴起的近代市民阶级即资产阶级的经济需要，发展工商业，以便与新兴市民阶级结成反对教会、反对封建等级制的联盟。同时，中世纪后期的国王们制定了许多政策和法律，极力扶持工商业者，鼓励商人进行海外贸易，开拓海外市场。与此同时，积极促进商业发展和对外贸易的商法典和海事法典，也相继制定和实施。工商业资本主义的发展所需要的是可以像机器一样靠得住的法律，这种法律的典型特征是形式主义。在西方法律的历史演进过程中，罗马法就是一部具有形式合理性的法律，它可供近代专制国家创制合理性法律之用。而受过罗马法训练的官员，往往是优于其他官吏的行政专家。正是在这一过程中，一个理性的形式化的近代法律体系逐渐成长和发展起来。由此，韦伯指出："从经济史的观点来看，这一事实是意味深长的，因为国家和形式法学的联盟间接有利于资本主义。"[①]所以，西方近代理性法律的建立与专制主义国家的推动是分不开的。

需要进一步指出的是，尽管从西方社会内部逐渐发展起来的诸多社会因素和条件，为西方法律现代化运动奠定了社会基础，但是，近代西方法律并非在一个完全封闭的环境中形成和发展起来的，也受到外来许多因素的刺激和挑战，从而引发了进一步的变革。在近代西方法律文明的成长过程中，最具决定性的事件是 1492 年美洲大陆的发现。地理大发现有力促进了欧洲的海外贸易扩张，这对欧洲本身的发展至关重要。

① ［德］维贝尔：《世界经济通史》，姚曾廙译，上海译文出版社 1981 年版，第 291 页。

"欧洲的扩张以及世界其他国家并入大西洋国家产生了两种基本的结果:从宗主国延伸来的制度和产权奠定了殖民地地区的发展模式;贸易格局和生产要素(劳动和资本)的流动也有助于形成大西洋国家本身的发展格局。"①地理大发现打破了西欧中世纪法律发展的封闭状态,刺激了欧洲人向海外的殖民扩张以及由此改善他们固有法律体系的愿望,向西欧社会展示出建立一种新的社会秩序的历史可能性,从而宣告了近代的到来。对此,马克思分析说,"各个相互影响的活动范围在这个发展过程中越来越扩大,各民族的原始闭关自守状态则由于日益完善的生产方式、交往以及因此自发地发展起来的各民族之间的分工而消灭得越来越彻底,历史就在越来越大的程度上成为全世界的历史"。② 随着海外扩张的加剧,工业和商业获得了迅速发展,各国之间的商业竞争往往通过战争或保护关税的各种禁令来进行,从而促进了新的国际关系和国际法准则的形成与发展。不仅如此,海外贸易的发展,打破了最初的专营公司的垄断地位,促进了海外公司之间的自由竞争,这必然要求政府制定新的公司准则,进而推动了近代公司制度的变革。③ 正是在这一时期,法院的权力获得了重要的意义;而在近代西方社会,当竞争的普遍化以及广泛细密的分工成为必要的时候,法院的权力达到了自己的最高峰。④ 很显然,对于西方社会演进型法治现代化模式的形成与发展来说,社会内部因素和条件的影响无疑居于主要的或主导的地位,但是外部因素或条件的影响亦是不可忽视的。

三、自上而下的法治现代化演进模式

政府推动型法治现代化模式,亦称自上而下的法治现代化演进模

① [美]诺思:《经济史中的结构与变迁》,陈郁、罗华平等译,上海三联书店 1991 年版,第 164 页。

② 参见《马克思恩格斯全集》(第 3 卷),人民出版社 1960 年版,第 51 页。

③ 参见[英]亚当·斯密:《国民财富的性质和原因的研究》(下卷),郭大力、王亚南译,商务印书馆 1974 年版,第 201 ~ 210 页。

④ 参见《马克思恩格斯全集》(第 3 卷),人民出版社 1960 年版,第 396 页。

式,主要是指因域外法律文化的冲击而在政府的强力推动下所发生的自上而下的法治成长与进步的过程。这一类型通常以日本、俄国、韩国、新加坡等国家为代表。在这种法治现代化模式的国家,政府变革往往成为法治现代化运动的历史先导,政府发挥着主要的推动作用。在这种社会内部,原先的商品经济因素较为薄弱,无法自发形成变革社会的主体力量,政府及现代政党作为有组织的社会力量便在法治现代化进程中发挥了主导作用。

按照现代化理论的分析,作为政府推动型法治现代化模式的主要推动力量,政府作用的发挥程度,往往取决于在政府中占据主导地位的领导集团的行为方式。而改革的动机与价值信仰,则是领导集团行动的重要原动力系统。也就是说,作为政府中坚的领导集团为什么要推进社会与法制变革进而实现法治现代化？正是这一点,制约着领导集团行动的特定方向和目标,并且也决定着实现目标的途径和手段选择。在俄国,彼得大帝试图将现代化与专制政体结合在一起,组成一个愿意全面效仿欧洲文明的强有力的统治集团,从而推动俄国社会走上新道路。[①] “在日本,明治时代的领导人是在要求恢复皇权的号召下上台的,他们致力于恢复天皇的职能。他们实现这个目标是靠提醒人们注意天皇是国家统一的象征,是靠把宫廷从京都迁到东京,使这个新的首都合理化,并使宗教仪式的职能和行政管理的职能统一起来。但是,虽然公开宣布‘开明的君主统治’(明治),但这位君主却没有进行统治。以他的名义就是使他的政府的大胆行动具有合法性,如果不以他的名义,那些行动就没有合法性,宪法是他白白赠给他的人民的礼物。”这一观点源于传统,这些传统把社会的整体利益置于局部利益和个人利益之上。这种意识形态的特征是,“强调在处理全国性问题时保持统一和进行集体努力的重

① 参见[美]威廉·麦克尼尔:《西方的兴起:人类共同体史》(下),孙岳等译,中信出版社 2015 年版,第 699 ~ 702 页。

要性”。[①] 在这种传统意识力量的推动下，日本统治集团使这个国家的现代化进程大大加快了。他们依据这一价值信仰系统，建立起强大的权威和统一的行政系统，并且构建了统一的法典和法院体系，由此开创了一个新秩序，推动了法治现代化进程。但由于他们把效忠天皇作为天职，并且试图把皇权作为工具来实现改革和现代化，因而很少关注对社会结构的彻底改造，[②]从而为军国主义的泛起提供了社会条件，阻滞了日本法治现代化的进程。

应当看到，虽然政府推动型法治现代化模式的动力基础离不开本国内部的因素或条件——正是这些内部的因素或条件，赋予法治现代化进程独特的民族特征，但就总体而言，外部世界的影响甚或冲击，则成为法制变革的强大力量，推动着法制变革各个领域的复杂变化。作为一个超大规模的欧亚大陆国家，俄国与西欧的历史进程息息相关，并且一直自诩为欧洲社会文化体系的组成部分。不过，俄国近代法律发展进程无疑受到近代西欧国家法治变革模式的深刻影响。“18 世纪初的 25 年，彼得大帝施行了自己规模宏大的改革。其改革的主要目的，在于使国家机构可以高效地、有力地保证国家的发展及其外交利益的达到。”[③]如果说 18 世纪之前俄国的国家构造的法律制度受到蒙古和拜占庭政治与法律传统的程度不同的外来影响，那么 18 世纪初叶彼得大帝改革，则在统一的全国性政府架构与治理的基础上，广泛引进西方技术，仿行近代西欧国家的政府机构与法律体制，建立了西欧式的近代化政府体制与法律制度，逐步形成了类似于近代欧洲最早走上工业化道路的国家的基本特征。19 世纪中期，俄国在克里米亚战争中失败，从而有了再次向欧洲（主要是德国、奥地利、瑞典等中北欧国家）学习与推行政制改革的愿望

---

① 参见［美］西里尔·E. 布莱克等：《日本和俄国的现代化——一份进行比较的研究报告》，周师铭等译，商务印书馆 1984 年版，第 195～196、205 页。

② 参见［美］巴林顿·摩尔：《民主和专制的社会起源》，拓夫等译，华夏出版社 1987 年版，第 233～251 页。

③ ［俄］德米特里·安德烈耶夫：《帝国时期的俄国权力史——研究方法论问题》，载庄宇、施越主编：《俄罗斯国家建构的历史进程》，商务印书馆 2021 年版，第 136 页。

和动力，开启了从 1861 年到 1873 年的所谓“大改革时期”，废除了农奴制度，建立了“缙坤会议”以推行地方议会制度改革，展开了教育制度、司法制度和军事体制等领域的改革，近代俄国法律发展开始迈入现代化的门槛。[①] 与俄国相比，日本作为一个亚洲岛国，早期国家发展与外部世界很少接触，具有封闭性的特征。尽管古代中国政体模式曾经成为日本政体运作的典型范式，并且被融入日本自身的传统和经验，但是大约从平安时期（794 ~ 1192 年）开始，帝王制度逐渐失去了实质性政治内容，在德川时代（1603 ~ 1867 年），高度集权的王权体制逐渐被幕（府）藩（国）体制取代，经历了“一个高度集权、形式化的封建制度的创立过程”。[②] 1853 年佩里舰队闯入江户湾，1858 年美国迫使日本签订了一系列不平等条约，强行打破了日本长达两个世纪的闭关锁国状态，不过，这在很大程度上促进了明治维新时代的到来。1868 年明治天皇颁行“宪章誓约”，在恢复皇权的号召下，引入西方的立宪体制，建立了中央集权的君主立宪制国家，以期回应西方列强的挑战，推动民族国家建构和法制变革进入一个新的时期。在这一过程中，日本起初试图按照法国法的模式来建立本国法制，但这并不符合日本当时的社会条件。《1889 年明治宪法》的颁布，标志着日本开始了效法德国法的时代。明治政府适应社会关系剧烈变动的要求，积极引进和继受欧洲近代市民法的体系和结构，改造传统的法律体系，建立了由民法、商法、刑法等市民社会法典所构成的近代日本的市民社会法律体系，该法律体系成为法院进行审判的基本准则，[③]推动了日本法治现代化的历史进程。

应当看到，无论是俄国，还是日本，在“整个变革时期，这两个国家

---

① 参见［美］西里尔·E. 布莱克等：《日本和俄国的现代化——一份进行比较的研究报告》，周师铭等译，商务印书馆 1984 年版，第 48 ~ 50、82 ~ 86、157、183 ~ 184、188 ~ 190 页。

② 参见［美］詹姆斯·L. 麦克莱恩：《日本史》，王翔等译，海南出版社 2014 年版，第 11 ~ 30 页；［美］西里尔·E. 布莱克等：《日本和俄国的现代化——一份进行比较的研究报告》，周师铭等译，商务印书馆 1984 年版，第 17、51、66 ~ 69 页。

③ 参见［日］川岛武宜：《现代化与法》，王志安等译，中国政法大学出版社 1994 年版，第 103 ~ 105 页。

都出现了某些普遍的情况,任何执政的政府都必须对这些情况作出反应”。其中首要的情况,就是“这两个国家都发现自己处于这样一种国际环境,在这种国际环境中,要保持孤立实际上是不可能的,而卷入全球事务却几乎是不可避免的”。[①] 正是在这样的国际环境下,俄国和日本在注重保留民族特性的同时,大规模有选择地借鉴引进域外的法律制度,有力地推进了近代国家发展及其法律变革的历史进程。需要指出的是,在政府推动型法治现代化模式中,国家与政府的行动方式是多种多样的,大致有三种主要方式:一是建立强有力的官僚体制和国家机器,推动社会变革与法制转型过程。如前所述,18 世纪的彼得大帝改革和 1860 年亚历山大二世废除农奴制的改革,都同一个强有力的政府系统的建立密切相关。彼得大帝按照西方式的政府结构来改革俄国的中央政府系统,中央政权牢牢控制着国家生活,地方对中央存在明显的依赖关系。日本的情形同俄国大体相似。明治维新以前,日本的政治机构在藩一级是高度发达的,但在中央一级则是相当松散的。1868 年“宪章誓约”确立的变革范围,涉及各个主要领域,其中第一个问题就是政治上的集中。1871 年 8 月,明治政府又发布了一个简短的政令,宣布封建领地一律成为中央政府控制下的地方行政单位(县)。正是在这样的条件下,明治政府才有可能提出西方式的法律改革方案。[②] 新加坡建立了一种所谓威权主义的政治架构,试图使威权主义与法治彼此兼容,“新加坡政府既不遵循前自由主义阶段就存在的对政府的约束,也不认为个人权利是不容侵犯的”。[③] 二是根据变革目标的需要,建立法律机构,编纂成文法典。在俄国,彼得大帝改革试图采用一部瑞典式的法典,但并没有带来私法领域的明显变化,罗曼诺夫王朝时代的《法律大全》仍然在

① 参见[美]西里尔·E. 布莱克等:《日本和俄国的现代化——一份进行比较的研究报告》,周师铭等译,商务印书馆 1984 年版,第 191 页。

② 参见[美]罗兹曼主编:《中国的现代化》,陶骅等译,上海人民出版社 1989 年版,第 352 页。

③ 参见[新加坡]约西·拉贾:《威权式法治:新加坡的立法、话语与正当性》,陈林林译,浙江大学出版社 2019 年版,第 7 ~ 12 页。

法律生活中发挥着重要作用。亚历山大二世推行废除农奴制的改革以后，不仅制定了《民法草案》和《刑法典》，而且大力改革司法组织，实行陪审团制度，促进法律职业的发展，从而开始了俄国近代法制的变革进程。在日本，明治维新以前，日本法属于传统中华法系的范畴，通行的是反映幕府体制要求的“武家法典”。明治维新运动建立了天皇制中央集权制国家，开启了日本法的西方化时代。日本政府仿行德国法，先后制定了《法院组织法》《民事诉讼法》《民法典》《商法典》《新刑法典》等。三是动员和组织社会资源参与法律变革过程。在政府推动型法治现代化模式中，政府及其领导集团的一项重要工作，就是力图有效地动员和组织社会的各个阶级或阶层参与法制变革进程。其中，知识分子、军人和农民诸社会阶层发挥着重要的作用。因之，与社会演进型法治现代化模式相比较，政府推动型法治现代化模式下的国家与政府在法制转型与变革中的作用更为明显。拥有强有力的政府系统，是那些原先不发达的国家迅速实现社会及法制变革的必要条件，而政府作用的发挥程度，往往取决于在政府中占主导地位的领导集团的价值态度、信仰与行动方式。

四、自上而下与自下而上双向互动的法治现代化模式

从总体上看，自上而下与自下而上双向互动的法治现代化模式，亦称政府推动与社会演进互动型法治现代化模式，通常是指在各种内外因素的相互作用下，政府与社会形成自上而下与自下而上双向互动的格局，进而推动传统法制向现代法治的转型与变革过程。这种模式以中国为典型代表。政府推动与社会演进互动型法治现代化模式，既具有社会演进型法治现代化模式的某些特征，又兼具政府推动型法治现代化模式的相关属性，二者内在整合，形成独特的混合式的法治现代化模式。

一方面，从法治现代化的生成机理来看，国家与社会内部已经逐渐生成了法治变革的因素和基础，从而为法治变革运动的形成与发展提供了重要条件。中国法制变革及其现代化的历史进程，有其固有的特殊轨迹，它是一系列复杂因素综合作用的结果。诚然，近代西方法律文化对

近代中国社会法制变革的冲击和影响,无疑是引起近代中国法制变革的重要动因之一。这是因为,近代西方法律文化与中国传统法律文化之间有着深刻的历史差异性,前者是与商品经济文明体系紧密相连的,而后者则是自然经济文明体系的必然法律表现。因此,二者的矛盾冲突是不可避免的。在这一过程中,“天朝帝国万世长存的迷信破了产,野蛮的、闭关自守的、与文明世界隔绝的状态被打破,开始同外界发生联系”。① 但是,应当看到,这一冲击及其影响毕竟是有限的,决不能把外来的冲击神秘化。西方的冲击力量终究要通过内部的复杂变量发生作用。正因为如此,中国法律有其固有的历史逻辑。众多的文献分析表明,建立在自然经济、宗法关系和专制政体之上的传统中国法律文化,发展到19世纪初叶,尽管在质的方面没有发生明显的改变,但由于晚清社会内部经济的、政治的等条件的变化,古老的中华法系已经开始了一个缓慢的变迁过程。中华法系有着根深蒂固的社会基础和文化土壤,加之其结构的坚韧,要改变它的价值取向和法律系统,绝不是一件容易的事情。况且,在绵延数千年的历史长河中,中华法系作为一种法律定在,已经深深地影响了古代中国社会生活的各个领域,制约着古代中国人的法律意识。但是,一定法权关系是建构于一定社会经济基础之上的法律上层建筑。当社会经济条件发生变化的时候,法律上层建筑必然要发生相应的变化。虽然明清之际已经孕育的资本主义萌芽遭到清朝统治集团的无情扼杀,但到了19世纪初叶,商品经济顽强地生长起来,在晚清社会经济系统中占有日益重要的地位。这就为近代中国的法制变革提供了条件。美国学者P. A. 柯文提出的所谓“中国中心观”(China-centered Approach),强调要以中国自身因素为出发点来探究近代中国社会演化的内部动力,从中国自身来寻求变革的“剧情主线”。这一见解对于我们揭示中国式法治现代化的社会机理,

---

① 参见中共中央马克思恩格斯列宁斯大林著作编译局编:《马克思恩格斯论中国》,人民出版社1993年版,第2页。

显然具有重要的方法论意义。

应当看到，充分发挥社会主体的自主性、创造性及其自治功能，保持社会进步的生机与活力，形成法治变革与发展的内生力量，建设一个有机的法治社会，这是中国式法治现代化新道路的重要目标之一。法治现代化与法治社会是内在地结合在一起的。一个已经实现了法治现代化的国家，整体上来说必然是一个法治社会。中国式法治现代化的历史性任务，就是要实现向法治社会的历史性转变。因此，坚持和拓展中国式法治现代化新道路的一项基础性工程，就是要加快建设和形成一个信仰法治、依法治理的社会。而这一目标任务的实现，离不开社会主体的能动作用的有效发挥。人类文明演进史不断地揭示着、证明着一个深刻而伟大的真理：一种新型法律文明的诞生，必然伴随着社会主体自身的革命。作为社会主体的人，是一定的法的价值系统的载体。在法治现代化进程中，社会主体的自主性程度如何，往往是衡量法治发展的社会人类学指示器。在新中国成立以后的相当长一段时间内，脱离客观存在的一定社会经济发展水平，构筑了一个高度集权化的计划经济体制和一元化的社会统治模式，压抑了社会主体的积极性、主动性和创造性。这一情形反映到法治发展进程中来，就是片面强调政府的主导作用，忽视社会主体的积极能动作用，阻滞了社会与法治发展的内生活力。社会主义市场经济的广泛发展和社会主义民主政治的深入推进，空前激发了社会生活的蓬勃生机，有力推动着进行这一变革的社会主体自身的飞跃，社会主体的自主性逐步得到了确立，社会成员的首创精神和聪明才智有了充分施展的广阔天地。这一时代特点反映到法治发展进程中来，表现为社会主体因素在法治发展进程中的比重不断增加，社会主体日益成为推动法治变革与发展的重要力量，因而中国式法治现代化的社会内生演进系统得以逐步强化，法治社会建设日益释放出强大的潜能。所以，进入改革开放的历史新时期以来，邓小平把尊重人民群众的自主首创精神和调动人民群众的积极性，看作政治体制改革的重要目标之一，把它视为改革的一条基本经验，并且把人民相信不相信、人民答应不答应、人民满意不满意,看作判断制度、路线和政策成功与否的基本尺度。因之,中国式法治现代化的最深厚的社会因素或条件,来自社会主体的积极性、能动性和首创精神。全面推进依法治国、加快建设社会主义法治国家的一个基本要求,就是运用授权性规范确认社会主体的广泛社会自由,赋予他们广泛的社会权利,激发社会主体投身法治事业、推动法治发展的巨大热忱,使之成为中国式法治现代化进程的源源不竭的动力源泉。

在中国特色社会主义新时代,以习近平同志为核心的党中央把发展全过程人民民主,坚持人民主体地位、公民有序参与民主政治与法治建设,作为推进中国式法治现代化的一项重要原则,通过多种途径、机制与方式,在立法、执法、司法、基层社会自治等各个领域中依法保障人民群众参与国家与社会治理的权利,积极鼓励和充分尊重基层群众在法治变革中的实践探索,加强重大法治改革举措的区域和基层试点,保障人民群众在法治改革与发展中的知情权、参与权、决策权和监督权。这是中国式法治现代化的制度优势所在,是中国式法治现代化不同于西方法治现代化类型的根本区别所在,也集中体现了中国式法治现代化新道路的自下而上的基本理路。因之,党的十八届三中全会通过的《中共中央关于全面深化改革若干重大问题的决定》把"解放和增强社会活力"作为全面深化改革指导思想的重要内容,强调要"让一切劳动、知识、技术、管理、资本的活力竞相迸发,让一切创造社会财富的源泉充分涌流,让发展成果更多更公平惠及全体人民"。[①] 十八届四中全会《决定》把坚持人民主体地位确立为全面推进依法治国必须遵循的原则之一,提出"人民是依法治国的主体和力量源泉"的重大命题,强调"必须坚持法治建设为了人民、依靠人民、造福人民、保护人民"。[②] 党的十九大强调,"发展社会主义民主政治就是要体现人民意志、保障人民权益、激发人民创造

---

① 参见《中共中央关于全面深化改革若干重大问题的决定》,人民出版社 2013 年版,第 3 页。

② 参见《中共中央关于全面推进依法治国若干重大问题的决定》,人民出版社 2014 年版,第 6 页。

活力，用制度体系保证人民当家作主”。[①] 十九届四中全会《决定》明确提出，要坚持和完善人民当家作主制度体系，健全民主制度，丰富民主形式，拓宽民主渠道，使各方面制度和国家治理更好体现人民意志、保障人民权益、激发人民创造。[②] 习近平科学揭示了中国特色社会主义民主政治发展规律，深刻阐述了发展全过程人民民主的重要思想，他指出：“民主是全人类的共同价值，是中国共产党和中国人民始终不渝坚持的重要理念。如何把民主价值和理念转化为科学有效的制度安排，转化为具体现实的民主实践，需要注重历史和现实、理论和实践、形式和内容有机统一，找到正确的体制机制和方式方法。”[③]中国共产党成立一个世纪以来，始终为实现人民当家作主进行不懈探索和奋斗，我国逐步建立起发展全过程人民民主的国家制度与法律制度。党的十八大以来，以习近平同志为核心的党中央立足新的历史方位，深刻把握推进国家治理现代化与中国式法治现代化的战略要求，不断健全人民当家作主制度体系，鲜明提出全过程人民民主的重大理念。习近平强调，“我国全过程人民民主不仅有完整的制度程序，而且有完整的参与实践”，“实现了过程民主和成果民主、程序民主和实质民主、直接民主和间接民主、人民民主和国家意志相统一，是全链条、全方位、全覆盖的民主，是最广泛、最真实、最管用的社会主义民主”。在中国特色社会主义新时代，要继续推进全过程人民民主建设，“健全民主制度，丰富民主形式，拓宽民主渠道，保证人民平等参与、平等发展权利，发展更加广泛、更加充分、更加健全的全过程人民民主”，[④]新时代发展全过程人民民主取得了历史性成就，为开拓中国式法治现代化新道路注入了强劲的活力。由此，习近平进一步指出：“我国社会主义制度保证了人民当家作主的主体地位，也保证了人

---

① 参见《中国共产党第十九次全国代表大会文件汇编》，人民出版社 2017 年版，第 29 页。

② 参见《中共中央关于坚持和完善中国特色社会主义制度　推进国家治理体系和治理能力现代化若干重大问题的决定》，人民出版社 2019 年版，第 10 页。

③ 习近平：《在中央人大工作会议上的讲话》，载《求是》2022 年第 5 期。

④ 参见习近平：《在中央人大工作会议上的讲话》，载《求是》2022 年第 5 期。

民在全面推进依法治国中的主体地位。这是我们的制度优势,也是中国特色社会主义法治区别于资本主义法治的根本所在。”[①]这些重要论述,清晰地揭示了中国式法治现代化的主体力量及其内生性自下而上的社会演进型的基本取向,为坚持和拓展中国式法治现代化新道路指明了方向。

另外,从中国式法治现代化的启动机制来看,政府的能动的有效推动,往往构成启动法治改革运动的重要因素,因而成为推进法治现代化的强大动能。在推进中国式法治现代化的进程中,摒弃以往高度集权化的政府行为模式,扩展社会主体的自主性和自治权能,丝毫不意味着国家及政府功能的弱化,也不意味着现代化的政府机制是相对无为的。一般说来,法治现代化的过程离不开一定的政府机构的启动,而这一情形在东方国家表现得尤为明显。事实上,近现代中国的每一次法制改革运动,都有赖于适当类型的政府架构的推动。不同的是,每一种类型的政治架构的价值取向不一样。20 世纪最初十年内所展开的晚清法制改革运动,表明当皇朝面临重大的政治危机时政府所能够发挥的作用非常有限。中国是一个发展中的东方大国,社会经济发展很不平衡,这就需要有一个在中国共产党的坚强领导下充分行使公共管理职能的强大国家的存在,需要依靠政府强有力的正确有效的调控干预,需要政府自觉担负起正确引导和推动经济、社会与法治发展的时代重任。新中国成立 70 多年特别是改革开放 40 多年来,当代中国社会进入了一个新的历史阶段,极大地解放了社会生产力。但是,在向新体制转轨的过程中,社会运行过程出现了一些值得关注的“失范”现象,政府权威亟待强化,法治实施过程中的公正与效率问题较为突出,社会公正问题还未得到切实有效的解决。这种状况倘若继续发展下去,势必将严重妨碍国家治理现代化的顺利推进,妨碍良好有效的社会结构的重塑进程,妨碍中国式法治现代化进程的有效展开,从而使这场深刻的社会与

① 习近平:《论坚持人民当家作主》,中央文献出版社 2021 年版,第 107 页。

法治变革过程付出沉重的代价。因此，当我们向国家现代化的目标奋力迈进、选择和建构新的国家功能模式时，一定要从自己国家的实际出发，充分考虑到自己国家的经济、政治、社会和法治发展的特点以及自己民族的文化背景和历史传统。只有植根于自己国家的国情和能够应对各种挑战的国家功能模式，才是有生命力的。因此，当中国改革开放面临严峻的形势时，邓小平谆谆告诫："中央要有权威，改革要成功，就必须有领导有秩序地进行。没有这一条，就是乱哄哄，各行其是，怎么行呢？""我们要定一个方针，就是要在中央统一领导下深化改革。"[①]《中共中央关于全面深化改革若干重大问题的决定》（以下简称十八届三中全会《决定》）强调，经济体制改革的核心问题是处理好政府和市场的关系，不仅要使市场在资源配置中起决定性作用，而且要更好发挥政府作用，建设法治政府和服务型政府；全面深化改革必须充分发挥党总揽全局、协调各方的领导核心作用，坚决维护中央权威，保证政令畅通。[②] 面对开辟中国式法治现代化新道路的历史性任务，党的十八届四中全会《决定》强调，党的领导是全面推进依法治国、加快建设社会主义法治国家最根本的保证。必须加强和改进党对法治工作的领导，把党的领导贯彻到全面推进依法治国全过程，要健全党领导依法治国的制度和工作机制，完善保证党确定依法治国方针政策和决策部署的工作机制和程序。加强党对全面推进依法治国的统一领导、统一部署、统筹协调。[③] 党的十九届六中全会《决议》深刻总结党的百年奋斗的历史经验，强调"治理好我们这个世界上最大的政党和人口最多的国家，必须坚持党的全面领导特别是党中央集中统一领导，坚持民主集中制，确保党始终总揽全局、

---

① 《邓小平文选》（第3卷），人民出版社1993年版，第277～278页。

② 参见《中共中央关于全面深化改革若干重大问题的决定》，人民出版社2013年版，第5、16、57～58页。

③ 参见《中共中央关于全面推进依法治国若干重大问题的决定》，人民出版社2014年版，第33、34页。

协调各方”。[①] 习近平进一步强调,“党的领导是推进全面依法治国的根本保证。国际国内环境越是复杂,改革开放和社会主义现代化建设任务越是繁重,越要运用法治思维和法治手段巩固执政地位、改善执政方式、提高执政能力,保证党和国家长治久安”[②]。推进全面依法治国,必须“坚持抓住领导干部这个‘关键少数’”。各级领导干部的信心、决心、行动,对全面推进依法治国具有十分重要的意义。党政主要负责人履行推进法治建设第一责任人的职责,这是推进法治建设的重要组织保证。[③] 因之,在当代中国,不断成长、日益壮大的现代社会机制和社会主体力量为推进法治现代化进程提供了可靠的社会基础,但是仅仅依靠社会的自发演进机制,还远远不能满足推进中国式法治现代化的现实需要。坚持中国共产党对推进法治现代化的全面领导,拥有强有力的国家能力和现代政府系统,是开辟和拓展中国式法治现代化新道路至关重要的条件。

由此可见,推进中国式法治现代化的进程,鲜明地体现了自上而下与自下而上双向互动、政府推动与社会演进有机统一的时代品格。中国式法治现代化的推进方式的一个鲜明特点,就是政府与社会之间的内在互动。中国式法治现代化新道路,是政府推动与社会演进相互作用的历史产物。对此,我们需要有足够的自觉意识。

五、小结

如同历史的创造是一种历史合力作用的结果一样,文明社会法治现代化进程“最终的结果总是从许多单个的意志的相互冲突中产生出来的,而其中每一个意志,又是由于许多特殊的生活条件,才成为它所成为

---

① 参见《中共中央关于党的百年奋斗重大成就和历史经验的决议》,人民出版社 2021 年版,第 65 页。

② 《习近平在中央全面依法治国工作会议上强调 坚定不移走中国特色社会主义法治道路 为全面建设社会主义现代化国家提供有力法治保障》,载人民网 2020 年 11 月 18 日,http://jhsjk.people.cn/article/31934590。

③ 参见习近平:《论坚持全面依法治国》,中央文献出版社 2020 年版,第 2、5、136、142 页。

的那样”。[①] 因此,法治现代化进程隐藏着“无数个力的平行四边形”,正是这种无数错综复杂、彼此作用的支配或影响的力量,决定着法治现代化的历史性后果及其基本的特有的面貌。我们今天所看到的不同文明国度的法治现代化状况,之所以呈现出既具有某些共通性又具有鲜明的差异性的基本格局,就是这种“无数个力的平形四边形”作用的必然产物。这一历史定则在不同国度的社会条件下,往往有其独特的表达形式,因而反映了不同国度法治现代化的启动逻辑。近代以来法治现代化的进程揭示了一种重要的法权现象,即不同民族或国度法治现代化的推进与启动方式是迥然不同的,但是无论何种类型的法治现代化模式,都离不开政府与社会之间的互动。

习近平十分注重思考中国式法治现代化特殊的推进方式问题,在深刻总结世界法治现代化基本规律的基础上,精辟地概述和阐述了三种不同类型的法治现代化的推进方式:自下而上推进法治现代化的社会演进模式、自上而下推进法治现代化的政府推动模式、自上而下与自下而上相结合推进法治现代化的模式。而政府推动与社会演进交互作用、自上而下与自下而上双向互动的法治现代化运动样式,构成了中国式法治现代化新道路推进方式的显著特点。一方面,中国式法治现代化新道路的深厚动力,来自社会主体自主性的创造活动所内生演进生成的法治变革的强大力量。在当代中国,推进法治现代化的最深厚的动因源泉,来自社会主体的积极性、能动性和首创精神,来自人民群众的广泛参与。人民是中国式法治现代化的能动主体和力量源泉。在新的历史条件下,坚持中国式法治现代化新道路的一个基本要求,就是充分调动人民群众投身法治中国建设的积极性和主动性,保证人民通过多种途径、机制和方式参与国家治理和社会治理,参与法治建设和法治改革事业。中国式法治现代化新道路形成、发展和拓展过程的一个鲜明特点,就是不断激发广大人民群众投身建设事业的巨大热忱,积极鼓励和尊重人民群众在法

① 参见韦建桦主编:《马克思恩格斯文集》(第4卷),人民出版社2009年版,第592页。

治改革中进行实践探索,确保法治建设为了人民、依靠人民。另一方面,亦是更重要的,开创中国式法治现代化新道路的历史进程充分表明,在当代中国,建设法治中国,推进中国式法治现代化,必须有一个在中国共产党领导下充分行使公共管理职能的强大国家的存在,必须确保党能够有力有效地统筹全面依法治国各领域工作,确保党的意志和主张贯彻到全面依法治国的全过程和各方面。面对实现中国式法治现代化的战略任务,必须强化推进法治建设的组织保证,加大深入系统全面推进依法治国的工作力度,切实加强中国共产党对法治建设的全面领导,健全党领导全面依法治国的体制、制度和机制。党的十八大以来,推进中国式法治现代化的一个显著特点,就是党对全面依法治国的战略统筹及其组织化程度显著提升,成为法治中国建设向纵深展开的强大动力。因之,形成了自上而下与自下而上有机结合、双向互动推进中国式法治现代化的崭新模式,使中国式法治现代化充满生机与活力。

第九章　中国式法治现代化的内在动因

人类社会是在矛盾运动中波浪式前进的,文明社会的法治现代化进程无疑要受到社会矛盾运动的深刻影响。随着中国特色社会主义进入新时代,我国社会主要矛盾发生了历史性转换,这充分表明当代中国社会发展进程呈现崭新的阶段性特征。党的十九大报告从新时代坚持和发展中国特色社会主义的战略高度,作出了我国社会主要矛盾新变化的重大政治判断,这不仅反映了新时代党和国家事业发展的新要求,而且为新时代中国法治现代化进程注入了强大动能。因此,科学认识我国社会主要矛盾的新变化与中国式法治现代化进程之间的相互关联,深刻揭示中国式法治现代化的内在动因,显然有着重要的理论价值与现实意义。

一、概述

人类社会的矛盾运动有其固有的历史定则。马克思主义经典作家深刻把握人类社会的运动规律,提出了关于人类社会历史运动的社会基本矛盾理论，创立了历史唯物主义的科学世界观和方法论，开启了人类思想史上的伟大革命。“1845 年，马克思、恩格斯合作撰写了《德意志意识形态》，第一次比较系统地阐述了历史唯物主义基本原理。”[①]在《德意志意识形态》这部没有公开发表的著作中，马克思、恩格斯第一次科学论述了生产力与生产关系、经济基础与上层建筑这一人类社会历史发展基本矛盾的思想，将社会基本矛盾的历史运动视为人类社会运动与变革的动力源泉，指出：“一定的生产方式或一定的工业阶段始终是与一定的共同的活动方式或一定的社会阶段联系着的，而这种共同活动方式就是‘生产力’；由此可见，人们所达到的生产力的总和决定着社会状况，因而，始终必须把‘人类的历史’同工业和交换的历史联系起来进行研究和探讨。”[②]因之，与迄今为止的一切历史观不同，唯物主义历史观确证：生产力和交往形式之间的这种矛盾，每一次都不免要爆发为革命。“按照我们的观点，一切历史冲突都根源于生产力和交往形式之间的矛盾。”[③]从考察社会基本矛盾出发，马克思主义经典作家深入分析了人类社会发展类型的历史转换或变革进程，描述了从部落所有制、古典古代的公社所有制和国家所有制到封建的或等级的所有制、从纯粹的私有制到确立人的自由个性的共产主义社会的社会形态历史更替的基本轨迹。他们以极为严谨的科学精神，深入分析人类社会发展自身固有的运动规律，始终注意从一般的和基本的特征上把握人类社会演进的客观逻辑，着力考察人类社会历史发展的基本矛盾运动。在《〈政治经济学批判〉序言》中，马克思用如下的一段话高度凝练概括总结了历史唯物主义基本原理及其社会基本矛盾学说：“我所得到的、并且一经得到就用于指导我的研究工作的总的结果，可以简要地表述如下：人们在自己生活的社会生产中发生一定的、必然的、不以他们的意志为转移的关系，即同他们的物质生产力的一定发展阶段

① 习近平：《在纪念马克思诞辰 200 周年大会上的讲话》，人民出版社 2018 年版，第 2 页。

② 韦建桦主编：《马克思恩格斯选集》（第 1 卷），人民出版社 2012 年版，第 158 ~ 160 页。

③ 韦建桦主编：《马克思恩格斯选集》（第 1 卷），人民出版社 2012 年版，第 195 ~ 196 页。

相结合的生产关系。这些生产关系的总和构成社会的经济结构，即有法律的和政治的上层建筑竖立其上并有一定的社会意识形式与之相适应的现实基础。物质生活的生产方式制约着整个社会生活、政治生活和精神生活的过程。不是人们的意识决定人们的存在，相反，是人们的社会存在决定人们的意识。社会的物质生产力发展到一定阶段，便同它们一直在其中运动的现存生产关系或财产关系（这只是生产关系的法律用语）发生矛盾。于是这些关系便由生产力的发展形式变成生产力的桎梏。那时社会革命的时代就到来了。随着经济基础的变更，全部庞大的上层建筑也或慢或快地发生变革。"[①]在这里，马克思清晰地揭明了人类社会基本矛盾运动的历史法则，强调一定社会生产力的发展决定着与之相适应的一定的社会生产关系，作为生产关系总和的社会经济结构乃是法律的政治的上层建筑和一定社会意识形式的现实基础，生产力与生产关系、经济基础与上层建筑之间的矛盾运动，不仅标志着社会经济形态演进的不同历史阶段，而且构成社会革命或变革的根本动力。由此，马克思将"经济的社会形态的发展理解为一种自然史的过程"。[②] 从而在人类思想史上第一次发现了社会历史发展的运动规律。

综上可见，在马克思主义经典作家那里，社会历史发展过程绝不是杂乱无章的偶然事件的堆砌，也不是以人们的主观愿望和意志为转移的，而是一个有规律可循的自然历史过程。自从马克思运用社会基本矛盾的概念分析工具对人类社会历史发展作出历史唯物主义的解释以后，一条科学认识人类社会历史运动规律的全新的理论发展道路也在这里开辟出来了。就总体而言，生产力与生产关系、经济基础与上层建筑之间的矛盾运动，构成了人类社会基本矛盾的历史运动。生产力与生产关系之间的矛盾运动，亦即生产方式的矛盾运动，体现了生产关系适合生产力状况的规律；而经济基础与上层建筑之间的矛盾运动，亦即社会形

---

① 《马克思恩格斯全集》（第 31 卷 · 第 2 版），人民出版社 1998 年版，第 412 ~ 413 页。

② 参见《马克思恩格斯全集》（第 44 卷 · 第 2 版），人民出版社 2001 年版，第 10 页。

态的矛盾运动,则体现了上层建筑适合经济基础状况的规律,二者都是社会发展的基本规律。[①] 马克思主义唯物史观的理论任务,“归根到底,就是要发现那些作为支配规律在人类社会的历史上为自己开辟道路的一般运动规律”。[②] 需要指出的是,在不同的时代以及不同的国度,社会基本矛盾运动往往具有不同的历史特点和民族的特性。即便随着历史向世界历史的转变,社会基本矛盾运动日益具有世界性,但是这决不能消弭这一矛盾运动的民族性的品格。[③] 在特定的国情条件下,由于生产力发展状况的不同,生产关系构成的区别,经济基础的显著差异,政治上层建筑的多样性,乃至历史进程、文化传统、地理环境等因素的特殊性,必然会形成社会基本矛盾运动的不同形式,从而导致不同国家社会发展道路的历史差异性。不过,人类社会发展的总体进程最终要受到历史发展规律的制约。“所以到目前为止的历史总是像一种自然过程一样地进行,而且实质上也是服从于同一运动规律的。”[④]很显然,马克思主义经典作家的社会基本矛盾学说,使我们对于扑朔迷离的人类社会历史进程获得了真理性的认识,是我们观察和认识人类社会发展进程的理论准绳,是无产阶级政党在领导人民从事伟大斗争中制定纲领、路线、方略和政策的行动指南。

如果说社会基本矛盾反映了人类社会历史发展的基本规律,社会基本矛盾运动构成了人类社会历史发展的根本动力,那么,社会主要矛盾则是社会基本矛盾运动在特定社会历史时期的集中体现,是社会基本矛盾运动在特定社会发展阶段的表现形式,也是社会基本矛盾在一定社会条件下的历史产物。社会发展是一个错综复杂的矛盾有机体,交织着众多不同层级、不同领域、不同方面的社会矛盾运动。社会主要矛盾是社

---

① 参见李秀林等主编:《辩证唯物主义和历史唯物主义原理》(第 5 版),中国人民大学出版社 2004 年版,第 206 页。

② 参见《马克思恩格斯全集》(第 21 卷),人民出版社 1965 年版,第 341 页。

③ 参见杨耕等:《马克思主义哲学基础理论研究》,北京师范大学出版社 2013 年版,第 276 ~ 277 页。

④ 韦建桦主编:《马克思恩格斯选集》(第 4 卷),人民出版社 2012 年版,第 605 页。

会基本矛盾运动的实现途径，是社会基本矛盾运动的现实载体，也是社会基本矛盾运动的必然结果。一般来说，社会主要矛盾主要是指在社会基本矛盾的运动过程中，在社会发展的特定历史阶段起到全局性、主导性、支配性作用的矛盾有机体，在很大程度上规定、影响甚至决定着其他社会矛盾的运动变化，它整体地集中反映了社会发展的阶段性特征，从总体上构成了特定社会发展阶段的客观实际状况。适应社会发展特定历史阶段社会主要矛盾运动的要求，解决社会发展特定阶段的重大战略性、长远性的问题，往往构成社会发展特定历史阶段面临的中心任务。在《矛盾论》这篇极其重要的马克思主义哲学文献中，毛泽东运用马克思主义唯物辩证法的根本法则，深刻论述了事物的矛盾法则，系统阐述了社会主要矛盾和矛盾的主要方面的重要思想，他指出："在复杂的事物的发展过程中，有许多的矛盾存在，其中必有一种是主要的矛盾，由于它的存在和发展，规定或影响着其他矛盾的存在和发展。""捉住了这个主要矛盾，一切问题就迎刃而解了。"[①]不仅如此，"无论什么矛盾，矛盾的诸方面，其发展是不平衡的"。"矛盾的两方面中，必有一方面是主要的，他方面是次要的。其主要的方面，即所谓矛盾起主导作用的方面。事物的性质，主要地是由取得支配地位的矛盾的主要方面所规定的。"[②]因此，社会主要矛盾乃是在社会发展阶段上处于主导性、决定性地位的社会矛盾，这一矛盾的存在和发展决定着其他社会矛盾的存在和发展。毛泽东所阐述的社会主要矛盾学说，为人们观察和分析社会矛盾的运动进而提出解决社会矛盾的方法提供了历史辩证法的宇宙观。20 世纪以来中国的革命、建设与改革的历程，是马克思主义基本原理同中国具体实际相结合的波澜壮阔的历史行程，也是把马克思主义的社会矛盾学说创造性地应用于中国的伟大社会革命之中的生动鲜活的社会实践过程。中国共产党人深刻认识中国国情的特殊性，坚持实事求是，一

---

① 《毛泽东选集》(第 1 卷)，人民出版社 1991 年版，第 301、322 页。

② 《毛泽东选集》(第 1 卷)，人民出版社 1991 年版，第 322 页。

切从实际出发,具体情况具体分析,悉心把握中国社会基本矛盾运动的基本规律,在深入揭示中国社会矛盾特殊性的基础上,着力研究不同社会历史时期所面临的社会主要矛盾,据此制定正确的路线、方针和政策,成功地开辟了中国式现代化新道路,"创造了一个又一个彪炳史册的人间奇迹"。①

二、新中国成立以来社会主要矛盾变化及其法权要求

1949 年中国人民大革命的胜利,揭开了中华文明发展史上的新纪元。随着从新民主主义社会向社会主义社会的历史性转变,适应社会主要矛盾运动变化的要求,中国共产党领导人民完成了社会主义革命,在中国大地上确立了崭新的社会主义基本制度,"完成了中华民族有史以来最为广泛而深刻的社会变革"。② 毛泽东深刻分析了新中国成立之初的社会基本矛盾运动对党和国家大政方针提出的要求,他指出:"从中华人民共和国成立,到社会主义改造基本完成,这是一个过渡时期。党在这个过渡时期的总路线和总任务,是要在一个相当长的时期内,逐步实现国家的社会主义工业化,并逐步实现国家对农业、对手工业和对资本主义工商业的社会主义改造。"③毛泽东进一步指出:"在社会主义社会中,基本的矛盾仍然是生产关系和生产力之间的矛盾,上层建筑和经济基础之间的矛盾。"新中国成立后,"社会主义生产关系已经建立起来,它是和生产力的发展相适应的;但是,它又还很不完善,这些不完善的方面和生产力的发展又是相矛盾的。除了生产关系和生产力发展的这种又相适应又相矛盾的情况以外,还有上层建筑和经济基础的又相适应又相矛盾的情况"。④ 随着革命时期的大规模的急风暴雨式的群众阶

① 参见《中国共产党第十九次全国代表大会文件汇编》,人民出版社 2017 年版,第 12 页。

② 参见《中国共产党第十九次全国代表大会文件汇编》,人民出版社 2017 年版,第 12 页。

③ 《毛泽东著作选读》(下册),人民出版社 1986 年版,第 704 ~ 705 页。

④ 参见《毛泽东著作选读》(下册),人民出版社 1986 年版,第 768 页。

级斗争的基本结束,“社会主义革命的目的是解放生产力”。[①] 因此,社会基本矛盾的运动变化,必然影响着特定社会发展阶段上的主要矛盾的变化。

新中国成立以来,不同社会发展阶段的社会主要矛盾的转化,深刻地反映了国家与社会发展进程中的具有全局意义的重大变化,不仅成为党和国家确立大政方针的基本依据,而且影响着一定社会历史时期法治发展的趋向。1956 年 9 月 27 日,《中国共产党第八次全国代表大会关于政治报告的决议》对社会主义改造基本完成以后我国社会主要矛盾作出了重大判断,认为随着对农业、手工业和资本主义工商业的社会主义改造取得决定性的胜利,“我国的无产阶级同资产阶级之间的矛盾已经基本上解决,几千年来的阶级剥削制度的历史已经基本上结束,社会主义的社会制度在我国已经基本上建立起来了”。因此,“我们国内的主要矛盾,已经是人民对于建立先进的工业国的要求同落后的农业国的现实之间的矛盾,已经是人民对于经济文化迅速发展的需要同当前经济文化不能满足人民需要的状况之间的矛盾。这一矛盾的实质,在我国社会主义制度已经建立的情况下,也就是先进的社会主义制度同落后的社会生产力之间的矛盾”。由此,《中国共产党第八次全国代表大会关于政治报告的决议》强调,“党和全国人民的当前的主要任务,就是要集中力量来解决这个矛盾,把我国尽快地从落后的农业国变为先进的工业国。这个任务是很艰巨的,我们必须在经济、政治、文化等方面采取正确的政策,团结国内外一切可能团结的力量,利用一切有利的条件,来完成这个伟大的任务”。[②] 党的八大关于新中国成立之初我国社会主要矛盾变化的重要论述,充分表明在社会主义制度在我国已经建立的历史条件下,我国社会发展进入了一个大力提高社会生产力、建立先进的工业国的新的历史阶段。

---

① 参见《毛泽东著作选读》(下册),人民出版社 1986 年版,第 717 页。

② 参见《中国共产党第八次全国代表大会关于政治报告的决议》,载中共中央文献研究室编:《建国以来重要文献选编》(第 9 册),中央文献出版社 2011 年版,第 292 ~ 293 页。

在法治发展领域，如果说新中国成立之初在阶级矛盾成为社会主要矛盾的历史条件下，法治发展的中心任务是为巩固新生的人民革命政权提供坚强的保障，遂而先后发起土地改革、镇压反革命、“三反”、“五反”等一系列群众运动；那么，在从新民主主义社会向社会主义社会的过渡基本完成、国家和社会生活转化为以经济建设为中心的新的历史条件下，社会主要矛盾发生了新变化，那种依靠群众运动开展阶级斗争、推进国家治理的方式已经不合时宜了，因而必须重视和加强法治建设，善于用法律手段来治理国家和社会，维护法治的尊严和权威。“五四宪法”作为新中国的第一部宪法，深刻反映了中国已经变成社会主义国家这一客观的现实，用国家根本大法形式把中国走社会主义道路这一发展方向肯定下来，确立了我国社会主义政治、经济、社会制度的基本原则，使社会主义革命这一伟大社会革命的成果在宪法上充分展示出来，为社会主义制度在中国的全面确立奠定了根本法的基础。随着社会主义改造的基本完成，我国社会的主要矛盾已经由无产阶级与资产阶级之间的矛盾转变为“人民对于经济文化迅速发展的需要同当前经济文化不能满足人民需要的状况之间的矛盾”，加强法治建设被提上了党和国家的重要议程。《中国共产党第八次全国代表大会关于政治报告的决议》明确提出：“由于社会主义革命已经基本上完成，国家的主要任务已经由解放生产力变为保护和发展生产力，我们必须进一步加强人民民主的法制，巩固社会主义建设的秩序。国家必须根据需要，逐步地系统地制定完备的法律。一切国家机关和国家工作人员必须严格遵守国家的法律，使人民的民主权利充分地受到国家的保护。”这份决议还特别强调，“过去几年进行的镇压反革命的群众运动，已经取得了决定性的胜利。今后对于反革命残余势力还必须继续进行坚决的斗争。但是因为反革命力量已经日益缩小和分化，对于反革命分子应当进一步实行宽大政策。除极少数罪大恶极、引起人民公愤的罪犯不能不处死刑以外，其余罪犯应当一律免处死刑，并且给以人道的待遇，尽可能把他们教育成为善良的劳动者。需要处死刑的案件,应当一律归最高人民法院判决或者核准”。[①]显然,从群众运动的阶级斗争转向保护和发展生产力、加强人民民主的法制,是顺应社会主要矛盾变化所作出的一项重大战略决策。

然而,1957 年以后,“左”的思想开始逐步在党和国家政治生活中占居主导地位,党的八大关于我国社会主要矛盾变化的重大判断及其采取的路线、方针和政策未能得到贯彻,重提无产阶级和资产阶级是我国社会的主要矛盾,阶级斗争为纲日益成为党和国家工作的重要方针,直至发生十年“文化大革命”的历史悲剧。1978 年 12 月召开的党的十一届三中全会,遵循社会基本矛盾运动的客观规律,历史性地作出了把全党工作重心转移到社会主义现代化建设上来的重大战略决策,提出了实现四个现代化、把我国建设成为现代化的社会主义强国的重大战略任务,强调要改革同生产力迅速发展不相适应的生产关系和上层建筑。[②]邓小平指出:“我们是社会主义国家,社会主义制度优越性的根本表现,就是能够允许社会生产力以旧社会所没有的速度迅速发展,使人民不断增长的物质文化生活需要能够逐步得到满足。按照历史唯物主义的观点来讲,正确的政治领导的结果,归根到底要表现在社会生产力的发展上,人民物质文化生活的改善上。”[③]这一论述深刻揭示了社会主义社会基本矛盾的运动变化对国家发展提出的根本要求。邓小平还指出:“至于什么是目前时期的主要矛盾,也就是目前时期全党和全国人民所必须解决的主要问题或中心任务,由于三中全会决定把工作重点转移到社会主义现代化建设方面来,实际上已经解决了。我们的生产力发展水平很低,远远不能满足人民和国家的需要,这就是我们目前时期的主要矛盾,解决这个主要矛盾就是我们的中心任务。”[④]这一论述为后来的党的十

---

① 参见《中国共产党第八次全国代表大会关于政治报告的决议》,载中共中央文献研究室编:《建国以来重要文献选编》(第 9 册),中央文献出版社 2011 年版,第 301 页。

② 参见《三中全会以来重要文献选编》(上),人民出版社 1982 年版,第 4 ~ 6 页。

③ 《邓小平文选》(第 2 卷),人民出版社 1994 年版,第 128 页。

④ 《邓小平文选》(第 2 卷),人民出版社 1994 年版,第 182 页。

一届六中全会关于新时期我国社会主要矛盾的重大判断确立了基调。在新的历史条件下,1981 年 6 月 27 日,党的十一届六中全会通过的《关于建国以来党的若干历史问题的决议》,重申和提炼了党的八大关于我国社会主要矛盾的重大判断,强调“我国所要解决的主要矛盾,是人民日益增长的物质文化需要同落后的社会生产之间的矛盾”。[①] 这一重大论断集中体现了我国社会发展进入改革开放历史新时期的新的时代要求和国家发展的中心任务。

随着社会主要矛盾由以阶级斗争为纲向以经济建设为中心、“人民日益增长的物质文化需要同落后的社会生产之间的矛盾”的历史性变化,中国式法治现代化进入了一个历史新时期。党的十一届三中全会认真讨论了民主和法制问题,确立了我国法治建设的指导方针,会议指出:“为了保障人民民主,必须加强社会主义法制,使民主制度化、法律化,使这种制度和法律具有稳定性、连续性和极大的权威,做到有法可依,有法必依,执法必严,违法必究。”[②]在党的十一届三中全会所确立的中国特色社会主义法治建设指导方针的指引下,中国式法治现代化大踏步地前进。1979 年召开的五届全国人大二次会议通过了《刑法》《刑事诉讼法》等七部法律。鉴于“文化大革命”中非法司法的历史悲剧,为了确保《刑法》和《刑事诉讼法》得到有效贯彻实施,1979 年 9 月,中共中央专门向全党发出《关于坚决保证刑法、刑事诉讼法切实实施的指示》,第一次明确提出“实行社会主义法治”,并且把《刑法》《刑事诉讼法》能否严格执行上升到“直接关系到党和国家信誉”的重大高度来加以突出强调,这确乎意义重大而深远。[③] “八二宪法”把党的十一届三中全会以来我们党推进法治建设的成功经验上升为宪法规范,确定了国家法制统一的

---

① 参见中共中央文献研究室编:《三中全会以来重要文献选编》(下),人民出版社 1982 年版,第 785 ~ 786 页。

② 《改革开放以来历届三中全会文件汇编》,人民出版社 2013 年版,第 12 页。

③ 参见中共中央文献研究室编:《三中全会以来重要文献汇编》(上),人民出版社 1982 年版,第 257 页。

原则,规定“国家维护社会主义法制的统一和尊严”,[①]从而有力地推动了中国式法治现代化的时代进程。在“八二宪法”的指引下,以宪法为核心的社会主义法律体系建设加快推进,并取得了重大进展。1997 年 9 月召开的党的十五大在我们党的历史上第一次郑重提出了依法治国、建设社会主义法治国家的基本方略,[②]这无疑是一个历史性的重大战略决策。2002 年 11 月召开的党的十六大明确提出依法执政的重大命题,[③]2004 年 9 月召开的党的十六届四中全会系统阐述了中国共产党依法执政的基本内容和要求,[④]这对于加强和巩固中国共产党的执政地位、推进依法治国进程具有重大意义。中国特色社会主义进入新时代,我国社会主要矛盾发生了新的深刻变化,“人民日益增长的美好生活需要和不平衡不充分的发展之间的矛盾”对新时代中国法治现代化产生了重大而深远的影响。全面推进依法治国、加快建设法治中国,把我国建设成为社会主义法治现代化强国,已经成为回应新时代社会主要矛盾新变化的必然要求。党的十八大以来,以习近平同志为核心的党中央总揽中国特色社会主义事业发展全局,先后召开十八届三中全会、四中全会,对全面推进依法治国作出重大战略部署,中国式法治现代化进程波澜壮阔地展开,已经或正在极为深刻地改变着中国国家和社会生活的基本面貌。党的十九大以回应新时代社会主要矛盾新变化为取向,提出坚持以人民为中心、把人民对美好生活的向往作为奋斗目标的崭新理念,把“坚持全面依法治国”纳入新时代坚持和发展中国特色社会主义基本方略,强调“全面依法治国是中国特色社会主义的本质要求和重要保障”,将全面依法治国、建设法治中国作为中国式现代化新“两步走”的战略安排

① 参见国务院办公厅法制局编:《中华人民共和国法规汇编》,法律出版社 1986 年版,第 6 页。

② 参见中共中央文献研究室编:《十五大以来重要文献选编》(上),中央文献出版社 2011 年版,第 26 页。

③ 参见中共中央文献研究室编:《十六大以来重要文献选编》(上),中央文献出版社 2005 年版,第 74 页。

④ 参见中共中央文献研究室编:《十六大以来重要文献选编》(中),中央文献出版社 2006 年版,第 281 页。

的重要内容，对“深化依法治国实践”作出了进一步部署。[①] 党的二十大基于开启全面建设社会主义现代化国家的战略考量，深刻把握新时代新征程社会主要矛盾的新变化及其特点，强调要坚持走中国特色社会主义法治道路，建设中国特色社会主义法治体系，建设社会主义法治国家，在法治轨道上全面建设社会主义现代化国家。[②] 新时代的中国式法治现代化大业焕发出蓬勃的生机和旺盛的活力。

三、有效满足新时代人民法治新需要

当代中国正处在一个急剧变动的社会大变革进程之中，这一进程极其深刻地影响着社会生活领域的基本面貌及发展趋向。党的十九大综合分析当代中国转型变革进程中经济社会生活的新情况、新问题、新特点，作出了“中国特色社会主义进入新时代，我国社会主要矛盾已经转化为人民日益增长的美好生活需要和不平衡不充分的发展之间的矛盾”[③]的重大政治论断。习近平强调，在新的时代条件下，“人民美好生活需要日益广泛，不仅对物质文化生活提出了更高要求，而且在民主、法治、公平、正义、安全、环境等方面的要求日益增长”。与此同时，“更加突出的问题是发展不平衡不充分，这已经成为满足人民日益增长的美好生活需要的主要制约因素”。[④] “发展不平衡，主要是各区域各领域各方面存在失衡现象，制约了整体发展水平提升；发展不充分，主要是我国全面实现社会主义现代化，还有相当长的路要走，发展任务仍然很重。”[⑤]

---

① 参见《中国共产党第十九次全国代表大会文件汇编》，人民出版社 2017 年版，第 18、22～23、31 页。

② 参见《中国共产党第二十次全国代表大会文件汇编》，人民出版社 2022 年版，第 33、34 页。

③ 《中国共产党第十九次全国代表大会文件汇编》，人民出版社 2017 年版，第 9 页。

④ 参见习近平：《决胜全面建成小康社会　夺取新时代中国特色社会主义伟大胜利——在中国共产党第十九次全国代表大会上的报告》，人民出版社 2017 年版，第 11 页。

⑤ 习近平：《论把握新发展阶段、贯彻新发展理念、构建新发展格局》，中央文献出版社 2021 年版，第 3 页。

这一论述深刻揭示了我国社会主要矛盾新变化的时代特征，把人民对民主、法治、公平、正义、安全、环境等方面的需求视为人民日益增长的美好生活需要的重要内容，并且将发展不平衡不充分看作矛盾的主要方面，明确提出了着力解决好发展不平衡不充分问题、满足人民日益增长的美好生活需要的重大时代任务。因之，新时代社会主要矛盾新变化在法治领域中的集中体现，乃是日益增长的人民法治新需要与法治领域发展不平衡不充分之间的矛盾。这一矛盾构成了中国式法治现代化进程的内在动因。

人的活动是一种有意志的自觉活动。然而，推动人们活动的直接动力是需要和利益。需要是社会主体对客体依存关系的主要形式之一，是反映现实的一种特殊形式。需要是社会主体的需要，它以一种主观欲求的形式，反映了社会主体的一定主观目的或动力，因而具有主观的属性。"人们已经习惯于以他们的思维而不是以他们的需要来解释他们的行为（当然，这些需要是反映在头脑中，是被意识到的）。"[①]但是，需要就其本质来说是社会历史发展的产物。需要由社会生产和社会生活条件所引起，反映了社会主体在社会生产关系体系中的地位，因而具有客观的属性。因此，需要是主观与客观的辩证统一。人作为社会生物与一切动物的区别，就在于人的需要是无限的，并且具有无限的能力扩大自己的需要。所以，需要是社会主体能动性、积极性、创造性的源泉与动力。[②]"任何人如果不同时为了自己的某种需要和为了这种需要的器官而做事，他就什么也不能做。"[③]一种需要的满足会产生一种新的需要，"满足需要的活动和已经获得的为满足需要而用的工具又引起新的需要，而这种新的需要的产生是第一个历史活动"。[④] 人类社会史在某种意义上就是新的需要产生和发展的历史，社会的生产条件决定着需要的发展，正

---

① 《马克思恩格斯全集》（第 20 卷），人民出版社 1971 年版，第 516～517 页。

② 参见《马克思恩格斯全集》（第 21 卷），人民出版社 1965 年版，第 342 页。

③ 《马克思恩格斯全集》（第 3 卷），人民出版社 1960 年版，第 286 页。

④ 参见《马克思恩格斯选集》（第 1 卷），人民出版社 2012 年版，第 159 页。

是在社会生产过程中,“创造和满足由社会本身产生的新的需要,培养社会的人的一切属性,并且把他作为具有尽可能丰富的属性和联系的人,因而具有尽可能广泛需要的人生产出来——把他作为尽可能完整的全面的社会产品生产出来(因为要多方面享受,他就必须有享受的能力,因此他必须是具有高度文明的人)”。[①] 而在满足需要的过程中产生的新的需要,乃是社会生产发展的内在动力与客观前提,“需求的范围不断扩大;目的是满足新的需要,因此生产就更有规则性并且扩大了”。[②] 社会主体的需要是一种具有内在联系的有机统一的体系,大体上可以按照社会主体的活动范围,区分为物质需要、政治需要、精神需要和社会本身的需要。一般来说,作为政治需要的有机构成要素,法治需要是指一定社会主体追求一定的法治价值目标、实现一定的预期法治权益并且期望通过一定的法治实践活动获得回应或者满足的主观期待和行为表达。第一,法治需要是社会主体对于法治发展状态的一种主观期待与行为表达;第二,社会主体的法治价值目标是法治需要赖以产生和发展的基础;第三,实现一定的预期法治权益是社会主体法治需要的基本指向;第四,社会主体的法治需要只有通过一定的法治实践活动或高质量的法治发展才能得以满足。

新中国成立以来,人民群众的法治需要经历了一个不断变化的演进过程。在中国特色社会主义新时代,我国社会发展的阶段性特征在经济、政治、社会、文化、生态等各个领域日益鲜明地表现出来。随着人民群众物质生活条件的不断改善和生活水平的显著提升,人民群众的需要呈现出多样化多层次多方面的特点,不仅对物质文化生活提出了更高要求,而且对法治建设与发展寄予了新的更高的期待,人民的法治新需要正在逐渐增长。总体而言,新时代人民的法治新需要的新变化新特点主要表现在以下方面:

---

① 参见《马克思恩格斯全集》(第30卷·第2版),人民出版社1995年版,第389页。

② 参见《马克思恩格斯全集》(第31卷·第2版),人民出版社1998年版,第369页。

一是人民群众对公平正义的新需要不断增长。作为法治的基本价值理念和准则，公平正义反映了人类社会法治文明进步的艰难曲折历程，构成了衡量和评价法治文明进步程度本体性的价值尺度。进入新时代的中国法治现代化，必须始终高度关注和重视解决公平正义问题。在这一问题上，人民群众首先对程序正义更加关切，对法律程序规范化的关注程度空前提高。更为重要的是，在新的时代条件下，人民群众对实体正义的要求显著增强，更加突出个人在社会中的自由与权利，更加关注个人合法愿望、尊严与诉求可能实现的社会与法治条件，因而期待法治实践活动更能够维护现代法治的核心价值。这一现象正在成为新时代法治生活领域中处于主导趋势的法治新需要样式，人民群众期盼更加有效地实现合法权益、更加尊重和保护人权、更加认真对待和保护产权，由此人民群众实体公正观的内涵日益丰富。因之，新时代中国法治现代化的基本价值目标是，不仅要把握和满足人民群众对程序正义的新需要，而且要更加突出实体正义对法治发展的根本性基础性的价值意义，进而体现人民群众对于维护和实现社会公平正义的核心价值需要。

二是人民群众对法治治理的新需要不断增长。在新时代的中国社会大变革进程中，利益关系格局重新调整，社会矛盾错综复杂，各种深层次的社会矛盾日益显现出来，多元化的利益主体之间的利益失衡、碰撞和冲突现象越发突出。因之，正确认识和处理活力与秩序之间的关系，全力维护社会和谐稳定，保证社会生活的安定有序，已经成为新时代中国法治现代化的一项重要任务。在这里，充分发挥法治的利益调整与平衡功能，切实提高法治治理的综合效益，有着特殊的意义。近年来，因城市房屋拆迁、农村土地征用、企业破产改制、劳动争议、医患矛盾、物业管理、环境保护等引发的矛盾纠纷和群众性事件呈增多趋势，而且涉及面广、参与人数多、动机复杂、情绪激烈，其中还出现了因当事人行为过激以致构成刑事犯罪的事件。这些矛盾纠纷不仅关系部分群体的切身利益，还涉及改革发展过程中的一些焦点和难点问题。对此，人民群众不仅主张公平正义，而且期待解决实际问题；不仅要求法治治理活动的结果要接受法治原则与规范的评判，还期待接受社会道德、民俗习惯乃至关涉群众自身立场的评价。由此可见，在新的时代条件下，人民群众对法治治理的认识日趋多元化。如何依法协调平衡社会利益关系，不断提高法治治理活动的综合效益，给新时代的法治治理提出了新的挑战。

三是人民群众对法治过程的新需要不断增长。随着新时代坚持全面依法治国基本方略的深入实施，人民群众参与法治实践活动的愿望在显著增强，对法治过程的需求日益增长，期待法治活动更加公开，因而在新时代法治实践中，大力推行立法公开、政务公开、司法公开，成为新时代满足人民群众法治新需要的重要努力方向；期待法治过程更加民主，不仅期待更多地参与立法、执法和司法活动，而且期待法治机关更加注意倾听人民的呼声，了解人民的意愿，由此，深入推进法治活动的民主化进程，是新时代满足人民法治新需要的题中应有之义；期待法治机关更加自觉地接受人民群众的监督，加强对法治机关及其工作人员行使权力的监督制约，由此，建立健全法治监督体系势在必行；期待法治实践活动更有效率、更加便民，因之，“智慧法务”建设方兴未艾，成为新时代法治发展一道亮丽的风景线。

四是人民群众对法治权威的新需要不断增长。随着中国特色社会主义法治发展进入新时代，有法必依、执法必严、违法必究的任务更加突出、更为紧迫，这对维护法治权威提出了更高的要求。人民群众不仅要求法治机关恪守公平正义原则，不断提高法治发展的质量与效率，以此赢得人民群众对法治机关的信任，而且要求法治机关坚持依法立法、依法行政、依法司法，把法治实践活动纳入法治化的轨道；不仅要求法治机关充分发挥职能作用，积极参与社会治理，引导全社会增强法治意识，而且要求法治机关要遵循法治工作的客观规律，规范有序高效地推进法律的创制与实施；不仅要求法治机关通过加强自身建设促进法治权威的树立，而且要求法治机关通过改革和完善法治体制机制，确保自身依法行使职权。因此，树立和维护法治的尊严和权威，已经成为新时代有效满足人民法治新需要的内在要求。

新中国成立以来特别是改革开放四十多年来中国式法治现代化的历史性进步,为有效满足人民群众的法治新需要打下了坚实的基础。然而,应当看到,在现阶段,“社会矛盾和问题交织叠加,全面依法治国任务依然繁重,国家治理体系和法治能力有待加强”。[①] 因之,在新时代推进中国式法治现代化的出发点和落脚点,就是要悉心把握新时代人民群众对法治工作的新要求新期待,坚持以人民群众是否满意、是否有“获得感”来检验全面依法治国的成败得失,以促进和实现社会公平正义为基本价值尺度,“针对法治领域广大人民群众反映强烈的问题,回应社会各方面关切”,[②]从而更加充分地满足人民的法治新需要。与此同时,要高度重视法治领域的平衡发展问题,深入分析经济与社会之间、城乡之间、区域之间以及法治体系内部的法治发展不平衡现象及其特点,有针对性地制定相应的法治政策,落实行之有效的法治举措,推动新时代中国法治领域更加平衡地发展,从而有力地促进中国式法治现代化,并且通过平衡的法治发展,更好地满足广大人民群众不同领域的法治新需要。不仅如此,还要高度重视法治领域的充分发展问题,系统研究依法治国、依法执政、依法行政共同推进,法治国家、法治政府、法治社会一体建设的进程中的新情况新问题,深入分析贯彻“科学立法、严格执法、公正司法、全民守法”新十六字法治建设方针方面存在的薄弱环节,坚持求真务实,强化问题导向,制定与实施具有系统性、针对性和可操作性的法治工作措施,着力解决新时代坚持全面依法治国基本方略中的重点难点问题,从而扎实地推进中国式法治现代化的深入展开,有效满足人民群众不断增长的法治新需要。很显然,推进新时代的中国法治现代化,必须紧扣我国社会主要矛盾的新变化,坚持以人民为中心的法治发展准则,深刻认识和把握新时代人民不断增长的法治需要与不平衡不充分的法治发展之间的矛盾运动,在深入推动新时代中国法治发展的基础上,

---

① 参见《中国共产党第十九次全国代表大会文件汇编》,人民出版社2017年版,第8页。

② 参见习近平:《加快建设社会主义法治国家》,载中共中央文献研究室编:《十八大以来重要文献选编》(中),中央文献出版社2016年版,第191页。

着力提升法治发展的质量和水平，努力增强法治发展的优质供给，切实解决好法治发展领域不平衡不充分的问题，从而更好地实现高质量的法治发展，有效满足人民日益增长的法治需要，使人民日益广泛的美好生活需要成为生动的现实，促进人的全面发展和社会的全面进步，从而更加持续深入地推动新时代的中国式法治现代化大业。

四、坚定推进新时代的中国式法治现代化

面对新时代我国社会主要矛盾的深刻变化对中国法治现代化进程的新挑战，以及新时代人民群众对高质量的法治发展的新需要，推进新时代的中国式法治现代化，必须围绕回应社会主要矛盾深刻变化的时代要求，牢固确立法治高质量发展的基本理念，努力构建有利于促进法治高质量发展的体制、制度和机制，把坚持和实现法治高质量发展作为深入推进法治领域改革的基本尺度，坚定不移地走出一条具有鲜明中国风格的自主型法治发展道路，为新时代中国式法治现代化进程汇聚起新的强大的动力。

新中国成立 70 多年来，中国式法治现代化经历了极不平凡的历史进程。在这一进程中，中国社会经历了两次伟大的社会革命，70 多年来的中国式法治现代化和两次伟大的社会革命内在地交融在一起，深刻地改变了国家与法治领域的基本面貌。1949 年中国人民大革命的胜利，开辟了中华民族复兴的历史新纪元。这场伟大的社会革命及其法治变革揭开了创立新型的现代国家制度的崭新篇章，在中国大地上创设了社会主义的法治系统，“完成了中华民族有史以来最为广泛而深刻的社会变革，为当代中国一切发展进步奠定了根本政治前提和制度基础”。[①] 1978 年 12 月召开的党的十一届三中全会，开启了当代中国改革开放这一伟大社会革命的历史新时期，中国式法治现代化也进入了大变革时代。经过这一广泛而深刻的新的伟大社会革命与法治变革，在中国特色

---

① 参见《中国共产党第十九次全国代表大会文件汇编》，人民出版社 2017 年版，第 12 页。

社会主义法治理论的指引下，中国式法治现代化显示出旺盛的活力与强大的生命力，“破除阻碍国家和民族发展的一切思想和体制障碍，开辟了中国特色社会主义道路，使中国大踏步赶上时代”。[①] 党的十八大以来，随着中国特色社会主义进入新时代，新的伟大社会革命在新的历史条件下继续发展，推动中国式法治现代化新道路进入全方位深化发展的新时代。以习近平同志为核心的党中央从坚持和发展中国特色社会主义、确保党和国家长治久安的战略高度，加强全面深化改革、全面依法治国的顶层设计。新时代的中国式法治现代化进程如火如荼，一个反映法治发展规律、具有鲜明中国特色的法治现代化新格局正在形成，呈现出自主型法治改革的鲜明时代特质，既是回应我国社会主要矛盾深刻变化的新挑战，也是推动高质量法治发展、坚持和拓展中国式法治现代化新道路的强劲动能。新时代的中国式法治现代化有以下特点：

第一，新时代的中国式法治现代化坚持正确的方向。中国共产党的领导是中国特色社会主义法治道路的核心要义，也是推进中国式法治现代化的根本政治保证。习近平指出：“我们治国理政的本根，就是中国共产党领导和社会主义制度。”[②]全面依法治国、推进法治改革，必须同我国根本政治制度、基本政治制度和经济社会发展水平相适应，决不能出现颠覆性错误。推进法治改革的目的，主要是完善和发展中国特色社会主义法律制度，赋予社会主义法治以新的生机活力。而中国特色社会主义法律制度的最大特色，就是坚持中国共产党对法治建设的领导。在当代中国，中国共产党是最高的政治领导力量，“党政军民学，东西南北中，党是领导一切的”，要“坚持和加强党的全面领导”，“把党的领导贯彻到依法治国全过程和各方面”。[③] “必须牢记，党的领导是中国特色社会主义法治之魂，是我们的法治同西方资本主义国家的法治最大的区

---

① 参见《中国共产党第十九次全国代表大会文件汇编》，人民出版社 2017 年版，第 12 页。

② 中共中央文献研究室编：《习近平关于社会主义政治建设论述摘编》，中央文献出版社 2017 年版，第 8 页。

③ 参见《中国共产党第十九次全国代表大会文件汇编》，中央文献出版社 2017 年版，第 18 页。

别。离开了中国共产党的领导,中国特色社会主义法治体系、社会主义法治国家就建不起来。”[①]新中国成立七十多年来,特别是改革开放四十多年来,在开辟中国式法治现代化新道路的进程中,作为执政党的中国共产党始终总揽法治改革的全局并且主导着这场法治革命的运动方向。面对新时代人民群众不断增长的法治新需要,想要深入推动中国法治更加平衡更加充分的发展,就必须坚定不移地加强党对全面依法治国、推进中国式法治现代化的全面领导。党的十八大以来,健全党对推进法治现代化的领导体制与工作机制的一个重大举措,就是成立中央全面依法治国委员会,旨在加强和优化党对新时代推进中国式法治现代化的重大全局性工作的集中统一领导;[②]该委员会“主要职责是,统筹协调全面依法治国工作,坚持依法治国、依法执政、依法行政共同推进,坚持法治国家、法治政府、法治社会一体建设,研究全面依法治国重大事项、重大问题,统筹推进科学立法、严格执法、公正司法、全民守法,协调推进中国特色社会主义法治体系和社会主义法治国家建设”。[③] 中央全面依法治国委员会办公室具体负责落实中央全面依法治国委员会作出的重要决策部署,推动党中央决策部署落地见效。这就为建立健全党对推进中国式法治现代化的领导体制机制奠定了坚实的组织机构基础。习近平在中央全面依法治国委员会第一次会议讲话中,深刻分析了成立中央全面依法治国委员会的重大意义,强调党中央决定成立中央全面依法治国委员会,是贯彻落实党的十九大精神、加强党对全面依法治国集中统一领导的需要,是研究解决依法治国重大事项重大问题、协调推进中国特色社会主义法治体系和社会主义法治国家建设的需要,是推进实现“两个一百年”奋斗目标、为中华民族伟大复兴中国梦提供法治保障的需要。同时,习近平提出要健全党领导全面依法治国的制度和工作机制,继续推

---

① 中共中央文献研究室编:《习近平关于全面依法治国论述摘编》,中央文献出版社 2015 年版,第 35 页。

② 参见《中共中央关于深化党和国家机构改革的决定》,人民出版社 2018 年版,第 20 ~ 21 页。

③ 参见《深化党和国家机构改革方案》,人民出版社 2018 年版,第 4 ~ 5 页。

进党的领导制度化、法治化,把党的领导贯彻到全面依法治国全过程和各方面。[①] 因此,推进新时代的中国式法治现代化,必须在党的集中统一领导下进行,坚持和完善中国特色社会主义法律制度,从而更加有力地回应新时代社会主要矛盾新变化对推进中国式法治现代化提出的新要求。

第二,新时代的中国式法治现代化坚持以当代中国马克思主义法治思想为指导。中国式法治现代化的每一步新进展,都伴随着马克思主义法治理论中国化的理论成果的新飞跃。马克思主义法治理论中国化的理论成果,是中国共产党人把马克思主义法治理论的基本原理同中国具体实际相结合、同中华优秀传统法律文化相结合的历史产物,坚持和发展当代中国马克思主义法治思想,集中体现了中国共产党人治国安邦的基本法治观念,反映了中国特色社会主义法治发展的基本规律,彰显了全面依法治国、建设法治中国、实现中国式法治现代化的基本法治价值取向,因而是推进中国式法治现代化的基本准则和根本遵循。马克思主义法治理论中国化的理论成果,是马克思主义中国化的思想理论体系的有机组成部分,是包括毛泽东国家与法律学说、邓小平法治理论、“三个代表”重要思想及其法治学说、科学发展观及其法治学说和习近平法治思想在内的科学的法治观和法治思想体系,是马克思主义法治理论中国化进程宝贵的理论结晶。在中国推进法治现代化,建设中国特色社会主义法治体系,加快建设社会主义法治国家,是一场深刻的法治革命,没有现成的模式赖以遵循,必须密切联系中国的法治实际状况进行创造性地探索,开辟出一条具有鲜明特质的、体现中国特色社会主义本质要求的中国式法治现代化新道路。中国共产党人以大无畏的理论探索勇气和实践创造精神,深刻认识中国法治发展进程的内在机理,形成了马克思主义法治理论中国化进程的三次历史性飞跃,产生了毛泽东国家与法律学说、中国特色社会主义法治理论和习近平法治思想这三大理论成果。党的十八大以来,面对具有许多新的历史特点的伟大斗争,以习近平同

① 参见习近平:《论坚持全面依法治国》,中央文献出版社 2020 年版,第 222 ~ 225 页。

志为核心的党中央着眼于新时代坚持和发展中国特色社会主义、确保党和国家长治久安的战略考量，对全面推进依法治国、加快建设法治中国作出了战略部署和具体安排，科学阐述了中国特色社会主义法治发展的一系列重大理论和实践问题，创立了习近平法治思想，开启了马克思主义法治理论中国化进程的第三次历史性飞跃。习近平在中央全面依法治国工作会议讲话中，全面系统地论述了以"十一个坚持"为基本内容的新时代中国特色社会主义法治思想，即坚持党对全面依法治国的领导；坚持以人民为中心；坚持中国特色社会主义法治道路；坚持依宪治国、依宪执政；坚持在法治轨道上推进国家治理体系和治理能力现代化；坚持建设中国特色社会主义法治体系；坚持依法治国、依法执政、依法行政共同推进，法治国家、法治政府、法治社会一体建设；坚持全面推进科学立法、严格执法、公正司法、全民守法；坚持统筹推进国内法治和涉外法治；坚持建设德才兼备的高质素法治工作队伍；坚持抓住领导干部这个"关键少数"。习近平法治思想精辟阐述了新时代全面推进依法治国的指导思想、根本保证、基本原则、总体目标、内在机理、主体力量、动力机制、工作布局、重点任务、辩证关系、重要保障，形成了具有原创意义的21世纪中国马克思主义法治理论逻辑系统，是马克思主义法治理论中国化进程的最新重大理论成果，是当代中国马克思主义法治思想系统化的理论表达，是新时代推进中国式法治现代化的理论指南。推进中国式法治现代化，必须始终坚持习近平法治思想的指导地位，紧紧围绕新时代我国社会主要矛盾深刻变化对推进中国式法治现代化提出的时代挑战，深入总结中国式法治现代化的历史进程及其基本经验，悉心把握新时代中国式法治现代化面临的历史性任务，积极稳步推进全面依法治国的伟大实践，着力解决影响法治高质量发展的体制性、机制性、保障性问题，为"更好发挥法治固根本、稳预期、利长远的主要作用"[①]奠定坚实有力的法治体制、法治制度和法治机制基础。

---

① 习近平:《论坚持全面依法治国》，中央文献出版社2020年版，第2～5页。

第三,新时代的中国式法治现代化坚持以人民为中心的法治发展准则。坚持以人民为中心,是新时代坚持和发展中国特色社会主义基本方略的重要内容,也是推进新时代中国法治改革的根本目的。习近平强调,“人民是历史的创造者,是决定党和国家前途命运的根本力量”。[①]牢固确立以人民为中心的法治发展准则,深刻反映了法治机关全心全意为人民服务的根本宗旨,集中体现了人民是推动中国式法治现代化的根本力量的历史唯物主义国家和法的学说。新时代我国社会主要矛盾的新变化反映在法治领域中,突出地表现为人民日益增长的民主、法治、公平、正义、安全、环境等方面的需要和法治事业发展不平衡不充分之间的矛盾。坚持以人民为中心推进中国式法治现代化,必须悉心把握人民群众对法治发展的新要求新期待,采取有针对性的法治举措,顺应人民对美好法治生活的向往,“健全民主制度、拓宽民主渠道、丰富民主形式、完善法治保障,确保人民依法享有广泛充分、真实具体、有效管用的民主权利”,[②]把不断满足人民的法治新需要作为新时代中国式法治现代化的出发点和落脚点,努力实现好、维护好、发展好最广大人民的根本权益,做到法治发展为了人民、法治发展依靠人民、法治发展保护人民、法治发展造福人民,进而推动新时代中国法治领域更加平衡更加充分的发展。公平正义是中国特色社会主义的内在要求,也是坚持以人民为中心的必然抉择。维护和实现社会公平正义,是新时代中国式法治现代化的核心价值追求。习近平指出:“全面深化改革必须以促进社会公平正义、增进人民福祉为出发点和落脚点。这是坚持我们党全心全意为人民服务根本宗旨的必然要求。全面深化改革必须着眼创造更加公平正义的社会环境,不断克服各种有违公平正义的现象,使改革发展成果更多更公平惠及全体人民。如果不能给老百姓带来实实在在的利益,如果不能创造更加公平的社会环境,甚至导致更多不公平,改革就失去意义,也

---

① 参见《中国共产党第十九次全国代表大会文件汇编》,人民出版社2017年版,第17页。

② 参见习近平:《在庆祝改革开放40周年大会上的讲话》,人民出版社2018年版,第22~23页。

不可能持续。”[①]在大变革时代的当代中国，高度关注和重视解决社会公平正义问题，已经成为推进中国式法治现代化面临的一项重大议题。党的十八大提出要“加紧建设对保障社会公平正义具有重大作用的制度，逐步建立以权利公平、机会公平、规则公平为主要内容的社会公平保障体系，努力营造公平的社会环境，保证人民平等参与、平等发展权利”。[②]十八届三中全会《决定》强调，全面深化改革必须“以促进社会公平正义、增进人民福祉为出发点和落脚点”。[③] 十八届四中全会《决定》把“坚持人民主体地位”确立为全面推进依法治国必须遵循的重要原则，决定指出：“必须坚持法治建设为了人民、依靠人民、造福人民、保护人民，以保障人民根本权益为出发点和落脚点，保证人民依法享有广泛的权利和自由、承担应尽的义务，维护社会公平正义，促进共同富裕。”[④]《十三五规划建议》提出了“坚持以人民为中心的发展思想”的重大命题，强调必须“把增进人民福祉、促进人的全面发展作为发展的出发点和落脚点，发展人民民主，维护社会公平正义，保障人民平等参与、平等发展权利，充分调动人民积极性、主动性、创造性”。[⑤] 因之，促进和实现社会公平正义，不仅是加快法治中国建设的重要评价尺度，也是坚持以人民为中心、推进新时代中国式法治现代化的基本价值目标。新时代中国式法治现代化进程的鲜明特点，就是强化法治发展的人民性，顺应新时代我国社会主要矛盾的新变化，深刻把握人民群众对法治发展的新需求新期待，坚持以人民是否满意、是否有“获得感”来检验法治发展的成败得失，把维护和实现社会公平正义作为法治发展的基本价值准则，着力把握人民群众对法治发展的认可程度，努力使法治发展合乎民心、顺乎民

---

① 中共中央文献研究室编：《习近平关于全面深化改革论述摘编》，中央文献出版社 2014 年版，第 96 页。

② 参见《中国共产党第十八次全国代表大会文件汇编》，人民出版社 2012 年版，第 13～14 页。

③ 参见《中共中央关于全面深化改革若干重大问题的决定》，人民出版社 2013 年版，第 3 页。

④ 《中共中央关于全面推进依法治国若干重大问题的决定》，人民出版社 2014 年版，第 6 页。

⑤ 参见《中国共产党第十八届中央委员会第五次全体会议文件汇编》，人民出版社 2015 年版，第 25～26 页。

意。诚如习近平所指出的,公正是法治的生命线。公平正义是我们党追求的非常崇高的价值,全心全意为人民服务的宗旨决定了我们必须追求公平正义,保护人民权益、伸张正义。全面依法治国,必须紧紧围绕保障和促进社会公平正义来进行。[①]

第四,新时代中国式法治现代化坚持问题导向、系统推进。社会剧烈转型时期的中国式法治现代化进程错综复杂,面临艰巨的历史任务。这必然要求在推进新时代自主型法治发展的过程中,在加强法治发展的顶层设计和整体谋划的同时,高度正视法治发展进程的复杂的矛盾运动,确立鲜明的问题意识和问题导向,悉心把握新时代社会主要矛盾深刻变化对中国式法治现代化进程的重大影响,坚定不移地以法治发展应对挑战、破解难题。面对新时代人民群众不断增长的对现代化法治的新需要,法治机关在法治理念、法治体制、法治机制、法治队伍、法治保障等方面,还存在诸多不相适应的地方,亟待通过深化法治领域改革与发展切实加以解决。党的十八大以来,以习近平同志为核心的党中央清醒地认识到法治领域存在的突出问题,在统筹谋划全面依法治国、推进法治改革的战略方案时强调,要“坚持改革方向、问题导向,适应推进国家法治体系和治理能力现代化要求,直面法治建设领域突出问题,回应人民群众期待,力争提出对依法治国具有重要意义的改革举措”。[②] 党的十八大以来法治改革与发展方案的制定与实施,把解决突出问题、破解法治难题作为推进法治改革的基本要求,抓住法治工作中人民群众反映强烈、事关法治发展全局的突出问题和关键问题,锐意进取,攻坚克难,整体推进,重点突出,推动进入攻坚期和深水区的中国式法治现代化不断向纵深发展。因之,习近平强调,“解决法治领域的突出问题,根本途径在于改革。如果完全停留在旧的体制机制框架内,用老办法应对新情况

---

① 参见中共中央文献研究室编:《习近平关于全面依法治国论述摘编》,中央文献出版社 2015 年版,第 38 页。

② 参见《中国共产党第十八届中央委员会第四次全体会议文件汇编》,人民出版社 2014 年版,第 75 页。

新问题,或者用零敲碎打的方式来修修补补,是解决不了大问题的”。推进法治领域改革,“必须直面问题、聚焦问题”。[①] “要把解决了多少实际问题、人民群众对问题解决的满意度作为评价改革成效的标准。只要有利于提高党的执政能力、巩固党的执政地位,有利于维护宪法和法律的权威,有利于维护人民权益、维护公平正义、维护国家安全稳定,不管遇到什么阻力和干扰,都要坚定不移地向前推进,决不能避重就轻、拣易怕难、互相推诿、久拖不决。”[②]围绕重点和难点问题推进新时代的法治改革,涉及利益关系的深刻调整,中国式法治现代化进程的复杂程度确实很大。然而,“矛盾越大,问题越多,越要攻坚克难、勇往直前”。[③] 在这里,牢固树立法治发展的全局观,加大法治发展的统筹协调力度,就显得尤为重要。对此,习近平指出:“法治领域改革涉及的主要是公检法司等国家政权机关和强力部门,社会关注度高,改革难度大,更需要自我革新的胸襟。如果心中只有自己的‘一亩三分地’,拘泥于部门权限和利益,甚至在一些具体问题上讨价还价,必然是磕磕绊绊、难有作为。改革哪有不触动现有职能、权限、利益的?需要触动的就要敢于触动,各方面都要服从大局。各部门各方面一定要增强大局意识,自觉在大局下思考,在大局下行动,跳出部门框框,做到相互支持、相互配合。”[④]面对新时代全面建成社会主义法治强国的战略愿景,新时代的中国式法治现代化进入了一个“啃硬骨头”的新的历史阶段。习近平强调,“全面依法治国是国家治理的一场深刻革命”,进而提出了深化依法治国实践的重点任务。[⑤] 2021 年 12 月 6 日,在十九届中央政治局第三十五次集体学习会上,习近平对坚持系统观念、更好推进中国特色社会主义法治体系建

---

① 参见《中国共产党第十八届中央委员会第四次全体会议文件汇编》,人民出版社 2014 年版,第 75 页。

② 参见《习近平谈治国理政》(第 2 卷),外文出版社 2017 年版,第 124 页。

③ 参见中共中央文献研究室编:《习近平关于全面深化改革论述摘编》,中央文献出版社 2014 年版,第 42 页。

④ 习近平:《论坚持全面依法治国》,中央文献出版社 2020 年版,第 117 页。

⑤ 参见习近平:《论坚持全面依法治国》,中央文献出版社 2020 年版,第 186 页。

设这个全面依法治国的“总抓手”进行了深刻论述，强调要坚持法治体系建设正确方向，加快重点领域立法，深化法治领域改革，运用法治手段开展国际斗争，加强法治理论研究和宣传。[①] 很显然，这一重要论述，紧紧围绕全面依法治国进入新时代的宏伟愿景，有力回应了新时代我国社会主要矛盾新变化对推进中国式法治现代化提出的新要求，抓住了新时代中国式法治现代化领域亟须着力解决的突出问题，确立了新时代中国式法治现代化的主攻方向，必将对新时代的中国式法治现代化进程产生深远影响。

第五，新时代中国式法治现代化坚持从中国的法治国情条件出发。中国是一个经济社会发展很不平衡的发展中的东方大国。新时代社会主要矛盾的新变化，深刻反映了我国仍然处于并将长期处于社会主义初级阶段的基本国情，充分表明发展的不平衡不充分问题乃是新时代社会主要矛盾体中矛盾的主要或主导的方面。在法治发展领域，在社会主义初级阶级社会基本矛盾运动规律的作用下，现阶段不平衡不充分的法治发展现象的客观存在，制约了对于新时代人民法治新需要的有效满足，构成了我们认识和把握中国法治国情条件的现实基点，从而在很大程度上决定了新时代推进中国式法治现代化的基本走向。“走什么样的法治道路、建设什么样的法治体系，是由一个国家的基本国情决定的。”“全面推进依法治国，必须从我国实际出发，同推进国家治理体系和治理能力现代化相适应，既不能罔顾国情、超越阶段，也不能因循守旧、墨守成规。”[②]中国式法治现代化是基于中国法治国情条件而展开的一场深刻的法治变革运动，有其独特的路径选择。推进新时代的中国式法治现代化，固然要借鉴吸收世界法治文明进程中的有益成果，合理运用全球通行的法治规范与准则，但是更重要的，要立足于中国的法治实际，同我国的根本政治制度、基本政治制度和经济社会发展水平相适应，“决

---

① 参见习近平：《坚持走中国特色社会主义法治道路　更好推进中国特色社会主义法治体系建设》，载《求是》2022 年第 4 期。

② 《习近平谈治国理政》（第 2 卷），外文出版社 2017 年版，第 117 页。

不能在根本性问题上出现颠覆性错误”。[①] 因此，必须遵循中国法治发展的内在机理与规律，深刻把握社会主义初级阶段法治发展的运行轨迹，紧扣新时代人民日益增长的法治新需要和不平衡不充分的法治发展之间的矛盾运动，坚定地走出一条自主型的法治现代化之路。改革开放四十多年以来中国式法治现代化的历史性展开及其成功实践，清晰地确证了法治现代化中国道路的内在必然性及其基本定则。在中国这样一个疆域辽阔的超大型国家推进法治现代化，必须充分考虑区域之间的差异性，深刻认识法治发展不平衡规律在法治领域的具体表征，结合不同区域、不同层级法治机关的实际情况推动法治实践和制度创新，从而根据不同区域的特点和条件推进共性与个性相统一的法治建设方案。诚如习近平所强调的，“我国地区发展不平衡，改革试点的实施条件差异较大，要鼓励不同区域进行差别化探索”。[②]

五、小结

社会主要矛盾是社会基本矛盾运动在特定社会历史阶段上的表现形式，通常是指在社会发展特定阶段中起到全局性、主导性、支配性作用的矛盾有机体。在国家发展进程中，社会主要矛盾及其转化，往往构成社会发展不同历史阶段的重要区别。

新中国成立以来，不同的社会历史时期，社会主要矛盾的变化，深刻反映了国家与社会发展进程中具有全局意义的重大变化。党的十九大作出了“中国特色社会主义进入新时代，我国社会主要矛盾已经转化为人民日益增长的美好生活需要和不平衡不充分的发展之间的矛盾”的重大政治判断，这对新时代推进中国式法治现代化进程产生了重大而深远的影响。全面推进依法治国，加快建设法治中国，把我国建设成为社会主义现代化强国，已经成为回应新时代社会主要矛盾新变化的必然要

---

① 参见习近平：《在庆祝改革开放 40 周年大会上的讲话》，人民出版社 2018 年版，第 33 页。

② 参见《习近平：鼓励基层群众解放思想积极探索　推动改革顶层设计和基层探索互动》，载《人民日报》2014 年 12 月 3 日，第 1 版。

求。新时代社会主要矛盾新变化在法治领域中的集中体现,是不断增长的人民法治新需要与不平衡不充分的法治发展之间的矛盾。深刻把握和破解这一矛盾,坚定推进自主型的中国式法治现代化,着力解决法治发展的不平衡不充分问题,有效满足人民日益增长的法治新需要,构成了新时代中国式法治现代化进程的内在动因。因之,推进中国式法治现代化,必须紧紧围绕新时代我国社会主要矛盾的新变化,坚持以人民为中心的法治发展准则,着力提升法治发展的质量和水平,不断增强新时代法治发展的优质供给,更好地推动法治高质量发展,努力建构有利于实现法治高质量发展的体制、制度和机制,从而有力回应新时代社会主要矛盾新变化对法治发展的新挑战,为推进和拓展中国式法治现代化提供不竭动能。

第十章　中国式法治现代化的路径选择

中国式法治现代化是中国式现代化在法治领域的体现。在走中国式法治现代化新道路的进程中,面临着诸多具体的路径选择。以习近平同志为核心的党中央创造性地选择了适合中国国情的法治现代化具体路径,这些多样性的具体路径汇聚成中国式法治现代化新道路的整体样貌,从而不断推进中国式法治现代化行稳致远、取得历史性成就。

一、概述

全面依法治国必须走对路。开辟中国式法治现代化新道路,没有现成经验可以借鉴。中国式法治现代化如何走?向着什么方向走?选择什么样的路径走?这些都是极为重要的问题。如果路径选择有误,迷失了方向或走了岔路,都会给我国法治事业乃至整个现代化建设带来严重后果。因此,中国式法治现代化的路径选择是坚持走这条道路必须回答和努力践行的重要任务。我们党在长期探索中总结出富有强烈中国意蕴和特色的法治现代化的发展路径,随着全面依法治国进程的不断推进,路径选择越来越展示出中国式法治现代化丰富多彩的总体样貌。经过长期不懈的探索,中国式法治现代化新道路路径选择的基本方向就是从建设法治国家到建设法治中国、从依法治理到法治与德治内在结合、从依法治国到依法治国和依规治党有机统一、从国家法治到国家法治与区域法治协调发展、从国内法治到国内法治和涉外法治统筹推进。实践证明,这样的路径选择充分体现了中国式法治现代化的鲜明特色,是符合中国国情和法治发展规律的理性选择和科学抉择,是中国特色社会主义法治理论和法治实践的重大创新成果,开拓了当代中国法治发展的康庄大道。

二、从建设法治国家到建设法治中国

法治建设是人类社会发展的一项重要事业。人类对法治事业发展寄托着美好理想和情感,为法治发展设定美好图景和远景目标也是所有治国者的重要事业。中国共产党人胸怀民族发展的历史使命,对于法治建设目标的认识和定位经历了一个长期探索和不断完善的过程,从建设法治国家到建设法治中国,就是我国法治发展和走中国式法治现代化道路的重要目标转向,也是重要路径选择。

(一)法治发展的理想图景

当代中国的法治建设走的是一条中国式法治现代化新道路,这条新道路的方向和理想是什么至关重要。以习近平同志为核心的党中央,从确保党和国家长治久安的战略全局出发,全面擘画我国法治建设的理想图景。法治图景是人类关于法治发展路向和模式的整体描绘,是对国家依法治理方式和治理成效的理想期待。有着长久法治传统的西方国家对法治图景形成了相对固化的描绘和表达,诸多思想家们也对此进行了孜孜不倦的研究和期求,并在长期法治实践中予以实施和推进。占主导地位的西方自由主义法治理论描绘了一幅鲜明而理想的法治图景,大致包括:法律具有至高无上的权威,所有社会活动、社会行为及各种权力或利益关系都由明确的法律规范加以规制和调节；法律中蕴含着自由、民主、平等、公正、安全、秩序、效率、福利等人类社会所追求的各种价值或善品；法律是一套概念清晰、逻辑一致、恒常稳定的普遍性规范；法律实施过程是一个自证、自洽的封闭过程，审判就如同“自动售货机”运作；等等。自由主义法治理论认为这一法治图景代表了人类的共同社会理想并普适于一切国度，是任何实行法治的国家都必须依循的模式。[①] 西方自由主义传统的法治图景勾画及其实现路径不仅在西方国家绵延发展和引为经典，也为诸多非西方国家的法学理论与法治实践所信奉和效仿。尽管这种法治图景蕴含着诸多人类智慧结晶和一般法治发展规律，但也并不是唯一具有合法性和有效性的法治图景，其中每一个图景要素也并不都是永恒的唯一选择，诸多非西方国家曾经移植西方国家的法治经验而并没有达到法治理想图景的例证并不少见。

西方法治图景的动力源于商品经济的发展、市民社会的形成、人的理性的设计、自然法信念的引导等，这些因素不可否认都对法治具有重要的推动作用。由于并不存在完全跨文化的标准帮助人们获得有关法律或法治的终极定义和发展路径，多维的法律含义和多元的法治图景及其实施动力越来越成为现代社会的正当发展轨迹，从某种意义上看，法律是特定政治环境和社会环境的表征，法治需要本土资源来“接地气”和“供养料”。尽管存在法律全球化的时代背景，但当代中国法治图景的设定必须以中国社会为具体场景和先在前提，以解决中国社会的实际问题为目标和使命，即中国主体的在场与发力，“不同的政治性塑造了不同的根本政治制度，其与历史文化等诸多先在之物结合，会呈现出不同的法治道路与模式。法治试图发挥效用、树立自身权威，需要找到最契合的方式和最可行的路径”[②]。法治的确立是一个漫长的过程，“而法治确立的成功与否取决于特定国家综合的政治文化环

① 参见顾培东：《当代中国法治话语体系的构建》，载《法学研究》2012 年第 3 期。

② 王若磊：《政党权威与法治建构——基于法治中国道路可能性的考察》，载《环球法律评论》2015 年第 5 期。

境,而非单纯地取决于法制的建构”[①]。习近平强调,我们不能做西方理论的“搬运工”,而要做中国学术的创造者、世界学术的贡献者。“一些外国政要也经常跟我谈‘法治’,听下来他们认为法治只有一种模式,就是他们搞的那一套东西,不亦步亦趋跟他们搞就要被打入‘异类’。我告诉他们,中国是一个法治国家,中国法治有中国特色,我们需要借鉴国外法治有益经验,但不能照搬别国模式和做法,最好不要用你们那套模式来套我们。”[②]

(二)建设社会主义法治国家

当代中国的法治建设基于中国的基本国情,走的是中国式法治现代化新道路。“之所以关注中国的实际,是因为就总体来说不存在普适的法治模式;而法治是否存在在于实践,在于如何做,而不是懂得如何做。”[③]习近平指出:“全面推进依法治国,必须走对路。如果路走错了,南辕北辙了,那再提什么要求和举措也都没有意义了。全会决定有一条贯穿全篇的红线,这就是坚持和拓展中国特色社会主义法治道路。中国特色社会主义法治道路是一个管总的东西。具体讲我国法治建设的成就,大大小小可以列举出十几条、几十条,但归结起来就是开辟了中国特色社会主义法治道路这一条。”[④]习近平还强调,走中国特色社会主义法治道路是一个重大课题,有许多东西需要深入探索,但基本的东西必须长期坚持。这些基本因素就是党的十八届四中全会《决定》所提出的全面依法治国的基本原则,包括必须坚持中国共产党的领导、必须坚持人民主体地位、必须坚持法律面前人人平等、必须坚持依法治国和以德治国相结合、必须坚持从中国实际出发。准确把握坚持全面依法治国的基

---

① [荷]扬·M.斯米茨:《法律模式的进口与出口:荷兰的经验》,载[意]简玛利亚·阿雅尼、魏磊杰编:《转型时期的法律变革与法律文化——后苏联国家法律移植的审视》,魏磊杰、彭小龙译,清华大学出版社2011年版,第87页。

② 习近平:《论坚持全面依法治国》,中央文献出版社2020年版,第176页。

③ 苏力:《什么是你的贡献?(自序)》,载《南京大学法律评论》1997年第1期。

④ 习近平:《加快建设社会主义法治国家》,载《求是》2015年第1期。

本准则，以习近平同志为核心的党中央勇于开拓创新，从中国的基本国情实际出发，不断探索中国式法治现代化新道路，全面描绘了富有强烈中国特色的法治目标和图景，走出了一条从建设法治国家到建设法治中国的法治发展进路。

党的十五大之前我国对于法治建设基本的表述是“加强社会主义法制”或“健全社会主义法制”，1997 年党的十五大提出依法治国的基本方略和建设社会主义法治国家的奋斗目标，“法治”和“法治国家”的表述逐渐进入人们的视野。党的十五大报告指出，依法治国，就是广大人民群众在党的领导下，依照宪法和法律规定，通过各种途径和形式管理国家事务，管理经济文化事业，管理社会事务，保证国家各项工作都依法进行，逐步实现社会主义民主的制度化、法律化，使这种制度和法律不因领导人的改变而改变，不因领导人看法和注意力的改变而改变。依法治国，是党领导人民治理国家的基本方略，是发展社会主义市场经济的客观需要，是社会文明进步的重要标志，是国家长治久安的重要保障。党的十五大报告还明确提出了依法治国和建设社会主义法治国家的目标。在治国的目标上从“法制国家”到“法治国家”的转变，尽管只有一字之差，却是进入了一个治国理念和目标的更高境界。2002 年党的十六大将“依法治国基本方略得到全面落实”作为全面建设小康社会的重要目标，强调必须在坚持四项基本原则的前提下，继续积极稳妥地推进政治体制改革，扩大社会主义民主，健全社会主义法制，建设社会主义法治国家。2007 年党的十七大对加快建设社会主义法治国家作出一系列新部署，进一步强调，全面落实依法治国基本方略，加快建设社会主义法治国家。依法治国是社会主义民主政治的基本要求，要坚持科学立法、民主立法，完善中国特色社会主义法律体系。加强宪法和法律实施，坚持公民在法律面前一律平等，维护社会公平正义，维护社会主义法制的统一、尊严、权威。推进依法行政。深化司法体制改革，优化司法职权配置，规范司法行为，建设公正高效权威的社会主义司法制度，保证审判机关、检察机关依法独立公正地行使审判权、检察权。2012 年党的十八大报告提出，加快建设社会主义法治国家，必须全面推进科学立法、严格执法、公正司法、全民守法进程。以上的这些法治概念及其表述变迁意义重大。习近平深刻指出："从'社会主义法制'到'社会主义法治'，从'有法可依、有法必依、执法必严、违法必究'到'科学立法、严格执法、公正司法、全民守法'，我们党越来越深刻认识到，治国理政须臾离不开法治。"①

（三）建设法治中国

党的十八大以来，我们党明确提出了"法治中国"的科学命题和建设法治中国的重大任务，为全面依法治国擘画了更为全面和科学的美好蓝图，"'法治中国'概念是我们党在法治理论上的重大创新，也是对新时代法治建设目标任务的科学定位"②。党的十八届三中全会《决定》提出了"法治中国"的概念，并对推进法治中国建设提出了明确要求。该决定强调，建设法治中国，必须坚持依法治国、依法执政、依法行政共同推进，坚持法治国家、法治政府、法治社会一体建设。深化司法体制改革，加快建设公正高效权威的社会主义司法制度，维护人民权益，让人民群众在每一个司法案件中都感受到公平正义。党的十八届四中全会提出了全面推进依法治国的总目标，从而更加全面地描绘了法治中国建设的理想图景。党的十八届四中全会指出，全面推进依法治国的总目标是建设中国特色社会主义法治体系，建设社会主义法治国家，即在中国共产党领导下，坚持中国特色社会主义制度，贯彻中国特色社会主义法治理论，形成完备的法律规范体系、高效的法治实施体系、严密的法治监督体系、有力的法治保障体系，形成完善的党内法规体系，坚持依法治国、依法执政、依法行政共同推进，坚持法治国家、法治政府、法治社会一体建设，实现科学立法、严格执法、公正司法、全民守法，促进国家治理体系和治理能力现代化。由此，党的十八届四中全会《决定》进一步强调，

---

① 习近平：《论坚持全面依法治国》，中央文献出版社 2020 年版，第 226～227 页。

② 张文显：《论中国式法治现代化新道路》，载《中国法学》2022 年第 1 期。

“全面推进依法治国是一个系统工程，是国家治理领域一场广泛而深刻的革命，需要付出长期艰苦努力。全党同志必须更加自觉地坚持依法治国、更加扎实地推进依法治国，努力实现国家各项工作法治化，向着建设法治中国不断前进”。这里不仅强调了法治中国的观念、号召全党向建设法治中国前进，还明确提出了建设法治中国的基本内容，这些基本内容也就是我国全面依法治国、建设法治中国的理想图景。由此，党的二十大进一步重申坚持全面依法治国，推进法治中国建设。

党的十八大以来，当代中国的法治建设按照法治中国的理想图景进行部署落实，并取得了历史性成就。随着法治中国理论的不断完善和实践的不断推进，法治中国的理想图景不断丰富和提升，这集中体现为习近平在中央全面依法治国工作会议上提出的“十一个坚持”，即坚持党对全面依法治国的领导，坚持以人民为中心，坚持中国特色社会主义法治道路，坚持依宪治国、依宪执政，坚持在法治轨道上推进国家治理体系和治理能力现代化，坚持建设中国特色社会主义法治体系，坚持依法治国、依法执政、依法行政共同推进，法治国家、法治政府、法治社会一体建设，坚持全面推进科学立法、严格执法、公正司法、全民守法，坚持统筹推进国内法治和涉外法治，坚持建设德才兼备的高素质法治工作队伍，坚持抓住领导干部这个“关键少数”。建设法治中国就是要贯彻落实习近平法治思想中的“十一个坚持”。建设法治中国充分体现了全面依法治国中“全面”的要求，是对当代中国法治建设的总体谋划和精心设计，充分体现了全面依法治国的中国特色和时代特色，为坚持和拓展中国式法治现代化新道路，擘画了全面依法治国的美好蓝图，提供了明确的行动指南。党的十八大以来，法治中国建设取得重大进展，党中央明确提出全面依法治国，并将其纳入“四个全面”战略布局予以有力推进。党的十八届四中全会专门针对全面推进依法治国进行研究，并作出相关决定。党的十九大召开后，党中央组建中央全面依法治国委员会，从全局和战略高度对全面依法治国又作出一系列重大决策部署，推动我国社会主义法治建设发生历史性变革、取得历史性成就。[①]

从法治中国的提出以及中央文件对建设法治中国的表述可以看出，中国式法治现代化的一个明显特质就是从建设法治国家到建设法治中国的战略转换。这一转换体现了我国法治建设的特色更加显著、内容更加丰富、目标更加远大，也意味着任务更为艰巨。与建设法治国家相比，建设法治中国则包含着更为丰富的内容。从某种意义上说，法治中国是法治国家的升级版。“法治中国是‘法制国家’‘法治国家’概念的‘升级版’。法治中国比法治国家的内涵更加丰富，思想更加深刻，形态更加生动，意义更具时代性。”[②]“如果说健全社会主义法制，做到有法可依、有法必依、执法必严、违法必究是中国特色社会主义法治建设的1.0版，依法治国、建设社会主义法治国家是中国特色社会主义法治建设的2.0版，那么，全面依法治国、建设法治中国则是中国特色社会主义法治建设的3.0版。”[③]法治中国与法治国家是各有侧重、相辅相成的关系，全面依法治国必须处理好二者的重要关系。习近平指出：“法治国家、法治政府、法治社会三者各有侧重、相辅相成。”[④]该论述阐述了法治国家与法治政府、法治社会建设之间的重要关系。法治中国包括法治国家、法治政府、法治社会三个方面，法治国家、法治政府、法治社会共同构成法治中国的三根支柱。法治国家建设主要是指国家整体上的法治建设，而法治中国建设还包括法治政府和法治社会建设，法治国家是目标，法治政府是主体，法治社会是基础，三者必须一体建设，缺少任何一个方面，法治中国的大厦就不可能矗立起来。习近平对加强法治社会建设提出了明确要求，“全面推进依法治国需要全社会共同参与，需要全社会法治观念增强，必须在全社会弘扬社会主义法治精神，建设社会主义法

① 参见习近平：《坚定不移走中国特色社会主义法治道路 为全面建设社会主义现代化国家提供有力法治保障》，载《求是》2021年第5期。

② 张文显：《中国法治40年：历程、轨迹和经验》，载《吉林大学社会科学学报》2018年第5期。

③ 张文显：《习近平法治思想的理论体系》，载《法制与社会发展》2021年第1期。

④ 习近平：《加快建设社会主义法治国家》，载《求是》2015年第1期。

治文化。要在全社会树立法律权威,使人民认识到法律既是保障自身权利的有力武器,也是必须遵守的行为规范,培育社会成员办事依法、遇事找法、解决问题靠法的良好环境,自觉抵制违法行为,自觉维护法治权威"[①]。习近平进一步指出:"法治国家、法治政府、法治社会三者各有侧重、相辅相成,法治国家是法治建设的目标,法治政府是建设法治国家的主体,法治社会是构筑法治国家的基础。"[②]因此,中国式法治现代化新道路不仅要重视法治国家的建设,更要重视法治中国的整体建设。实现从建设法治国家到建设法治中国的跨越,充分体现和彰显全面依法治国的内在要求和核心要义。

(四)推进法治中国建设的未来规划

2021 年 1 月,中共中央印发的《法治中国建设规划(2020—2025 年)》专门对推进法治中国建设进行了战略规划,为新时代的法治中国建设指明了方向。《法治中国建设规划(2020—2025 年)》指出,法治是人类文明进步的重要标志,是治国理政的基本方式,是中国共产党和中国人民的不懈追求。法治兴则国兴,法治强则国强。为统筹推进法治中国建设各项工作,制定本规划。坚定不移走中国特色社会主义法治道路,奋力建设良法善治的法治中国。党的十八大以来,以习近平同志为核心的党中央从坚持和发展中国特色社会主义的全局和战略高度定位法治、布局法治、厉行法治,将全面依法治国纳入"四个全面"战略布局,加强党对全面依法治国的集中统一领导,全面推进科学立法、严格执法、公正司法、全民守法,形成了习近平法治思想,开创了全面依法治国新局面,为在新的起点上建设法治中国奠定了坚实基础。当今世界正经历百年未有之大变局,我国正处于实现中华民族伟大复兴关键时期,改革发展稳定任务艰巨繁重,全面对外开放深入推进,人民群众在民主、法治、公平、正义、安全、环境等方面的要求日益增长,需要更好发挥法治固根

① 习近平:《加快建设社会主义法治国家》,载《求是》2015 年第 1 期。

② 习近平:《论坚持全面依法治国》,中央文献出版社 2020 年版,第 230 页。

本、稳预期、利长远的保障作用。在统揽伟大斗争、伟大工程、伟大事业、伟大梦想，全面建设社会主义现代化国家新征程上，必须把全面依法治国摆在全局性、战略性、基础性、保障性位置，向着全面建成法治中国不断前进。

《法治中国建设规划（2020—2025 年）》提出了法治中国建设的总体目标，规划了新时代法治中国建设的整体蓝图。该规划指出，建设法治中国，应当实现法律规范科学完备统一，执法司法公正高效权威，权力运行受到有效制约监督，人民合法权益得到充分尊重保障，法治信仰普遍确立，法治国家、法治政府、法治社会全面建成。到 2025 年，党领导全面依法治国体制机制更加健全，以宪法为核心的中国特色社会主义法律体系更加完备，职责明确、依法行政的政府治理体系日益健全，相互配合、相互制约的司法权运行机制更加科学有效，法治社会建设取得重大进展，党内法规体系更加完善，中国特色社会主义法治体系初步形成。到 2035 年，法治国家、法治政府、法治社会基本建成，中国特色社会主义法治体系基本形成，人民平等参与、平等发展权利得到充分保障，国家治理体系和治理能力现代化基本实现。

《法治中国建设规划（2020—2025 年）》对新时代法治中国建设提出了具体要求，规划了新时代法治中国建设的具体方向。主要包括以下内容：一是全面贯彻实施宪法，坚定维护宪法尊严和权威。建设法治中国，必须高度重视宪法在治国理政中的重要地位和作用，坚持依宪治国、依宪执政，把全面贯彻实施宪法作为首要任务，健全保证宪法全面实施的体制机制，将宪法实施和监督提高到新水平。二是建设完备的法律规范体系，以良法促进发展、保障善治。建设法治中国，必须加强和改进立法工作，深入推进科学立法、民主立法、依法立法，不断提高立法质量和效率，以高质量立法保障高质量发展、推动全面深化改革、维护社会大局稳定。三是建设高效的法治实施体系，深入推进严格执法、公正司法、全民守法。建设法治中国，必须深入推进严格执法、公正司法、全民守法，健全社会公平正义法治保障制度，织密法治之网，强化法治之力，不断增强人民群众的获得感、幸福感、安全感。四是建设严密的法治监督体系，切实加强对立法、执法、司法工作的监督。建设法治中国，必须抓紧完善权力运行制约和监督机制，规范立法、执法、司法机关权力行使，构建党统一领导、全面覆盖、权威高效的法治监督体系。五是建设有力的法治保障体系，筑牢法治中国建设的坚实后盾。建设法治中国，必须加强政治、组织、队伍、人才、科技、信息等保障，为全面依法治国提供重要支撑。六是建设完善的党内法规体系，坚定不移推进依规治党。建设法治中国，必须坚持依法治国和依规治党有机统一，加快形成覆盖党的领导和党的建设各方面的党内法规体系，增强党依法执政本领，提高管党治党水平，确保党始终成为中国特色社会主义事业的坚强领导核心。七是紧紧围绕新时代党和国家工作大局，依法维护国家主权、安全、发展利益。建设法治中国，必须高度重视依法保障“一国两制”实践、巩固和深化两岸关系和平发展，运用法治思维和法治方式处理好国际经济、政治、社会事务，深入推进依法治军从严治军，更好维护和实现我国和平发展的战略目标。八是加强党对法治中国建设的集中统一领导，充分发挥党总揽全局、协调各方的领导核心作用。建设法治中国，必须始终把党的领导作为社会主义法治最根本的保证，把加强党的领导贯彻落实到全面依法治国全过程和各方面。

三、从依法治理到法治与德治内在结合

在国家和社会治理体系中，法治和德治作为两种不同的治国理政方式，尽管有着明显的区别，但是它们之间联系密切，往往起到相辅相成的社会功用。习近平指出：“要坚持依法治国和以德治国相结合，实现法治和德治相辅相成、相得益彰。”[①]在推进全面依法治国的时代进程中，要实现从依法治理到法治与德治内在结合，坚持法治和德治相结合对于夯实国家治理的制度基础和思想道德基础，实现党和国家的长治久安，

① 习近平：《论坚持全面依法治国》，中央文献出版社 2020 年版，第 4 页。

具有十分重要的意义。

（一）法治和德治相结合是全面依法治国的内在要求

在依法治国方略的指导下，我国的法治建设取得了举世瞩目的成就，但也存在诸多缺失和不足，而形成这些缺陷的一个重要原因是重法轻德而导致的德治的疲软和道德水平的滑坡，从而影响了法治的根基和环境。法治建设中不良现象的出现与社会成员尤其是法律从业者的道德素质有关，也与道德建设没有跟上法治建设的步伐密切相关，出现了法治与德治相脱节的现实困境。因此，国家治理除了要加强法治建设之外，还要有道德建设的配合与支持。“一方面，传统社会中单纯的‘德治’已经为历史所唾弃；另一方面，现代社会完全的法治状态目前尚未实现，暂时还只能作为我们的一个理想。这样就要求在坚持‘依法治国，建设社会主义法治国家’宪法原则的前提下，十分重视其他社会规范尤其是道德规范的调整作用。”①鉴于此，2001 年年初江泽民在全国宣传部长会议上的讲话中指出：“我们在建设有中国特色社会主义、发展社会主义市场经济的过程中，要坚持不懈地加强社会主义法制建设，依法治国；同时也要坚持不懈地加强社会主义道德建设，以德治国。”“对一个国家的治理来说，法治和德治，从来都是相辅相成、相互促进的。二者缺一不可，也不可偏废。法治属于政治建设、属于政治文明，德治属于思想建设、属于精神文明。二者范畴不同，但其地位和功能都是非常重要的。我们要把法制建设与道德建设紧密结合起来，把依法治国与以德治国紧密结合起来。”②这些论述把属于精神文明的道德建设和属于政治文明的法治建设都放到治理国家的基本方略的高度来看待，并且强调二者的结合，开辟了国家治理的新道路。

进入中国特色社会主义新时代，我们党更加重视依法治国和以德治国相结合，习近平对此发表过多次重要讲话。全面依法治国事关我们党

---

① 付子堂：《中国社会转型时期的法律问题论纲》，载刘瀚、马长山主编：《社会转型与法治发展》，黑龙江人民出版社 2003 年版，第 2 页。

② 《江泽民文选》（第 3 卷），人民出版社 2006 年版，第 200 页。

执政兴国,事关人民幸福安康,事关党和国家长治久安,为全面建设社会主义现代化国家、实现中华民族伟大复兴的中国梦提供有力法治保障。习近平指出:“党的十一届三中全会以来,我们党把依法治国确定为党领导人民治理国家的基本方略,把依法执政确定为党治国理政的基本方式,始终把法治放在党和国家工作大局中来考虑、来谋划、来推进。”[①]因此,全面依法治国不是简单的依法治理,不能仅仅就法治论法治,我国社会主义法治建设需要放在党和国家工作大局中进行考虑、谋划和推进,“全面依法治国是一个系统工程,必须统筹兼顾、把握重点、整体谋划,更加注重系统性、整体性、协同性”[②]。在全面推进依法治国的进程中,要切实解决法治领域中存在的突出问题,单纯地就法治论法治或仅仅依靠法治的力量是远远不够的,推进依法治国尤其需要与以德治国相结合,充分发挥道德在调整人的思想方面的作用,不断加强精神文明的建设。习近平指出:“在新的历史条件下,我们要把依法治国基本方略、依法执政基本方式落实好,把法治中国建设好,必须坚持依法治国和以德治国相结合。”[③]党的十八届四中全会把坚持依法治国和以德治国相结合确定为实现全面推进依法治国必须坚持的一项基本原则,党的十九大报告明确依法治国和以德治国相结合是坚持全面依法治国的重要内容,习近平在中央全面依法治国工作会议上的讲话再次强调要坚持依法治国和以德治国相结合。

习近平指出,法治和德治,如车之双轮、鸟之两翼,各自起着不可替代而相辅相成、相得益彰的作用,其目的都是要达到调节社会关系、维护社会稳定的作用,保障社会的健康和正常运行。[④]“法律是成文的道德,道德是内心的法律。法律和道德都具有规范社会行为、调节社会关系、

---

① 中共中央文献研究室编:《习近平关于全面依法治国论述摘编》,中央文献出版社 2015 年版,第 8 页。

② 习近平:《论坚持全面依法治国》,中央文献出版社 2020 年版,第 229 页。

③ 习近平:《论坚持全面依法治国》,中央文献出版社 2020 年版,第 165 页。

④ 参见习近平:《干在实处 走在前列——推进浙江新发展的思考与实践》,中共中央党校出版社 2006 年版,第 325 页。

维护社会秩序的作用，在国家治理中都有其地位和功能。”[①]法律是准绳，任何时候都必须遵循，道德是基石，任何时候都不可忽视，法安天下，德润人心，“治理国家、治理社会必须一手抓法治、一手抓德治，既重视发挥法律的规范作用，又重视发挥道德的教化作用，实现法律和道德相辅相成、法治和德治相得益彰”[②]。全面依法治国是国家治理领域一场广泛而深刻的革命，习近平从坚持中国式法治现代化新道路的战略高度，科学论述依法治国和以德治国相结合的科学性和必要性，其明确指出，改革开放以来，我们深刻总结我国社会主义法治建设的成功经验和深刻教训，走出了一条中国特色社会主义法治道路，这条道路的一个鲜明特点，“就是坚持依法治国和以德治国相结合，强调法治和德治两手抓、两手都要硬。这既是历史经验的总结，也是对治国理政规律的深刻把握”[③]。因此，坚持中国特色社会主义法治道路，就必须统筹推进以德治为基础的法治建设、以法治为保障的德治建设，从而使中国式法治现代化新道路越走越宽广。

（二）强化法律对道德建设的促进作用

坚持依法治国和以德治国相结合，必须发挥法律的规范作用，用法律的权威来增强人民培育和践行社会主义核心价值观的自觉性，以法治的力量推进道德建设，提升全社会的文明程度。诚如习近平指出的，“发挥好法律的规范作用，必须以法治体现道德理念、强化法律对道德建设的促进作用”[④]。强化法律对道德建设的促进作用是法治和德治内在结合的基本方式和重要路径。

一方面，道德是法律的基础。一般来说，法治是一种凭据良法的统治，法治的前提和基础是具有良好的法律，只有良好的法律才能得到公

---

① 习近平：《论坚持全面依法治国》，中央文献出版社 2020 年版，第 165 页。

② 习近平：《加快建设社会主义法治国家》，载《求是》2015 年第 1 期。

③ 习近平：《论坚持全面依法治国》，中央文献出版社 2020 年版，第 166 页。

④ 中共中央文献研究室编：《习近平关于全面依法治国论述摘编》，中央文献出版社 2015 年版，第 30 页。

民的自愿服从,也才能取得公民对权威和秩序的信任和自觉体认。而良好的法律通常是建立在道德普遍要求基础之上的,“再多再好的法律,必须转化为人们内心自觉才能真正为人民所遵行”[①]。守法的生成,有赖于法律的道德基础。只有不断增强法治的道德底蕴,才能形成真正意义上的守法。社会主义法律体现了保护人民权益、规定公民义务、维护公平正义等价值标准,反映了社会主流价值观念和普遍道德愿望。在建设社会主义法治的条件下,法律确认和保障社会主体的自由与权利,法律调整的本质旨在实现一定社会自由与社会责任的内在统一。因此,必须以法治体现道德理念,强化法律对道德建设的促进作用。“只有那些合乎道德、具有深厚道德基础的法律才能为更多人所自觉遵行。”[②]

另一方面,法律是道德的保障。法律规范所具有的统一性、确定性、稳定性、权威性,特别是特有的国家强制力,能够保证制度的规范和有效,成为治理国家和组织社会的重要依据,从而为道德建设提供有力支持。依法治国就是要充分发挥法律的规范作用,以法律的权威性和国家强制力规范人的行为,“通过强制性规范人们行为、惩罚违法行为来引领道德风尚”[③]。要把实践中广泛认同、较为成熟、操作性强的道德要求及时上升为法律规范,引导全社会崇德向善。因此,建设中国特色社会主义法治体系,建设社会主义法治国家,必须运用法律规范调整社会关系,规范社会成员的行为,以法律规范确认和维护社会主义道德理念和道德准则,使人民的道德追求真正在法治上获得保证。要运用法治手段解决道德领域突出问题,加强相关立法工作,明确对失德行为的惩戒措施;依法加强对人民群众反映强烈的失德行为的整治,加大执法力度,让败德违法者受到惩治、付出代价。诚如习近平所强调的,“要注意把一些基本的道德规范转化为法律规范,使法律法规更多体现道德理念和人

① 习近平:《论坚持全面依法治国》,中央文献出版社 2020 年版,第 110 页。

② 中共中央文献研究室编:《习近平关于全面依法治国论述摘编》,中央文献出版社 2015 年版,第 30 页。

③ 习近平:《论坚持全面依法治国》,中央文献出版社 2020 年版,第 109 页。

文关怀,通过法律的强制力来强化道德作用、确保道德底线,推动全社会道德素质提升”[①]。

(三)强化道德对法治的支撑作用

习近平强调,“发挥好道德的教化作用,必须以道德滋养法治精神、强化道德对法治文化的支撑作用”[②]。在当代中国,坚持依法治国和以德治国相结合,必须把道德建设摆在重要位置,促进法治建设与道德建设有机结合,充分发挥道德对法治的支撑作用,提高全社会文明程度,为全面依法治国创造良好的人文环境。强化道德对法治的支撑作用是法治和德治内在结合的基本方式和重要路径。

一是要重视发挥道德的教化作用。坚持以德治国,就是要充分发挥道德的教化作用,以道德的说服力和劝导力提高人的思想道德觉悟。要把建设社会主义法治文化与加强道德建设、开展道德实践活动内在地结合起来,坚持以道德滋养法治精神。“没有道德滋养,法治文化就缺乏源头活水,法律实施就缺乏坚实社会基础。”[③]要在道德体系中体现法治要求,努力使道德体系同社会主义法律规范相衔接、相协调、相促进。

二是要在道德教育中突出法治内涵。强化道德对法治的支撑作用,就必须充实道德教育的法治内容,突出道德教育的法治指向,增强法治的道德底蕴,注重培育人们的法律信仰、法治观念、规则意识,倡导契约精神,弘扬公序良俗,引导人们自觉履行法定义务、社会责任、家庭责任,营造全社会都讲法治、守法治的文化环境。

三是要把道德要求贯彻到法治建设之中。在推进全面依法治国的进程中,要始终注意把握好法治发展的价值取向,以法治承载道德理念,立法、执法、司法都要体现社会主义道德要求,为社会主义道德建设提供

① 中共中央文献研究室编:《习近平关于全面依法治国论述摘编》,中央文献出版社 2015 年版,第 30 页。

② 习近平:《论坚持全面依法治国》,中央文献出版社 2020 年版,第 110 页。

③ 中共中央文献研究室编:《习近平关于全面依法治国论述摘编》,中央文献出版社 2015 年版,第 31 页。

可靠的制度支撑。在立法工作中,法律法规要树立鲜明道德导向,弘扬道德义行,确保每一项立法都能充分体现社会主义核心价值观的要求。在法律实施中,要准确把握法律规范所体现的价值取向,坚持严格执法,弘扬真善美、打击假丑恶;要坚持公正司法,发挥司法断案的惩恶扬善功能,从而确保法律的实施不违背立法宗旨,不偏离社会主义核心价值观的基本要求。

(四)把法治和德治相结合的要求落到实处

习近平指出:“法安天下,德润人心。法律有效实施有赖于道德支持,道德践行也离不开法律约束。法治和德治不可分离、不可偏废,国家治理需要法律和道德协同发力。”[①]新时代新阶段,我们要坚定不移推进法治中国建设,就必须把坚持依法治国和以德治国相结合的要求落实到全面依法治国全过程各环节,使法治和德治在国家治理中相辅相成、相互促进,共同推进国家治理体系和治理能力现代化。具体要做到以下几点:

一是要把社会主义核心价值观融入法治建设。习近平指出:“核心价值观,其实就是一种德,既是个人的德,也是一种大德,就是国家的德、社会的德。”[②]为了推进社会主义核心价值观入法,必须坚持法治与德治相结合,“要坚持依法治国和以德治国相结合,把社会主义核心价值观融入法治建设,完善诚信建设长效机制,加大对公德失范、诚信缺失等行为惩处力度,努力形成良好的社会风尚和社会秩序”。[③] 2013 年中共中央办公厅印发的《关于培育和践行社会主义核心价值观的意见》指出,“要把社会主义核心价值观贯彻到依法治国、依法执政、依法行政实践中,落实到立法、执法、司法、普法和依法治理各个方面,用法律的权威来增强人们培育和践行社会主义核心价值观的自觉性”。2018 年中共中央印发的《社会主义核心价值观融入法治建设立法修法规划》强调,要

---

① 习近平:《论坚持全面依法治国》,中央文献出版社 2020 年版,第 165 页。

② 《习近平谈治国理政》(第 1 卷),外文出版社 2018 年版,第 168 页。

③ 参见习近平:《论坚持全面依法治国》,中央文献出版社 2020 年版,第 276 页。

加强道德领域突出问题专项立法，把一些基本道德要求及时上升为法律规范，并且力争经过5到10年时间，推动社会主义核心价值观全面融入中国特色社会主义法律体系。2019年中共中央、国务院印发的《新时代公民道德建设实施纲要》指出，“将社会主义核心价值观要求全面体现到中国特色社会主义法律体系中”。社会主义核心价值观正在不断融入法治建设的各个环节，我国近年来制定的《英雄烈士保护法》《国歌法》《慈善法》《国家安全法》等诸多法律都把“社会主义核心价值观”写进法律文本，充分体现了我国新时代社会主义道德的基本要求。

二是要提高全民法治意识和道德自觉。依法治国和以德治国能力和水平的高低取决于全民的法治意识和道德自觉的高低。习近平强调，法律要发挥作用，首先全社会要信仰法律；道德要得到遵守，必须提高全体人民道德素质。[①] 因此，坚持依法治国和以德治国相结合，需要在法治和德治领域双向发力，尤其需要在思想观念上提高全民法治意识和道德自觉。要加强法治宣传教育，引导全社会树立法治意识，使人们发自内心信仰和崇敬宪法法律；同时要加强道德建设，弘扬中华民族传统美德，提升全社会思想道德素质。要坚持把全民普法和全民守法作为依法治国的基础性工作，使全体人民成为社会主义法治的忠实崇尚者、自觉遵守者、坚定捍卫者。要深入实施公民道德建设工程，深化群众性精神文明创建活动，引导广大人民群众自觉践行社会主义核心价值观，树立良好道德风尚，争做社会主义道德的示范者、良好风尚的维护者。

三是要发挥领导干部在依法治国和以德治国中的关键作用。习近平指出，党员领导干部要既讲法治又讲德治，“领导干部既应该做全面依法治国的重要组织者、推动者，也应该做道德建设的积极倡导者、示范者”[②]。领导干部要努力成为全社会的道德楷模，带头践行社会主义核心价值观，讲党性、重品行、作表率，带头注重家庭、家教、家风，保持共

---

① 参见习近平：《论坚持全面依法治国》，中央文献出版社2020年版，第167页。

② 习近平：《论坚持全面依法治国》，中央文献出版社2020年版，第167页。

产党人的高尚品格和廉洁操守，以实际行动带动全社会崇德向善、尊法守法。法治教育要注重抓领导干部，对领导干部的法治素养，从其踏入干部队伍的那一天起就要开始抓，不能让那些法治意识不强、无法无天的人一步步升上来，这种人官当得越大，对党和国家危害就越大。选人用人重德才，是古今中外治国理政的通则，区别只是德才的内涵不同而已。我们党历来强调德才兼备，并强调以德为先。德包括政治品德、职业道德、社会公德、家庭美德等，干部在这些方面都要过硬，最重要的是政治品德更要过硬。诚如习近平所强调的，以德修身、以德立威、以德服众，是干部成长成才的重要因素。领导干部要带头践行社会主义核心价值观，以实际行动带动全社会崇德向善、尊法守法。①

四、从依法治国到依法治国和依规治党有机统一

建设法治中国，必须坚持依法治国和依规治党有机统一，加快形成覆盖党的领导和党的建设各方面的党内法规体系，增强党依法执政本领，提高管党治党水平，确保党始终成为中国特色社会主义事业的坚强领导核心。从依法治国到依法治国和依规治党有机统一，是中国式法治现代化的重要路径选择，也是重要理论和实践创新。

（一）治国必先治党，治党务必从严

依规治党主要是通过加强党内法规制度建设从严治党、管党治党，党内法规是依规治党的规范体系。习近平指出："治国必先治党，治党务必从严，"②这一重要论述为正确理解和践行依法治国和依规治党的辩证关系奠定了基础。依规治党不仅能够管党治党，而且能够引领、促进和保障全面依法治国，对于坚持和改善党对全面依法治国的领导、保障我国法治发展的正确方向具有重要意义。治党和治国、依规治党和依法治国是互联互通的，治党的目的是治国，依规治党的重要目的是促进依法治

---

① 参见习近平：《论坚持全面依法治国》，中央文献出版社 2020 年版，第 167～168 页。

② 《习近平谈治国理政》（第 1 卷），外文出版社 2018 年版，第 14 页。

国，二者使命相同、目标一致。中国共产党既是领导党又是执政党，这就决定了治国必先治党。治党从根本目的和宗旨上说是为了治国，为了更好地执政兴国。习近平深刻总结了中国共产党成立100年来坚持从严治党、依规治党的重要经验，强调勇于自我革命是中国共产党区别于其他政党的显著标志。我们党历经千锤百炼而朝气蓬勃，一个很重要的原因就是我们始终坚持党要管党、全面从严治党，不断应对好自身在各个历史时期面临的风险考验，确保我们党在世界形势深刻变化的历史进程中始终走在时代前列，在应对国内外各种风险挑战的历史进程中始终成为全国人民的主心骨！新的征程上，我们要牢记打铁必须自身硬的道理，增强全面从严治党永远在路上的政治自觉，以党的政治建设为统领，继续推进新时代党的建设新的伟大工程，不断严密党的组织体系，着力建设德才兼备的高素质干部队伍，坚定不移推进党风廉政建设和反腐败斗争，坚决清除一切损害党的先进性和纯洁性的因素，清除一切侵蚀党的健康肌体的病毒，确保党不变质、不变色、不变味，确保党在新时代坚持和发展中国特色社会主义的历史进程中始终成为坚强领导核心！①

坚持处理好依法治国和依规治党的重要关系，深刻反映了中国特色社会主义法治发展的内在机理，也是中国式法治现代化道路的鲜明特点。习近平强调，没有规矩不成其为政党，更不成其为马克思主义政党，依规治党对于推进我国社会主义法治建设发生历史性变革起到了十分重要作用，党的十八大以来，党中央高度重视党内法规制度建设，推动这项工作取得重要进展和成效。以改革创新的精神加快补齐党建方面的法规制度短板，为提高党的执政能力和领导水平、推进国家治理体系和治理能力现代化、实现中华民族伟大复兴的中国梦提供有力的制度保障。② 党的十八大以来，党中央从立规矩开始，首先制定了八项规定，随后陆续出台一系列制度，“依规治党深入党心，依法治国才能深入民心。

---

① 参见习近平：《在庆祝中国共产党成立100周年大会上的讲话》，载《人民日报》2021年7月2日02版。

② 参见习近平：《论坚持全面依法治国》，中央文献出版社2020年版，第169页。

党的十八大以来，我们制定和修订了140多部中央党内法规，出台了一批标志性、关键性、基础性的法规制度，有规可依的问题基本得到解决，下一步的重点是执规必严，使党内法规真正落地”[①]，党内法规制度建设为社会主义法治体系建设和走中国式法治现代化新道路提供了日臻完善的制度体系。《法治中国建设规划(2020—2025年)》指出，要健全党内法规体系，坚持和加强党的全面领导，坚持党要管党、全面从严治党，以党章为根本，以民主集中制为核心，不断完善党的组织法规、党的领导法规、党的自身建设法规、党的监督保障法规，构建内容科学、程序严密、配套完备、运行有效的党内法规体系。

(二)坚持依规治党是加强和改善党的领导的重要举措

习近平强调，全面依法治国决不是要削弱党的领导，而是要加强和改善党的领导，不断提高党领导依法治国的能力和水平，巩固党的执政地位。而坚持依规治党是加强和改善党的领导包括党对全面依法治国领导的重要举措，“要坚持依法治国和依规治党有机统一，确保党既依据宪法法律治国理政，又依据党内法规管党治党、从严治党”。[②] 坚持依法治国和依规治党的有机统一，坚持依法治国必先依规治党，这是由党的执政地位和核心作用决定的。办好中国的事情关键在党，要坚持尤其是加强和改善党对依法治国的领导，就需要坚持和加强全面从严治党、依规治党，通过管党治党保持党的先进性和纯洁性，增强党的凝聚力和战斗力，从而不断提高党领导依法治国的能力和水平。全面从严治党、依规治党的根本目的是加强党的领导，“依规治党，就是我们党依照党章和其他党内法规引领、规范和保障管党治党、从严治党和执政兴国，以维护党的权威、保证党的领导、加强党的建设、实现党的宗旨”。[③] 坚持依规治党是提高党坚持依法执政的能力和水平的要求，“我们党的执政

---

① 习近平：《加强党对全面依法治国的领导》，载《求是》2019年第4期。

② 参见习近平：《坚定不移走中国特色社会主义法治道路 为全面建设社会主义现代化国家提供有力法治保障》，载《求是》2021年第5期。

③ 参见李林：《坚持处理好全面依法治国的辩证关系》，载《法制日报》2019年5月23日，第4版。

是全面执政，从立法、执法到司法，从中央部委到地方、基层，都在党的统一领导之下”[①]。必须坚持依规治党，增强依法执政本领，加快形成覆盖党的领导和党的建设各方面的党内法规制度体系，加强和改善对国家政权机关的领导，克服管党治党宽松软现象，培养党的组织和党员的法治意识和法治能力，增强党坚持依法执政的意识和能力，为全面依法治国提供坚强的政治保障。

党的十八大以来，中国共产党深刻总结现代政党制度演变的经验教训，坚持依法治国与制度治党、依规治党统筹推进、一体建设，“把建设一个强大的执政党作为推动民主与法治建设最根本的保障力量，做出了科学完备的顶层设计”。[②] 事实证明，依规治党能够克服管党治党宽松软现象、培养党的组织和党员的法治意识和法治能力、提高党对法治各环节的领导水平、提升党依法执政的意识和能力，从而为全面依法治国提供坚强的政治保障，始终保障依法治国沿着中国特色社会主义正确政治方向和法治道路阔步前行。“坚持依规治党，从严治党，切实解决党自身存在的突出问题，才能使党始终成为中国特色社会主义事业的坚强领导核心，才能为治国安邦奠定根本政治前提。”[③]反之，如果不能从严治党、依规治党，党的领导弱化，党的制度缺失，党的纪律涣散，依法治国、中国式法治现代化新道路的政治方向就会出现偏差。因此，习近平明确指出：“要发挥依规治党对党和国家事业发展的政治保障作用，形成国家法律和党内法规相辅相成的格局。”[④]

（三）统筹推进依法治国和依规治党

统筹推进依法治国和依规治党根植于依法治国和依规治党有机统

---

① 习近平：《在第十八届中央纪律检查委员会第六次全体会议上的讲话》，载《人民日报》2016 年 5 月 3 日，第 2 版。

② 参见周易茗：《中国共产党坚持依法治国和依规治党相统一成功经验的世界意义》，载《湖湘论坛》2018 年第 6 期。

③ 张文显：《中国法治 40 年：历程、轨迹和经验》，载《吉林大学社会科学学报》2018 年第 5 期。

④ 习近平：《坚持走中国特色社会主义法治道路　更好推进中国特色社会主义法治体系建设》，载《求是》2022 年第 4 期。

一的内在联系,中国共产党是中国工人阶级的先锋队,同时是中国人民和中华民族的先锋队,是中国特色社会主义事业的领导核心,代表中国先进生产力的发展要求,代表中国先进文化的前进方向,代表中国最广大人民的根本利益。依规治党、加强党内法规建设,归根到底就是为了维护和实现最广大人民的根本利益。法律是广大人民意志的体现,全面推进依法治国的根本目的是依法保障人民权益,党的领导、人民当家作主和依法治国是内在统一的。党内法规既是管党治党的重要依据,也是建设社会主义法治国家的有力保障。依法治国和依规治党有机统一于中国特色社会主义法治体系之中,根本目的都是维护和实现人民的根本利益。将完善的党内法规体系作为中国特色社会主义法治体系的重要组成部分,有助于在全面依法治国的进程中充分协同发挥以党章为统领的党内法规体系和以宪法为统领的国家法律体系的重要作用。在全面推进依法治国的进程中,必须同步推进依规治党,加强党内法规的建设,加快形成国家法律法规和党内法规制度相辅相成、相互促进、相互保障的格局。

党的十八大以来,以习近平同志为核心的党中央深刻把握治国理政的中国规律,高度重视党内法规制度建设,对统筹推进依法治国与依规治党一体建设提出顶层设计方案,形成更加完整、更加系统、更加具体的思路、框架、措施和重点任务,到建党一百周年时形成了比较完善的党内法规制度体系,为提高党的执政能力和领导水平,推进国家治理体系和治理能力现代化,实现中华民族伟大复兴提供了有力的制度保障。因此,加强党内法规制度建设是全面从严治党的长远之策、根本之策。"我们党要履行好执政兴国的重大历史使命、赢得具有许多新的历史特点的伟大斗争胜利、实现党和国家的长治久安,必须坚持依法治国与制度治党、依规治党统筹推进、一体建设。"[①]要发挥依法治国和依规治党的互补性作用,党内法规的重要特点是大量使用道德话语和道德规范,

① 习近平:《论坚持全面依法治国》,中央文献出版社 2020 年版,第 169 页。

对中共党员和党员领导干部提出更高的道德要求和更严的道德境界。比如,忠诚、自律、公仆、批评教育、检讨、诫勉等。这些具体的道德要求和规定能够对人的思想道德发生更为深入和实际的影响。习近平指出:"坚持高标准和守底线相结合。全面从严治党,既要注重规范惩戒、严明纪律底线,更要引导人向善向上,发挥理想信念和道德情操引领作用。"[①]全面从严治党要体现党规党纪严于国家法律的要求,突出党规党纪特色。"依规治党,首先是把纪律和规矩立起来、严起来,执行起来。党的性质、宗旨都决定了纪严于法、纪在法前。要把党的纪律和规矩挺在前面,用纪律和规矩管住大多数,使所有党员干部严格执行党规党纪、模范遵守法律法规。"[②]因此,要坚持纪严于法、纪在法前,实现纪法分开,"纪律就是纪律,纪在法前,这应该说是十八大以来制度创新的又一成果"[③]。

（四）依规治党彰显我国法治道路自信

新时代中国法治发展的事实证明,依规治党已经成为引领、促进和保障全面依法治国的强大力量,在我国全面依法治国方略的推进和实现的进程中,领导党和执政党所开展的重要政治实践即依规治党所起的作用至关重要,当代中国的依规治党已展现出对推进依法治国的强大政治领导力和组织力。亨廷顿认为,"身处正在实现现代化之中的当今世界,谁能组织政治,谁就能掌握未来"。[④] 现代社会的政治主要表现为政党政治,政党尤其是执政党建设的能力和水平促进或制约着法治建设的能力和水平,稳定和强大的政党对于促进法治建设至关重要,而政党的

---

① 习近平:《在第十八届中央纪律检查委员会第六次全体会议上的讲话》,载《人民日报》2016 年 5 月 3 日,第 2 版。

② 中共中央党史和文献研究院编:《习近平关于全面从严治党论述摘编》,中央文献出版社 2021 年版,第 440 页。

③ 中共中央党史和文献研究院编:《习近平关于全面从严治党论述摘编》,中央文献出版社 2021 年版,第 446 页。

④ 参见[美]亨廷顿:《变化社会中的政治秩序》,王冠华等译,三联书店出版社 1989 年版,第 427 页。

稳定和强大主要取决其制度化水平和社会适应性,“对处于现代化之中的国家来说,一党制和多党竞争制,究竟孰优孰劣,政治学论家们已经花费了大量的时间和笔墨,仁者见仁,智者见智。不过就政治发展而言,重要的不是政党的数量而是政党制度的力量和适应性”。[①] 现代社会的社会成员主要通过参加一定的政党来壮大自身的力量和表达自己的主张,“缺乏政党,会出现政治参与的无序和混乱,政治秩序走向脆弱。现代政治必然需要政党”。[②] 政党尤其是执政党的领导能力和治理水平对于促进法治发展显得尤为重要,而制度治党、依规治党是提升领导能力和治理水平的最为有效的根本措施。因此,现代社会的政党现象、政党地位和政党功能是一个普遍性现象,具有普遍性意义,政党尤其是执政党的建设对于国家法治建设的促进作用至关重要,当代中国通过依规治党促进法治发展的成效与经验具有普遍性的法治意义,为现代社会实现治党与治国之间的互联互动提供了实施方案,贡献了中国智慧,依规治党促进和保障依法治国的成效与经验充分彰显了我国法治道路的自信,“坚持依规治党引领依法治国,给法治打上党的标签,这一伟大实践的成功已经得到历史的证明”。[③] 这一重要的基本经验必须长期坚持和贯彻落实。

理论指引道路、道路支撑理论,中国特色社会主义法治理论的创新为中国式法治现代化道路的选择奠定了基础,通过依规治党促进依法治国为坚定地走这条道路提供了强大动能和可行进路。中国法治发展的道路必然首先基于中国国情的政治基础和条件,“法律的苍穹不是独立

---

① 参见[美]亨廷顿:《变化社会中的政治秩序》,王冠华等译,三联书店出版社 1989 年版,第 388 页。

② 参见[美]亨廷顿:《变化社会中的政治秩序》,王冠华等译,三联书店出版社 1989 年版,第 341 页。

③ 参见周易茗:《中国共产党坚持依法治国和依规治党相统一成功经验的世界意义》,载《湖湘论坛》2018 年第 6 期。

的,它建立在政治的柱石之上,没有政治,法律的天空随时可能坍塌”,[①]正如党的十九大报告指出的,“政治制度不能脱离特定社会政治条件和历史文化传统来抽象评判,不能定于一尊”。党的十八大以来依规治党和依法治国的实践证明,通过依规治党促进依法治国是一条可行而有效的道路,这条经过实践检验的创新道路是符合中国国情的理性和正确的选择,已成为我国新时代法治现代化建设的有效路径和宝贵经验,充分彰显了中国特色社会主义法治理论的创新力和法治道路的生命力。有效发挥依规治党的强大促进和保障作用是坚持走中国特色社会主义法治道路所依凭的重要信念和信心,依规治党必将继续为中国法治的持久和稳定发展注入强大动力和不竭活力。当代中国依规治党促进依法治国的伟大实践已创造出独具特色的法治样态、法治道路和法治经验,不断散发着富有中国色彩、中国魅力和中国方案的法治道路自信,也为世界各国法治道路的选择与拓展贡献中国智慧。“实现国家法律和党内法规双管齐下形成合力,这是中国法治非常重要的特色,理应在‘十四五’期间得到进一步强化、细化。”[②]随着中国各方面的日益强大及平稳进步,随着依规治党与依法治国的不断深入与拓展,中国特色社会主义法治发展道路和发展前景必将会收获更多自信。正如习近平所指出的,我们推进全面依法治国,决不照搬别国模式和做法,“实践证明,我国政治制度和法治体系是适合我国国情和实际的制度,具有显著优越性。在这个问题上,我们要有自信、有底气、有定力。事实教育了我们的人民群众,人民群众越来越自信”。[③]

---

① 参见[美]莱斯利·里普森:《政治学的重大问题——政治学导论》,刘晓等译,华夏出版社2001年版,第201页。

② 汪习根:《坚定不移走中国特色社会主义法治道路》,载《中国社会科学报》2021年3月19日,第5版。

③ 参见习近平:《坚定不移走中国特色社会主义法治道路　为全面建设社会主义现代化国家提供有力法治保障》,载《求是》2021年第5期。

五、从国家法治到国家法治与区域法治协调发展

国家法治是整个国家的总体法治建设，区域法治是某个区域的具体法治建设，国家法治包含区域法治，区域法治是国家法治中的重要组成部分，区域法治建设促进和服务国家法治建设。法治中国建设不仅要加强国家法治建设，而且要在国家法治发展的基础上推进国家法治和区域法治的协调发展，使法治中国建设既能够协调统一又能够充满活力。从国家法治到国家法治与区域法治协调发展，是中国式法治现代化新道路的重要路径选择。

(一)区域法治发展的可能性

马克思指出："法的关系正像国家的形式一样，既不能从它们本身来理解，也不能从所谓人类精神的一般发展来理解，相反，它们根源于物质的生活关系。"[①]区域法治发展的可能性根本上源自社会物质生活条件的多样性，根据马克思主义法治理论，法律等上层建筑最终是由其所依赖的经济基础决定的，人们所处的社会物质生活条件最终决定着法律的内容和形式。从一个国家的整体来看，这个国家的基本国情尤其是社会物质生活条件的状况决定着这个国家的法律状况，使法律具有地理性或地域性国别特征。西方学者对此也有诸多论述，如有学者认为，"所有的法律看来都明显是地域性的。物理空间(民族国家或者其他政治实体)的边界和'法律空间'的边界一向有着普遍的联系。如果我们将一张'法律地图'与一份世界地图叠加在一起，那么，两张地图基本上是重合的"[②]。我们总体上接受这样的观念："地理边界内的人们是为这一边界内一切活动制定法律的权威本源。'被统治者的同意'意味着，受一套法律统治的人必须在法律形成过程中有其作用。"[③]从一个国家内

---

① 《马克思恩格斯全集》(第31卷)，人民出版社1998年版，第412页。

② [美]彼得·德恩里科、邓子滨编著：《法的门前》，北京大学出版社2012年版，第395页。

③ [美]彼得·德恩里科、邓子滨编著：《法的门前》，北京大学出版社2012年版，第396页。

的一定区域或地方来看，区域之间的社会物质生活条件是有一定差异的，这些差异最终决定了区域法治发展的可能性和必要性，“区域法治是国家法治在一定区域内的展开，是根据区域不同的自然环境、经济基础、历史传统、民族习惯等因素实施法治治理，形成具有区域特色的法治运行模式”①。尤其是对于我国这样一个多民族、多行政区划组成的大国来说，区域之间的差异性更为突出和明显，从而使区域法治建设更为突出和紧要，“在中国这样一个幅员辽阔的超大型国家，东中西部各个区域之间的经济社会发展水平存在明显的差异性，这必然影响和制约着各个区域法治发展的进展状况与实际效果，我们必须在坚持国家法制统一性的前提下精心谋划、扎实推进区域法治发展。这是中国法治现代化的路径选择”②。

在以上基本理论的基础上，区域法治发展的可能性还源自法律的地方性。法律具有地方性特质的差异性，诚如昂格尔所说：“正如语言本身一样，这一广泛的社会相互作用的法典是一个集体的遗产。但是，像语言一样，它包含了许多具有不同程度严密性和具体性的方言和子系统。”③他认为传统的关于法的普适性观点存在偏差，法律是建立在特定语境之下的一种本土化资源，具有时代性和地方性，我们不可能寻求到一个抽象通则，应把法律当作一种地方性知识，而不是一种普适性的准则。吉尔兹则认为，“任何一种企望可行的法律制度，都必须力图把具有地方性想象意义的条件的存在结构与具有地方性认识意义的因果的经验过程勾连起来，才可能显示出似乎是对同一事物所作出的深浅程度不同的描述。法律或许不像霍姆斯所竭力主张的那样，是笼罩大地且无所不在之物，但它也肯定不像法律现实主义者所认为的那样，是用以

① 张文显：《变革时代区域法治发展的基本共识》，载公丕祥主编：《变革时代的区域法治发展》，法律出版社 2014 年版，第 3 页。

② 公丕祥：《法治现代化的中国方案》，载《江苏社会科学》2020 年第 4 期。

③ [美]昂格尔：《现代社会中的法律》，吴玉章、周汉华译，中国政法大学出版社 1994 年版，第 231 页。

避免争议、增进利益和调整纠纷的一系列精巧方法的集合。它更像一种市场观。需要指出的是,不同的市场,有不同的市场观"[①]。而且,法律的地方性并不是表达法律的僵化地域性,而是一种具有开放性的特色状态,"法律就是地方性知识;地方在此处不只是指空间、时间、阶级和各种问题,而且也指特色(accent),即把对所发生的事件的本地认识与对可能发生的事件的本地想象联系在一起。这种认识与想象的复合体,以及隐含于对原则的形象化描述中的事件叙述,便是我所谓的法律认识"[②]。

作为文化形式的一种,法律具有无法消除的趋异性,而且法律的这种趋异性是法律发展的主要路向和重要特征。"不管未来的历史如何展现,最有可能出现的结果不会是各种法律的渐趋一致,不管是各传统间的渐趋一致还是各传统框架内的渐趋一致,而是发展得更具特色。法律领域不会衰变成封闭的单一体,而会拓展成一个复合式的多元体;我们趋向的是初始的震动,而非终极的震动清除。"[③]在吉尔兹看来,法律的多元现象既是法律的一种客观存在,又是多元的一种文化现象,地方性知识与法律之间还应是一种互动的关系,地方性知识可以导生法律,法律亦可反作用于地方性知识,虽然法律源自地方知识,但法律并不只是消极地随地方性知识的演变而演变,相反它能构造、形塑地方性知识从而达到一种两者积极共融的态势。吉尔兹关于法律的地方性知识理论对我们今天认识和推进法治建设包括区域法治发展具有一定的本体论、方法论和价值论借鉴和启发意义。法律的地方性知识表达了法律是出自、理解于和实施于某个地方或区域的规则体系和具体实践,法律的地方性知识不仅具有地方标志的属性,更体现了某种特色所在的开放

① [美]吉尔兹:《地方性知识》,邓正来译,载梁治平编:《法律的文化解释》,三联书店 1994 年版,第 83 页。

② [美]吉尔兹:《地方性知识》,邓正来译,载梁治平编:《法律的文化解释》,三联书店 1994 年版,第 126 页。

③ [美]吉尔兹:《地方性知识》,邓正来译,载梁治平编:《法律的文化解释》,三联书店 1994 年版,第 126 页。

性,法律的地方性知识标示着法律发展的地方化、特色化和差异化取向。因此,“地方性”则是区域法治发展的主要特征,也是区域法治发展得以存在和发展的基本前提,没有地方性特色就无从谈起区域法治。

(二)以习近平关于区域法治的重要论述为指导

区域法治既包括单一行政区划内的地方法治又包括跨行政区划的合作型法治,一定区域内的地方法治建设是区域法治建设的基础性工程。习近平高度重视区域法治建设,从理论和实践的双重维度论述了区域法治发展的必要性和重要性。在浙江主政期间,习近平多次对“法治浙江”提出明确要求,这些要求中包含丰富的关于区域法治发展方面的重要论述。习近平指出,建设“法治浙江”就是建设社会主义法治国家在浙江的具体实践,“从哲学角度讲,任何事物都是普遍性与特殊性的辩证统一,在国家统一的法制框架下推进地方法治建设,是建设社会主义法治国家的客观要求;从法律渊源看,我国宪法和立法法对中央与地方的立法权限作了明确的规定,地方性法规规章是我国社会主义法律体系的重要组成部分;从浙江实际看,我省经济社会发展较快,社会主义市场经济体制比较完善,一些地方在推进社会主义民主的制度化、规范化和程序化方面创造了不少好的做法和经验,我们完全有基础、有条件、有责任在法治建设方面进行积极的探索,以适应我省经济社会发展走在前列的客观需要,并为建设社会主义法治国家作出应有的贡献”①。“我国是一个法制统一的国家,建设社会主义法治国家,必须始终坚持党的领导,统一实施国家的宪法和法律。同时,建设社会主义法治国家,又离不开地方的具体实践。”②从国家到地方的制度和政策体系来说,依法治省对应的是依法治国,“法治浙江”对应的是法治国家。建设“法治浙江”,不仅包含依法治省的全部内容,而且比依法治省的内涵更加丰富、更加

① 习近平:《干在实处　走在前列——推进浙江新发展的思考与实践》,中共中央党校出版社2006年版,第361~362页。

② 习近平:《干在实处　走在前列——推进浙江新发展的思考与实践》,中共中央党校出版社2006年版,第362页。

深刻。

法治建设属于上层建筑和意识形态的范畴，许多工作难以用看得见、摸得着的东西来具体衡量。为此，推进法治建设更要体现干在实处，注重实效，反对形式主义、做表面文章。要在国家统一的法制框架下，根据已经具备的条件和能够创造的条件，主动把做得到的事情积极做好、做出实效。立法是法治的基础，立法要有地方特色。地方特色是地方立法的生命力所在。地方立法，作为国家法律和行政法规的重要补充，必须坚持法制统一，坚持以宪法和国家法律、法规为依据，不与宪法和国家法律法规相抵触，这是必须遵照的一个基本法律原则。同时，地方立法还必须紧密结合相关省份经济社会发展的实际，充分发挥其补充、先行、创制的作用，体现地方特色，提高针对性、可操作性，防止照抄照转，搞"大而全""小而全"。继续坚持把经济立法放在首位，又根据社会全面进步的要求，兼顾其他方面的立法。立法不在多，而在管用。要辩证地把握好立法数量和质量的关系。既要有一定的数量，更要强调质量，要把提高立法质量放在更加突出的位置。① 习近平关于区域法治的重要论述，为在中国式法治现代化新道路中推进国家法治与区域法治协调发展提供了重要指引。

党的十八大以来，习近平对加强跨行政区划的合作型区域法治建设提出明确要求。他指出，实施区域协调发展战略，加大力度支持革命老区、民族地区、边疆地区、贫困地区加快发展，强化举措推进西部大开发形成新格局，深化改革加快东北等老工业基地振兴，发挥优势推动中部地区崛起，创新引领率先实现东部地区优化发展，建立更加有效的区域协调发展新机制。习近平强调，良法是善治之前提，实施国家重大发展战略要法治先行，当前要做好三大攻坚战、"一带一路"建设、加强科技创新和知识产权保护、落实总体国家安全观、推动建设网络强国等立法

① 参见习近平：《干在实处　走在前列——推进浙江新发展的思考与实践》，中共中央党校出版社2006年版，第364页。

及相关法治保障工作。在加强国家层面立法工作的同时，还需要加强特定区域的法治建设，完善相关立法工作，“要研究长江经济带发展、雄安新区建设、粤港澳大湾区建设、海南自由贸易试验区和自由贸易港建设等特定区域法治建设”[①]。从司法角度看，习近平对设立巡回法庭、审理跨行政区域案件提出明确要求。他指出，近年来，随着社会矛盾增多，全国法院受理案件数量不断增加，尤其是大量案件涌入最高人民法院，导致审判接访压力增大，息诉罢访难度增加，不利于最高人民法院发挥监督指导全国法院工作职能，不利于维护社会稳定，不利于方便当事人诉讼。最高人民法院设立巡回法庭，审理跨行政区域重大行政和民商事案件。这样做，有利于审判机关重心下移、就地解决纠纷、方便当事人诉讼，有利于最高人民法院本部集中精力制定司法政策和司法解释、审理对统一法律适用有重大指导意义的案件。解放军军事法院、解放军军事检察院由军委政法委员会领导管理，同时调整军事司法体制，按区域设置军事法院、军事检察院，保证它们依法独立公正行使职权。这样的改革设计，有利于形成决策权、执行权、监督权既相互制约又相互协调的权力运行体系。

（三）推进国家法治与区域法治协调发展

国家法治在对应地方法治时指的是中央层面、全国统一的法治，我国是单一制社会主义国家，法制统一是维护国家统一、保障国家安全、促进民族团结和经济社会协调发展的根本原则。同时，我国地域辽阔、各地区各民族经济社会发展不平衡，社会治理、经济发展、环境保护任务差异较大，应在确保法制一体化的同时允许地方在宪法法律规定的范围内拥有地方立法权和管理权。因而，国家法治一方面必须对地方法治和社会法治具有统领性和权威性，另一方面又应为地方法治和社会法治留有充分的空间。[②] 我国的法治建设必须处理好国家法治和区域法治之间

① 习近平：《论坚持全面依法治国》，中央文献出版社 2020 年版，第 233 页。

② 参见张文显：《习近平法治思想研究（中）——习近平法治思想的一般理论》，载《法制与社会发展》2016 年第 3 期。

的关系,需要推进国家法治和区域法治协调发展和共同进步,不能相互割裂或顾此失彼,“不仅要搞好国家法治,还要促进国家法治、地方法治、区域法治、社会法治、行业法治协调发展”①。国家在加强统一领导和顶层设计的同时,还要激励和支持区域或地方法治进行先行先试。因此,基于我国经济社会文化等基本国情,法治中国建设的进程需要差别化对待,“从法治社会建设的进程来看,不可能在中国这样一个有着13亿多人口、经济社会发展不平衡的大国,全国各个区域‘齐步走’一朝建成法治社会。只可能是按照区域经济社会发展的水平和文化历史的特点,通过开展区域法治创建活动,逐步的、有先有后的建成全国性法治社会”②。各个区域或地方可以根据自身的特点确立法治建设的步骤和指标,区域法治建设的不断进步和发展,有利于国家整体法治的建成,实现法治共性和个性的有机统一。国家法治的整体发展不能排斥区域法治的个性发展,区域法治的个性发展不能脱离国家法治的整体要求,“国家法治发展是由一定的国家法律制度、法律体系及其法律实践、法律思想、法律心理所联结而成的运动之网。作为这面运动之网上的每一个区域法治的运动发展,都独具个性,并且这种个性不是仅仅具有相对意义的特殊性,而是一种不可绝对重复的个体”③。因此,必须正视我国法治发展的不平衡性,重视区域法治发展理论的学术研究,积极开展和大力推进区域法治建设,“首先是基于我国经济、政治及文化发展的不平衡性。这就决定了各地的法治建设在全国统一的法治体系框架下不能不具有其地方或民族特色,不能不因受到其经济发展水平、政治环境及文化传统和背景的影响也呈现不平衡性。如果忽视这些地方或民族特色,不注意从自身的经济发展水平、政治环境及文化传统和背景的实际情况

---

① 张文显:《论中国式法治现代化新道路》,载《中国法学》2022 年第 1 期。

② 张苏军:《推进法治社会建设》,载《中国司法》2015 年第 4 期。

③ 公丕祥:《区域法治发展的概念意义——一种法哲学方法论上的初步分析》,载《南京师大学报(社会科学版)》2014 年第 1 期。

出发，各地的法治建设就收不到应有的成效”[①]。

区域法治是社会主义法治的重要组成部分，区域法治创新和先行先试为国家法治提供了丰富的宝贵经验和本土资源，在全面推进依法治国的新时期，中央越来越重视区域或地方法治建设，不断推进国家法治和区域法治之间的协调发展，这在立法方面尤为明显。党的十八届四中全会《决定》提出，进一步扩大地方立法权，依法授予设区的市地方立法权；2015 年 3 月，十二届全国人大三次会议通过《关于修改〈中华人民共和国立法法〉的决定》，修改后的《立法法》赋予了设区的市地方立法权，规定了各设区的市人大及政府可以结合本行政区域建设与管理、环境保护、历史文化保护等方面情况，制定地方性法规及规章。这些规定完善了我国立法体制，发挥地方积极性和能动性，推动地方工作法治化，有效加强了社会治理，促进了地方经济社会发展，丰富了国家法治的内容和形式。随着我国各种经济圈的不断涌现，区域协同立法正在不断展开，区域协同立法是为了推进区域协调发展而产生的一种立法形式，是就区域性公共事务展开的地方立法，旨在打破行政区划界限，以形成制度合力，相关立法不断丰富和完善。[②] 如 2022 年 1 月 21 日，山东省十三届人大常委会第三十三次会议集中批准了胶东经济圈五市（青岛、烟台、潍坊、威海、日照）制定的五部海洋牧场管理条例，填补了该省海洋牧场立法空白，这是山东省创新开展区域协同立法的生动实践。因此，加强区域法治建设是各个区域的重要任务，区域法治建设的成效逐渐成为本区域重要的核心竞争力，成为各级党委和政府高度重视的重要工作，让法治成为城市的核心竞争力、让法治成为最好的营商环境等理念逐步得到

---

① 付子堂主编：《法理学高阶》，高等教育出版社 2008 年版，第 464 页。

② 据统计，在中央立法层面已经有 40 余部法律和行政法规中有区域合作条款，有 20 余份法律文件对区域合作有规定。在地方立法层面，《广东省珠江三角洲城镇群协调发展规划实施条例》《湖南省长株潭城市群区域规划条例》《武汉城市圈资源节约型和环境友好型社会建设综合配套改革试验促进条例》等地方性法规比较典型，还有多部地方行政程序立法也对区域合作的原则、形式、指导、协调、监督等作了规定。参见杨治坤：《区域协同立法引领区域协调发展》，载《中国社会科学报》2022 年 3 月 30 日，第 4 版。

重视,“区域发展的核心竞争力已经从地缘条件、区位优势、自然环境、资源要素、产业特色等逐渐发展为法治文化、人文精神、社会治理、生态环境等社会软实力的综合体系。其中,制度体系、人文环境的稳定性、可持续性和延展性需要融合更多的法治元素,而资源要素、人才、科技等硬实力的提升也有赖于法治的保障与支撑”①。

通过区域法治建设引领区域协调发展是法治中国建设的题中之义,党和国家近年来越来越重视区域法治建设,在重要文件和相关立法中对区域法治建设提出了明确要求,进行了明确规定。2018 年 11 月,《中共中央、国务院关于建立更加有效的区域协调发展新机制的意见》指出,建立健全区域协调发展法律法规体系。研究论证促进区域协调发展的法规制度,明确区域协调发展的内涵、战略重点和方向,健全区域政策制定、实施、监督、评价机制,明确有关部门在区域协调发展中的职责,明确地方政府在推进区域协调发展中的责任和义务,发挥社会组织、研究机构、企业在促进区域协调发展中的作用。中共中央印发的《法治中国建设规划(2020—2025 年)》明确提出,有立法权的地方应当紧密结合本地发展需要和实际,突出地方特色和针对性、实效性,创造性地做好地方立法工作。健全地方立法工作机制,提高立法质量,确保不与上位法相抵触,切实避免越权立法、重复立法、盲目立法。建立健全区域协同立法工作机制,加强全国人大常委会对跨区域地方立法的统一指导。《法治政府建设实施纲要(2021—2025 年)》指出,推进区域协同立法,强化计划安排衔接、信息资源共享、联合调研论证、同步制定修改。2022 年 3 月 11 日,十三届全国人大第五次会议修改的《地方各级人民代表大会和地方各级人民政府组织法》对区域协同立法进行了明确的授权和规定,其第 10 条第 3 款规定,省、自治区、直辖市以及设区的市、自治州的人民代表大会根据区域协调发展的需要,可以开展协同立法;第 49 条第 3 款规

① 夏锦文:《让法治成为江苏发展核心竞争力的重要标志》,载《新华日报》2017 年 7 月 12 日,第 11 版。

定,省、自治区、直辖市以及设区的市、自治州的人民代表大会常务委员会根据区域协调发展的需要,可以开展协同立法;第 80 条第 1 款规定,县级以上的地方各级人民政府根据国家区域发展战略,结合地方实际需要,可以共同建立跨行政区划的区域协同发展工作机制,加强区域合作。

(四)通过区域法治文化培育法治信仰

2020 年 12 月,中共中央印发的《法治社会建设实施纲要(2020—2025 年)》指出,“建设信仰法治、公平正义、保障权利、守法诚信、充满活力、和谐有序的社会主义法治社会”,将“信仰法治”作为建设社会主义法治社会的首要内容。2021 年 1 月,中共中央印发的《法治中国建设规划(2020—2025 年)》,将“法治信仰普遍确立”列入未来五年规划的总体目标中,意味着我国未来法治中国建设进程中,培育法治信仰是极为重要的前行方向和工作内容。因此,中国式法治现代化新道路的重要境界就是能够形成人们对于法治的信任和信仰,而这首先取决于能够形成一种崇尚法治的法治环境。法治环境是全社会主张法律主治、依法而治所形成的法治社会环境,要使尊法守法成为全社会的一种意识和行为自觉,让法治精神融入政治经济社会生活的各个方面,在全社会营造出崇尚法治的浓厚氛围,使法治成为社会治理创新的重要依托、生活方式的重要内容、文化精神的重要特色。“法律不仅仅是冷冰冰的外在工具,而且更是关系到权利、正义、民主、自由和秩序等价值,它能够被信仰作为精神寄托和文化情感。”[①]而要达到这种状态和效果就需要提高人们对于区域法治文化的认同度,在对区域文化尤其是区域法治文化高度认同的基础上才能逐渐培养人们对于法治的情感和信仰。诚如卢梭早就告诫世人,“法律既不是铭刻在大理石上,也不是铭刻在铜表上,而是铭刻在公民们的内心里;它形成了国家的真正宪法;它每天都在获得新的力量;当其他的法律衰老或消亡的时候,它可以复活那些法律或代替那些法律,它可以保持一个民族的创制精神,而且可以不知不觉地以习

① 田成有:《文化对法治的意义》,载《法制日报》2009 年 12 月 9 日,第 10 版。

惯的力量代替权威的力量”①。费孝通先生认为,“法治秩序的建立不能单靠制定若干法律条文和设立若干法庭,重要的还得看人民怎样去应用这些设备”②。区域法治文化是区域文化和法治文化的重要组成部分,如果能够契合一定地方的文化传统进行法律适用,就能够契合当地人的心智和习惯,从而在很大程度上为当地人所接受,某个区域或地方的人们就能够懂得如何去应用法律中的这些设备。党的十八届四中全会《决定》指出,“法律的权威源自人民的内心拥护和真诚信仰”。信仰法治需要人们从文化认同的内心深处加以信任与信服,这种认同很大程度上是一定地方的人们对自然和社会认知的升华,并形成支配人们行为的思维准则与价值取向。

信仰法治,不仅需要维护法律权威,建立健全保障公正的体制机制,而且注重文化与法治发展之间的联接,开展与文化底蕴相适应的法治建设,增强人们对法治发展各个环节的认同感。法律信仰需要建立在人们文化认同的基础上,有了文化认同,人们就有了对本域文化的归属感、自豪感和使命感,在本域文化所影响和驱动的规则及其调整的行为和关系也就获得了认同感和顺从性。由于文化与法的价值具有非常紧密的关联性甚至具有一定的重合性,在诸多方面是共生相通的,人们基于文化认同及其所形成的价值、知识等是法律获得正当性或得到人们信仰的重要支撑,并有持久力和忍耐力。人们对地方文化尤其是区域法治文化的认同是形成法治信仰的基本路径,由于区域法治文化与法的价值具有非常紧密的关联性甚至具有一定的重合性,在诸多方面是共生相通的,人们基于区域法治文化认同及其所形成的价值、知识等是法律得到人们信仰的重要支撑。简言之,如果切合了区域法治文化的情境,符合该地方人们的认知和价值,人们就能够心平气和地尊法守法,法律就会变得严格有力和易被遵守,在很大程度上

---

① [法]卢梭:《社会契约论》,何兆武译,商务印书馆1980年版,第70页。

② 费孝通:《乡土社会 生育制度》,北京大学出版社1998年版,第58页。

能够获得对法律的信任或信仰。因此,要达至法律信仰的理想境界,加强区域法治文化建设进而提高人们对于区域法治文化的自信心和认同度至关重要。习近平指出,法治建设需要全社会共同参与,只有全体人民信仰法治、厉行法治,国家和社会生活才能真正实现在法治轨道上运行。执法者要信仰法治、坚守法治,做知法、懂法、守法、护法的执法者,站稳脚跟,挺直脊梁,只服从事实,只服从法律,铁面无私,秉公执法。[①]党的十九大报告指出,"文化自信是一个国家、一个民族发展中更基本、更深沉、更持久的力量"。文化自信包括法治文化的自信需要与地方文化包括区域法治文化相融合,注重区域法治文化与法治发展之间的联接,开展与区域文化底蕴相适应的法治建设,通过增强人们对法治发展各个环节的认同感,使法治成为人们的思维习惯和生活方式。如从立法的角度看,就特别需要通过加强地方法治建设推动社会主义核心价值观入法入规工作,这样"可以有效支撑人们对法律的信仰和认同,使法律权威、法治理念真正植根于民心、民意、民情,潜移默化为国民的日用常行之道"[②]。

六、从国内法治到国内法治和涉外法治统筹推进

从国内法治到国内法治和涉外法治统筹推进,这是中国式法治现代化的重要路径选择,是以习近平同志为核心的党中央针对新时期的时代条件下国际国内的形势变化作出的重要战略部署和重大法治决策。统筹国内法治和涉外法治是新时代中国法治建设的重要任务。

(一)法治是国家核心竞争力的重要内容

纵观当代世界法治发展进程,法治已成为国家核心竞争力的重要内容。要在国家竞争中赢得竞争优势,就必须重视和加强涉外法治建设。

① 参见中共中央文献研究室编:《习近平关于全面依法治国论述摘编》,中央文献出版社 2015 年版,第 98 页。

② 于改之:《推动社会主义核心价值观入法入规》,载《光明日报》2018 年 5 月 25 日,第 11 版。

竞争力是竞争主体间的一种角逐或比较而体现出来的综合能力。法治竞争力是指竞争主体通过法治功能的运用所形成的制度性竞争能力。法治核心竞争力指的是主体通过法治功能的充分运用而让法治成为促进经济社会发展的主要动力和关键要素所形成的优势竞争能力。法治竞争力形成的原因和前提是法治适用主体的多样性及其适用水平的不平衡性,不同主体在法治适用中所表现出来的法治各环节状态水平有着高低不等的差别。由于不同的国家、不同的区域以及不同的企业之间在法治认知和法治运用方面的能力和水平是不平衡的,这样在不同主体间就形成了法治适用状态水平高低强弱的可比较性和可竞争性。法治竞争力与法治推动力具有同等的寓意,都是将法治作为一种重要的动力从而促进国家和社会的发展,“在一个充满竞争的世界里,法治是影响一个国家和社会竞争力的核心要素”①,法治动力及其竞争力是推动生产力发展和生产关系变革的重要力量,法治是一个国家营商环境和整体形象的重要标志。人类社会发展进程表明,每个国家的每一次经济飞速发展都是法律等制度的更替和创新。

全球化时代中国的和平崛起以及中华民族伟大复兴中国梦的实现,通过全面推进依法治国进而提升法治在世界经济舞台上的竞争力显得至关重要,必须通过法治的路径与外部世界实现充分地沟通和交流,展示和发挥中国发展中的制度自信,“必须真正提高自己在国际竞争中的软实力,而崇尚法治、推行法治化治理,则是达成这一切的渠道、手段、符号和标志”②。如果要以法治之手遏制市场的恣意并获得竞争优势,就必须营造浓厚的法治文化、树立国民的法律信仰、提升国际竞争的法治主导能力。③ 为此,必须在法治中国建设中,坚持国内法治和涉外法治统筹推进,提升我国法治在国家竞争中的核心竞争力,通过法治尤其是加强涉外法治建设赢得国家竞争优势。关于大国或强国的兴起或崛起,

---

① 张志铭:《法治是国家和社会竞争力的核心要素》,载《中国司法》2007 年第 2 期。

② 张志铭:《法治是国家和社会竞争力的核心要素》,载《中国司法》2007 年第 2 期。

③ 参见汪习根:《论法治中国的科学含义》,载《中国法学》2014 年第 2 期。

人们一般根据在战争中取胜或经济总量等进行考量，而制度尤其是法治要素极为重要，“检视历史上大国崛起的科技创新因素，归根结底是这些国家较早建立了一套比较完善的激励创新的制度，包括知识产权制度、教育制度、反垄断制度、投融资制度等”[①]。习近平深刻认识到法治对中华民族伟大复兴的重要意义，他明确指出：“当今世界正面临百年未有之大变局，国与国的竞争日益激烈，归根结底是国家制度的竞争。”[②]法治是国家制度的主要形式，“法治是国家核心竞争力的重要内容”[③]。国与国的竞争归根结底是国家制度的竞争，“从国际看，世界进入动荡变革期，国际竞争越来越体现为制度、规则、法律之争。我们必须加强涉外法律法规体系建设，提升涉外执法司法效能，坚决维护国家主权、安全、发展利益”[④]。

（二）加快涉外法治工作战略布局

走和平发展道路是我们党根据时代发展潮流和我国根本利益作出的战略抉择，我们要加强战略思维，增强战略定力，更好统筹国内国际两个大局，坚持开放的发展、合作的发展、共赢的发展，通过争取和平国际环境发展自己，又以自身发展维护和促进世界和平，不断提高我国综合国力。[⑤] 习近平指出：“我国已经进入了实现中华民族伟大复兴的关键阶段。中国与世界的关系在发生深刻变化，我国同国际社会的互联互动也已变得空前紧密，我国对世界的依靠、对国际事务的参与在不断加深，世界对我国的依靠、对我国的影响也在不断加深。我们观察和规划改革发展，必须统筹考虑和综合运用国际国内两个市场、国际国内两种资源、

---

① 王昌林等：《大国崛起与科技创新——英国、德国、美国和日本的经验与启示》，载《全球化》2015 年第 9 期。

② 习近平：《论坚持全面依法治国》，中央文献出版社 2020 年版，第 265 页。

③ 习近平：《坚定不移走中国特色社会主义法治道路　为全面建设社会主义现代化国家提供有力法治保障》，载《求是》2021 年第 5 期。

④ 习近平：《坚持走中国特色社会主义法治道路　更好推进中国特色社会主义法治体系建设》，载《求是》2022 年第 4 期。

⑤ 参见习近平：《论坚持推动构建人类命运共同体》，中央文献出版社 2018 年版，第 1 页。

国际国内两类规则。”[①]但随着中国和世界关系的深刻变化,各种问题也随之产生,各类风险也不断增强,“当前,世界百年未有之大变局加速演变,和平与发展仍然是时代主题,但国际环境不稳定性不确定性明显上升,新冠肺炎疫情大流行影响广泛深远。我国不断发展壮大,日益走近世界舞台中央。要加快涉外法治工作战略布局,协调推进国内治理和国际治理,更好维护国家主权、安全、发展利益”[②]。可以说,“中等收入陷阱”“西方化的陷阱”“颜色革命陷阱”“修昔底德陷阱”“塔西佗陷阱”等风险依然会长期存在,百年未有之大变局带来的各种风险还会不断产生,恐怖主义、毒品威胁、重大疫情、自然灾害、单边主义、保护主义、霸权主义、甩锅推责、极限施压、价值撕裂等风险已有“山雨欲来风满楼”之势。习近平在中央全面依法治国委员会第二次会议上的讲话指出,我国日益走近世界舞台中央,我国企业和公民也越来越多走向世界。大国之间地缘竞争、科技和产业制高点竞争、贸易保护主义抬头等风险因素和不确定性持续加大。我国企业拓展海外利益遇到的阻力和挑战势必增大,跨国纠纷和法律问题也将更多更复杂。我们要甄别这些纠纷的性质,有理有利有节应对。有的西方国家以国内法名义对我国公民、法人实施所谓的“长臂管辖”,在国际规则上是站不住脚的,但他们执意这样做,我们必须综合运用政治、经济、外交、法治等多种手段加以应对。要把法治应对摆在更加突出位置,用规则说话,靠规则行事,维护我国政治安全、经济安全,维护我国企业和公民合法权益。

面对新一轮对外开放和严峻复杂的国际国内形势,涉外法治工作必须加强战略布局,占领制高点,掌握主动权。习近平强调,加快涉外法治工作战略布局,各项法治措施要能够及时跟上:一是工作应对机制要跟上,从法治上有效应对各种国际摩擦纠纷;二是法治措施储备要跟上,以法律的形式明确我国不接受任何国家的“长臂管辖”;三是企业合规管

① 《习近平谈治国理政》(第2卷),外文出版社2017年版,第442～443页。

② 习近平:《坚定不移走中国特色社会主义法治道路　为全面建设社会主义现代化国家提供有力法治保障》,载《求是》2021年第5期。

理要跟上,“走出去”的企业在合规方面不授人以柄才能行稳致远;四是专业人才培养要跟上,我国能够办理涉外法律业务的律师奇缺,必须加大涉外法治人才的培养力度。[①] 要引导企业、公民在走出去过程中更加自觉地遵守当地法律法规和风俗习惯,运用法治和规则维护自身合法权益。要注重培育一批国际一流的仲裁机构、律师事务所,把涉外法治保障和服务工作做得更有成效。要重视海外安全,要切实维护我国海外利益。习近平指出,海上通道是中国对外贸易和进口能源的主要途径,保障海上航行自由安全对我国至关重要,要构建和平安宁、合作共赢的海洋秩序。我国企业在海外投资形成的资产迅速扩大,我国公民出境人数迅速增加,但对活动在全球各地的我国公民和法人,我们的安保能力十分有限,这是我们的一个突出短板。要加紧研究、加大投入、加强防范,逐步提高海外安全保障能力和水平,“保护我国公民和法人在海外的安全,保护我国海外金融、石油、矿产、海运和其他商业利益”[②]。我国是“一带一路”的倡导者和推进者,“我国企业走出去既要重视投资利益,更要赢得好名声、好口碑,遵守驻在国法律,承担更多社会责任”[③]。

(三)坚定维护以国际法为基础的国际秩序

我们要坚定维护以联合国为核心的国际体系,坚定维护以国际法为基础的国际秩序,坚定维护以联合国宪章宗旨和原则为基础的国际法基本原则和国际关系基本准则。对不公正、不合理、不符合国际格局演变大势的国际规则、国际机制,要提出改革方案,推动全球治理变革,推动构建人类命运共同体。当今中国与世界的关系已经发生了深刻变化,国际环境不稳定性不确定性明显上升。习近平分析说,“当今世界并不太平,恐怖主义、网络犯罪、跨国有组织犯罪、新型犯罪等全球性安全问题

---

① 参见习近平:《论坚持全面依法治国》,中央文献出版社 2020 年版,第 256~257 页。

② 中共中央党史和文献研究院编:《习近平关于总体国家安全观论述摘编》,中央文献出版社 2018 年版,第 182 页。

③ 中共中央党史和文献研究院编:《习近平关于总体国家安全观论述摘编》,中央文献出版社 2018 年版,第 219 页。

愈加突出,安全领域威胁层出不穷,人类面临许多共同挑战"①。中国的发展需要一个安全稳定的国际环境,中国不可能在一个乱哄哄的世界里发展起来,我们应该坚持共同、综合、合作、可持续的新安全观,营造公平正义、共建共享的安全格局,让和平的阳光普照大地,让人人享有安宁祥和。面对错综复杂的国际安全威胁,合作安全、集体安全、共同安全才是解决问题的正确选择,要坚持不干涉别国内政原则,反对动辄诉诸武力或以武力相威胁。因此,"法治建设的中长期目标,要统筹考虑国际国内形势、法治建设进程和人民群众法治需求,同推进国家治理体系和治理能力现代化的要求相协同"②。

2020 年 2 月,习近平在中央全面依法治国委员会第三次会议上的讲话中指出,60 多年前,我们提出和平共处五项原则,得到国际社会广泛认同和支持,成为国际关系基本准则和国际法基本原则。党的十八大以来,我们提出推动构建人类命运共同体的理念,受到各方普遍欢迎和高度评价,被载入联合国一系列决议。我们要乘势而上、顺势而为,坚定维护以联合国宪章宗旨和原则为核心的国际秩序和国际体系,为全球治理体系改革和建设贡献中国智慧和中国方案。要坚持法治精神,实现公平正义,要坚定维护以国际法为基础的国际秩序,推动构建人类命运共同体。我们应该共同推动国际关系法治化,推动各方在国际关系中遵守国际法和公认的国际关系基本原则,"协调推进国内治理和国际治理,更好维护国家主权、安全、发展利益"③。要用统一适用的规则来明是非、促和平、谋发展,共同维护国际法和国际秩序的权威性和严肃性,依法行使权利,反对歪曲国际法,"法律的生命在于付诸实施,各国有责任维护国际法治权威,依法行使权利,善意履行义务。法律的生命也在于

---

① 中共中央党史和文献研究院编:《习近平关于总体国家安全观论述摘编》,中央文献出版社 2018 年版,第 248 页。

② 习近平:《论坚持全面依法治国》,中央文献出版社 2020 年版,第 275 页。

③ 习近平:《坚定不移走中国特色社会主义法治道路　为全面建设社会主义现代化国家提供有力法治保障》,载《求是》2021 年第 5 期。

公平正义，各国和国际司法机构应该确保国际法平等统一适用，不能搞双重标准，不能'合则用、不合则弃'，真正做到'无偏无党、王道荡荡'"①。在国际社会中，法律应该是共同的准绳，适用法律不能有双重标准，反对以"法治"之名侵害他国正当权益、破坏和平稳定之实。②习近平强调，"中国走向世界，以负责任大国参与国际事务，必须善于运用法治，在对外斗争中，我们要拿起法律武器，占领法治制高点，敢于向破坏者、搅局者说不。全球治理体系正处于调整变革的关键时期，我们要积极参与国际规则制定，做全球治理变革进程的参与者、推动者、引领者"③。

（四）加强涉外法治建设工作

习近平对加强涉外法治建设工作提出明确要求，他强调："要坚持统筹推进国内法治和涉外法治，按照急用先行原则，加强涉外领域立法，进一步完善反制裁、反干涉、反制'长臂管辖'法律法规，推动我国法域外适用的法律体系建设。要把拓展执法司法合作纳入双边多边关系建设的重要议题，延伸保护我国海外利益的安全链。要加强涉外法治人才建设。"④涉外法治工作面广量大，涉外法律关系的法律渊源非常丰富，涉及国内法、国际法和外国法等不同的法律渊源，涉外法治实施工作涉及不同国别，难度更大，必须高度重视和大力加强。涉外法治建设工作是全面依法治国的重要组成部分，也是统筹国内国际两个大局在法治领域的具体体现，党的一系列重要文件对我国加强涉外法治建设工作提出了明确要求，在不同时期为涉外法治建设工作指明方向。党的十八届四中全会《决定》对加强涉外法律工作提出了明确要求，指出要适应对外开

---

① 《习近平谈治国理政》（第2卷），外文出版社2017年版，第540页。

② 参见中共中央党史和文献研究院编：《习近平关于总体国家安全观论述摘编》，中央文献出版社2018年版，第182页。

③ 习近平：《论坚持全面依法治国》，中央文献出版社2020年版，第225页。

④ 习近平：《坚持走中国特色社会主义法治道路　更好推进中国特色社会主义法治体系建设》，载《求是》2022年第4期。

放不断深化,完善涉外法律法规体系,促进构建开放型经济新体制。积极参与国际规则制定,推动依法处理涉外经济、社会事务,增强我国在国际法律事务中的话语权和影响力,运用法律手段维护我国主权、安全、发展利益。强化涉外法律服务,维护我国公民、法人在海外及外国公民、法人在我国的正当权益,依法维护海外侨胞权益。深化司法领域国际合作,完善我国司法协助体制,扩大国际司法协助覆盖面。加强反腐败国际合作,加大海外追赃追逃、遣返引渡力度。积极参与执法安全国际合作,共同打击暴力恐怖势力、民族分裂势力、宗教极端势力和贩毒走私、跨国有组织犯罪。党的十九届四中全会《决定》提出,加强涉外法治工作,建立涉外工作法务制度,加强国际法研究和运用,提高涉外工作法治化水平。党的十九届五中全会通过的《中共中央关于制定国民经济和社会发展第十四个五年规划和二〇三五年远景目标的建议》明确提出,坚持多边主义和共商共建共享原则,积极参与全球治理体系改革和建设,加强涉外法治体系建设,加强国际法运用,维护以联合国为核心的国际体系和以国际法为基础的国际秩序,共同应对全球性挑战。积极参与重大传染病防控国际合作,推动构建人类卫生健康共同体。

《法治中国建设规划(2020—2025 年)》对今后加强涉外法治工作作出了长远规划。适应高水平对外开放工作需要,完善涉外法律和规则体系,补齐短板,提高涉外工作法治化水平。积极参与国际规则制定,推动形成公正合理的国际规则体系。加快推进我国法域外适用的法律体系建设。围绕促进共建"一带一路"国际合作,推进国际商事法庭建设与完善。推动我国仲裁机构与共建"一带一路"国家仲裁机构合作建立联合仲裁机制。强化涉外法律服务,维护我国公民、法人在海外及外国公民、法人在我国的正当权益。建立涉外工作法务制度。引导对外经贸合作企业加强合规管理,提高法律风险防范意识。建立健全域外法律查明机制。推进对外法治宣传,讲好中国法治故事。加强国际法研究和运用。加强多双边法治对话,推进对外法治交流。深化国际司法交流合作。完善我国司法协助体制机制,推进引渡、遣返犯罪嫌疑人和被判刑人移管等司法协助领域国际合作。积极参与执法安全国际合作,共同打击暴力恐怖势力、民族分裂势力、宗教极端势力和贩毒走私、跨国有组织犯罪。加强反腐败国际合作,加大海外追逃追赃、遣返引渡力度。

司法部印发的《全国公共法律服务体系建设规划(2021—2025年)》对加强涉外法律服务工作提出了明确要求。一是要加强涉外法治教育引导。推进对外法治宣传,增进国际社会对我国法律制度的理解、掌握和运用,推进有关外国企业和公民遵守我国法律规定。加强对在华外国人的法律政策宣传,引导在华外国人自觉遵守我国法律,通过提供多语种咨询服务等途径,引导在华外国人通过公共法律服务维护合法权益。引导企业、公民在"走出去"过程中更加自觉地遵守当地法律法规和风俗习惯,加强合规管理,提高法律风险防范意识,运用法治思维和法治方式维护自身合法权益。提升域外法律服务查明质效,推进社会机构参与共建世界主要国家法律法规库。二是要培育国际一流的法律服务机构和涉外法律人才。开展全国涉外法律服务示范机构创建工作。加快培育国际一流律师事务所,推动中国律师事务所在境外设立分支机构。以国际商事仲裁中心建设为依托,打造一批具有国际影响力的仲裁机构。加强中国法律服务(香港)有限公司、中国法律服务(澳门)有限公司建设,充分发挥功能作用。加快培养复合型涉外法律人才,加大推进重大经贸活动聘请中国律师力度。三是要推进涉外法律服务方式多元化、交流合作机制化。建立健全为符合条件的外国人提供法律援助的相关规定。积极推进海外远程视频公证,扩大服务覆盖面。总结北京、上海等特定区域引入境外仲裁机构试点工作经验,完善相关制度安排。加强与国际商事调解组织的交流合作。推进完善上海合作组织司法部长会议机制,推动成立上海合作组织法律服务委员会,深化法律服务领域交流合作。推进"一带一路"律师联盟工作。推动我国仲裁机构与共建"一带一路"国家仲裁机构合作建立联合仲裁工作机制。

七、小结

党的十九届六中全会《决议》指出:"中国特色社会主义道路是创造

人民美好生活、实现中华民族伟大复兴的康庄大道。脚踏中华大地，传承中华文明，走符合中国国情的正确道路，党和人民就具有无比广阔的舞台，具有无比深厚的历史底蕴，具有无比强大的前进定力。”[①]中国式法治现代化是中国特色社会主义道路在法治领域的体现，是符合中国实际的正确道路，中国式法治现代化的路径选择充分彰显了坚持走中国特色社会主义法治道路的基本要求和显著特色，这一路径选择就是从建设法治国家到建设法治中国、从依法治理到法治与德治内在结合、从依法治国到依法治国和依规治党有机统一、从国家法治到国家法治与区域法治协调发展、从国内法治到国内法治和涉外法治统筹推进。从建设法治国家到建设法治中国，意味着我国法治建设的进步、拓展、深化和跨越，法治中国是法治国家的升级版，为新时代法治现代化提供了理想图景和行动纲领。从依法治理到法治与德治内在结合，意味着我国的依法治理和法治建设必须与以德治国相结合，传承中国德治的优良传统，把社会主义核心价值观融入法治建设，充分发挥德治在我国治国理政中的作用。从依法治国到依法治国和依规治党有机统一，意味着我国的全面依法治国必须发挥从严治党、依规治党的重要作用，通过依规治党引领和促进依法治国，保证党对依法治国的领导和中国式法治现代化新道路的正确政治方向。从国家法治到国家法治与区域法治协调发展，意味着在法治现代化新道路的征程中，要坚持国家法治和区域法治的协调发展，在国家法治的指导下充分发挥区域法治建设的重要作用，通过区域法治的先行先试为国家法治提供经验和增强活力。从国内法治到国内法治和涉外法治统筹推进，意味着要注重统筹国内国际两个大局，不断加强涉外法治建设，坚定维护以国际法为基础的国际秩序，推动构建人类命运共同体。

---

① 《中共中央关于党的百年奋斗重大成就和历史经验的决议》，载《人民日报》2021 年 11 月 17 日，第 1 版。

第十一章　中国式法治现代化的动力机制

从中国式法治现代化的历史进程来看,社会革命与法治改革始终内在交融在一起,汇聚起推动中国式法治现代化进程的强大动力,深刻地改变了国家与法治领域的基本面貌。改革是社会主义发展的根本动力,也是当代中国发展最鲜明的特征。法治领域改革推动法治现代化,也为中国式法治现代化提供动能。因此,不断深入推进法治领域改革,是中国式法治现代化的动力机制。

一、概述

随着新时代的中国踏上了全面建设社会主义现代化国家、向第二个百年奋斗目标进军的新征程,新时代的中国法治建设也进入到一个高质量发展的新阶段,中国式法治现代化新道路,“不是简单延续我国历史文化的母版,不是简单套用马克思主义经典作家设想的模板,不是其他国家社会主义实践的再版,也不是国外现代化发展的翻版”,[①]而是始终坚持马克思主义法治理论与中国实际相结合、与中国传统优秀法律文化相结合,始终坚持从我国基本国情出发,同改革开放相适应,总结和运用党领导人民实行法治的成功经验,围绕社会主义法治建设重大理论和实践问题不断推进法治理论创新,发展符合中国实际、具有中国特色、体现社会发展规律的社会主义法治道路和法治发展模式。

不断推进法治领域改革,是中国式法治现代化的动力机制。从历史与现实来看,全面推进依法治国既是一项长期而重大的历史任务,也是一场深刻的社会变革。就理论与实践而言,改革与法治是相辅相成、相伴而生的,法治发展离不开法治领域的改革。习近平强调,“在法治下推进改革,在改革中完善法治,这就是我们说的改革和法治是两个轮子的含义”[②]。改革与法治,如车之两轮、鸟之两翼。解决法治领域的突出问题,根本途径在于改革;推进法治的高质量发展,根本动力在于改革。法治改革的根本目的是为社会健康稳定发展提供动力,为全面建设社会主义现代化国家提供法治保障。全面推进中国式法治现代化,根本途径和动力机制在于改革,必须要坚定不移推进法治领域改革,坚决破除束缚全面推进依法治国的体制机制障碍。如果完全停留在旧的体制机制框架内,用老办法应对新情况、新问题,或者用零敲碎打的方式来修修补补,是解决不了大问题的。因此,全面推进中国式法治现代化,就必须深化法治领域改革,“必须直面问题、聚焦问题,针对法治领域广大干部群众反映强烈的问题,回应社会各方面关切”。[③] 在新的时代条件下,坚定不移推进法治领域改革,有效突破法治实践中存在的制度难题,努力克服影响法治发展的体制性、机制性、保障性障碍,进而推动中国特色社会

① 参见《中共中央关于党的百年奋斗重大成就和历史经验的决议》,人民出版社2021年版,第67页。

② 中共中央文献研究室编:《习近平关于全面依法治国论述摘编》,中央文献出版社2015年版,第52页。

③ 参见习近平:《加快建设社会主义法治国家》,载《求是》2015年第1期。

主义法治制度的自我完善和发展，这是全面推进依法治国、加快建设社会主义法治国家所面临的一项重大战略任务，也是中国式法治现代化新道路的动力机制。因此，坚持中国式法治现代化新道路，全面推进依法治国，必须要深化法治领域改革，解决法治领域的突出问题，推动法治中国建设的高质量发展。

二、新时代中国法治改革的战略谋划

“法治兴则民族兴，法治强则国家强。”推进全面依法治国，是着眼于实现中华民族伟大复兴中国梦、实现党和国家长治久安的长远考虑。习近平指出：“我们提出全面推进依法治国，坚定不移厉行法治，一个重要意图就是为子孙万代计、为长远发展谋。”①随着中国特色社会主义进入新时代，我国发展处于新的历史方位，我国社会主要矛盾已经转化为人民日益增长的美好生活需要和不平衡不充分的发展之间的矛盾，我国国家治理面临新任务新要求，必然要求中国特色社会主义制度和国家治理体系更加完善、不断发展。② 习近平指出：“在统筹推进伟大斗争、伟大工程、伟大事业、伟大梦想的实践中，在全面建设社会主义现代化国家新征程上，我们要更加重视法治、厉行法治，更好发挥法治固根本、稳预期、利长远的保障作用，坚持依法应对重大挑战、抵御重大风险、克服重大阻力、解决重大矛盾。”③

在全面建设社会主义现代化国家的新征程上，新时代中国法治改革的战略谋划，从根本上来说，就是要有效发挥法治固根本、稳预期、利长远的保障作用。习近平指出：“当前，我国正处在实现中华民族伟大复兴的关键时期，世界百年未有之大变局加速演进，改革发展稳定任务艰

---

① 中共中央文献研究室编：《习近平关于全面依法治国论述摘编》，中央文献出版社 2015 年版，第 12 ~ 13 页。

② 参见《习近平谈治国理政》（第 3 卷），外文出版社 2020 年版，第 127 页。

③ 习近平：《坚定不移走中国特色社会主义法治道路　为全面建设社会主义现代化国家提供有力法治保障》，载《求是》2021 年第 5 期。

巨繁重,对外开放深入推进,需要更好发挥法治固根本、稳预期、利长远的作用。”[①]这一重要论述深刻揭示了社会主义法治的基本功能和重要使命,系统展示了新时代中国法治改革的战略谋划和战略定位。

(一)“固根本”,不断夯实“中国之治”的制度根基

中国特色社会主义实践向前推一步,法治建设就要跟进一步。无论是实现“两个一百年”奋斗目标,还是实现中华民族伟大复兴的中国梦,全面依法治国既是重要内容,也是重要保障。法治对于中国特色社会主义制度和国家治理体系具有“固根本”的保障作用。

中国特色社会主义制度和国家治理体系,是中国共产党团结带领中国人民创造性地运用马克思主义国家与法的学说,深刻总结国内外正反两方面经验教训,在长期的革命、建设和改革的探索实践中,开创性地建立了新型国家制度和国家治理体系,是人类制度文明史上的伟大创造,是党和国家事业兴旺发达的根本制度保障。中国特色社会主义制度和国家治理体系经历了一个形成、发展和完善的历史过程,构架了一个以党的领导制度为核心的由根本制度、基本制度和重要制度所构成的一个严密完整的国家制度体系。习近平指出:“中国特色社会主义制度是一个严密完整的科学制度体系,起四梁八柱作用的是根本制度、基本制度、重要制度,其中具有统领地位的是党的领导制度。”[②]新中国成立以来,特别是改革开放40多年来,党和国家坚持运用法治方式推进国家制度与国家治理体系建设,确立了一整套具有根本性质、地位和作用的制度体系,构成了推进国家治理体系和治理能力现代化的坚实制度基础。宪法是国家的根本大法,是治国安邦的总章程。我国宪法以国家根本法的形式,确认了中国共产党领导人民进行革命、建设和改革的伟大斗争和根本成就,确立了中国共产党领导的根本领导制度,确立了人民民主专

---

① 习近平:《坚持走中国特色社会主义法治道路 更好推进中国特色社会主义法治体系建设》,载《求是》2022年第4期。

② 习近平:《坚持和完善中国特色社会主义制度 推进国家治理体系和治理能力现代化》,载《求是》2020年第1期。

政的国体和人民代表大会制度的政体,确立了马克思主义在意识形态领域指导地位的国家指导思想制度,确立了中国共产党领导的多党合作和政治协商制度、民族区域自治制度、基层群众自治制度构成的基本政治制度,确立了以公有制为主体、多种所有制经济共同发展,按劳分配为主体、多种分配方式并存,社会主义市场经济等构成的社会主义基本经济制度,确立了中国共产党对军队的绝对领导制度,确立了国家的根本任务、指导思想、领导核心、发展道路、奋斗目标,规定了一系列重要制度和重要原则,规定了国家一系列大政方针,体现出鲜明的社会主义性质。毫无疑问,我国宪法确立的这些制度带有根本性、全局性、稳定性和长期性,奠定了国家制度根基,起到了强基固本的作用。

实践充分表明,法治是治国理政的基本方式,旨在为党和国家长治久安提供坚强的制度保障。在中国这样一个超大型的社会主义东方大国,中国共产党要跳出"历史周期率",实现长期执政,确保党和国家长治久安,实现中华民族伟大复兴的中国梦,就必须坚定不移厉行法治,扎实推进国家治理体系和治理能力现代化。习近平深刻指出:"小智治事,中智治人,大智立法。治理一个国家、一个社会,关键是要立规矩、讲规矩、守规矩。法律是治国理政最大最重要的规矩。推进国家治理体系和治理能力现代化,必须坚持依法治国,为党和国家事业发展提供根本性、全局性、长期性的制度保障。"①

党的十八大以来,全面依法治国在空前的广度和深度上波澜壮阔地展开。这是以习近平同志为核心的党中央从坚持和发展中国特色社会主义、为更好治国理政提出的重大战略任务,不仅立足于解决当代中国改革发展稳定中的矛盾和问题的现实考量,而且着眼于长远的战略谋划,充分彰显了新时代全面依法治国、建设法治中国的高度的历史主动性。诚如习近平所强调的,全面推进依法治国"是完善和发展中国特色

---

① 中共中央文献研究室编:《习近平关于全面依法治国论述摘编》,中央文献出版社 2015 年版,第 12 页。

社会主义制度、推进国家治理体系和治理能力现代化的重要方面”。[①]“今天,摆在我们面前的一项重大历史任务,就是推动中国特色社会主义制度更加成熟更加定型,为党和国家事业发展、为人民幸福安康、为社会和谐稳定、为国家长治久安提供一整套更完备、更稳定、更管用的制度体系。”[②]因此,新时代中国法治改革,要充分发挥法治的引领、规范和保障作用,提高党依法治国、依法执政能力,用法治保障人民当家作主,坚持和完善中国特色社会主义法治体系,更好发挥法治对改革发展稳定的引领、规范、保障作用,着力固根基、扬优势、补短板、强弱项,“要在坚持好、完善好已经建立起来并经过实践检验有效的根本制度、基本制度、重要制度的前提下,聚焦法律制度的空白点和冲突点,统筹谋划和整体推进立改废释各项工作,加快建立健全国家治理急需、满足人民日益增长的美好生活需要必备的法律制度”[③],推动中国特色社会主义制度更加成熟、更加定型,逐步实现国家治理的制度化、程序化、规范化、法治化。

(二)“稳预期”,不断提高依法应对重大挑战、抵御重大风险、克服重大阻力、解决重大矛盾的能力

法治对于社会组织和全社会成员各种行为和活动具有“稳预期”的保障作用。从根本上来说,法治是一个规则规范体系,它的基本单元是法律规范。法律规范是由国家机关确认和保障实施的调整社会成员或组织活动的一般规则。在现代社会,法治把国家与社会生活纳入依法规范的轨道,用法律意识的客观性、确定性取代权力意志的随意性和不确定性,为社会成员的行为和活动确定稳定客观的预期。没有一般的法律规范,就不可能实现社会关系的统一调整、排除主观随意性,也就无法形成一个巩固、稳定、可预期的法律秩序,从而无法实现国家与社会治理的预期目标,因此,法治不仅能够对国家和社会各种关系予以确认、保护、

① 参见中共中央文献研究室编:《习近平关于全面依法治国论述摘编》,中央文献出版社 2015 年版,第 7 页。

② 《习近平谈治国理政》(第 1 卷),外文出版社 2018 年版,第 104 ~ 105 页。

③ 习近平:《论坚持全面依法治国》,中央文献出版社 2020 年版,第 275 页。

规范和调整,而且对经济社会发展和各项事业发展起到引导、定向、推动和促进的作用,从而为国家和社会发展打下可靠的制度基础,提供持久的前进动力。很显然,在法治轨道上统一调整社会关系,使社会组织和社会成员一体遵行、平等对待,无疑有利于全社会稳定预期、增强信心。

党的十八大以来,以习近平同志为核心的党中央提出"加快建设法治经济"的重大战略任务,这是推动经济高质量发展、完善社会主义市场经济的必然要求,也是加快建设中国特色社会主义法治体系的重要内容。市场经济是法治经济,[①]现代市场经济在本质上与法治密切相连,市场经济生活的基本调控手段是法律。法律具体设定了市场经济运行的规则和原则,构成了衡量市场主体行为的基本标准,市场主体的各种行为都要受到一定的法律规范的制约,服从具有非人格特征的法治秩序。厉行法治是发展社会主义市场经济的内在要求。习近平指出,法治是最好的营商环境。各类市场主体最期盼的是平等法律保护。[②] 因此,要打造法治化营商环境,深入实施《民法典》和相关法律法规,依法平等保护国有、民营、外资等各种所有制企业产权和自主经营权,完善各类市场主体公平竞争的法治环境。要依法保护企业家合法权益,加强产权和知识产权保护,形成长期稳定发展预期,鼓励创新,宽容失败,营造企业家干事创业的浓厚氛围。要实施好《外商投资法》,放宽市场准入,推动贸易和投资便利化,对在中国注册的企业要一视同仁,完善公平竞争环境。要用法治来规范政府和市场的边界,用法律和制度遏制一些政府部门不当干预经济的想法和冲动,解决好政府职能越位、缺位、错位的问题。新时代中国法治改革,必须要坚持把依法治国摆在更加突出的位置,把党和国家工作纳入法治化轨道,坚持在法治轨道上统筹社会力量、平衡社会利益、调节社会关系、规范社会行为,依靠法治解决各种社会矛

---

① 参见习近平:《论坚持全面依法治国》,中央文献出版社 2020 年版,第 255 页。

② 参见习近平:《论坚持全面依法治国》,中央文献出版社 2020 年版,第 254 页。

盾和问题，确保我国社会在深刻变革中既生机勃勃又井然有序。[①]

当前，我国正处在实现中华民族伟大复兴的关键时期。习近平指出："当前，百年变局和世纪疫情交织叠加，世界进入动荡变革期，不稳定性不确定性显著上升。人类社会面临的治理赤字、信任赤字、发展赤字、和平赤字有增无减，实现普遍安全、促进共同发展依然任重道远。同时，世界多极化趋势没有根本改变，经济全球化展现出新的韧性，维护多边主义、加强沟通协作的呼声更加强烈。我们处在的是一个充满挑战的时代，也是一个充满希望的时代。"[②]换言之，当今世界正在经历百年未有之大变局，国际形势复杂多变，改革发展稳定任务艰巨繁重，对外开放深入推进，发展与安全任务之繁重前所未有，我们面临的风险挑战之严峻也前所未有。我们要打赢防范化解重大风险的攻坚战，必须坚持和完善中国特色社会主义制度，推进国家治理体系和治理能力的现代化，运用制度威力应对重大挑战、抵御重大风险、克服重大阻力、解决重大矛盾。习近平指出："制度优势是一个国家的最大优势，制度竞争是国家间最根本的竞争。制度稳则国家稳。"因此，新时代中国法治改革，要深刻把握新发展阶段、贯彻新发展理念、构建新发展格局的法治需求和法治保障，更加自觉地运用法治思想和法治方式深化改革、推动发展、化解矛盾、维护稳定、应对风险，依法治理经济，依法协调和处理各种利益问题，为实现高质量发展提供根本保证。

（三）"利长远"，在法治轨道上推进国家治理体系和治理能力现代化

法治对于国家和社会发展具有"利长远"的保障作用。按照马克思主义历史唯物主义法律观，在法的现象的运动过程中，社会经济关系决定法的现象，在一定条件下法的现象又对社会经济关系产生能动的反作

① 参见中共中央宣传部等编：《习近平法治思想学习纲要》，人民出版社、学习出版社 2021 年版，第 63 页。

② 习近平：《同舟共济克时艰　命运与共创未来——在博鳌亚洲论坛 2021 年年会开幕式上的视频主旨演讲》，人民出版社 2021 年版，第 2 ~ 3 页。

用。在不同的条件下,国家权力对于经济发展的反作用往往呈现不同的性质、特点和效果。当国家权力遵循经济发展的内在规律,进而以政治的、法律的、社会的等诸种方式作用于经济活动的过程时,经济发展就会加快推进,此时国家权力对于经济发展的反作用具有正向的性质。反之,当国家权力违背经济发展的客观规律,沿着与经济发展进程相反的方向形成反作用的力量,在这种情况下,不仅经济发展的正常进程要被打断,进而成为经济发展的政治障碍物,而且国家权力本身亦将随着经济生活的溃散而崩溃,从而导致政权的更迭,甚或带来国家体制的覆灭。经济发展与国家权力之间交互作用的复杂情形充分表明,一定社会经济生活条件作为一种本源性的决定性力量,从根本上制约着国家权力反作用于经济活动的性质、方向、范围、程度及后果。因此,作为上层建筑重要组成部分的法治,必须遵循经济社会发展的客观规律,反映一定社会生产力发展的法权要求,适应经济社会发展的客观需要,从而形成良法善治,更好发挥对于经济社会发展"利长远"的重要作用。

习近平指出:"历史和现实都告诉我们,法治兴则国兴,法治强则国强。"①在当代中国,推进国家治理体系和治理能力现代化,全面建设社会主义现代化强国,迈向中华民族伟大复兴,全面依法治国既是重要内容,又是重要保障。"今天,摆在我们面前的一项重大历史任务,就是推动中国特色社会主义制度更加成熟更加定型,为党和国家事业发展、为人民幸福安康、为社会和谐稳定、为国家长治久安提供一整套更完备、更稳定、更管用的制度体系。"②为此,随着中国特色社会主义事业不断发展,法治建设将承载更多使命、发挥更为重要的作用。我们要开启全面建设社会主义现代化国家新征程,实现国家治理体系和治理能力现代化,提高党长期执政能力,就必须更加注重发挥法治的重要作用,把国家各项事业和工作全面纳入依法治国的轨道。"全面推进依法治国是一

① 习近平:《论坚持全面依法治国》,中央文献出版社2020年版,第225页。

② 《习近平谈治国理政》(第1卷),外文出版社2018年版,第104~105页。

项长期而重大的历史任务,也必然是一场深刻的社会变革和历史变迁。我们要既着眼长远、打好基础、建好制度,又立足当前、突出重点、扎实工作,不断推进全面依法治国向纵深发展。”[①]党的十八大以来,以习近平同志为核心的党中央对全面依法治国看得很重、抓得很紧,采取了一系列重大举措,各方面工作都在扎实推进,取得了重大进展。这既是立足于解决当前矛盾和问题的现实考量,也是着眼于长远目标和发展的战略谋划。诚如习近平深刻指出的,“我们提出全面推进依法治国,坚定不移厉行法治,一个重要意图就是为子孙万代计、为长远发展谋”。[②] 我们清醒地认识到,制度更加成熟、更加定型从本质上来说是一个动态的过程,国家治理体系与治理能力的现代化也是一个动态的过程,不可能一蹴而就,也不可能一劳永逸。因此,新时代中国法治改革,要始终坚持并适应国家现代化的总体进程,提高党科学执政、民主执政、依法执政水平,提高国家机关履职能力,提高人民群众依法管理国家事务、经济社会文化事务、自身事务的能力,实现党、国家、社会各项事务治理制度化、规范化、程序化,不断提高运用中国特色社会主义制度有效治理国家的能力;必须更加注重治理能力建设,增强按制度办事、依法办事意识,善于运用制度和法律治理国家,把各方面制度优势转化为治理国家的效能。

三、新时代中国法治改革的根本目的

人民是历史的创造者,是推动社会变革的决定性力量。法治的根基在人民,法治中国建设是为了人民、依靠人民、造福人民、保护人民,把实现好、维护好、发展好最广大人民根本利益作为法治的根本目的,把体现人民利益、反映人民意愿、维护人民权益、增加人民福祉、促进人的全面发展作为法治建设的出发点和落脚点。习近平指出:“始终代表最广大人民根本利益,保证人民当家作主,体现人民共同意志,维护人民合法权

---

① 习近平:《论坚持全面依法治国》,中央文献出版社 2020 年版,第 173 页。

② 参见中共中央文献研究室编:《习近平关于全面依法治国论述摘编》,中央文献出版社 2015 年版,第 12 ~ 13 页。

益，是我国国家制度和国家治理体系的本质属性，也是我国国家制度和国家治理体系有效运行、充满活力的根本所在。”“我国国家制度和国家治理体系始终着眼于实现好、维护好、发展好最广大人民根本利益，着力保障和改善民生，使改革发展成果更多更公平惠及全体人民。”[①]新时代中国法治改革的根本目的，就是要尊重人民主体地位，依法保障人民权益。

（一）要依法保障人民权益

持续深入推进中国法治改革，建设社会主义法治国家，推进全面依法治国，根本目的是依法保障人民权益。[②] 习近平指出：“全面依法治国最广泛、最深厚的基础是人民，必须坚持为了人民、依靠人民。要把体现人民利益、反映人民愿望、维护人民权益、增进人民福祉落实到全面依法治国各领域全过程。”[③]新时代中国法治改革，就是要充分维护和实现人民的发展权益，建立健全依法保障人民权益的法治制度体系，保证人民平等参与、平等发展的权利，充分调动广大人民群众的积极性、主动性和首创精神，从而推动社会进步和法治发展。

新时代中国法治改革，要通过宪法和法律赋予人民群众广泛的权利。一部法律文明史，在很大程度上可以认为是社会主体权利的制度化的历史。这是一个从野蛮向文明的发展过程，是一个从低级文明向高级文明演化的进程。这个进程充分展示了人的主体性规律，反映了人的价值日益受到重视、弘扬、确证的客观进程。在社会主义社会，社会主体的权利通常是以法律规范形式表现出来的权利体系，是以国家强制力为后盾的，得到了国家权力的保护和支持。我国宪法和法律赋予人民群众广泛的自由和权利，为维护人民权益、增进人民福祉提供了有力的法治保

---

① 中共中央文献研究室编：《习近平关于全面建成小康社会论述摘编》，中央文献出版社 2016 年版，第 148 页。

② 参见习近平：《论坚持全面依法治国》，中央文献出版社 2020 年版，第 2 页。

③ 《习近平在中央全面依法治国工作会议上强调　坚定不移走中国特色社会主义法治道路　为全面建设社会主义现代化国家提供有力法治保障》，载新华网 2020 年 11 月 17 日，http://jhsjk.people.cn/article/31934454。

障。“公民的基本权利和义务是宪法的核心内容,宪法是每个公民享有权利、履行义务的根本保证。”①习近平指出:“我们要依法保障全体公民享有广泛的权利,保障公民的人身权、财产权、基本政治权利等各项权利不受侵犯,保证公民的经济、文化、社会等各方面权利得到落实。”②要依法保障人民群众的合法权益,努力维护最广大人民的根本利益,进而保障人民群众对美好生活的向往和追求。

要把维护人民权益体现在全面依法治国各领域全过程。习近平指出:“要把以人民为中心的发展思想贯穿立法、执法、司法、守法各个环节。”③在立法工作中,良法是善治之前提。坚持以人民为中心推动立法发展,就必须把公民权利保障法治化摆上重要立法议程,加快完善体现权利公平、机会公平、规则公平的法律制度,保障公民人身权、财产权、人格权和基本政治权利不受侵犯,保障公民经济、文化、社会等各方面权利得到落实,实现公民权利保障法治化。立法者要准确地认识和反映社会主体的直接社会权利要求,努力把握社会主体权利要求的内在必然性及其发展趋势,进而把社会主体的权利要求在法律上表现得好一些,使之更好地弘扬人的价值,促进经济发展和社会进步。要着眼于维护和实现最广大人民的发展权益,正确认识人民群众利益需求的内在必然性,合理平衡和调节不同方面社会群众的利益关系,引导全体人民朝着共同富裕的方向稳步前进。诚如习近平所强调的,要“以良法促进发展、保障善治”④。

(二)要积极回应人民对法治的新要求新期待

随着我国经济社会持续发展和人民生活水平不断提高,人民群众对民主、法治、公平、正义、安全、环境等方面的要求日益增长。在新的时代条件下深入推进法治领域改革,必须积极回应人民群众对法治的新要求新期待,坚持以人民是否满意、是否有“获得感”来检验全面依法治国的

① 《习近平谈治国理政》(第1卷),外文出版社2018年版,第140页。

② 《习近平谈治国理政》(第1卷),外文出版社2018年版,第141页。

③ 习近平:《论坚持全面依法治国》,中央文献出版社2020年版,第218页。

④ 《中国共产党第十九次全国代表大会文件汇编》,人民出版社2017年版,第31页。

成败得失，针对法治领域广大人民群众反映强烈的问题，回应社会各方面关切。[①] "要积极回应人民群众新要求新期待，系统研究谋划和解决法治领域人民群众反映强烈的突出问题，不断增强人民群众获得感、幸福感、安全感，用法治保障人民安居乐业"[②]，借以更加充分地满足人民的法治新需要。

深入推进法治领域改革，要始终坚持和实现法治中国建设的高质量发展，为有效满足新时代人民法治新需求夯实法治制度基础。因为从国家发展战略层面来看，中国特色社会主义进入新时代的一个显著标志，就是在新发展理念的指引下，经济社会生活领域进入了一个高质量发展的崭新阶段。坚持高质量发展这一重大判断，蕴含着丰富的理论与实践指向意义，有助于我们紧扣社会主要矛盾的新变化，准确把握构建新时代有效满足人民法治新需求的法治体制、制度和机制的方向。因此，新时代中国法治改革要牢固树立以人民为中心的法治理念，深刻理解推动新时代法治高质量发展的内在蕴含与价值取向，把坚持和实现法治高质量发展贯穿于新时代全面依法治国的全过程和各个方面，进而为不断满足新时代人民法治新需求提供不竭动力。坚持法治高质量发展，是新时代中国法治改革的战略目标，也是有效满足新时代人民法治新需要的迫切要求，构成了推进法治领域改革的基本准绳。党的十八大以来，法治领域改革以空前的广度和深度深入展开，推动法治领域发生历史性变化。习近平指出："要继续推进法治领域改革，解决好立法、执法、司法、守法等领域的突出矛盾和问题。"[③]新时代法治领域改革的战略性任务，就是要围绕社会主要矛盾的新变化，牢固确立以人民为中心的法治发展准则，强化问题意识，着力解决法治发展不平衡不充分的问题。法治领域更加突出的问题是发展不平衡不充分，这已经成为满足人民日益增长的法治新需要的主要制度因素。而不平衡不充分的法治发展，实际上表

① 参见《十八大以来重要文献选编》(中)，中央文献出版社 2016 年版，第 191 页。

② 习近平：《论坚持全面依法治国》，中央文献出版社 2020 年版，第 2 页。

③ 习近平：《论坚持全面依法治国》，中央文献出版社 2020 年版，第 5 页。

明法治发展的总体质量不高。新时代继续推进法治领域改革,就是要高度重视并切实解决法治发展的质的问题,积极推动法治高质量发展。

面对人民群众日益增长的对法治高质量发展的新需求,法治机关在法治理念、法治体制、法治制度、法治机制、法治队伍、法治保障等方面,还存在诸多不相适应的地方,亟待通过深入推进新时代中国法治领域改革来切实加以解决,努力实现平衡且充分的高质量的法治发展。因此,新时代中国法治改革,“要积极回应人民群众新要求新期待,坚持问题导向、目标导向,树立辩证思维和全局观念,系统研究谋划和解决法治领域人民群众反映强烈的突出问题”①,要围绕新时代新阶段人民群众多样化、多层次的法治新需求,牢牢把握法治高质量发展的基本要求,深入推进全方位的法治领域改革,致力于形成优质高效多样化的法治供给体系,不断提供比较完整的优质的法治产品和法治服务,从而解决好法治发展不平衡不充分的问题。诚如习近平指出的,“解决法治领域的突出问题,根本途径在于改革。如果完全停留在旧的体制机制框架内,用老办法应对新情况新问题,或者用零敲碎打的方式来修修补补,是解决不了大问题的”。法治领域的改革“必须直面问题、聚焦问题,针对法治领域广大干部群众反映强烈的问题,回应社会各方面关切”②。

四、新时代中国法治改革的重点任务

党的十八大以来,以习近平同志为核心的党中央把全面依法治国纳入“四个全面”战略布局予以有力推进,对全面依法治国作出了一系列重大决策部署,组建中央全面依法治国委员会,完善党领导立法、保证执法、支持司法、带头守法制度,基本形成全面依法治国总体格局。党的十八届四中全会明确提出,全面依法治国的总目标是建设社会主义法治体系、建设社会主义法治国家。因此,近年来,在全面推进依法治国的进程

---

① 习近平:《坚定不移走中国特色社会主义法治道路 为全面建设社会主义现代化国家提供有力法治保障》,载《求是》2021 年第 5 期。

② 习近平:《论坚持全面依法治国》,中央文献出版社 2020 年版,第 116 页。

中，始终以建设社会主义法治体系为总抓手，坚持党的领导、人民当家作主、依法治国有机统一，坚持依法治国、依法执政、依法行政共同推进，坚持法治国家、法治政府、法治社会一体建设，全面深化法治领域改革，统筹推进包括法律规范体系、法治实施体系、法治监督体系、法治保障体系、党内法规体系在内的中国特色社会主义法治体系建设，新时代中国法治改革取得历史性成就。

与此同时，我们也要看到新时代中国法治建设还存在一些短板和不足。这些短板和不足在中国特色社会主义法治体系建设方面，主要表现为："法律规范体系不够完备，重点领域、新兴领域相关法律制度存在薄弱点和空白区；法治实施体系不够高效，执法司法职权运行机制不够科学；法治监督体系不够严密，各方面监督没有真正形成合力；法治保障体系不够有力，法治专门队伍建设有待加强；涉外法治短板比较明显。"[①] 因此，新时代的中国法治改革，要更加坚定不移地走中国特色社会主义法治道路，更好地推进中国特色社会主义法治体系建设，不断开拓中国式法治现代化进程的崭新局面。

（一）坚持法治体系建设正确方向

习近平指出："全面推进依法治国这件大事能不能办好，最关键的是方向是不是正确、政治保证是不是坚强有力，具体讲就是要坚持党的领导，坚持中国特色社会主义制度，贯彻中国特色社会主义法治理论。中国特色社会主义法治体系是中国特色社会主义制度的重要组成部分，必须牢牢把握中国特色社会主义这个定性，坚定不移走中国特色社会主义法治道路，正确处理政治和法治、改革和法治、依法治国和以德治国、依法治国和依规治党的关系，在坚持党的全面领导、保证人民当家作主等重大问题上做到头脑特别清晰、立场特别坚定。要始终坚持以人民为中心，坚持法治为了人民、依靠人民、造福人民、保护人民，把体现人民利

---

① 习近平：《坚持走中国特色社会主义法治道路　更好推进中国特色社会主义法治体系建设》，载《求是》2022 年第 4 期。

益、反映人民愿望、维护人民权益、增进人民福祉落实到法治体系建设全过程。我们要建设的中国特色社会主义法治体系，必须是扎根中国文化、立足中国国情、解决中国问题的法治体系，不能被西方错误思潮所误导。”①

方向决定道路，道路决定命运。全面推进依法治国，加快建设法治中国，是一项开创性的伟大事业，必须坚持正确的方向，沿着正确的道路前进。对此，习近平指出：“全面推进依法治国，必须走对路。如果路走错了，南辕北辙了，那再提什么要求和举措也都没有意义了。”②中国特色社会主义法治道路，是社会主义法治建设成就和经验的集中体现，是建设社会主义法治国家的唯一正确道路。坚持党的领导、坚持中国特色社会主义制度、贯彻中国特色社会主义法治理论，这三个方面实质上是中国特色社会主义法治道路的核心要义，规定和确保了中国特色社会主义法治体系的制度属性和前进方向。

坚持法治体系建设的正确方向，最根本的是坚持中国共产党的领导。“中国特色社会主义最本质的特征是中国共产党领导，中国特色社会主义制度最大的优势是中国共产党领导，党是最高政治领导力量。没有党的领导，民族复兴必然是空想。”③同样，“离开了中国共产党的领导，中国特色社会主义法治体系、社会主义法治国家就建不起来”④。只有在党的领导下全面推进依法治国、厉行法治，人民当家作主才能充分实现，国家和社会生活法治化才能有序推进，中国法治现代化才能实现。

坚持法治体系建设正确方向，必须坚持中国特色社会主义制度。中

---

① 习近平：《坚持走中国特色社会主义法治道路 更好推进中国特色社会主义法治体系建设》，载《求是》2022 年第 4 期。

② 中共中央文献研究室编：《习近平关于全面依法治国论述摘编》，中央文献出版社 2015 年版，第 26 页。

③ 《习近平谈治国理政》（第 3 卷），外文出版社 2020 年版，第 94 页。

④ 中共中央文献研究室编：《习近平关于全面依法治国论述摘编》，中央文献出版社 2015 年版，第 35 页。

国特色社会主义最鲜明的特色，就是中国特色社会主义道路、理论、体系、制度、文化统一于中国特色社会主义的伟大实践，而中国特色社会主义制度是当代中国发展进步的根本制度保障。制度优势是一个国家的最大优势，制度竞争是国家间最根本的竞争。制度稳则国家稳。中国特色社会主义制度与中国特色社会主义法治道路之间有着不可分割的内在联系。中国特色社会主义制度铺就了中国特色社会主义法治道路的制度基础，“是中国特色社会主义法治体系的根本制度基础，是全面推进依法治国的根本制度保障”①。我们要建设的中国特色社会主义法治体系，本质上是中国特色社会主义制度的法律表现形式；我们要走的中国特色社会主义法治道路，本质上是中国特色社会主义制度在法治道路上的具体体现。中国特色社会主义制度是中国共产党人把马克思主义基本原理同中国具体实际相结合所进行的制度文明的伟大创造，是在长期革命、建设和改革的艰辛探索中所形成的具有强大生命力的体系化的制度系统，因而构成中国特色社会主义法治道路的根本制度保障。中国特色社会主义制度是以马克思主义为指导、根植中国大地、具有深厚中华文化根基、深得人民拥护的严整的科学制度体系，坚持把根本制度、基本制度、重要制度有机结合起来，坚持把党的领导、人民当家作主、依法治国有机结合起来，坚持把国家层面民主制度同基层民主制度有机结合起来，集中体现了中国特色社会主义的特点和优势，是党和人民长期奋斗、接力探索、历尽千辛万苦、付出巨大代价取得的根本成就，为当代中国发展进步提供了根本制度保障。中国特色社会主义国家制度与法律制度是中国特色社会主义制度体系的有机组成部分，是中国特色社会主义政治文明的重要制度载体，也是中国特色社会主义法治道路的基本依托。中国特色社会主义国家制度与法律制度的核心内容是工人阶级领导的、以工农联盟为基础的人民民主专政的国体，人民代表大会制度的

---

① 中共中央文献研究室编：《习近平关于全面依法治国论述摘编》，中央文献出版社 2015 年版，第 23 页。

政体，中国共产党领导的多党合作和政治协商制度，民族区域自治制度以及基层群众自治制度，爱国统一战线，社会主义法治原则，中国特色社会主义法治体系，民主集中制原则，尊重和保障人权原则等。这些制度，不仅是中国共产党领导人民在长期的探索实践中积累的国家治理经验成果的制度化总结，也是我国宪法所确立的基本制度和基本原则，是推进全面依法治国的制度基础。这些制度有效地调节国家和社会生活的基本关系，起到了解放和发展社会生产力、推进国家治理和社会治理、维护和促进社会公平正义的重要作用，成为国家现代化建设的坚强法治制度保障。习近平指出："一个国家的政治制度决定于这个国家的经济社会基础，同时又反作用于这个国家的经济社会基础，乃至于起到决定性作用。在一个国家的各种制度中，政治制度处于关键环节。所以，坚定中国特色社会主义制度自信，首先要坚定对中国特色社会主义政治制度的自信，增强走中国特色社会主义政治发展道路的信心和决心。"①因此，坚持中国特色社会主义法治道路，就必须坚持中国特色社会主义国家制度与法律制度；坚定中国特色社会主义法治道路自信，就必须坚定中国特色社会主义国家制度与法律制度自信，从而以此为重要依托，推动中国特色社会主义法治发展进入新境界。我们应当看到，中国特色社会主义制度是特色鲜明、富有效率的，但还不是尽善尽美、成熟定型的。中国特色社会主义事业不断发展，中国特色社会主义制度也需要不断完善。习近平指出："我们要坚持以实践基础上的理论创新推动制度创新，坚持和完善现有制度，从实际出发，及时制定一些新的制度，构建系统完备、科学规范、运行有效的制度体系，使各方面制度更加成熟更加定型，为夺取中国特色社会主义新胜利提供更加有效的制度保障。"②因此，我们要以中国特色社会主义法治实践基础上的中国特色社会主义法治理论创新发展，推动中国特色社会主义国家制度与法律制度的与时俱

① 习近平：《论坚持全面依法治国》，中央文献出版社 2020 年版，第 81 页。

② 《习近平谈治国理政》（第 1 卷），外文出版社 2018 年版，第 10 页。

进、不断完善和发展，使中国特色社会主义国家制度与法律制度更加完备、更加成熟、更加定型、更加行之有效，从而更加坚定地开拓中国特色社会主义法治道路的广阔天地。

坚持法治体系建设正确方向，必须贯彻中国特色社会主义法治理论。中国特色社会主义法治理论，是中国共产党人将马克思主义法治理论同中国具体实际相结合的历史产物，集中体现了中国共产党人治国安邦的基本法治理念，反映了中国特色社会主义法治建设的基本规律。习近平把贯彻中国特色社会主义法治理论确立为中国特色社会主义法治道路的核心要义之一，他指出："我们要发展的中国特色社会主义法治理论，本质上是中国特色社会主义理论体系在法治问题上的理论成果。"[①]"中国特色社会主义法治理论是中国特色社会主义法治体系的理论指导和学理支撑，是全面推进依法治国的行动指南。"[②]中国特色社会主义法治道路的形成和发展过程，凝结着中国特色社会主义法治理论的思想轨迹。贯彻中国特色社会主义法治理论，是坚持和拓展中国特色社会主义法治道路的必然选择。中国特色社会主义法治道路的每一步新进展，中国特色社会主义国家制度与法律制度的每一个新发展，都伴随中国特色社会主义法治理论的新飞跃。习近平法治思想精辟阐述了新时代全面推进依法治国的指导思想、根本保证、基本原则、总体目标、内在机理、主体力量、动力机制、工作布局、重点任务、辩证关系、条件保障和基本规律，形成了具有原创意义的当代中国马克思主义法治理论、21世纪马克思主义法治理论，创造性地发展了中国特色社会主义法治理论，是马克思主义法治理论中国化时代化进程的最新重大理论成果，是新时代全面建设法治中国的理论指南。坚持中国特色社会主义法治道路，推进全面依法治国，必须始终坚持以习近平法治思想为根本遵循，深刻把握中国特色社会主义法治发展面临的历史性任务，深化全面依法治

---

① 中共中央文献研究室编：《习近平关于全面依法治国论述摘编》，中央文献出版社 2015 年版，第 35 页。

② 习近平：《论坚持全面依法治国》，中央文献出版社 2020 年版，第 92 页。

国的伟大实践,奋力开拓中国特色社会主义法治道路的崭新境界。

(二)加快重点领域立法

“立善法于天下,则天下治;立善法于一国,则一国治。”习近平指出:“我们要加强重要领域立法,确保国家发展、重大改革于法有据,把发展改革决策同立法决策更好结合起来。要坚持问题导向,提高立法的针对性、及时性、系统性、可操作性,发挥立法引领和推动作用。”[①]

随着人工智能、信息技术的不断发展,切实加强新兴领域立法势在必行。习近平明确提出,“要积极推进国家安全、科技创新、公共卫生、生物安全、生态文明、防范风险、涉外法治等重要领域立法,健全国家治理急需的法律制度、满足人民日益增长的美好生活需要必备的法律制度,填补空白点、补强薄弱点。数字经济、互联网金融、人工智能、大数据、云计算等新技术新应用快速发展,催生一系列新业态新模式,但相关法律制度还存在时间差、空白区。网络犯罪已成为危害我国国家政治安全、网络安全、社会安全、经济安全等的重要风险之一”[②]。这其中,对于数据经济等新业态新模式的立法工作,习近平强调,要“加快数字经济、互联网金融、人工智能、大数据、云计算等领域立法步伐,努力健全国家治理急需、满足人民日益增长的美好生活需要必备的法律制度”[③]。因此,《法治中国建设规划(2020—2025 年)》指出,加强重点领域、新兴领域、涉外领域立法。推动贯彻新发展理念、构建新发展格局,加快完善深化供给侧结构性改革、促进创新驱动发展、防范化解金融风险等急需的法律法规。

加快重点领域立法,要不断完善党内法规体系建设。党的十八大以来,党中央坚持全面从严治党、依规治党,严格执行党章,形成比较完善

---

① 习近平:《论坚持全面依法治国》,中央文献出版社 2020 年版,第 73 ~ 74 页。

② 习近平:《坚定不移走中国特色社会主义法治道路　为全面建设社会主义现代化国家提供有力法治保障》,载《求是》2021 年第 5 期。

③ 习近平:《坚持走中国特色社会主义法治道路　更好推进中国特色社会主义法治体系建设》,载《求是》2022 年第 4 期。

的党内法规体系，制度权威性和执行力不断增强，党内法规制度建设取得显著成绩，积累了新的重要经验。习近平指出："要发挥依规治党对党和国家事业发展的政治保障作用，形成国家法律和党内法规相辅相成的格局。"[①]因此，新时代中国法治改革，要不断"增强依规治党的自觉性和坚定性，把牢政治方向，提高政治站位，扛起政治责任，紧紧围绕党和国家工作大局继续推进党内法规制度建设。要发挥好党内法规在维护党中央集中统一领导、保障党长期执政和国家长治久安方面的重大作用，在推进新时代党的建设新的伟大工程、落实全面从严治党方面的重大作用，确保党在坚持和发展中国特色社会主义的历史进程中始终成为坚强领导核心，为全面建设社会主义现代化国家、实现中华民族伟大复兴的中国梦提供坚强政治保证"[②]。

推进重点领域立法，要加强民生领域立法。习近平指出："中国特色社会主义进入新时代，我国社会主要矛盾已经转化为人民日益增长的美好生活需要和不平衡不充分的发展之间的矛盾。""人民美好生活需要日益广泛，不仅对物质文化生活提出了更高要求，而且在民主、法治、公平、正义、安全、环境等方面的要求日益增长。"[③]新变化对法治建设提出了新的更高要求。推进重点领域立法，要加强民生领域立法。"要聚焦人民群众急盼，加强民生领域立法。对人民群众反映强烈的电信网络诈骗、新型毒品犯罪和'邪教式'追星、'饭圈'乱象、'阴阳合同'等娱乐圈突出问题，要从完善法律入手进行规制，补齐监管漏洞和短板，决不能放任不管。"[④]因此，全面推进依法治国，要切实注重民生、改善民生、保障民生，确立以民生为基调的法治发展目标，让法治建设成果更多更公平

---

① 习近平：《坚持走中国特色社会主义法治道路　更好推进中国特色社会主义法治体系建设》，载《求是》2022 年第 4 期。

② 《习近平作出重要指示强调　发挥好党内法规在维护党中央集中统一领导　保障党长期执政和国家长治久安方面的重大作用》，载《人民日报》2021 年 12 月 21 日，第 1 版。

③ 《中国共产党第十九次全国代表大会文件汇编》，人民出版社 2017 年版，第 9 页。

④ 习近平：《坚持走中国特色社会主义法治道路　更好推进中国特色社会主义法治体系建设》，载《求是》2022 年第 4 期。

惠及广大人民群众,使人民群众在共建共享发展中有更多获得感;新时代中国法治改革,要发扬尚法的民生理念,把民生事业纳入法治化的轨道,运用法治思维和法治方式处理劳动就业、社会保障、收入分配、教育、医疗、住房等民生领域的突出问题,强化民生领域的立法,把法治的价值、理念、思维、方法等贯穿到民生建设的全过程。

推进重点领域立法,还需要不断增强立法的前瞻性。科技发展引起的个人信息权属争议屡屡发生,但个人信息保护相关法律尚不健全。与此同时,近年来,资本无序扩张问题比较突出,一些平台经济、数字经济野蛮生长、缺乏监管,带来了很多问题。因此,要抓紧修改完善相关法律法规。要坚持问题导向,尽快完成修订《促进科技成果转化法》,加快《标准化法》、《反垄断法》、《反不正当竞争法》、《公司法》以及知识产权保护等方面的法律法规修订工作,研究制定《商业秘密保护法》《职务发明条例》《天使投资条例》等。《民法典》的颁布实施,对加强民事立法相关工作提出了新的要求,"有关国家机关要适应改革开放和社会主义现代化建设要求,加强同民法典相关联、相配套的法律法规制度建设,不断总结实践经验,修改完善相关法律法规和司法解释"①。习近平指出,"要在严格执行民法典相关规定的同时,加快完善相关法律法规,统筹推进专利法、商标法、著作权法、反垄断法、科学技术进步法等修订工作,增强法律之间的一致性。要加强地理标志、商业秘密等领域立法"②。激发全社会创新活力,要健全产权保护法律制度,加强平等保护民营企业产权和企业家权益的立法,构建高水平社会主义市场经济体制。要完善基层民主协商制度,加快社会组织全国统一立法,健全自治、法治、德治相结合的城乡基层治理体系。要健全自然资源资产产权制度和法律法规,健全资源节约集约循环利用、垃圾分类和资源化利用等法律规范,推动绿色发展。

---

① 习近平:《论坚持全面依法治国》,中央文献出版社 2020 年版,第 280 页。

② 习近平:《全面加强知识产权保护工作 激发创新活力推动构建新发展格局》,载《求是》2021 年第 3 期。

推进重点领域立法,要抓住立法质量这个关键,深入推进科学立法、民主立法、依法立法,统筹立改废释纂,提高立法效率,增强立法系统性、整体性、协同性。习近平指出,在立法工作中,“各有关方面都要从党和国家工作大局出发看待立法工作,不要囿于自己那些所谓利益,更不要因此对立法工作形成干扰。要想明白,国家和人民整体利益再小也是大,部门、行业等局部利益再大也是小”。“如果有关方面都在相关立法中掣肘,都抱着自己那些所谓利益不放,或者都想避重就轻、拈易怕难,不仅实践需要的法律不能及时制定和修改,就是弄出来了,也可能不那么科学适用,还可能造成相互推诿扯皮甚至‘依法打架’。这个问题要引起我们高度重视。”[①]因此,各级立法机构和工作部门要遵循立法程序、严守立法权限,切实避免越权立法、重复立法、盲目立法,有效防止部门利益和地方保护主义影响。因为从根本上说,“维护国家法治统一是严肃的政治问题”[②]。

新时代中国法治改革,要遵循立法的客观规律,优化立法工作机制和程序。习近平指出:“科学立法的核心在于尊重和体现客观规律,民主立法的核心在于为了人民、依靠人民。”[③]在立法工作中,要进一步完善立法工作机制和程序,发挥人大及其常委会在立法工作中的主导作用,健全立法起草、论证、协调、审议机制,完善法律草案表决程序,增强法律法规的及时性、系统性、针对性、有效性。要优化立法职权配置,明确立法权的边界,从体制机制和工作程序上有效防止部门利益和地方保护主义法律化。要坚持丰富立法形式,立改废释纂并举。习近平指出:“民法典为其他领域立法法典化提供了很好的范例,要总结编纂民法典的经验,适时推动条件成熟的立法领域法典编纂工作。要研究丰富立法

---

① 中共中央文献研究室编:《习近平关于全面依法治国论述摘编》,中央文献出版社 2015 年版,第 44 页。

② 习近平:《坚持走中国特色社会主义法治道路　更好推进中国特色社会主义法治体系建设》,载《求是》2022 年第 4 期。

③ 中共中央文献研究室编:《习近平关于全面依法治国论述摘编》,中央文献出版社 2015 年版,第 49 页。

形式,可以搞一些‘大块头’,也要搞一些‘小快灵’,增强立法的针对性、适用性、可操作性。”[①]《法治中国建设规划(2020—2025年)》进一步提出,针对法律规定之间不一致、不协调、不适应问题,及时组织清理。对某一领域有多部法律的,条件成熟时进行法典编纂。加强立法的协同配套工作,实行法律草案与配套规定同步研究、同步起草,增强法律规范整体功效。加强立法评估论证工作。加强法律法规解释工作。建设全国统一的法律、法规、规章、行政规范性文件、司法解释和党内法规信息平台。

(三)切实解决法治领域中的突出矛盾和问题

当前,新时代中国法治建设领域还存在一些突出矛盾和问题,原因在于改革还没有完全到位。因此,“要继续推进法治领域改革,解决好立法、执法、司法、守法等领域的突出矛盾和问题”[②]。

具体而言,在立法改革领域,要以推动立法高质量发展为目标,以完善立法体制机制为关键,加快完善体现权利公平、机会公平、规则公平的法律制度。在全面依法治国的新时代,我们要紧紧抓住提高立法质量这个关键,深入推进科学立法、民主立法、依法立法,完善立法体制和程序,努力使每一项立法都符合宪法精神、反映人民意愿、得到人民拥护。只有这样,才能做到以良法促进发展、保障善治。在行政法治改革领域,要紧紧围绕“用法治给行政权力定规矩、划界限,规范行政决策程序,加快转变政府职能”[③]等重点方面,深入推进法治政府建设。在司法改革领域,要围绕让人民群众在每一项法律制度、每一个执法决定、每一宗司法案件中都感受到公平正义这个目标,优化司法职权配置,深化司法体制综合配套改革,健全司法权力运行和制约监督机制,加大人权司法保障的力度,加快建设公正高效权威的社会主义司法制度。要健全社会公平

① 习近平:《坚定不移走中国特色社会主义法治道路 为全面建设社会主义现代化国家提供有力法治保障》,载《求是》2021年第5期。

② 习近平:《论坚持全面依法治国》,中央文献出版社2020年版,第5页。

③ 习近平:《论坚持全面依法治国》,中央文献出版社2020年版,第4页。

正义法治保障制度，完善公益诉讼制度，健全执法权、监察权、司法权运行机制，加强权力制约和监督。要加快构建系统完备、规范高效的执法司法制约监督体系，加强对立法权、执法权、监察权、司法权的监督，健全纪检监察机关、公安机关、检察机关、审判机关、司法行政机关各司其职，侦查权、检察权、审判权、执行权相互制约的体制机制，确保执法司法各环节、全过程在有效制约监督下进行。[①]

“天下之事，不难于立法，而难于法之必行。”解决法治领域中的突出问题，要把法律制度的优势转化为制度的效能。因此，推进法治体系建设，重点和难点在于通过严格执法、公正司法、全民守法，推进法律正确实施，把“纸上的法律”变为“行动中的法律”。因此，新时代中国法治改革，要健全法律面前人人平等保障机制，维护国家法制统一、尊严、权威，一切违反宪法法律的行为都必须予以追究。各级党组织和领导干部都要旗帜鲜明支持司法机关依法独立行使职权，绝不容许利用职权干预司法、插手案件。[②]

“徒法不足以自行”。制定良好的法律需要靠德才兼备的高素质法治工作队伍去实施。习近平引用古语来说明法治工作队伍建设的重要性，“得其人而不得其法，则事必不能行；得其法而不得其人，则法必不能济。人法兼资，而天下之治成”。因此，“全面推进依法治国，建设一支德才兼备的高素质法治队伍至关重要”[③]。新时代中国法治改革，要加强统筹谋划，完善法治人才培养体系，加快发展律师、公证、司法鉴定、仲裁、调解等法律服务队伍，着力建设一支忠于党、忠于国家、忠于人民、忠于法律的社会主义法治工作队伍；要深化执法司法人员管理体制改

---

① 参见习近平：《坚持走中国特色社会主义法治道路　更好推进中国特色社会主义法治体系建设》，载《求是》2022 年第 4 期。

② 参见习近平：《坚持走中国特色社会主义法治道路　更好推进中国特色社会主义法治体系建设》，载《求是》2022 年第 4 期。

③ 习近平：《论坚持全面依法治国》，中央文献出版社 2020 年版，第 115 页。

革,加强法治专门队伍管理教育和培养。[①]

“公生明,廉生威。”“公平正义是司法的灵魂和生命。”[②]近年来,“司法腐败时有发生,一些执法司法人员徇私枉法,甚至充当犯罪分子的保护伞,严重损害法治权威,严重影响社会公平正义”[③]。要深化政法队伍教育整顿,继续依法打击执法司法领域腐败行为,推动扫黑除恶常态化。习近平强调,对法治专门队伍的管理必须坚持更严标准、更高要求。一些执法司法人员手握重器而不自重,贪赃枉法、徇私枉法,办“金钱案”“权力案”“人情案”,严重损害法治权威。“近年来,司法腐败案件集中暴露出权力制约监督不到位问题。一些人通过金钱开路,几乎成了法外之人,背后有政法系统几十名干部为其‘打招呼’‘开路条’,监督形同虚设。”[④]因此,新时代中国法治改革,要制定完善铁规禁令、纪律规定,用制度管好关键人、管到关键处、管住关键事。要坚决清查贪赃枉法、对党不忠诚不老实的人,深查执法司法腐败。政法系统开展队伍教育整顿试点工作,查处了一批害群之马,得到广大群众好评。要巩固和扩大试点工作成果,坚持零容忍,敢于刀刃向内、刮骨疗毒。[⑤]

五、新时代中国法治改革的内在机理

新时代中国法治领域改革鲜明特点之一,就是很多问题都涉及法律规定。因此,随着改革日渐进入攻坚期和深水区,如何正确处理好改革与法治的关系,已经成为新时代全面依法治国面临的重大课题。迈入新

---

① 参见习近平:《坚持走中国特色社会主义法治道路 更好推进中国特色社会主义法治体系建设》,载《求是》2022 年第 4 期。

② 习近平:《坚定不移走中国特色社会主义法治道路 为全面建设社会主义现代化国家提供有力法治保障》,载《求是》2021 年第 5 期。

③ 《中共中央关于党的百年奋斗重大成就和历史经验的决议》,人民出版社 2021 年版,第 41 页。

④ 习近平:《坚定不移走中国特色社会主义法治道路 为全面建设社会主义现代化国家提供有力法治保障》,载《求是》2021 年第 5 期。

⑤ 参见习近平:《坚定不移走中国特色社会主义法治道路 为全面建设社会主义现代化国家提供有力法治保障》,载《求是》2021 年第 5 期。

时代的中国法治改革，必须要高度正视法治改革进程的复杂的矛盾运动，坚持问题导向、系统推进，着力破解影响法治权威、制约法治发展的体制性、机制性、保障性障碍；必须要坚持顶层设计和“摸着石头过河”相结合，在加强顶层设计的战略谋划的同时，注重更加充分调动社会各方面的积极性和主动性，鼓励地方和基层大胆探索，及时总结推广地方与基层创造和积累的鲜活的法治改革经验，从而积极稳妥地推进法治改革，坚定地走出一条自主型的中国式法治现代化新道路。

（一）法治领域改革必须坚持正确的政治方向

在新的时代条件下，坚定不移推进法治领域改革，有效突破法治实践中存在的制度难题，努力克服影响法治发展的体制性、机制性、保障性障碍，进而推动中国特色社会主义法治制度的自我完善和发展，是全面推进依法治国、加快建设社会主义法治国家所面临的一项重大战略任务。因此，习近平强调，推进法治领域改革，“只要有利于提高党的执政能力、巩固党的执政地位，有利于维护宪法和法律的权威，有利于维护人民权益、维护公平正义、维护国家安全稳定，不管遇到什么阻力和干扰，都要坚定不移向前推进，决不能避重就轻、拣易怕难、互相推诿、久拖不决”。[①]

坚定不移推进法治领域改革，必须坚持正确的政治方向。在中国这样一个人口庞大、地域辽阔、民族众多、国情复杂的超大型的东方大国，法治改革面临的任务之重前所未有，面对的风险挑战之多前所未有。要保证法治改革的顺利推进，就必须坚持正确的方向，沿着正确的道路前进。习近平指出：“推进改革的目的是要不断推进我国社会主义制度自我完善和发展，赋予社会主义新的生机活力。这里面最核心的是坚持和改善党的领导、坚持和完善中国特色社会主义制度，偏离了这一条，那就南辕北辙了。”“中国是一个大国，决不能在根本性问题上出现颠覆性错误，一旦出现就无法挽回、无法弥补。”[②]坚持党的领导，是推进法治改革

① 参见习近平：《加快建设社会主义法治国家》，载《求是》2015 年第 1 期。

② 中共中央文献研究室编：《习近平关于全面深化改革论述摘编》，中央文献出版社 2014 年版，第 18、42 页。

的必然要求,也是保障法治改革顺利展开的根本政治保证。全面依法治国、推进法治改革,必须同我国根本领导制度、根本政治制度、基本政治制度和经济社会发展水平相适应,决不能出现颠覆性错误。推进法治改革,绝不是要削弱甚至动摇党对全面依法治国的领导,而是要加强和改善党对法治建设的领导,推进党的领导制度化、法治化,巩固党的执政地位。诚如习近平所强调的,“党的领导是社会主义法治最根本的保证。全面依法治国决不是要削弱党的领导,而是要加强和改善党的领导,不断提高党领导依法治国的能力和水平,巩固党的执政地位”。[①] 推进法治改革,就要健全党领导全面依法治国的制度和工作机制,继续推进党的领导制度化、法治化,不断完善党的领导体制和机制,把党的领导贯彻到全面依法治国全过程和各方面。

(二)要正确处理改革与法治的辩证关系

改革和法治是辩证统一的关系。在实践中,对于推进法治领域改革,有两种不同的看法:一种观点认为,改革就是要冲破法律的禁区,现在法律的条条框框妨碍和迟滞了改革,改革要上路、法律要让路。另一种观点则认为,法律就是要保持稳定性、权威性、适当的滞后性,法律很难引领改革。很显然,这两种看法都是不全面的,没有准确理解新时代中国法治改革的内在机理。习近平指出:“改革和法治是两个轮子,这就是全面深化改革和全面依法治国的辩证关系。”[②]“改革和法治如鸟之两翼、车之两轮”。[③] 要处理好改革与法治的关系,就要清醒地认识到,“在法治下推进改革,在改革中完善法治,这就是我们说的改革和法治是两个轮子的含义”[④]。要坚持改革和法治相统一,既要通过深化改革

① 参见习近平:《论坚持党对一切工作的领导》,中央文献出版社 2019 年版,第 272 页。

② 习近平:《论坚持全面依法治国》,中央文献出版社 2020 年版,第 40 页。

③ 中共中央文献研究室编:《习近平关于全面依法治国论述摘编》,中央文献出版社 2015 年版,第 14 页。

④ 中共中央文献研究室编:《习近平关于全面依法治国论述摘编》,中央文献出版社 2015 年版,第 52 页。

推进法治改革,也要通过法治保障深化改革。这意味着,解决法治领域的突出问题,根本的途径在于改革,必须坚定不移推进法治领域改革,坚决破除束缚全面推进依法治国的体制机制障碍。如果完全停留在旧的体制机制框架内,用老办法应对新情况新问题,或者用零敲碎打的方式来修修补补,是解决不了大问题的。因此,深化法治领域改革,就“必须直面问题、聚焦问题,针对法治领域广大干部群众反映强烈的问题,回应社会各方面关切”。[①]

新时代中国法治改革要在法治轨道上推进。习近平指出:“在整个改革过程中,都要高度重视运用法治思维和法治方式,发挥法治的引领和推动作用,加强对相关立法工作的协调,确保在法治轨道上推进改革。”[②]从实践来看,改革和法治具有矛盾的一面:改革是破、是变,法治是立、是定;改革更具变动性,表现得更为主动和活跃,不大受条条框框的约束;法治更具稳定性,追求在规则和制度的框架中解决问题。在通常情况下,改革指的是改变旧制度、旧事物,对旧有的生产关系、上层建筑作局部或根本性的调整,一般指各种包括政治、社会、文化、经济等领域作出的改良革新。法治与改革之间存在一定的不适应性,改革更多强调冲破现有不合理的体制机制制度的束缚,法治则更加重视维护现行法律权威和经济社会秩序的稳定,改革在一定程度上会突破现有法律的范围;如果在此过程中不能很好地处理改革与法治的矛盾关系,两者就会相互损害,最终也会损害整个社会主义现代化事业的健康发展。改革与法治也具有统一性的一面:改革和法治相辅相成、相互促进;我们要认识到,全面深化改革所需要的秩序环境有赖于法治提供,而法治所追求的法治体系也有赖于改革深化,特别是深化法治领域改革;[③]与此同时,无论是全面推进依法治国还是全面深化改革,根本目的都是为社会健康稳

① 参见习近平:《加快建设社会主义法治国家》,载《求是》2015 年第 1 期。

② 习近平:《论坚持全面依法治国》,中央文献出版社 2020 年版,第 35 页。

③ 参见《习近平法治思想概论》编写组编:《习近平法治思想概论》,高等教育出版社 2021 年版,第 270 页。

定发展提供动力和保障。因此,习近平强调,“要正确处理好改革和法治的关系”,坚持在法治下推进改革,在改革中完善法治。“既发挥法治规范和保障改革的作用,在法治下推进改革,做到重大改革于法有据,又通过改革加强法治工作,做到在改革中完善和强化法治。”①

要做到重大改革于法有据。习近平指出:“法治领域改革有一个特点,就是很多问题都涉及法律规定。改革要于法有据,但也不能因为现行法律规定就不敢越雷池一步,那是无法推进改革的。”②在全面推进依法治国、加快建设法治中国的新的时代条件下,推进法治领域改革,必须坚持依法改革的原则,高度重视运用法治思维和法治方式,发挥法治的引领和推动作用,加强对相关立法工作的协调,确保将改革全面纳入法治化的轨道之中,科学立法是处理改革和法治关系的重要环节。习近平指出:“凡属重大改革要于法有据,需要修改法律的可以先修改法律,先立后破,有序进行。有的重要改革举措,需要得到法律授权的,要按法律程序进行。”③有的改革缺乏法律依据,就要加强调查研究,积极创造条件,制定相关法律,在此基础上再推进改革举措。有的改革,明明现行法律规定完善且具有可操作性,但实践中没有遵循法律规定另搞一套的,必须严格按照法律规定,坚决予以纠正。有的改革,不需要通过立法修改法律,属于内部工作机制改革的,应当大胆探索,积极推进。应当看到,从实践来看,并不是所有的改革都有法律依据。尽管改革要于法有据,“但也不能因为现行法律规定就不敢越雷池一步,那是无法推进改革的,正所谓‘苟利于民不必法古,苟周于事不必循旧’”④。因此,要实现立法和改革决策相衔接,做到重大改革于法有据、立法主动适应改革

---

① 《中共中央关于深化党和国家机构改革的决定》,人民出版社 2018 年版,第 19 ~ 20 页。

② 中共中央文献研究室编:《习近平关于全面依法治国论述摘编》,中央文献出版社 2015 年版,第 51 页。

③ 中共中央文献研究室编:《习近平关于全面依法治国论述摘编》,中央文献出版社 2015 年版,第 45 ~ 46 页。

④ 中共中央文献研究室编:《习近平关于全面依法治国论述摘编》,中央文献出版社 2015 年版,第 51 页。

发展需要。在研究改革方案时,要同步考虑改革涉及的立法问题,及时提出立法需求和立法建议。在具体工作中,要具体问题具体分析。此外,还要加强法律解释工作,及时明确法律规定的含义和适用法律的依据。在整个改革过程中,都要高度重视运用法治思维和法治方式,发挥法治的引领和推动作用,加强对相关立法工作的协调,确保在法治轨道上推进改革。要加强重要领域立法,确保国家发展、重大改革于法有据,把发展改革决策同立法决策更好结合起来。要坚持问题导向,提高立法的针对性、及时性、系统性、可操作性,发挥立法引领和推动作用。要抓住提高立法质量这个关键,深入推进科学立法、民主立法、依法立法,完善立法体制和程序,努力使每一项立法都符合宪法精神、反映人民意愿、得到人民拥护。

要坚持改革决策和立法决策相统一、相衔接。习近平指出:“在研究改革方案和改革措施时,要同步考虑改革涉及的立法问题,及时提出立法需求和立法建议。”[①]立法主动适应改革需要,积极发挥引导、推动、规范、保障改革的作用,做到重大改革于法有据,改革和法治同步推进,增强改革的穿透力。对实践证明已经比较成熟的改革经验和行之有效的改革举措,要尽快上升为法律。对部门间争议较大的重要立法事项,要加快推动和协调,不能久拖不决。对实践条件还不成熟、需要先行先试的,要按照法定程序作出授权,既不允许随意突破法律红线,也不允许简单地以现行法律没有依据为由迟滞改革。对不适应改革要求的现行法律法规,要及时修改或废止,不能让一些过时的法律条款成为改革的“绊马索”。要高度重视运用法治思维和法治方式推进改革,“需要制定、修改或废止法律的,主责单位要主动同立法机构衔接,立法机构要及时启动程序。需要得到法律授权的重要改革措施,要在履行法律程序后再实施,有序进行,不能违法办事”[②]。

---

① 习近平:《论坚持全面依法治国》,中央文献出版社2020年版,第37页。

② 习近平:《论坚持全面依法治国》,中央文献出版社2020年版,第40页。

新时代中国法治改革要在改革中推进法治体系的完善。改革是完善法治体系的强大动力,解决法治领域的突出问题根本途径在于改革。法律作为上层建筑,要适应经济基础的变化,要随着社会生产力和生产关系的变化而变化。如果随着改革所带来的经济基础发生变化,那么法律仍然停留在旧的体制机制框架内,“用老办法应对新情况新问题,或者用零敲碎打的方式来修修补补,是解决不了大问题的。我们既要着眼长远、打好基础、建好制度,又要立足当前、突出重点、扎实工作,不断推进全面依法治国向纵深发展”[①]。要以立法形式确认改革经验、完善法律制度。改革是法律制度发展完善的重要方式。党的十八大以来,我国立法机关对于经由实践证明比较成熟的改革经验、行之有效的改革举措,通过及时立法、修法等方式将其上升为法律规定,促进法律规范系统的进一步完善。

(三)要注意把控好法治领域改革的方法

坚定不移推进法治领域改革,必须坚持正确的改革方法,要坚持问题导向与系统推进相结合。新时代中国法治改革,要注重强化问题导向,抓住法治工作中人民群众反映强烈、事关法治建设全局的突出问题和关键问题,在深入调查研究的基础上,推出强有力的法治改革举措,攻坚克难,锐意进取,开创法治领域改革的新局面。党的十八大以来,以习近平同志为核心的党中央清醒地认识到法治领域存在的突出问题,在统筹谋划全面依法治国、推进法治改革的战略方案时始终强调,要“坚持改革方向、问题导向,适应推进国家法治体系和治理能力现代化要求,直面法治建设领域突出问题,回应人民群众期待,力争提出对依法治国具有重要意义的改革举措”。[②] 因而我们看到,党的十八大以来,法治中国建设的各项改革发展方案和举措办法,都紧紧地把解决突出问题、破

① 中共中央宣传部等编:《习近平法治思想学习纲要》,人民出版社、学习出版社2021年版,第66～67页。

② 参见《中国共产党第十八届中央委员会第四次全体会议文件汇编》,人民出版社2014年版,第75页。

解法治难题作为推进法治改革的基本要求，牢牢抓住法治工作中人民群众反映强烈、事关法治发展全局的突出问题和关键问题，锐意进取，攻坚克难，整体推进，重点突出，推动进入攻坚期和深水区的中国式法治现代化不断向纵深发展。

新时代中国法治改革，要注重加强顶层设计和统筹谋划，更加突出法治领域改革的系统性、整体性和协同性，强化法治改革措施的全面考量、相互配合、整体协调，形成合力，从而使法治改革方案更具针对性、实效性和可操作性。全面依法治国是国家治理的一场深刻革命。改革进入深水区，“矛盾越大，问题越多，越要攻坚克难、勇往直前”。[①] 改革进入“啃硬骨头”的关键阶段，“如果完全停留在旧的体制机制框架内，用老办法应对新情况新问题，或者用零敲碎打的方式来修修补补，是解决不了大问题的”。推进法治领域改革，必须在直面问题、聚焦问题的同时，加强整体协同、统筹谋划。习近平指出：“法治领域改革涉及的主要是公检法司等国家政权机关和强力部门，社会关注度高，改革难度大，更需要自我革新的胸襟。如果心中只有自己的‘一亩三分地’，拘泥于部门权限和利益，甚至在一些具体问题上讨价还价，必然是磕磕绊绊、难有作为。改革哪有不触动现有职能、权限、利益的？需要触动的就要敢于触动，各方面都要服从大局。各部门各方面一定要增强大局意识，自觉在大局下思考、在大局下行动，跳出部门框框，做到相互支持、相互配合。”[②]

要坚持“顶层设计”与内在积极性相结合。法治领域改革的“顶层设计”，既能够为新时代中国式法治现代化新道路指明方向，也能够为全面依法治国实践提供行动纲领。加强法治领域改革的“顶层设计”，是党的十八大以来全面推进依法治国的一项重要举措，有力推动当代中国法治建设取得历史性成就。党的十八大以来，以习近平同志为核

---

① 参见中共中央文献研究室编：《习近平关于全面深化改革论述摘编》，中央文献出版社 2014 年版，第 42 页。

② 习近平：《论坚持全面依法治国》，中央文献出版社 2020 年版，第 117 页。

心的党中央明确提出全面依法治国,并将其纳入"四个全面"战略布局之中予以有力推进。党的十八届四中全会专门制定了推进全面依法治国的顶层设计、路线图、施工图。习近平在十九大报告中拓展中国特色社会主义法治理论新视野,对全面推进依法治国作出新概括,从新时代坚持和发展中国特色社会主义基本方略的崭新高度,确立了坚持全面依法治国基本方略,对新时代深化依法治国实践作出了新的部署。党的十九届五中全会在十九大的基础上,进一步明确到2035年基本建成法治国家、法治政府、法治社会。党的十九届六中全会全面系统总结中国共产党依法执政、依法治国百年奋斗历史经验,为中国特色社会主义法治建设指明了继续前进的方向。正是在加强顶层设计的有力推动下,一系列全面推进依法治国的纲领性文件相继出台。2020年12月,中共中央发布了《法治社会建设实施纲要(2020—2025年)》,对加快推进法治社会建设作出了具体部署;2021年1月发布了《法治中国建设规划(2020—2025年)》,对统筹推进法治中国建设各项工作作出了新的战略部署;2021年8月,发布了《法治政府建设实施纲要(2021—2025年)》,对新发展阶段不断推进法治政府建设,更好发挥法治政府建设在法治国家、法治社会建设中的示范带头作用等方面作出了具体部署。新时代中国法治领域改革,正是始终坚持顶层设计和法治实践相结合,不断提升法治促进国家治理体系和治理能力现代化的效能。[①] 因此,新时代中国法治改革,必须"要不断完善顶层设计,不断创新和深化依法治国实践"[②]。

从历史和现实来看,中国是一个区域经济社会发展很不平衡的国度。不同经济发展水平、社会结构、历史进程、文化传统和地理环境等因素,影响不同区域间的法治发展进程。这是我国经济社会发展不平衡规律在法治建设领域中的集中体现。全面推进依法治国,必须要"在中央

---

① 参见习近平:《论坚持全面依法治国》,中央文献出版社2020年版,第275页。

② 习近平:《论坚持全面依法治国》,中央文献出版社2020年版,第275页。

的统一领导下，充分发挥地方的主动性、积极性”，要激发地方参与推进法治中国建设的巨大热忱，充分调动地方投身全面依法治国实践的积极性和主动性，化解区域间不充分、不均衡的矛盾，实现中国法治现代化。因此，新时代中国法治领域改革，必须要在加强法治改革方案顶层设计的同时，注重激发地方积极性；要鼓励地方和基层大胆开展法治创新实践和试点探索，及时总结经验，把加强顶层设计与“摸着石头过河”有机结合起来，从而稳妥有序地把法治改革引向深入。习近平指出：“改革开放是前无古人的崭新事业，必须坚持正确的方法论，在不断实践探索中推进。摸着石头过河，是富有中国特色、符合中国国情的改革方法。摸着石头过河就是摸规律。”这种改革方法既能够充分调动地方参与法治改革的积极性、主动性，也能够“避免了因情况不明、举措不当而引起的社会动荡，为稳步推进改革、顺利实现目标提供了保证。摸着石头过河，符合人们对客观规律的认识过程，符合事物从量变到质变的辩证法”。[①] 因此，新时代中国法治改革，对于一些关乎法治中国建设全局的重大改革举措，应当在遵循法治发展客观规律的基础上，稳妥审慎，稳扎稳打，通过“采取试点探索、投石问路的方法，先行试点，尊重实践，尊重创造，鼓励大胆探索、勇于开拓，取得经验、看得很准了再推开”。[②]

要协调好法治领域改革与其他领域改革的衔接性。司法体制改革是全面深化改革的有机组成部分。完善司法制度、深化司法体制改革，一方面，要始终坚持遵循司法活动的客观规律，体现权责统一、权力制约、公开公正、尊重程序的要求，在加强顶层设计的同时循序渐进地不断深入开展。对此，习近平指出：“司法体制改革事关全局，要加强顶层设计，自上而下有序推进。要坚持从实际出发，结合不同地区、不同层级司法机关实际情况积极实践，推动制度创新。”[③]另一方面，推进司法体制

---

① 参见习近平：《论坚持全面深化改革》，中央文献出版社 2018 年版，第 6 ~ 7 页。

② 参见中共中央文献研究室编：《习近平关于全面深化改革论述摘编》，中央文献出版社 2014 年版，第 43 页。

③ 习近平：《论坚持全面深化改革》，中央文献出版社 2018 年版，第 159 页。

改革也要十分注重与同时期正在开展的其他改革之间的衔接性，确保司法体制改革与社会体制改革的配套衔接。对此，习近平指出："深化司法体制和社会体制改革，要注重改革举措的配套衔接，注重分类推进，强化任务落实，保证严格规范公正文明执法，加快建设公正高效权威的社会主义司法制度，加快形成科学有效的社会治理体制，促进社会公平正义，保障人民安居乐业。"①

六、小结

新时代中国已经踏上了全面建设社会主义现代化国家、向第二个百年奋斗目标进军的新征程。立足新发展阶段，贯彻新发展理念，构建新发展格局，推动高质量发展，满足人民对民主、法治、公平、正义、安全、环境等方面日益增长的要求，提高人民生活品质，促进共同富裕，都对法治建设提出了新的更高要求。不断深化法治领域改革，必将能够为中国法治发展提供动力支持，中国法治发展必将在高质量发展的轨道上取得更多历史性成就，中国式法治现代化必将在国家现代化的伟大征程中展现出蓬勃生机和强大生命力。

① 习近平：《论坚持全面依法治国》，中央文献出版社2020年版，第36页。

第十二章　中国式法治现代化的全球主张

中国式法治现代化的全球主张，是对“世界怎么了，我们怎么办”这一时代之问的切实回应，也是应对全球挑战和推进全球治理体系变革的一剂标本兼治的良方，是习近平法治思想的重要组成部分。因此，深刻理解中国式法治现代化全球主张的内涵和实践要义，对于我们正确把握习近平法治思想的内在逻辑，阐明中国式法治现代化的价值取向，推动中国式法治现代化的进程无疑是大有裨益的。

一、概述

当今世界正经历百年未有之大变局，世界多极化、经济全球化、社会信息化、文化多样化深入发展，各国相互联系和依存日益加深，新兴市场国家和发展中国家的迅速崛起使国际力量的对比更趋平衡，和平与发展成为时代的主题。但同时世界面临的全球性挑战层出不穷：“世纪疫情影响深远，逆全球化思潮抬头，单边主义、保护主义明显上升，世界经济复苏乏力,局部冲突和动荡频发”,[①]热点地区冲突不断,恐怖主义、网络安全、重大传染性疾病、气候变暖等非传统安全威胁持续蔓延,人类面临的挑战日趋复杂多变,全球性问题加剧,世界进入新的动荡变革期。然而,现行的全球治理体系与国际社会的发展形势和趋势越来越不相适应,国际社会对全球治理体系变革的呼声越来越高。

放眼当今世界,不稳定性与不确定问题仍然突出。在国际政治领域,世界呈多极化趋势。进入21世纪以来,一大批新兴市场国家和发展中国家的群体性崛起使国际力量对比发生了巨大变化,引发了国际政治格局和经济格局的结构性演变,导致了西方资本主义国家的集体恐慌,霸权主义、强权政治兴起,一些奉行单边主义的国家频繁地制造矛盾、对抗,干涉他国内政,损害他国正当权益,南北矛盾愈加激化,在全球治理中尤为表现在发言权和话语权的竞争上。中国作为最大的发展中国家,一跃成为世界第二大经济体,逐步地走向世界舞台的中心,从全球治理体系变革的积极参与者变为引领者,西方世界感受到了迫在眉睫的压力,认为中国正在试图“破坏”西方自由主义的世界秩序,所谓的“中国威胁论”开始盛行。特朗普政府施行的一系列霸权主义和单边主义行为导致中美矛盾升级,全球经济格局动荡不安,而2020年的美国大选及其政权更替并没有使中美矛盾得到平息,以拜登为首的美国政府没有改变对华的对抗性战略,大搞“民主国家联盟”的小团体意识,从政治、经济、国土安全等各个领域打压围困中国,中美关系不断恶化。此外,国际及地区安全局势日益复杂,地缘政治冲突此起彼伏,恐怖主义威胁不断,中东地区的战乱、叙利亚战争、俄乌冲突等一系列政治动乱和冲突的背后无不充斥着大国地缘政治战略,是引发动乱的根本导火索,而由此加剧的民粹主义、难民问题又使人类的安全与发展问题陷入新一轮危机,全球治理困难重重。

在国际经济领域,发展是世界的主旋律,经济全球化仍是世界的主

---

① 参见《中国共产党第二十次全国代表大会文件汇编》,人民出版社2022年版,第22页。

题。但是自 2008 年世界金融危机爆发以来,世界经济受到重创,全球经济增长缓慢,南北贫富分化日益严重。此外,中国、印度、巴西、俄罗斯、南非等新兴市场国家和发展中国家的群体性崛起已成为不可逆转的时代潮流,这些国家对世界经济增长的贡献已经远超发达国家,成为促进世界经济发展的动力引擎。然而,新兴市场力量的壮大也引发西方发达国家贸易保护主义、贸易霸凌主义的滋生,反全球化、逆全球化等思潮迭起,全球贸易摩擦不断,多边体系遭到破坏,全球治理效能低下。除却国际经济力量对比发生的变化,近些年来经济制裁措施也愈演愈烈,逐渐成为美国实施霸权主义、贸易保护主义和强权政治的常态化政策手段,这与经济全球化的趋势不相适应,阻断了世界经济秩序的正常发展,对其他市场和货币也造成了不公平。另外,世界经济下行风险和不确定性同步上升,也为世界经济发展带来了诸多隐患。

在环境安全领域,问题层出不穷,安全形势日趋复杂化。欧美国家本土内部恐怖主义滋生,威胁不断,非洲、中东地区成为恐怖主义活动的高发地区,且科技的进步也让恐怖主义日益网络化、国际化,甚至全球化;而西方国家为谋求地缘政治利益,不断地在其他国家内部和周边输出意识形态,频频煽动“颜色革命”,制造荒凉,企图重建由霸权主义主导的世界秩序;世界贫困问题依然突出,南北贫富差距悬殊,诱发许多国家和地区陷入动乱或滋生恐怖主义威胁;互联网领域频发的“黑天鹅事件”导致网络安全问题日益成为威胁国家和人民信息安全的世界性问题,此外,西方国家借助网络核心技术的先进和主导优势对全球进行大规模网络监听,频繁制造网络攻击活动,进一步加剧了网络安全威胁;环境资源方面也面临众多挑战,全球气候变暖、大气污染、海洋污染、能源危机、水资源短缺等问题日益严峻,需要各国携手应对,共同治理。而作为构建全球治理体系和国际秩序主导者的美国相继退出《跨太平洋伙伴关系协定》、《巴黎气候变化协定》、联合国教科文组织、《全球移民协议》、《伊朗核协议》、联合国人权理事会、《维也纳外交关系公约》、万国邮政联盟、《中导条约》,这一系列“退群”行为严重破坏了全球治理体系，进一步导致全球治理失灵。诸如此类的传统安全问题与非传统安全问题相互交织，使全球治理面临的挑战更加严峻。正如习近平所说，“人类生活的关联前所未有，同时人类面临的全球性问题数量之多、规模之大、程度之深也前所未有”①。

面对当前全球治理机制的瘫痪失灵，以习近平同志为核心的党中央在尊重客观规律、把握发展大势的基础上，以胸怀共同未来的发展理念担负起大国的担当，在开辟中国式法治现代化新道路的同时，也提出了一系列推进全球治理体系变革的全球主张和实践举措。一是尊重世界文化的多样性，摒弃意识形态偏见，在相互尊重、求同存异的基础上实现和平共处，在交流互鉴中推动人类法治文明发展。二是坚持共商共建共享的全球治理观，摒弃冷战思维、零和博弈的旧理念，坚持互尊互谅，增进互鉴互信，通过协商对话解决分歧，携手应对全球性挑战，共建人类美好未来，让各国人民享有发展机遇和成果。三是要践行真正的多边主义，坚持多边主义的核心价值和基本原则，维护以联合国为核心的国际体系、以国际法为基础的国际秩序，推动国际关系民主化、法治化、合理化，尊重各国主权平等，以规则为基础，以公平为导向，以共赢为目标，推动构建人类命运共同体。在实践层面上，中国积极推动构建以合作共赢为核心的新型国际关系，以开放、包容的态度努力构建和平稳定的国际发展环境；坚持“互利共赢”的开放战略，努力打造对外开放的新平台，创造全面多元的开放新格局，积极建设开放型世界经济；为推动构建人类命运共同体，习近平在一系列重大国际场合宣布多项务实合作举措，积极发展全球合作伙伴关系，扩大同各国的利益交汇点，推进协作，并秉承共商共建共享原则，号召一切有识之士携手共建“一带一路”合作倡议，推动构建政策互通、设施联通、贸易畅通、资金融通、民心相通的合作新平台，不仅为“一带一路”沿线各国提供了经济增长的持续动力，也为推动全球治理体系变革、应对人类命运共同挑战贡献了“中国智慧”和

① 习近平：《论坚持推动构建人类命运共同体》，中央文献出版社2018年版，第509页。

“中国方案”。

随着越来越多的发展中国家开始在全球治理体系中拥有发言权和话语权，越来越多的中国倡议正在上升为国际共识，越来越多的中国主张正在汇聚成国际行动，越来越多的中国方案正在启迪人类前进方向，全球治理体系也越来越朝着更加公正合理的方向发展。①

二、人类法治文明的多样性与互动性

人类文明多样性是世界的基本特征，也是人类进步的源泉。而法治文明是人类文明的重要组成部分，是人类政治文明的核心内容，也是人类文明进步的重要标志，对人类整个社会文明，包括物质文明和精神文明都起着保障和促进的作用。

习近平法治思想的深刻之处就在于，在坚持马克思主义唯物史观的基础上，把握世界法治文明发展进程在不同的民族、国家和地区所呈现出来的不同历史特点，深入阐发世界法治文明发展的多样性原理。②

（一）法治文明的多样性是人类文明的内在属性

在漫长的历史发展过程中，每个民族、每个国家在创建自己文明的同时，由于地理、气候、社会制度、经济发展水平、历史文化等方面的差异，各国文明的发展水平、发展方式、发展道路都是不同的，而这种天然的差异使整个人类文明呈现百花齐放的多样性，同时又表现出不同程度的独特性。这是人类文明发展的自然规律和客观结果，而法治文明就孕育在人类文明多样性的土壤之中，从而呈现丰富多彩的样式。

人类文明的多样性决定了人类法治文明内涵的多样性。自古以来，我国形成了世界法制史上独树一帜的中华法系，积淀了深厚的法律文化。与大陆法系、英美法系、伊斯兰法系等不同，中华法系是我国在特定

---

① 参见王灵桂：《中国特色社会主义站得住行得远》，载《光明日报》2019 年 9 月 2 日，第 16 版。

② 参见《习近平法治思想概论》编写组编：《习近平法治思想概论》，高等教育出版社 2021 年版，第 64 页。

历史条件下形成的,显示了中华民族的伟大创造力和中华法制文明的深厚底蕴。同时,中华法系凝聚了中华民族的精神和智慧,有很多优秀的思想和理念值得我们传承。出礼入刑、隆礼重法的治国策略,民惟邦本、本固邦宁的民本理念,天下无讼、以和为贵的价值追求,德主刑辅、明德慎罚的慎刑思想,援法断罪、罚当其罪的平等观念,保护鳏寡孤独、老幼妇残的恤刑原则等,都彰显了中华优秀传统法律文化的智慧。[①] 西方社会的法治文明源于古希腊雅典城邦国家的政治与法律实践。直到17、18世纪资本主义社会的开创,以"法治"为核心的法学世界观开始盛行,"法治""法律面前人人平等""司法独立""自由平等""天赋人权"等思想的提出丰富了西方的法治思想。法治文明就在这样的中西方碰撞融合中实现现代化。

人类文明不同的孕育土壤和独特的历史进程导致人类追求法治文明的不同路径和方式,从而形成了不同的法治模式。正如习近平所强调的,"世界上不存在完全相同的政治制度,也不存在适用于一切国家的政治制度模式"[②]。近代英国法治是在限制王权的长期斗争中逐步形成的,并通过保障人权的司法实践,逐步形成《英国宪法》,表现为一种司法中心主义的法治发展模式。法国的法治则深受18世纪末大革命以及卢梭思想的影响,表现为以立法为中心的法治模式,强调由代表人民主权的议会制定法律来保障人权和自由。美国的法治模式既传承普通法系的历史传统,又受欧洲近代启蒙思想的深刻影响。一方面,美国将宪法作为立国之本,强调以成文宪法来维护公民自由与权利;[③]另一方面,美国则通过违宪审查制度使其树立起司法中心主义的法治模式。而中国的法治模式则是在汲取了中华法系已有的法治文明成果的基础上,在

① 参见习近平:《坚定不移走中国特色社会主义法治道路 为全面建设社会主义现代化国家提供有力法治保障》,载《求是》2021年第5期。

② 习近平:《在庆祝全国人民代表大会成立60周年大会上的讲话》,载《人民日报》2014年9月6日,第2版。

③ 参见陈辉庭:《法治文明的中国道路探索及其贡献》,载《东南学术》2019年第6期。

中国共产党人不断的理论探索和实践创新中发展起来的一条符合中国国情的具有中国特色的社会主义法治道路，即坚持中国共产党的领导，坚持人民主体地位，坚持依法治国与以德治国相结合，坚持从中国实际出发。正是由于人类不同的文明制度、不同的国情条件，形成了不同的法治发展道路，进而形成各种独具特色的政治体制和法治体系，整个人类文明也因此交相辉映、多姿多彩。

（二）法治文明的互动性是推动人类文明发展的重要源泉

人类文明的多样发展，汇聚成了人类文明的历史洪流，而人类文明的进步就是从各国文明此起彼伏、交流互动的多样发展中获取源源不断的强大动力。因此，习近平大力倡导推动文明交流互鉴，他指出，“文明因多样而交流，因交流而互鉴，因互鉴而发展”[①]。而“法治是人类文明的重要成果之一，法治的精髓和要旨对于各国国家治理和社会治理具有普遍意义，我们要学习借鉴世界上优秀的法治文明成果”[②]。

首先，人类文明不是相互隔绝的。人类文明的多样性，决定了文明交流互鉴的内在必然性。[③] 人类各种文明自诞生以来，就在不同的生活交往、经济活动中进行着不同形式的互动和交流。而随着科学技术的迅速发展、通信方式的巨大改进、经济全球化的日益推进，人类文明之间的交流逐渐冲破时间和空间上的界限，打破精神和文化上的壁垒，在交流的层次、深度和广度上都得到大幅度的提高。而法治文明的交流互鉴又使人类法治文明的发展进程充满生机和活力。中华文明就是在同其他文明不断碰撞和互动的过程中形成的开放体系，通过直接或间接的方式汲取新鲜血液和养分。“从历史上的佛教东传、‘伊儒会通’，到近代以来的‘西学东渐’、新文化运动、马克思主义和社会主义思想传入中国，再到改革开放以来全方位对外开放，中华文明始终在

---

① 《习近平谈治国理政》（第3卷），外文出版社2020年版，第468页。

② 习近平：《加快建设社会主义法治国家》，载《求是》2015年第1期。

③ 参见《习近平法治思想概论》编写组编：《习近平法治思想概论》，高等教育出版社2021年版，第65页。

兼收并蓄中历久弥新。”①

其次，人类的多元文明是平等的，必须在平等原则的基础上交流互鉴。习近平曾在发言中提道：“每一种文明都扎根于自己的生存土壤，凝聚着一个国家、一个民族的非凡智慧和精神追求，都有自己存在的价值。人类只有肤色语言之别，文明只有姹紫嫣红之别，但绝无高低优劣之分……我们应该秉持平等和尊重，摒弃傲慢和偏见，加深对自身文明和其他文明差异性的认知，推动不同文明交流对话、和谐共生。”②而人类文明的发展史也告诉我们，各种文明虽有历史长短之分，却无高低优劣之别。所有文明应当是平等的，应当受到同等的尊重。法治文明要持续发展，必须要平等地看待人类各种文明，认清不同社会制度、不同法治文化长期共存的现实，秉承多样化发展的理念，求同存异，在碰撞中相互融合，取长补短，这既符合人类文明多样性这一客观现实，也是人类法治文明持续发展的内在规律，是推动人类文明不断优化的必经之路。而实践证明，中国特色社会主义法治文明具有独特优势和强大生命力，因此社会主义法治国家，必须坚定不移地走中国特色社会主义法治道路。

最后，人类文明是包容的，应当提倡兼容并包的态度，求同存异，坚持和而不同。“这个星球有200多个国家和地区、2500多个民族、70多亿人口，搞清一色是不可能。这种差异不应该成为交流的障碍，更不能成为对抗的理由。不同文明、制度、道路的多样性及交流互鉴可以为人类社会进步提供强大动力。我们应该少一点傲慢和偏见、多一些尊重和包容，拥抱世界的丰富多样，努力做到求同存异、取长补短，谋求和谐共处、合作共赢。”③习近平世界文明多样性思想，一方面肯定了人类文明的多样性和差异性、矛盾性和冲突性；另一方面也重申了尊重各民族选择其自身发展道路和模式的自主性，反对在文明的发展、建设和创新的过程中持有“唯我中心”的霸权主义思想，尊重人类各种法治文明的独

---

① 《习近平谈治国理政》（第3卷），外文出版社2020年版，第471页。

② 《习近平谈治国理政》（第3卷），外文出版社2020年版，第468～469页。

③ 《习近平谈治国理政》（第3卷），外文出版社2020年版，第457～458页。

立性和多样性，以海纳百川的包容态度克服偏见与误解，抵制各种极端主义、民族主义，推动全球合作。世界各种文明之间只有相互包容、求同存异，人类文明才能在和平与和谐中实现发展。正如习近平主席所强调的，"要树立你中有我、我中有你的命运共同体意识，跳出小圈子和零和博弈思维，树立大家庭和合作共赢理念，摒弃意识形态争论，跨越文明冲突陷阱，相互尊重各国自主选择的发展道路和模式，让世界多样性成为人类社会进步的不竭动力、人类文明多姿多彩的天然形态"[①]。

习近平法治思想正是在继承与发展马克思主义法治思想的基础上，基于对人类文明发展客观规律的科学认识和对人类文明冲突本质特征及其运行规律的深刻把握，提出了人类法治文明多样性思想，成为习近平新时代中国特色社会主义思想的重要组成部分。习近平强调，"世界上没有放之四海而皆准的具体发展模式，也没有一成不变的发展道路。历史条件的多样性，决定了各国选择发展道路的多样性"。[②] 中国共产党在领导中国人民实现中华民族伟大复兴中国梦的实践中，立足于中华文明的内在逻辑，植根于中国的文化土壤，谨遵现代文明发展的客观规律，尊重和包容世界文明的多样性，坚持人类文明的交流互鉴，在交流中寻求共识，在互鉴中实现发展，创造性地开辟了中国式法治现代化新道路。中国在探索自己法治道路的同时，也为不同法治文明提供交流互鉴的平台。比如，习近平总书记在2013年提出的"一带一路"倡议为推进各国互惠共赢提供了国际合作平台，吸引了众多国家参与。"一带一路"沿线横跨亚洲、欧洲和非洲国家，跨越了儒家文化、基督教文化、伊斯兰教文化，连接了大陆法系、海洋法系、伊斯兰法系等不同法律体系，中国在推进"一带一路"倡议的同时，积极推进不同法治文明交流互鉴，破解"文明冲突"，促进不同文明取长补短、共同发展。

---

① 习近平：《要树立命运共同体意识和合作共赢理念——习近平在第七十五届联合国大会一般性辩论上发表重要讲话》，载《北京青年报》2020年9月23日，A03版。

② 参见公丕祥：《习近平法治思想的理论渊源》，载《民主与法制》2021年第38期。

三、推动国际关系民主化、法治化和合理化

当今世界国际格局加速演变,随着新兴市场国家及发展中国家综合实力的上升,第二次世界大战结束后沿袭下来的全球治理体系与国际力量的深刻变化越来越不相适应;与此同时,新的全球治理问题不断产生,人类社会面临气候变暖、重大传染病防治、网络空间国际治理、难民危机等诸多挑战,而当下全球治理体系机能不足,缺陷日益显现,全球治理体系变革成为大势所趋。党的十八大以来,以习近平同志为核心的党中央在深刻把握世界时代潮流和人类文明发展趋势的基础上,创造性地提出了共商共建共享的全球治理观,为全球治理体系变革、破解世界治理难题提供了"良方",贡献了中国智慧。

(一)坚持共商共建共享的全球治理观

共商共建共享的全球治理观是中国积极参与全球治理体系变革和建设的基本理念和主张,是习近平外交思想的重要组成部分,遵循了历届中国共产党人独立自主的外交立场,继承并发展了中国的和平外交政策,秉承了友好协商、求同存异的外交理念,是站在历史高度、把握全球大势、立足人民的治理理念,具有丰富而独特的内涵。

1. 共商共建共享的全球治理观的内涵

"共商共建共享"的全球治理观,阐释了新时代"你中有我,我中有你"的新型国际关系、国家关系和利益关系,阐释了新时代和平世界的新内涵,把主权平等、权利平等、机会平等、规则平等的理念融入全球治理体系的改革进程之中,为全面铲除四大赤字、缩小发展差距、完善全球治理、破解世界治理难题开具了"中国药方"。

首先,共商是全球治理的基础。共商是指全球治理民主化。在党的十九大报告中,习近平就指出,"中国秉持共商共建共享的全球治理观,倡导国际关系民主化,坚持国家不分大小、强弱、贫富一律平等"①。这

---

① 习近平:《决胜全面建成小康社会 夺取新时代中国特色社会主义伟大胜利——在中国共产党第十九次全国代表大会上的报告》,人民出版社 2017 年版,第 66 页。

就意味着，在全球治理中，国家无论大小，强弱，均享有机会平等、权利平等和规则平等，在平等的基础上相互沟通，相互理解，以共商促进共识，这是实现全球治理的基础。所谓机会平等，是指在全球治理的各个领域，在面对人类共同的问题和挑战时，每个主权国家都是国际社会的平等成员，都享有平等的机会参与决策，有平等的机会表达诉求和立场，同时也拥有平等的机会享有治理成果。权利平等，是指国际社会中每一个主权国家都享有国际法赋予的权利，承担国际社会赋予主权国家的义务。规则平等，是指在国际规则面前，反对霸权主义、民族主义、实用主义，反对"双重标准"，所有主权国家都应被一视同仁地要求遵守国际规则。正如习近平所强调的，"在国际社会中，法律应该是共同的准绳，没有只适用他人、不适用自己的法律，也没有只适用自己、不适用他人的法律。适用法律不能有双重标准"①。

共商是承认差异，寻求共识。全世界二百多个国家和地区，其历史背景、经济发展水平、法律制度、宗教信仰、文化传统等众多方面都存在不同程度的差异，必然会导致文明的冲突、利益的分歧，但全球挑战和治理难题具有全球性特征，因为它不单是某一个国家或者某一个地区面临的困境，同时也超越了单个主权国家的治理范围和能力范围，需要各国合力应对、共同治理。习近平也多次强调，"世界命运应该由各国共同掌握，国际规则应该由各国共同书写，全球事务应该由各国共同治理，发展成果应该由各国共同分享"②。因此，只有在尊重差异的基础上共同协商，求同存异，才能扩展合作空间，达成全球治理的政治共识、经济发展共识和社会发展共识，进而达成合作共赢的利益目标。

其次，共建是全球治理的路径。共建是各国在共商共识的基础上实现全球治理的根本路径。共建的核心是"共"字，意味着各国要共同参

---

① 《习近平法治思想概论》编写组编：《习近平法治思想概论》，高等教育出版社 2021 年版，第 72 页。

② 人民日报评论员：《世界命运应该由各国共同掌握——论学习习近平主席在联合国日内瓦总部的演讲》，载《人民日报》2017 年 1 月 20 日，第 2 版。

与全球建设,共同推进合作,在全球治理过程中共同承担义务,共同解决全球治理难题,实现共同发展,分享共同成果。共建的一方面是共同应对全球挑战。在全球化发展的今天,整个世界都是普遍联系的有机整体,形成了你中有我、我中有你的发展共同体,国家与国家之间休戚与共,相互制约、相互影响。面对世界治理难题和治理困境,没有一个国家能独善其身,很多挑战都难以独立应对,这就要求各国要坚持共建的理念,通力合作、各施所长、各尽所能,互利互补,实现共赢。但共建的同时也要注意到发展中国家在能力与发展水平上与发达国家还存在差异,在同一目标下应该承担共同但有区别的责任。

共建的另一方面是实现全球治理体系变革。当今世界正经历百年未有之大变局,国际格局加剧演变,世界多极化和经济全球化趋势深入发展,国际力量对比趋于均衡,全球治理体系与多边合作机制受到保护主义和单边主义的挑战。为推进建设和平、发展、合作、共赢的国际社会,全球治理机制亟待变革。而习近平提出的共建理念,就是倡导各国共同建立以联合国为核心的国际体系、以国际法为基础的国际秩序。习近平指出:“联合国是最具普遍性、代表性、权威性的政府间国际组织,应该在全球治理中发挥核心作用。当前形势下,联合国的作用需要增强,而不是削弱。”①因此,共建以联合国为核心的国际新秩序,就是要在维护联合国国际地位的基础上推进全球治理体系创新完善,促进权利平等、规则平等、机会平等,提升新兴市场国家和发展中国家的代表性和发言权,确保各国平等参与规则制定的权利,争取更加均等的公平发展机会。②

最后,共享是全球治理的目标。共建是共享的基础,共建的目标是共享。而共享的首要内涵就是各主权国家通过协同治理的途径共同分

① 《习近平会见第 71 届联合国大会主席汤姆森和联合国秘书长古特雷斯》,载《人民日报》2017 年 1 月 19 日,第 1 版。

② 参见习近平:《谋共同永续发展　做合作共赢伙伴——在联合国发展峰会上的讲话》,载《人民日报》2015 年 9 月 27 日,第 2 版。

享世界在经济、文化、生态等全球治理中的发展成果。习近平强调，“各国都应成为全球发展的参与者、贡献者、受益者。不能一个国家发展、其他国家不发展，一部分国家发展、另一部分国家不发展”[①]。也即，全球治理的结果应当由共商共建的参与者公平公正地、共同享有。实现合作共赢，获得共同发展，这是习近平共商共建共享理念的核心。习近平的共享理念既是吸引各国积极参与共商共建的动力，也是推进共商共建治理理念的重要保障，只有充分保障各国享有平等的权利、平等的机会、平等的规则分享全球治理的建设成果，才能让国家之间信任的基石愈加稳固，共建的队伍愈加强大，全球化的趋势愈加稳定，全球发展愈加平衡，建设成果也将更多更公平地惠及各国民众，人类发展才得以繁荣。

习近平共商共建共享的理念是针对新时期国内外的新形势适时提出的发展理念，是适应全球治理机制变革提出的治理理念。共享的发展理念反映了新兴市场国家和发展中国家要求打破西方国家占据世界治理垄断特权的格局以及积极参与全球治理过程的迫切愿望和发展需求，是平衡发展中国家与发达国家话语权之争的有效手段，是促进世界向公平正义方向发展的良方。中国作为最大的发展中国家，在推进国家治理和国家自身建设的同时也积极地推进全球治理体系改革，始终坚持共商共建共享的全球治理观，坚持互利共赢的开放战略，努力营造友好稳定的国际环境，积极地构建全球伙伴关系，凝聚共识，通过“一带一路”倡议实现各国政策沟通、设施联通、贸易畅通、资金融通、民心相通，打造国际合作新平台，以新的思路促进世界经济发展，深化地区合作，打造人类利益共同体和命运共同体，实现合作共赢、共同发展。

2. 共商共建共享的全球治理观的价值

共商共建共享的全球治理观是中国积极参与全球治理体系变革和建设而贡献的中国智慧，是为破解世界共同面对的治理难题提供的中国

① 习近平：《谋共同永续发展　做合作共赢伙伴——在联合国发展峰会上的讲话》，载《人民日报》2015年9月27日，第2版。

方案,同时也是习近平新时代中国特色社会主义思想的重要组成部分,具有丰富的理论价值和实践价值。

第一,共商共建共享的全球价值观具有深刻的理论价值。共商共建共享的全球价值观继承并发展了中国特色社会主义的外交理论。新中国成立之初,我们党在深刻考察国内外形势的基础上提出要始终奉行独立自主的和平外交政策,无论外界环境多么艰难复杂,都要保证中国以独立自主的姿态处理国内外事务,不受帝国主义的干预和欺压。在践行这一外交理念的基础上,周恩来总理在参加的万隆会议上创造性地提出了和平共处五项原则,深受各国认可,成为国际社会交往的重要原则之一。改革开放以后,面对复杂的国际形势,邓小平在和平外交政策的基础上进一步提出“求同存异”的发展理念,提出要“搁置争议,共同开发”。进入中国特色社会主义新时代以来,习近平在继承中国和平外交政策的基础上,始终尊重世界文明的多样性,尊重世界的多样化,秉承求同存异的发展理念,以兼容并包的伟大胸襟进一步提出了“共商共建共享”的全球治理观,以友好协商的态度促进共识、弥合分歧,在相互尊重、平等互利的基础上,与世界各国一起寻求发展,实现共赢。共商共建共享的全球治理观不仅继承并发展了历届中国共产党人睿智的外交理念,丰富了中国特色大国外交理论,更顺应了时代潮流和发展的主题,为世界治理体系变革带来了动力和机遇。

共商共建共享的全球价值观丰富了习近平法治思想。当今世界挑战持续不断,人类正处于一个风险日益增多的时代,世界经济增长乏力,金融危机阴霾不散,发展鸿沟日益凸显,兵戎相见时有发生,气候变化、网络安全、难民危机等非传统性安全持续蔓延,单边主义、保护主义、霸权主义等逆全球化趋势迭起,国际秩序遭到破坏,全球治理体系和多边机制受到冲击。以习近平同志为核心的党中央顺应时代趋势,把握时代脉搏,针对全球治理难题提出了共商共建共享的全球治理观,倡导各国平等协商、通力合作,为推进全球治理民主化、法治化、合理化,促进世界和平与发展注入了生机与活力。这是中国参与全球治理的中国之治,是体现中国气派、中国特色、中国风格的中国之智，是习近平新时代中国特色社会主义思想的创新和发展，是对人类发展重大问题的睿智思考和独特创见，拓展了发展中国家走向现代化的途径，为那些既谋求发展又希望保持自身独立性的国家和民族提供了选择和机遇。

第二，共商共建共享的全球治理观具有丰富的实践价值。共商共建共享的全球价值观推进了全球治理体系变革。随着新兴市场国家的快速兴起，发展中国家综合实力的上升，国际关系力量对比发生变化，“东升西降”“南升北降”态势更加明显，原有的以发达国家为主导的全球治理体系已经不能应对新的世界秩序变革，霸权主义、单边主义思潮严重阻碍了世界的进步与发展，全球治理体系、治理机制和话语权结构迫切需要更新和改善。共商共建共享的全球治理观的提出正是对世界治理病症开出的一剂标本兼治、综合施策的药方，是对现有世界治理格局和全球治理理论的补充和完善，为全球治理体系改革指明了发展方向，提供了制度保障。当今世界已经成为你中有我、我中有你、互联互通的地球村，每一个国家都是世界治理的参与者、贡献者和受益者，每一个国家都应该秉承合作共赢的理念，在国际合作和国际事务中坚持权利、机会和规则平等，冲破世界治理垄断屏障，提升新兴市场与发展中国家的国际地位和话语权，使全球治理体系向着公正合理化的方向发展，从而实现发展大联动、成果大共享。

共商共建共享的全球价值观推进了中国“一带一路”倡议。为深化改革，大力建设合作共赢的对外开放新格局，习近平于 2013 年提出了“一带一路”倡议，为世界发展搭建了互联互通的国际合作新平台，增添了共同发展的新动力。习近平指出：“共建‘一带一路’顺应了全球治理体系变革的内在要求，彰显了同舟共济、权责共担的命运共同体意识，为完善全球治理体系变革提供了新思路新方案。”①“共建‘一带一路’倡议，目的是聚焦互联互通，深化务实合作，携手应对人类面临的各种风险

① 《习近平谈治国理政》（第 3 卷），外文出版社 2020 年版，第 486 页。

挑战,实现互利共赢、共同发展。”[①]共商共建共享全球治理观的提出为“一带一路”倡议的具体实施提供了根本遵循和重要的政策保障。推进“一带一路”倡议,就是要坚持对话协商,化解分歧,谋划发展大局,秉持共商共建共享的原则,通过双边合作、三方合作、多边合作等各种形式,将“一带一路”打造成顺应经济全球化潮流的最广泛的国际合作平台,让更多的国家参与进来,发挥联动优势,促进世界经济融合,取得全人类共同发展,实现人类命运共同体的伟大愿景。

（二）坚守公平正义,推动国际关系民主化、法治化和合理化

公平正义是人类文明发展进步的价值尺度,是形成更加公正合理的国际秩序的价值准则,也是深入推进全球治理体系变革和建设的价值引领。习近平指出:“公平正义的全球治理是实现各国共同发展的必要条件。[②]”当今世界存在的发展失衡、治理困境、数字鸿沟、公平赤字等问题,愈益突出地表明着力解决公平公正问题,推进公平正义的全球治理,是推动形成更加公正合理的国际秩序的必然要求,是摆在各国面前不可回避的重要问题。在推进全球治理体系变革进程中,只有主持公道、弘扬正义,才能建设公平公正的美好世界,放大国际关系中的正能量。“公平正义是世界各国人民在国际关系领域追求的崇高目标。在当今国际关系中,公平正义还远远没有实现。”[③]因之,推进全球治理体系变革,必须维护国际公平正义,变革全球治理体系中与公平正义相悖的制度安排,营造公平正义的国际环境,共同致力于建设公平公正的全球治理体系。

首先,共同推动国际关系民主化。国际关系民主化的基本精神是反对强权政治和单边主义,由世界各国通过平等协商共同解决国际问题,共同治理国际事务。在国际事务中必须坚持和平共处五项原则,要摒弃弱肉强食的丛林法则,国家无论大小、贫富、强弱,都是国际社会的平等

① 《习近平谈治国理政》(第3卷),外文出版社2020年版,第490页。

② 习近平:《论坚持推动构建人类命运共同体》,中央文献出版社2018年版,第389页。

③ 习近平:《论坚持推动构建人类命运共同体》,中央文献出版社2018年版,第133页。

一员，不仅在权益上平等，而且在国际规则上平等，都享有平等参与地区和国际事务的权利。国际关系民主化是时代的呼声，是建设和谐世界，促进人类持久和平、共同发展、文明进步的关键和前提。离开国际关系民主化，多极化和全球化就将步入歧途，公正、合理的国际新秩序就无从建立，世界和平与发展的崇高目标就难以实现。习近平指出："世界的命运必须由各国人民共同掌握，世界上的事情应该由各国政府和人民共同商量来办。垄断国际事务的想法是落后于时代的，垄断国际事务的行动也肯定是不能成功的。"[①]经历了疫情洗礼，各国人民更加清晰地认识到，要摒弃冷战思维和零和博弈，反对任何形式的"新冷战"和意识形态对抗，国与国之间要平等相待、互相尊重。动辄对他国颐指气使、干涉内政的行为不得人心。各国主权范围的事情，只能由本国政府和人民去管，世界上的事情，只能由各国政府和人民共同协商来办。

主权是国家独立的根本标志，也是国家利益的根本体现和可靠保证。主权平等是数百年来国与国规范彼此关系最重要的准则，也是联合国及所有机构、组织共同遵循的首要原则。在国际关系和全球治理中坚守公平正义，首先要维护国家主权平等原则，这是国际关系最重要的准则，也是全球治理必须遵循的首要原则。习近平指出："要坚持国家不分大小、强弱、贫富一律平等，尊重各国人民自主选择发展道路的权利，反对干涉别国内政，维护国际公平正义。"[②]每个国家在谋求自身发展的同时，要积极促进其他各国共同发展，不能把世界长期发展建立在一批国家越来越富裕而另一批国家却长期贫穷落后的基础之上。"那种以邻为壑、转嫁危机、损人利己的做法既不道德，也难以持久。"[③]推动全球治理体系变革是国际社会共同的事，应坚持共商共建共享原则。各国要同心协力，妥善应对各种问题和挑战。"要坚定支持有关国家依法平稳推进重大国内政治议程，坚定支持各国维护政治安全和社会稳定，坚决

① 习近平：《论坚持推动构建人类命运共同体》，中央文献出版社2018年版，第133页。

② 《习近平谈治国理政》（第1卷），外文出版社2018年版，第273页。

③ 《习近平谈治国理政》（第1卷），外文出版社2018年版，第273页。

反对外部势力以任何借口干涉成员国内政。”①中国坚定维护自身的主权、安全、发展利益，也支持其他国家特别是广大发展中国家，维护自身的主权、安全、发展利益。中国坚持不干涉别国内政原则，不会把自己的意志强加于人，即使再强大，也永远不称霸。

为在国际社会实现公平正义，习近平特别强调，要坚持正确义利观，在同发展中国家和周边国家发展关系时，要树立正确义利观，政治上坚持正义、秉持公道、道义为先，经济上坚持互利共赢、共同发展。坚持正确义利观，永远做发展中国家的可靠朋友和真诚伙伴。义利并举，以义为先。“只有义利兼顾才能义利兼得，只有义利平衡才能义利共赢。”②

建立国际政治经济新秩序是推动国际关系民主化的一项重要制度保障。实现国际关系民主化的过程，就是破除不平等的国际旧秩序、建立公正合理的国际新秩序的过程。建立国际新秩序是国际关系民主化的目标，而国际新秩序的确立本身就是国际关系民主化的表现。当代国际旧秩序具有极大的不合理性，其实质就是维护垄断资本的国际剥削和西方大国的霸权地位，就是严重阻碍世界和平与发展的霸权主义和强权政治。国际新秩序的建立有利于世界各国平等地参与经济全球化进程，从根本上改变发展中国家在国际社会中的不平等地位，确保各国共享全球化的“红利”，最终实现世界各国的和谐共处、共同发展。

其次，共同推动国际关系法治化。建立公正合理的国际秩序，是人类孜孜以求的目标和理想。习近平强调，“我们应该创造一个奉行法治、公平正义的未来。要提高国际法在全球治理中的地位和作用，确保

① 习近平：《弘扬“上海”精神　深化团结协作　构建更加紧密的命运共同体》，载《人民日报》2020年11月11日，第2版。

② 习近平：《共创中韩合作未来　同襄亚洲振兴繁荣——在韩国国立首尔大学的演讲》，载《人民日报》2014年7月5日，第2版。

国际规则有效遵守和实施,坚持民主、平等、正义,建设国际法治”①。以习近平同志为核心的党中央统筹国内国际两个大局,综合考虑国家治理与国际治理两个要务,力促国内法治与国际法治之间的良性互动。在全球化时代,国内国际两个层面的界限趋于模糊,相互贯通和渗透增强,彼此影响和转化加快。国内治理和国际治理上的价值取向与政治智慧是高度统一的,以法律为主要内容的国际国内两类规则本质上也是相通的。作为全面依法治国理念和基本方略的外部表现和逻辑延伸,习近平主张在全球治理中奉行法治、维护国际公平正义,这也顺应了国际关系不断加强的法治化趋势。“建立国际机制、遵守国际规则、追求国际正义成为多数国家的共识。”②就中国与世界的关系而言,中国的定位是始终做世界和平的建设者、全球发展的贡献者和国际秩序的维护者。“法治是人类政治文明的重要成果。”③坚持法治精神,推动国际关系法治化,是全球治理体系变革的内在要求。国际秩序就是一种准则和行为规范,其最典型的载体是国际法。作为维护国际秩序的重要手段,各国正越来越多地用制度规则来协调彼此关系和利益矛盾,要“推动各方在国际关系中遵守国际法和公认的国际关系基本原则,用统一适用的规则来明是非、促和平、谋发展”④。因之,要提高国际法在全球治理中的地位和作用,确保国际规则的有效遵守和实施。各国有责任维护国际法治权威,坚持权利和义务并重,依法行使权利,善意履行义务。针对个别西方国家总是以国际法“代言人”和“世界法官”自居,但对人不对己,合则用,不合则弃的态度对待国际法治的“双重标准”,习近平明确指出:“法律的生命也在于公平正义,各国和国际司法机构应该确保国际法平等统一适用,不能搞双重标准,不能‘合则用、不合则弃’,真正做到‘无偏无

① 习近平:《论坚持推动构建人类命运共同体》,中央文献出版社 2018 年版,第 291 页。

② 中共中央宣传部编:《习近平新时代中国特色社会主义思想学习纲要》,人民出版社 2019 年版,第 171 页。

③ 习近平:《论坚持推动构建人类命运共同体》,中央文献出版社 2018 年版,第 486 页。

④ 习近平:《论坚持推动构建人类命运共同体》,中央文献出版社 2018 年版,第 134 页。

党，王道荡荡'。"[①]推进全球治理体系变革，必须确保国际法的平等统一适用，反对歪曲国际法，反对以"法治"之名侵害他国正当权益、破坏国际和平稳定的行径。法治是规则之治。随着全球治理变革的深入推进，不断完善国际规则体系，确保国际秩序公正合理、人类社会公平正义，已经势在必行。因此，必须坚持规则导向，完善全球治理。诚如习近平所强调的："以规则为基础加强全球治理是实现稳定发展的必要前提。规则应该由国际社会共同制定，而不是谁的胳膊粗、气力大谁就说了算，更不能搞实用主义、双重标准，合则用、不合则弃。"[②]在国际社会中，法律应该是共同的准绳，没有只适用他人、不适用自己的法律，也没有只适用自己、不适用他人的法律。国际法既为国家创设权利，也为国家设定义务。国家因缔结国际条约而享受该条约所赋予的权利和利益，也必然因此承担相应的国际义务。各国关系和利益只能以制度和规则加以协调，不能谁的拳头大就听谁的。法律的生命在于付诸实施，各国有责任维护国际法治权威，依法行使权利，善意履行义务，凡有效之条约对其各当事国有拘束力，各当事国必须善意履行。条约当事国不得以援引其国内法规定为由而不履行条约。联合国会员国在宪章下之义务与其依任何其他国际协定所负之义务有冲突时，其在宪章下之义务应居优先位置。中国是国际法治的倡导者和维护者，重信守诺，不搞例外主义，反对歪曲国际法，反对以"法治"之名行侵害他国正当权益、破坏和平稳定之实。

最后，共同推动国际关系合理化。各国紧密相连，人类命运与共。习近平指出："推动建设相互尊重、公平正义、合作共赢的新型国际关系。"[③]合作共赢才能办大事、办好事、办长久之事。如果一些国家越来越富，另一些国家越来越穷，世界不可能长久和平、持久繁荣。一大批发展中国家的快速发展，已经成为当今世界进程一个不可阻挡的历史趋

---

① 《习近平谈治国理政》（第2卷），外文出版社2017年版，第540页。

② 《习近平谈治国理政》（第3卷），外文出版社2020年版，第459页。

③ 中共中央宣传部编：《习近平新时代中国特色社会主义思想学习纲要》，人民出版社2019年版，第169页。

势，全球治理格局和体制中以西方为主导的状况已经难以为继，争夺全球治理和国际规则制定主导权的较量十分激烈。这必将深刻影响全球治理体系的变革进程。习近平指出："全球治理格局取决于国际力量对比，全球治理体系变革源于国际力量对比变化。"[①]"适应国际力量对比新变化推进全球治理体系改革，体现各方关切和诉求，更好维护广大发展中国家正当权益。"[②]因此，推进全球治理体系变革，必须反映国际格局的深刻变化，坚定地维护发展中国家的共同利益，应坚持共商共建共享原则，积极推动全球治理规则的革故鼎新，致力于提高发展中国家在全球治理体系中的地位和作用。要大力推动变革全球治理体系中不公正、不合理的安排，改革国际货币基金组织、世界银行等国际经济金融组织的治理结构，增加发展中国家的代表性和发言权。要进一步推动多哈回合谈判，维护广大发展中国家的正当权益，确保各国在国际经贸活动和国际经济合作中机会平等、规则平等、权利平等。习近平强调，中国是一个负责任的大国，"要坚持从我国国情出发，坚持发展中国家定位，把维护我国利益同维护广大发展中国家共同利益结合起来"[③]。全球治理体系变革的目的，是让全球治理朝着更加平衡地反映大多数国家特别是新兴市场国家与发展中国家意愿和利益的方向发展，从而更好反映国际格局的变化，满足应对全球性挑战的现实需要，顺应和平发展合作共赢的历史趋势。国家之间有分歧是正常的，应该通过对话协商妥善化解。国家之间可以有竞争，但必须是积极和良性的，要守住道德底线和国际规范。大国应该有大国的样子，要提供更多全球公共产品，承担大国责任，展现大国担当。中国要积极参与全球治理体系改革和建设，推动变革全球治理体制中不公正、不合理的安排。努力使全球治理体制更加平衡地反映大多数国家的意愿和利益。作为全球治理变革进程的参与者、推动者、引领者，中国要发挥建设性作用，主动参与并努力引领国际规则

---

① 习近平：《论坚持推动构建人类命运共同体》，中央文献出版社 2018 年版，第 384 页。

② 习近平：《论坚持推动构建人类命运共同体》，中央文献出版社 2018 年版，第 134 页。

③ 习近平：《论坚持推动构建人类命运共同体》，中央文献出版社 2018 年版，第 260 页。

制定，推动形成公正、合理、透明的国际规则体系，坚定维护发展中国家的共同利益，提高发展中国家在全球治理体系中的地位和作用，提升中国在全球治理体系变革中的话语权和影响力，努力为完善全球治理体系贡献中国智慧和中国方案。

四、运用法治手段开展国际斗争

党的十八大以来，以习近平同志为核心的党中央统筹中华民族伟大复兴战略全局和世界百年未有之大变局，从党和国家长治久安的战略高度系统谋划，以建设中国特色社会主义法治体系为抓手，全面推进依法治国，协调推进国内法治与国际法治，以更好地运用国内规则与国际规则维护国家主权、安全和发展利益。习近平指出："世界进入动荡变革期，国际竞争越来越体现为制度、规则、法律之争。我们必须加强涉外法律法规体系建设，提升涉外执法司法效能，坚决维护国家主权、安全、发展利益。"①"要加强国际法治领域合作，加快我国法域外适用的法律体系建设，加强国际法研究和运用，提高涉外工作法治化水平。"②

（一）加快形成健全的涉外法治体系

涉外法治体系是一国制定的用以调整涉外法律关系的原则、规则和制度所形成的涉外治理系统，是一国法治体系的重要组成部分。党的十八届四中全会《决定》第一次以党的文件形式明确提出"加强涉外法律工作。适应对外开放不断深化，完善涉外法律法规体系，促进构建开放型经济新体制"③。党的十九届四中、五中、六中全会也对加强涉外法治工作提出了一系列新举措，并作出加强涉外法治体系建设的重要战略部署。

---

① 习近平：《坚定不移走中国特色社会主义法治道路　更好推进中国特色社会主义法治体系建设》，载《求是》2022 年第 4 期。

② 《习近平主持召开中央全面依法治国委员会第三次会议强调　全面提高依法防控依法治理能力　为疫情防控提供有力法治保障》，载《人民日报》2020 年 2 月 6 日，第 1 版。

③ 《中共中央关于全面推进依法治国若干重大问题的决定》，人民出版社 2014 年版，第 39 页。

首先,要加强涉外领域立法。作为涉外法律体系的重要渊源以及法治系统的重要环节,涉外领域立法的完善程度直接影响涉外法治工作的有效开展。党的十一届三中全会以来,我国涉外法治工作取得长足进步,相继制定了《中外合资经营企业法》(已失效)、《外资企业法》(已失效)、《中外合作经营企业法》(已失效)、《海关法》、《对外贸易法》、《涉外民事关系法律适用法》等一批重要的涉外法律法规,为改革开放的深入推进提供了法律依据和法治保障。随着我国对外开放程度的加深,科技革命和产业技术变革带来的激烈竞争,以及经济危机、环境威胁、网络安全等全球性问题为全球治理工作带来的新挑战,也对我国涉外法治建设工作提出了新的要求。为此,中共中央印发的《法治中国建设规划(2020—2025年)》明确提出要"加强重点领域、新兴领域、涉外领域立法"。[①] 当前我国的涉外领域立法工作应重点完善我国外商投资法,建立健全统一的外资准入管理和事中事后监管制度,完善外商投资国家安全审查、反垄断审查、国家技术安全清单管理、不可靠实体清单等制度,提高防范应对境外安全风险能力;健全涉外经贸法律制度,完善市场准入和监管、产权保护、信用体系等方面法律制度,营造市场化、法治化、国际化的营商环境;[②]完善海外投资管理制度,建立健全海外投资咨询服务和风险预警机制,构建援外法律服务制度,为中国公民、企业"走出去"提供法治保障。

其次,加快我国法域外适用法律体系建设。所谓国内法域外适用,实际上是一国主权权力的域外延伸和扩展,从而使内国法具有域外效力。习近平多次强调,"要加快推进我国法域外适用的法律体系建设,为我国涉外执法、司法活动提供法律依据"[③]。当前,经济全球化遭遇逆流,保护主义、单边主义、霸权主义趋势抬头,以美国为首的西方国家打

---

① 参见《中共中央印发〈法治中国建设规划(2020—2025年)〉》,载《人民法院报》2021年1月11日,第1版。

② 参见《习近平法治思想概论》编写组编:《习近平法治思想概论》,高等教育出版社2021年版,第211页。

③ 习近平:《论坚持全面依法治国》,中央文献出版社2020年版,第257页。

着“法治”幌子干涉我国内政，对我国企业和个人实施“长臂管辖”和单边制裁，侵害我国公民和企业合法权益，严重破坏国际法治，打乱世界秩序。因此，加快构建我国法域外适用法律体系，既是阻断和反制外国法不当域外适用的必然要求，也是捍卫我国主权、安全和发展利益的必然选择。目前，我国虽然已颁布《反外国制裁法》《阻断外国法律与措施不当域外适用办法》《不可靠实体清单规定》等阻断和反致类法律和部门规章，但中国法域外适用法律体系尚不健全，需要进一步加强反致理论和实践研究，尽快建立国内法域外适用法及其配套机制，明确我国现行法律域外适用的标准、条件和程序，强化涉外执法和司法，细化涉外行政执法细则、裁量标准和操作流程，完善涉外司法机制，提升司法工作的透明度和公信力，加强中国法域外适用的精确性和权威性，使其成为有效维护我国国家安全和利益、有力反击外国单边制裁和“长臂管辖”的法律武器。

最后，完善涉外法律服务体系。健全完备的涉外法律服务体系是中国公民和企业走出国门、开展对外关系的重要法治保障，也是中国涉外法治体系不可或缺的重要组成部分。党的十八届四中全会明确提出要“强化涉外法律服务，维护我国公民、法人在海外及外国公民、法人在我国的正当权益，依法维护海外侨胞权益”①。2016 年，司法部、外交部等部门联合印发了《关于发展涉外法律服务业的意见》，从服务国家重大发展战略、服务外交工作、打击跨国犯罪等多个领域提出发展涉外法律服务业的具体举措。党的十九届四中全会则进一步提出要“建立涉外工作法务制度，加强国际法研究和运用，提高涉外工作法治化水平”②，对新形势下做好涉外法治工作提出了新的要求。2019 年，中共中央办公厅、国务院办公厅印发的《关于加快推进公共法律服务体系建设的意见》明确提出要建立健全法律查明机制，通过建立涵盖我国法律法规的

① 《中共中央关于全面推进依法治国若干重大问题的决定》，人民出版社 2014 年版，第 39 页。

② 《中共中央关于坚持和完善中国特色社会主义制度　推进国家治理体系和治理能力现代化若干重大问题的决定》，人民出版社 2019 年版，第 38 页。

统一数据库、国别法律信息数据库以及专家库等形式为我国公民和企业提供域外法律查明服务和咨询服务，帮助他们了解外国有关法律制度，引导企业和公民在“走出去”过程中自觉遵守当地法律法规，运用法治手段维护自身合法权益；通过完善涉外法律服务机构建设，推动建立国际商事调解组织，打造国际知名仲裁机构等方式，积极为国家重大经贸活动和全方位对外开放提供法律服务。

（二）提高运用法治手段参与国际斗争的能力

法治是国家核心竞争力的重要内容，也是塑造全球性大国形象的重要标志，同时，法治也日益成为国际斗争和大国博弈的重要手段。习近平也多次强调，“中国走向世界，以负责任大国参与国际事务，必须善于运用法治。在对外斗争中，我们要拿起法律武器，占领法治制高点，敢于向破坏者、搅局者说不”[①]。“要把法治应对摆在更加突出位置，用规则说话，靠规则行事，维护我国政治安全、经济安全，维护我国企业和公民合法权益。”[②]

首先，积极参与国际规则制定。习近平指出：“数百年来列强通过战争、殖民、划分势力范围等方式争夺利益和霸权逐步向各国以制度规则协调关系和利益的方式演进。”[③]在当前国际规则面临重大变数的背景下，中国积极参与国际规则制定，既是为全球治理提供公共产品，贡献中国智慧和中国价值的解决方案，也是争夺国际话语权、规则制定权，维护我国国家主权、安全和发展利益的重要路径。当前，在国际规则制定方面，我国享有的话语权与我国国力严重失衡。因此，要以习近平法治思想为引领，秉持国家利益本位价值观，积极争取国际规则制定权，促进完善国际规则体系和国际法治。[④] 一是要加强对国际法的研究和运用，只有加深对国际法的研究，才能更灵活地运用国际法并促进国际法的理论

① 习近平：《加强党对全面依法治国的领导》，载《求是》2019 年第 4 期。

② 习近平：《论坚持全面依法治国》，中央文献出版社 2020 年版，第 256～257 页。

③ 习近平：《论坚持推动构建人类命运共同体》，中央文献出版社 2018 年版，第 259 页。

④ 参见郭雳：《新时代国际法律风险应对与全球治理推进》，载《中外法学》2021 年第 4 期。

创新和发展,提升运用国际法治思维、国际法律原则与规则参与国际对话、解决国际事务的能力;二是积极参与国际事务,对各国共同关心的环境污染、资源能源安全、网络信息安全、防范重大传染性疾病等全球公共问题提供中国智慧,成为全球治理的积极参与者、推动者;三是积极参加国际会谈和国际组织活动,在国际规则制定与变革中,努力提出公正合理的中国方案,发出中国声音;四是广泛吸纳志同道合的国际伙伴共同创建新型国际组织,引领国际规则的制定,作为现有国际治理体系的重要补充,以应对全球治理体系失灵问题。

其次,加强涉外法治人才培养。习近平强调,“要加强能力建设和战略投入,加强对全球治理的理论研究,高度重视全球治理方面的人才培养”[①]。一方面,涉外法治人才是中国深入推进对外开放、落实“一带一路”等国家战略部署的人才保障;另一方面,参与全球治理也需要一大批熟悉党和国家方针政策、了解中国国情、熟练运用外语、通晓国际规则、精通国际谈判的涉外法治人才作支撑。而涉外法治人才培养是一项系统工程,涉及法学、政治学、经济学、外语等多种学科体系,需要一套制度完善、体系健全的人才培养机制。目前,我国善于处理涉外法律事务、参与解决国际法律争端的涉外法治人才相对紧缺,现有涉外法律人才的规模和质量也难以适应中国日益走近世界舞台中央的历史进程,法治人才培养机制尚不完善,重要国际岗位的国际法人才存在明显短缺,因此,有必要进一步加强涉外法治人才培养力度,创新涉外法治人才培养机制,形成常态化、规范化的涉外法治人才培养制度。2022 年 3 月,司法部联合教育部等部门发布了《关于做好涉外仲裁人才培养项目实施工作的通知》,该通知既是对创新涉外仲裁人才培养机制、优化涉外仲裁人才培养路径作出的具体部署,也是为打造一批高素质专业化涉外仲裁人才队伍作出的极为有益的尝试。

---

① 《习近平在中共中央政治局第二十七次集体学习时强调　推动全球治理体制更加公正更加合理　为我国发展世界和平创造有利条件》,载《人民日报》2015 年 10 月 14 日,第 1 版。

最后，加强执法司法领域国际合作。当前，法治已经成为国家治理和全球治理的重要方式，随着全球犯罪形势更趋复杂化，迫切需要各国加强国际协作以应对全球挑战，因此，国际法治合作也成为国家间处理国际事务的重要手段。党的十八届四中全会提出三种国际法治合作：一是积极开展执法安全国际合作，不断完善安全合作的法律基础，既要遵守本国法律规定，又要确保国际法平等统一适用，不能搞双重标准，要加强信息共享、联合行动，共同打击恐怖势力、民族分裂势力、宗教极端势力和贩毒走私、拐卖、网络犯罪等各种形式的有组织跨国犯罪。二是深化司法领域国际合作，各国应在尊重国家主权、遵守国际法的基础上，在友好互助的合作框架下推进引渡、遣返犯罪嫌疑人、调取和移交证据、被判刑移管等方面的国际司法合作。三是加强反腐败国际合作，加大海外追赃追逃、遣返引渡力度。目前我国已与 70 多个国家签署了 140 多项司法互助协定，有力地提高了办案效率。①

五、践行真正的多边主义

多边主义是维护和平、促进发展的有效路径，其要义是国际上的事情由大家共同商量着办，世界前途命运由各国共同掌握。长期以来，中国高举多边主义旗帜，积极参与以联合国为中心的多边活动，广泛参加多边条约和国际公约，为维护世界和平、促进共同发展作出了巨大贡献。

当今世界正经历百年未有之大变局。虽然和平与发展仍是时代主题，但世界依然面临诸多的问题与挑战。一些国家单边主义、保护主义依旧盛行，不断影响国际社会稳定与发展；世界经济正在面临第二次世界大战以来最严重的衰退；意识形态、价值观念、道德准则等文化软实力越来越成为国与国之间竞争的主战场；气候变化、环境污染、重大传染性疾病等全球性问题不断威胁全人类的生存家园……这些问题相互交织、

---

① 参见《习近平法治思想概论》编写组编：《习近平法治思想概论》，高等教育出版社 2021 年版，第 212 页。

相互发酵，构成了人类前进道路上共同的困难与挑战。同时，世界多极化趋势没有根本改变，经济全球化展现出新的韧性，维护多边主义、加强沟通协作的呼声更加强烈。党的十八大以来，习近平着眼世界发展方向和人类前途命运，提出构建人类命运共同体以及构建新型国际关系重大倡议，拓展深化新时代多边主义理念和实践，赢得国际社会高度赞誉和广泛支持。

首先，践行真正的多边主义，就要秉持人类命运共同体理念，坚守和平、发展、公平、正义、民主、自由的全人类共同价值，摆脱意识形态偏见，最大限度增强合作机制、理念、政策的开放性和包容性，共同维护世界和平稳定。一个和平发展的世界应该承载不同形态的文明，必须兼容走向现代化的多样道路。经历了疫情洗礼，各国人民更加清晰地认识到，必须摒弃冷战思维和零和博弈，反对任何形式的"新冷战"和意识形态对抗。我们要大力弘扬全人类共同价值，在公平公正的基础上竞争，建设开放型世界经济，坚定维护多边贸易体制，不搞歧视性、排他性标准、规则、体系，不搞割裂贸易、投资、技术的高墙壁垒，开展你追我赶、共同提高的"田径赛"，而不是搞相互攻击、你死我活的"角斗赛"。一些发达国家在有关多边机制建设和运行中经常表现出自利倾向。这种"有选择的多边主义"遵循的逻辑是本国利益优先，与人类共同利益的实现不相符，阻碍了多边合作的深化与国际社会的团结。中国主张秉持人类命运共同体理念，把促进各国共同发展、解决全球发展不平衡问题作为国际多边合作的重要议程。在已经建立起来的多边制度中，各国应该按照相应的规则和程序行事，维护多边制度的权威性和有效性，在履行义务和遵守规则上不按照本国的意愿取舍、选择。国际规则应该由各国共同遵守，没有也不应该有例外。多边制度还应在实践中不断革新完善，以更好协调各国行动、应对挑战，但不能把多边制度当作合则用、不合则弃的工具。

其次，践行真正的多边主义，就要坚持以国际法则为基础，切实维护公平正义的体系、秩序、规则。中国古人讲："法者，治之端也。"国际社会应该按照各国共同达成的规则和共识来治理，而不能由一个或几个国家来发号施令。世界只有一个体系，就是以联合国为核心的国际体系；只有一个秩序，就是以国际法为基础的国际秩序；只有一套规则，就是以联合国宪章宗旨和原则为基础的国际关系基本准则。联合国已经发展成为当今世界最具普遍性、代表性、权威性的国际组织，是多边主义的象征，也是多边机制的核心。联合国宪章是公认的国与国关系的基本准则，没有这些国际社会共同制定、普遍公认的国际准则，世界最终将滑向弱肉强食的丛林法则，给人类带来灾难性后果。解决国际上的事情，不能从所谓"实力地位"出发，推行霸权、霸道、霸凌，"恃强凌弱"不是多边主义。中国厉行国际法治，毫不动摇维护以联合国为核心的国际体系、以国际法为基础的国际秩序、以联合国宪章宗旨和原则为基础的国际关系基本准则。多边机构是践行多边主义的平台，也是维护多边主义的基本框架，其权威性和有效性理应得到维护。要坚持通过制度和规则来协调规范各国关系，反对恃强凌弱。不能谁胳膊粗、拳头大谁说了算。以联合国为核心的多边机制不仅代表了国际社会的进步，还标志着一个崭新时代的到来，"国家不分大小一律平等"不再是一句空话。如果观念仍停留于旧时代，总试图凭借实力倾轧别国，恐怕只会事与愿违、引燃众怒。

再次，践行真正的多边主义，反对"伪多边主义"。"伪多边主义"表面上打着多边主义的旗号，实质上是要搞"小圈子"和集团政治，甚至要以意识形态站队、阵营之间选边来割裂世界，破坏国际秩序，制造对抗和分裂。西方的一些国家把多边制度视为个别国家或某些少数国家在世界上巩固或扩展其支配地位的工具，常常以意识形态划线把多数国家排除在外。通过多边制度把自己的价值、规范、规则等强加给其他国家，严重损害其他国家的主权平等地位和在世界事务中的发言权。多边主义不应是封闭排他的，小圈子的多边主义背离多边主义的初衷和要义，是一种以多边主义之名行单边主义之实的"伪多边主义"。我们要坚持开放包容，不搞封闭排他。习近平指出："多边主义的要义是国际上的事由大家共同商量着办，世界前途命运由各国共同掌握。”[①]在国际上搞“小圈子”“新冷战”，排斥、威胁、恐吓他人，动不动就搞脱钩、断供、制裁，人为造成相互隔离甚至隔绝的状态，只能把世界推向分裂甚至对抗。一个分裂的世界，无法应对人类面临的共同挑战，对抗将把人类引入死胡同。我们坚决反对恃强凌弱，“甩锅”污蔑，颠倒黑白，以多边主义之名、行单边主义之实；坚决反对把国际规则当成维护自身霸权的工具，以自己的利益为标准，合则用、不合则弃，搞“有选择的多边主义”，世界要公道，不要霸道。当前，面临世界百年变局，国际格局加速演变，动荡调整还在持续，在错综复杂的国际形势下，多边主义面临许多挑战。真正的多边主义与国际关系民主化、法治化同向而行，主张大小国家平等，通过合作、谈判、协商而不是强权、武力、胁迫处理国与国之间的关系。搞集团政治、小圈子等“伪多边主义”与真正的多边主义背道而驰，与时代潮流、人民期待格格不入。

最后，践行真正的多边主义，需要国际社会成员共同支持和维护，更需要大国作出贡献和示范。现代国际关系中的多边主义，发端于人类为解决共同问题的努力。在一个日益你中有我、我中有你的世界，任何一个国家，无论多么强大，都无法独善其身，也不能凭一己之力解决世界面临的问题，而是需要从战略和原则的高度来重视多边合作和多边制度。多边主义不是无本之木，而是适应经济全球化、世界多极化时代要求的产物，要重振多边主义，世界主要大国应成为坚持联合国宪章宗旨和原则的模范者、遵循国际规则的引领者、为全球福祉提供必要国际公共产品的先行者。尤为重要的是，世界主要大国应引领国际社会牢固树立人类命运共同体理念，高扬开放、包容、合作、共赢的旗帜，坚守和平、发展、公平、正义、民主、自由的全人类共同价值，进一步加深和拓展多边主义的内涵与外延。习近平指出：“21 世纪的多边主义要守正出新、面向

① 习近平：《让多边主义的火炬照亮人类前行之路——在世界经济论坛“达沃斯议程”对话会上的特别致辞》，人民出版社 2021 年版，第 4 页。

未来,既要坚持多边主义的核心价值和基本原则,也要立足世界格局变化,着眼应对全球性挑战需要,在广泛协商、凝聚共识基础上改革和完善全球治理体系。”[①]维护和践行真正的多边主义,是人类应对全球性挑战、解决全球性问题的必然选择,对人类和平与发展意义重大。中国坚定不移坚持多边主义的核心价值和基本原则,立足世界格局变化、着眼应对全球性挑战,不断丰富新形势下的多边主义实践。站在历史正确的一边,站在人类进步的一边,中国不断书写维护和践行多边主义新篇章。

六、推动构建人类命运共同体

地球是人类唯一赖以生存的家园,珍爱和呵护地球是人类的唯一选择。人类只有一个地球,各国共处一个世界。2013 年 3 月,在俄罗斯莫斯科国际关系学院的演讲中,习近平第一次明确提出构建人类命运共同体的理念,他指出:“这个世界,各国相互联系、相互依存的程度空前加深,人类生活在同一个地球村里,生活在历史和现实交汇的同一个时空里,越来越成为你中有我、我中有你的命运共同体。”[②]在后来一系列讲话中,习近平进一步强调,“共同发展是持续发展的重要基础,符合各国人民长远利益和根本利益。我们生活在同一个地球村,应该牢固树立命运共同体意识”[③]。要“构建以合作共赢为核心的新型国际关系,打造人类命运共同体”[④],并且提出要构建“中国—东盟命运共同体”,“牢固树立亚太命运共同体意识”,构建携手共进的中国与拉美的命运共同体,“打造周边命运共同体”,“迈向亚洲命运共同体”,“打造金砖国家利益共同体”,迈向中非命运共同体,“共同构建网络空间命运共同体”,“共

---

① 习近平《让多边主义的火炬照亮人类前行之路——在世界经济论坛“达沃斯议程”对话会上的特别致辞》,人民出版社 2021 年版,第 3 页。

② 习近平:《论坚持推动构建人类命运共同体》,中央文献出版社 2018 年版,第 5 页。

③ 习近平:《论坚持推动构建人类命运共同体》,中央文献出版社 2018 年版,第 29 页。

④ 习近平:《让多边主义的火炬照亮人类前行之路——在世界经济论坛“达沃斯议程”对话会上的特别致辞》,人民出版社 2021 年版,第 5 页。

同构建普遍安全的人类命运共同体”，“齐心协力构建上海合作组织命运共同体”，“共同构建人与自然生命共同体”，“携手共建人类卫生健康共同体”[①]；等等。2017 年 10 月 18 日，在党的十九大报告中，习近平鲜明提出：“我们呼吁，各国人民同心协力，构建人类命运共同体，建设持久和平、普遍安全、共同繁荣、开放包容、清洁美丽的世界。”[②]2017 年 12 月 1 日，在中国共产党与世界政党高层对话会上的主旨讲话中，习近平清晰地表达了人类命运共同体的基本含义：“人类命运共同体，顾名思义，就是每个民族、每个国家的前途命运都紧紧联系在一起，应该风雨同舟，荣辱与共，努力把我们生于斯、长于斯的这个星球建成一个和睦的大家庭，把世界各国人民对美好生活的向往变成现实[③]。”因之，把握世界发展大势，紧跟时代潮流，推动国际秩序和国际体系朝着更加公正合理的方向发展，推动构建人类命运共同体，让和平的薪火代代相传，让发展的动力源源不断，让文明的光芒熠熠生辉，这是世界各国人民的殷切期盼。

推动构建人类命运共同体，这是一个内涵丰富、意蕴深刻的重大战略思想，反映了人类社会发展的客观规律。在人类社会发展的历史长河中，生产力与交往形式之间的矛盾运动，形成了一个有机联系的序列。近代早期开始形成的历史向世界历史转变的过程，源于社会生产力的历史性进步以及由此而产生的生产方式的变革。进入近代世界以来，各民族之间相互影响的活动范围日益拓展，以往那种孤立自在的民族生存状态逐步被打破，各民族被纳入一个整体化的彼此相互联系的发展网络之中。由此，孤立的或分裂的历史开始向整体的或统一的历史转变，从而使近代国际法和国际体系得以建立与发展。习近平坚持运用马克思主义唯物史观的基本原理和世界历史理论，深入考察近代以来人类社会政治文明与国际秩序的演进过程，分析了从《威斯特伐利亚和约》到《日内

---

① 习近平：《论坚持推动构建人类命运共同体》，中央文献出版社 2018 年版，第 29 页。

② 《中国共产党第十九次全国代表大会文件汇编》，人民出版社 2017 年版，第 17 页。

③ 习近平：《论坚持推动构建人类命运共同体》，中央文献出版社 2018 年版，第 510 页。

瓦公约》、从《联合国宪章》到万隆会议的国际关系变迁历程，总结了最近100多年的人类社会历史，得出一个重要结论：和平与发展是全人类的共同愿望，建立公正合理的国际秩序是人类孜孜以求的目标。然而，这项任务至今没有完成。[①] 因之，要顺应历史潮流和人民呼声，推动构建人类命运共同体，为实现世界和平与发展的崇高目标、建立更加公正合理的国际秩序和全球治理体系而不懈努力。

推动构建人类命运共同体的重大战略思想，凝结着全人类的共同价值。文明是一个国家、一个民族的灵魂。每一个国家和民族的文明都深深扎根于本国度本民族深厚的社会土壤之中，凝结着本国度本民族的理念、精神和智慧。然而，处在不同时间和空间条件下的每个文明系统之间无疑存在某些共同性的价值因素。随着人类社会交往的增进，潜藏在不同文明系统背后的共同性的价值因素，必然要以各种方式和途径显现出来。这些共同性的价值因素，无疑体现了人类社会交往实践的普遍性的理性要求。习近平站在推动构建人类命运共同体的新的历史起点上，对人类文明发展进程所积淀下来的人类社会共同价值准则进行提炼和概括，精辟地阐述人类社会的共同价值基准，并深刻指出："和平、发展、公平、正义、民主、自由，是全人类的共同价值。"[②]"要弘扬和平、发展、公平、正义、民主、自由的全人类共同价值，倡导不同文明交流互鉴。"[③]这一重要思想，反映了人类文明发展进步的不懈追求，体现了全人类的共同价值关切，彰显了"大道之行、天下为公"的崇高人文情怀，从而确立了构建人类命运共同体赖以遵行的人类共同价值观念。和平、发展、公平、正义、民主、自由这一全人类共同价值观的提出，鲜明表达了习近平关于构建以合作共赢为核心的新型国际关系的政治价值准则，弘扬和扩

---

① 参见习近平：《论坚持推动构建人类命运共同体》，中央文献出版社2018年版，第415页。

② 习近平：《论坚持推动构建人类命运共同体》，中央文献出版社2018年版，第253页；习近平：《论多边主义的火炬照亮人类前行之路——在世界经济论坛"达沃斯议程"对话会上的特别致辞》，人民出版社2021年版，第5页。

③ 习近平：《同舟共济克时艰，命运与共创未来——在博鳌亚洲论坛2021年年会开幕式上的视频主旨演讲》，载《人民日报》2021年4月21日，第2版。

大了国际关系中的正能量，有力引领着建设公平公正的美好世界，极大地提升了国际道义的感召力，进而充分展现了回应“世界之问”的中国智慧。

推动构建人类命运共同体的重大战略思想，蕴涵着人类政治文明和国际关系准则的宝贵财富。习近平指出：“纵观近代以来的历史，建立公正合理的国际秩序是人类孜孜以求的目标。”[①]在近代以来，从历史向世界历史的转变过程中，国际关系格局发生了深刻变化，国际体系几经变迁，历史性地生成了主权平等、和解协商、法治正义、开放包容、人道主义等国际关系基本准则，深刻地改变了国际社会生活的基本面貌。习近平深刻洞察国际秩序体系的历史变动轨迹，悉心把握近代以来300多年进程中具有标识性意义的国际公约和国际法律文献的基本价值取向，强调《威斯特伐利亚和约》确立的平等和主权原则、万隆会议倡导的和平共处五项原则等国际关系演变积累的一系列公认的原则，“应该成为构建人类命运共同体的基本遵循”[②]。习近平进一步指出，主权平等是数百年来国与国规范彼此关系最重要的准则，也是联合国及所有机构、组织共同遵循的首要原则；沟通协商是化解分歧的有效之策，政治谈判是解决冲突的根本之道；国际公约和国际法律文书应当得到有效实施，各国有责任维护国际法治权威。由此，习近平强调，“世界命运应该由各国共同掌握，国际规则应该由各国共同书写，全球事务应该由各国共同治理，发展成果应该由各国共同分享”[③]。因之，构建人类命运共同体的中国方案，内在地传承、弘扬与发展了近代以来人类政治文明的优秀成果和国际正义的基本准则。

推动构建人类命运共同体，是全球治理领域的一场极其深刻的变革，必须坚定地维护和践行真正的多边主义。一般来说，多边主义是指在国际关系领域协调三个或三个以上国家之间联系的一种制度化形式。

---

① 习近平：《论坚持推动构建人类命运共同体》，中央文献出版社2018年版，第417页。

② 《习近平谈治国理政》(第2卷)，外文出版社2018年版，第539～540页。

③ 《习近平谈治国理政》(第2卷)，外文出版社2018年版，第539～540页。

与之相对，单边主义则主要是指国际体系中居于优势地位的特定大国，在国际事务中一意孤行、我行我素、谋求私利、无礼对待别国的霸凌行为。坚持多边主义，反对单边主义，是第二次世界大战之后推动国际关系民主化进程、形成更加公正合理的国际秩序的历史产物。在当今这个风云变幻的时代，全球性的共同挑战层出不穷，各国之间的相互联系、相互合作、相互依赖日益紧密。坚持和践行多边主义，是在世界格局深刻变化的历史条件下各国携手应对全球性挑战、推进全球治理体系变革的内在需要。党的十八大以来，习近平在许多重要场合深刻阐述坚持多边主义的重大意义，提出了坚持和发展多边主义的一系列重大政治主张，为推进全球治理、维护国际秩序发挥了重要作用。而面对国际格局加速演变与百年变局相互交织的复杂形势，习近平以恢宏的全球胸怀和坚定的大国担当，重申对多边主义的坚定承诺，旗帜鲜明地倡导多边主义，为站在历史的十字路口的世界指明了前行之路。习近平指出："多边主义是维护和平、促进发展的有效路径"①；"多边主义的要义是国际上的事由大家共同商量着办，世界前途命运由各国共同掌握"；"21 世纪的多边主义要守正出新、面向未来，既要坚持多边主义的核心价值和基本原则，也要立足世界格局变化，着眼应对全球性挑战需要，在广泛协商、凝聚共识基础上改革和完善全球治理体系"②。这一论述既简明扼要，又意蕴深远，揭示了多边主义的真谛及其时代要求。在当今世界，单边主义正在受到国际社会的强烈抵制，维护和践行多边主义，受到越来越多的支持。在这一情势下，有些国家开始打着多边主义的幌子，在国际上搞"小圈子""新冷战"，搞意识形态对抗，动辄施以制裁或以制裁、脱钩相威胁，旨在借多边主义之名、行单边主义之实，企图制造一个分裂和对抗的世界。对此，习近平有针对性地强调，要"坚持真正的多边主义，推动

---

① 《习近平谈治国理政》（第 2 卷），外文出版社 2018 年版，第 539、547 页。

② 习近平：《让多边主义的火炬照亮人类前行之路——在世界经济论坛"达沃斯议程"对话会上的特别致辞》，人民出版社 2021 年版，第 5、8 页。

全球治理体系朝着更加公正合理的方向发展”[①]。“世界需要真正的多边主义。各国应该按联合国宪章宗旨和原则办事,不能搞单边主义、霸权主义,不能借多边主义之名拼凑小圈子,搞意识形态对抗。”要“维护真正的多边主义”[②]。因之,维护和践行真正的多边主义,就必须秉持人类命运共同体理念,坚守和平、发展、公平、正义、民主、自由的全人类共同价值,坚持开放包容,不搞封闭排他,摆脱意识形态偏见,坚决反对霸权主义和霸凌行径;坚持以国际法则为基础,不搞唯我独尊,坚定维护以联合国为核心的国际体系,坚定维护以国际法为基础的国际秩序,坚定维护以联合国宪章宗旨和原则为基石的国际关系基本准则,坚定维护联合国权威和在国际事务中的核心作用,坚定维护以世界贸易组织为核心的多边贸易体制,坚决反对个别国家奉行弱肉强食的丛林法则;坚持协商合作,不搞冲突对抗,奉行双赢、多赢、互利共赢的合作观,摒弃我赢你输、赢者通吃的旧思维,拒绝以邻为壑、自私自利的狭隘政策,扔掉冷战思维、零和博弈的旧理念,从而“使我们的地球村成为共谋发展的大舞台,而不是相互角力的竞技场”[③],推动更加公正合理的国际秩序的形成和发展。

推动构建人类命运共同体的崭新理念,凝结着中华文明的优秀成果和全人类的共同价值追求,反映了新时代中国与世界关系的历史性变化,一经提出,就在全球范围内产生了强烈共鸣,载入联合国多项协议和国际多边机制的宣言与成果文件,在国家层面、地区范围和全球重大领域得到了积极回应,以及国际社会愈益广泛的认同和支持,展示出强大的国际影响力,正在从理念走向行动,朝着构建人类命运共同体方向不断迈进。诚如习近平所指出的:“党的十八大以来,我们提出推动构建人类命运共同体的理念,受到各方普遍欢迎和高度评价,被载入联合国

① 习近平:《同舟共济克时艰,命运与共创未来——在博鳌亚洲论坛2021年年会开幕式上的视频主旨演讲》,载《人民日报》2021年4月21日,第2版。

② 《习近平同联合国秘书长古特雷斯通电话》,载《人民日报》2021年5月7日,第1版。

③ 《习近平谈治国理政》(第1卷),外文出版社2018年版,第331页。

一系列决议。我们要乘势而上、顺势而为,坚定维护以联合国宪章宗旨和原则为核心的国际秩序和国际体系,为全球治理体系改革和建设贡献中国智慧和中国方案。"[①]

七、小结

当今世界,中华民族伟大复兴的战略全局与百年未有之大变局这两个大局有机互动、相互作用,深刻地影响全球治理体系的变革进程。当代中国的和平发展,不仅历史性地改变了中国与世界的关系,而且深刻地改变了当今世界的发展格局和趋势。

纵观世界法治现代化的历史进程,我们可以看到,法治现代化是一个普遍性的世界历史进程,构成了近代以来国家与法治领域变革发展的主旋律。然而,这一进程在不同的国度有不同的历史特点,也由此形成不同样式的法治现代化道路。中国式法治现代化,是中国式现代化在法治领域中的集中体现,是中国共产党领导人民在伟大社会革命进程中创造出来的植根中华大地、推进法治变革的自主型法治发展道路。[②] 当代中国共产党人拓展中国式法治现代化的时代进程,与世界法治文明的巨大变迁内在地交织在一起,历史性地重塑着世界法治文明发展格局,蕴含着人类法治文明新形态的基本价值要素。文明多样性是人类社会的基本特征,是人类进步的不竭动力,文明的多样性决定了文明交流互鉴的内在必然性。人类法治文明的发展不是只有一种模式,不同法治文明都是人类治理智慧的结晶。中国倡导平等、互鉴、对话、包容的文明观,主张不同法治文明的交流互鉴。中国在探索自己法治道路的同时,也为不同法治文明提供交流互鉴的平台。习近平强调,人类文明因多样才有交流互鉴的价值,"文明交流互鉴,是推动人类文明进步和世界和平发展的重要动力"。[③]

---

① 习近平:《论坚持全面依法治国》,中央文献出版社2020年版,第276页。

② 参见公丕祥:《中国式法治现代化新道路的内在逻辑》,载《法学》2021年第10期。

③ 参见习近平:《论坚持推动构建人类命运共同体》,中央文献出版社2018年版,第76页。

每一种文明都是独特的,一切文明成果都值得尊重和珍惜,不存在“文明的冲突”。每个文明系统虽处在不同的时间和空间条件下,但都存在某些相通相近的价值因素。习近平站在推动构建人类命运共同体的新的历史起点上,鲜明地阐述了全人类的共同价值准则,强调要“弘扬和平、发展、公平、正义、民主、自由的全人类共同价值”。① 这一重要思想不仅引领人类政治文明发展的进步,而且昭示出人类社会发展的美好未来。这一人类共同价值观,是习近平对人类社会交往活动的理性总结,顺应了人类文明进步的历史趋势,引领着世界法治文明发展的演进方向。面对“世界怎么了,我们怎么办”这个“世界之问”,习近平创造性地提出推动构建人类命运共同体的重大战略思想,强调必须坚持对话协商,建设一个持久和平的世界,推进公平正义的全球治理,共同推动国际关系的民主化,“坚持真正的多边主义,推动全球治理体系朝着更加公正合理的方向发展”;②必须坚持共建共享,建设一个普遍安全的世界,共同推动国际关系法治化,各国恪守普遍公认的国际法则,信守共同商定的国际协定。国际规则应该以国际法为基础,由大家一起制定,不是少数国家的专利和特权;应该由各国共同遵守,不能搞例外主义和双重标准。维护国际法治权威,反对以“法治”之名侵害他国正当权益、破坏国家和平稳定的行径,任何国家都不能随意发动战争,不能破坏国际法治,不能打开“潘多拉的盒子”,努力实现共同、综合、合作、可持续的安全;必须坚持合作共赢,建设一个共同繁荣的世界,共同推动国际关系合理化,提高发展中国家在全球治理体系中的地位和作用,推动建设一个开放、包容、普惠、平衡、共赢的经济全球化,“一带一路”倡议的提出与实施,就是要践行人类命运共同体理念;人类命运共同体理念揭示了世界各国相互依存和人类命运紧密相连的客观规律,反映了全人类共同价值追求,找到了共建美好世界的最大公约数。人类命运共同体理念植根

① 参见习近平:《论坚持推动构建人类命运共同体》,中央文献出版社 2018 年版,第 253 页。

② 参见习近平:《同舟共济克时艰,命运与共创未来——在博鳌亚洲论坛 2021 年年会开幕式上的视频主旨演讲》,载《人民日报》2021 年 4 月 21 日,第 2 版。

于中华传统文化，中华传统文化历来强调“和合共生”“和而不同”，推崇“各美其美，美人之美，美美与共，天下大同”，鼓励不同制度模式、不同文明形态之间的交流互鉴。如果说相互依存、命运相联的现实产生了共商共建的必要性，那么和而不同、美美与共的传统则蕴含了交往交流的可行性。不同国家应在交流互鉴中取长补短，在求同存异中共同前进，弘扬民主这一全人类共同价值，促进国际关系进一步民主化，推动历史车轮向着光明的目标前进。

面对世界百年未有之大变局在新冠疫情作用下的加速演进和我国高质量发展的需求，涉外法治工作必须加快战略布局，占领制高点，掌握主动权，推进国际合作，更好地运用法治手段维护我国主权安全和发展利益，积极参与全球治理，维护世界和平，助力构建人类命运共同体。

推动构建人类命运共同体的重大战略思想的提出与实践，深刻反映了新时代中国与世界关系的历史性变化，形成了强大的国际影响力。“构建人类命运共同体是世界各国人民前途所在”。[①] 人类社会已经越来越紧密地联系在一起，任何一个国家都不可能在面对全球性风险与挑战时独善其身，世界各国事实上已经形成了一个“你中有我、我中有你的命运共同体”。多边主义的核心要义就是国际上的事由大家共同商量着办，世界前途命运由各国共同掌握。无论是应对新冠肺炎疫情这类的危机，还是解决诸如和平与发展这样国际社会所面临的长期性问题，在多边主义基础上推动构建人类命运共同体都是必由之路。在多边主义基础上推动构建人类命运共同体，就要以双赢、多赢、共赢的新理念取代我赢你输、赢者通吃的旧思维，建立平等相待、互商互谅的伙伴关系，走出一条“对话而不对抗，结伴而不结盟”的国与国交往新路。各国要相互尊重主权和彼此核心利益，摒弃意识形态偏见，培育和增强相互信任，通过对话弥合分歧，通过协商解决问题，不能以大欺小、以强凌弱、以富压贫，不能通过排斥、威胁、恐吓等手段欺压他国，也不能动辄通过脱

---

① 参见《中国共产党第二十次全国代表大会文件汇编》，人民出版社 2022 年版，第 52 页。

钩、断供、制裁等单边手段,人为造成相互隔离甚至隔绝的状态。在多边主义基础上推动构建人类命运共同体,就要促进和而不同、兼收并蓄的文明交流,以多彩、平等、包容的新型文明观取代“文明冲突论”和“文明优越论”,促进不同文明互学互鉴、和谐共存。在多边主义基础上推动构建人类命运共同体,就要构筑尊崇自然、绿色发展的生态文明体系,各国共同努力、各尽其责,走出一条绿色、低碳、循环、可持续的发展新路。

展望未来,中国必将始终站在历史正确的一边,始终做世界和平的忠实建设者、全球发展的积极贡献者、国际秩序的共同维护者和多边主义的坚定支持者,为建设持久和平、普遍安全、共同繁荣、开放包容、清洁美丽的世界做出新的更大的贡献。很显然,当代中国共产党人关于中国式法治现代化的全球主张,愈益得到国际社会的广泛认同与支持,有力提升了当代中国法治在世界法治舞台上的话语权和影响力。①

① 参见公丕祥:《中国式法治现代化新道路的内在逻辑》,载《法学》2021 年第 10 期。

结　语

经过长期努力,中国共产党人成功地开辟、推进和拓展了中国式法治现代化新道路。这是植根中华大地、反映中国人民意愿、适应中国和时代发展进步要求的中国特色社会主义法治现代化道路,是在改革开放40多年的伟大实践中走出来的,是在我们党领导人民进行伟大社会革命100多年的斗争中走出来的,是从中华法制文明5000多年的传承发展中走出来的,是引领当代中国法治发展、推进中国法治现代化的必由之路。当代中国正处在从大国走向强国的新的历史发展阶段。在当代中国日益走近世界舞台中心的新时代,法治现代化的中国新道路深刻把握当代全球化进程的新变化及其对人类法治文明带来的深刻变化,以富有逻辑力量的崭新的法治理念、理性的法治制度和坚实的法治实践,鲜明地展现了法治现代化的中国经验、中国方案与中国道路的独特魅力,集中体现了新时代从大国走向强国的全新的法治使命,以中国智慧、中国实践为世界法治文明发展做出了重要贡献,具有重大的世界性意义。

一是开创了世界法治现代化进程的崭新范例。

从世界范围来看，法治现代化进程确实最先是在诸如英国、美国、法国等一些西方国家相继启动的，法治现代化的演进与发展，不是一个国家、一个地区的个别现象，而是具有世界化的趋向，是一个世界性的历史进程。这种法治发展现象容易造成一种错觉，似乎法治现代化只有在西方社会的特殊历史条件下才会产生，法治现代化的西方模式具有唯一性的历史品格，而非西方社会似乎无法生成法治现代化的因素和条件，仿佛只有依靠西方法律文化的冲击和传播，才能使自身社会的法制走上现代化的道路。马克斯·韦伯强调，法律的理性化即现代化是西方文明的一种独特现象，那些"仅存在于西方"的社会条件推动了西方法制从传统向现代的转变。[①] 弗朗西斯·福山甚至断言，自由民主也许是"人类意识形态演化的终点"和"人类政体的最后形式"，并因此构成"历史的终结"。[②] 很显然，这种法律的幻觉是"西方中心主义"的典型表现。实际上，法治现代化是一个复杂的法治变革过程，并不是西方文明的独占品。在不同的民族、国度和地区，这一进程的动因、表征及后果是各不相同的。在当代中国，推进法治现代化，建设社会主义法治国家，具有深厚的内在必然性。中国式法治现代化，是在中国的具体国情条件下所展开的法治变革之路，体现了独特的内在逻辑，有着自身独特的历史个性和鲜明的中国特质，因而是自主型的法治现代化道路，"为世界各国摸索各自的现代化模式提供了一个出色的范例"。[③] 中国共产党人深刻认识到法治这个治国理政最大最重要的规矩在国家现代化进程中的重要作用，深入推进广泛而深刻的社会与法治变革进程，在伟大社会革命进程中成功地推进和拓展了中国式法治现代化，从而打破了"西方中心主义"及其"历史终结论"的神话，为世界法治现代化进程提供了中国

---

① 参见[德]马克斯·韦伯：《新教伦理与资本主义精神》，阎克文译，上海人民出版社 2010 年版，第 157、159～160、165～167、201～202 页。

② 参见[美]弗朗西斯·福山：《历史的终结与最后的人》，陈高华译，广西师范大学出版社 2014 年版，第 9 页。

③ 参见钱乘旦主编：《世界现代化历程》（总论卷），江苏人民出版社 2012 年版，第 260 页。

方案。诚如习近平所深刻指出的,“中国式现代化为人类实现现代化提供了新的选择。”[①]“我国的实践向世界说明了一个道理:治理一个国家,推动一个国家实现现代化,并不只有西方制度模式这一条道,各国完全可以走出自己的道路来。可以说,我们用事实宣告了‘历史终结论’的破产”。[②]

二是拓展了发展中国家走向现代化的全新选择。在不同的国情条件下,文明社会的法治现代化进程呈现五彩缤纷、丰富多样的历史特点。这个多样性的背后,凝结着各个国家法治现代化的固有逻辑。第二次世界大战以后,随着殖民帝国主义体系的崩溃,广大发展中国家纷纷走上了民族独立的道路。一些发展中国家在推进现代化的过程中,脱离本国的国情条件和现实需要,简单移植西方法制,以西方法制为模本实行法制改革,丧失了法治发展的自主性,遭受了严重挫折,沦为“发展失败”的国家。[③] 因此,如何走出一条符合本国实际的现代化道路,就成为广大发展中国家亟待解决的一个重大问题。中国是世界上最大的发展中国家。中国共产党成立100多年以来,领导人民进行法治建设的艰辛探索,形成了中国特色社会主义法治道路,成功地走出了一条和中国国情条件相适应、具有浓郁中国特色的中国式法治现代化新道路。中国共产党人深刻总结加强国家制度与法律制度建设的成就和经验,悉心谋划法治中国建设大业,坚持党的领导、人民当家作主、依法治国有机统一,坚持自上而下、自下而上推进法治化的有机统一,坚持法治发展的变革性与连续性的有机统一,坚持弘扬中华优秀传统法律文化与借鉴世界法治文明有益成果的有机统一,在坚持中国特色社会主义法治道路这个根本问题上,树立制度自信,保持战略定力,从而避免了一些法治发展失序造

---

① 《中国共产党第二十次全国代表大会文件汇编》,人民出版社2022年版,第13页。

② 参见中共中央文献研究室编:《习近平关于社会主义政治建设论述摘编》,中央文献出版社2017年版,第7页。

③ 参见[美]安·塞德曼、罗伯特·塞德曼:《发展进程中的国家与法律》,冯玉军、俞飞译,法律出版社2006年版,第12~20、50~52、58~59、384页。

成的严重后果,坚定地走出了一条不同于西方国家的法治现代化新道路,从而为解决发展中国家走向现代化面临的困境提供了可行的全新路径选择。[①]

三是为世界社会主义运动提供了中国经验。加强社会主义国家制度与法律制度建设,走适合自己的法治现代化道路,这是世界社会主义运动中的一个重大问题,也是共产党执政后亟须解决好的一项迫切任务。实际上,这个重大问题在以往的世界社会主义运动中没有解决得很好。中国是世界上最大的社会主义国家,中国共产党在取得全国性政权成为执政党以后,不断探索这个重大问题,虽然也经历了曲折,但是在国家制度与法律制度建设方面积累了丰富经验,取得了重大成果,改革开放以来的进展尤为显著,[②]中国式法治现代化的探索取得了重大进展。党的十八大以来,以习近平同志为核心的党中央统筹拓展中国式法治现代化的战略全局,深刻认识、深入推进国家制度与法律制度建设的长期性、艰巨性和复杂性,对国家制度和法律制度建设作出了一系列战略部署,着力把我国制度优势更好转化为国家治理效能,全面展示了中国式法治现代化的巨大实践伟力,科学社会主义在21世纪的中国焕发出强大的生机活力。当代中国共产党人从历史与现实、理论与实践有机统一的思想高度,深刻反思世界社会主义运动以及新中国成立以来关于社会主义国家制度与法律制度建设的历史教益,从开辟、坚持和拓展中国式法治现代化的全局出发,对国家制度与法律制度建设这一新时代法治革命工程进行战略谋划,有力推动了法治中国建设,为21世纪世界社会主义探索复兴之路提供了中国制度建设经验。中国式法治现代化新道路的开辟与拓展,集中体现了当代中国共产党人对21世纪世界社会主义新发展的巨大历史贡献。

四是为人类探索建设更好的社会制度贡献了中国方案。“人民性

① 参见习近平:《论坚持全面依法治国》,中央文献出版社2020年版,第263页。

② 参见习近平:《论坚持全面深化改革》,中央文献出版社2018年版,第46页。

是马克思主义的本质属性。”[①]“马克思主义之所以具有跨越国度、跨越时代的影响力，就是因为它植根人民之中，指明了依靠人民推动历史前进的人间正道。”[②]马克思主义经典作家强调，无产阶级的社会革命，“就是人的解放”，是一场“人的高度的革命”，[③]建立“自由人联合体”的社会制度，[④]实现人的自由而全面的发展。中国共产党是为中国人民谋幸福的政党，也是为人类进步事业而奋斗的政党。中国共产党是世界上最大的政党。中国共产党成立100周年以来，“通过深化自身实践探索人类社会发展规律并同世界各国分享”，[⑤]始终把人民立场作为根本立场，把为人民谋幸福作为根本使命。人的主体性规律是中国式法治现代化的逻辑主线，当代中国共产党人鲜明地提出坚持以人民为中心的发展思想，强调人民是推动历史前进的根本力量，必须把增进人民福祉、促进人的全面发展作为发展的出发点和落脚点；强调必须坚持人民主体地位，坚持和完善人民代表大会制度这一根本制度，用制度体系保证人民当家作主，坚定不移走中国特色社会主义法治发展道路；强调中国式法治现代化新道路的显著优势之一，就是人民当家作主的优势，必须发展全过程人民民主，并且将是否得到人民拥护确立为衡量一个社会制度是否科学、是否先进的核心标准之一；强调全面依法治国最广泛、最深厚的基础是人民，推进全面依法治国，根本目的是依法保障人民权益；必须坚持法治建设为了人民、依靠人民、造福人民，为实现全体人民共同富裕打下坚实的法治基础。新时代新阶段，中国特色社会主义民主政治建设不断深入，人民当家作主的制度体系日益完善，社会主义民主制度展现出蓬勃生机，以人民为中心的中国式法治现代化新道路越走越宽广，进而拓宽

---

① 参见《中国共产党第二十次全国代表大会文件汇编》，人民出版社2022年版，第16页。

② 习近平：《在纪念马克思诞辰200周年大会上的讲话》，人民出版社2018年版，第8页。

③ 参见《马克思恩格斯文集》（第1卷），人民出版社2009年版，第18、11页。

④ 参见《马克思恩格斯文集》（第5卷），人民出版社2009年版，第96、874页。

⑤ 参见习近平：《论坚持推动构建人类命运共同体》，中央文献出版社2018年版，第514页。

了人类追求民主理想、建设更好社会制度的道路，体现了当代中国共产党人探索建设更好社会制度的中国方案，“为人类探索建设更好社会制度贡献了中国智慧和中国方案”。[①]

① 参见习近平：《论坚持全面依法治国》，中央文献出版社2020年版，第263页。

主要参考文献

（一）

1.《马克思恩格斯全集》(第 1 卷)，人民出版社 1956 年版。

2.《马克思恩格斯全集》(第 20 卷)，人民出版社 1971 年版。

3.《马克思恩格斯全集》(第 21 卷)，人民出版社 1965 年版。

4.《马克思恩格斯全集》(第 30 卷)，人民出版社 1995 年版。

5.《马克思恩格斯全集》(第 31 卷)，人民出版社 1998 年版。

6.《马克思恩格斯全集》(第 44 卷)，人民出版社 2001 年版。

7.《马克思恩格斯文集》(第 1 卷)，人民出版社 2009 年版。

8.《马克思恩格斯文集》(第 5 卷)，人民出版社 2009 年版。

9.《马克思恩格斯文集》(第 10 卷)，人民出版社 2009 年版。

10.《马克思恩格斯选集》(第1卷),人民出版社2012年版。

11.《马克思恩格斯选集》(第4卷),人民出版社2012年版。

12.《列宁选集》(第1~4卷),人民出版社2012年版。

13.《毛泽东著作选读》(上、下册),人民出版社1986年版。

14.《毛泽东文集》(第1~2卷),人民出版社1993年版。

15.《毛泽东文集》(第3~5卷),人民出版社1996年版。

16.《毛泽东文集》(第6~8卷),人民出版社1999年版。

17.《周恩来选集》(上、下卷),人民出版社1980年版。

18.《刘少奇选集》(上卷),人民出版社1981年版。

19.《刘少奇选集》(下卷),人民出版社1985年版。

20.《邓小平文选》(第3卷),人民出版社1993年版。

21.《彭真文选》,人民出版社1991年版。

22.《江泽民文选》(第1~3卷),人民出版社2006年版。

23.《胡锦涛文选》(第1~3卷),人民出版社2016年版。

24.《三中全会以来重要文献汇编》(上、下),人民出版社1982年版。

25.《中国共产党第十二次全国代表大会文件汇编》,人民出版社1982年版。

26.《十三大以来重要文献选编》(上),中央文献出版社2011年版。

27.《十三大以来重要文献选编》(中),中央文献出版社2011年版。

28.《十四大以来重要文献选编》(上),中央文献出版社2011年版。

29.《十四大以来重要文献选编》(中),中央文献出版社2011年版。

30.《十五大以来重要文献选编》(上),中央文献出版社2011年版。

31.《中国共产党第十六次全国代表大会文件汇编》,人民出版社2002年版。

32.《十六大以来重要文献选编》(上),中央文献出版社2005年版。

33.《十六大以来重要文献选编》(中),中央文献出版社2006年版。

34.《十七大以来重要文献选编》(上),中央文献出版社2009年版。

35.《十七大以来重要文献选编》(中),中央文献出版社 2011 年版。

36.《中国共产党第十八次全国代表大会文件汇编》,人民出版社 2012 年版。

37.《中国共产党第十八届中央委员会第四次全体会议文件汇编》,人民出版社 2014 年版。

38.《十八大以来重要文献汇编》(上),中央文献出版社 2014 年版。

39.《中国共产党第十八届中央委员会第五次全体会议文件汇编》,人民出版社 2015 年版。

40.《十八大以来重要文献选编》(中),中央文献出版社 2016 年版。

41.《中国共产党第十九次全国代表大会文件汇编》,人民出版社 2017 年版。

42.《十九大以来重要文献选编》(上),中央文献出版社 2019 年版。

43.《十九大以来重要文献选编》(中),中央文献出版社 2021 年版。

44.《中国共产党第十九届中央委员会第五次全体会议文件汇编》,人民出版社 2020 年版。

45.《中共中央关于全面深化改革若干重大问题的决定》,人民出版社 2013 年版。

46.《中共中央关于全面推进依法治国若干重大问题的决定》,人民出版社 2014 年版。

47.《中共中央关于制定国民经济和社会发展第十三个五年规划的建议》,人民出版社 2015 年版。

48.《中华人民共和国国民经济和社会发展第十三个五年规划纲要》,人民出版社 2016 年版。

49.《中共中央关于深化党和国家机构改革的决定》,人民出版社 2018 年版。

50.《中共中央关于坚持和完善中国特色社会主义制度　推进国家治理体系和治理能力现代化若干重大问题的决定》,人民出版社 2019 年版。

51.《中共中央关于党的百年奋斗重大成就和历史经验的决议》,人民出版社2021年版。

52.《中国共产党第二十次全国代表大会文件汇编》,人民出版社2022年版。

53.《习近平谈治国理政》(第1卷),外文出版社2018年版。

54.《习近平谈治国理政》(第2卷),外文出版社2017年版。

55.《习近平谈治国理政》(第3卷),外文出版社2020年版。

56. 中共中央文献研究室编:《习近平关于全面深化改革论述摘编》,中央文献出版社2014年版。

57. 中共中央文献研究室编:《习近平关于全面依法治国论述摘编》,中央文献出版社2015年版。

58. 中共中央文献研究室编:《习近平关于协调推进"四个全面"战略布局论述摘编》,中央文献出版社2015年版。

59. 中共中央文献研究室编:《习近平关于全面建成小康社会论述摘编》,中央文献出版社2016年版。

60. 中共中央文献研究室编:《习近平关于社会主义政治建设论述摘编》,中央文献出版社2017年版。

61. 中共中央党史和文献研究院编:《习近平关于全面从严治党论述摘编(2021年版)》,中央文献出版社2021年版。

62. 习近平:《之江新语》,浙江人民出版社2007年版。

63. 习近平:《论坚持全面深化改革》,中央文献出版社2018年版。

64. 习近平:《论坚持推动构建人类命运共同体》,中央文献出版社2018年版。

65. 习近平:《论坚持党对一切工作的领导》,中央文献出版社2019年版。

66. 习近平:《论坚持全面依法治国》,中央文献出版社2020年版。

67. 习近平:《论坚持人民当家作主》,中央文献出版社2021年版。

68. 习近平:《论把握新发展阶段、贯彻新发展理念、构建新发展格局》,中央文献出版社 2021 年版。

69. 中共中央宣传部、中央全面依法治国委员会办公室编:《习近平法治思想学习纲要》,人民出版社、学习出版社 2021 年版。

70.《习近平法治思想概论》编写组编:《习近平法治思想概论》,高等教育出版社 2021 年版。

71. 中央全面依法治国委员会办公室:《中国共产党百年法治大事记(1921 年 7 月—2021 年 7 月)》,人民出版社、法律出版社 2022 年版。

72. 习近平编:《在庆祝全国人民代表大会成立 60 周年大会上的讲话》,人民出版社 2014 年版。

73. 习近平:《决胜全面建成小康社会　夺取新时代中国特色社会主义伟大胜利——在中国共产党第十九次全国代表大会上的报告》,人民出版社 2017 年版。

74. 习近平:《在纪念马克思诞辰 200 周年大会上的讲话》,人民出版社 2018 年版。

75. 习近平:《在庆祝改革开放 40 周年大会上的讲话》,人民出版社 2018 年版。

76. 习近平:《在全国脱贫攻坚总结表彰大会上的讲话》,人民出版社 2021 年版。

77. 习近平:《在庆祝中国共产党成立 100 周年大会上的讲话》,人民出版社 2021 年版。

78. 习近平:《努力让人民群众在每一个司法案件中都能感受到公平正义》,载《人民日报》2013 年 1 月 8 日,第 1 版。

79. 习近平:《坚持总体国家安全观　走中国特色国家安全道路》,载《人民日报》2014 年 4 月 16 日,第 1 版。

80. 习近平:《谋共同永续发展　做合作共赢伙伴——在联合国发展峰会上的讲话》,载《人民日报》2015 年 9 月 27 日,第 2 版。

81. 习近平:《坚持、完善和发展中国特色社会主义国家制度与法律制度》,载《求是》2019 年第 23 期。

82. 习近平:《全面加强知识产权保护工作　激发创新活力推动构建新发展格局》,载《求是》2021 年第 3 期。

83. 习近平:《在中央人大工作会议上的讲话》,载《求是》2022 年第 5 期。

84. 习近平:《高举中国特色社会主义伟大旗帜　为全面建设社会主义现代化国家而团结奋斗——在中国共产党第二十次全国代表大会上的报告》,人民出版社 2022 年版。

(二)

85. 钱乘旦主编:《世界现代化历程》(总论卷),江苏人民出版社 2012 年版。

86. 唐凯麟编著:《伦理学》,高等教育出版社 2003 年版。

87. 杨耕:《东方的崛起:关于中国式现代化的哲学反思》,北京师范大学出版社、北京出版社 2015 年版。

88. 杨耕等:《马克思主义哲学基础理论研究》,北京师范大学出版社 2017 年版。

89. 阎步克:《士大夫政治演生史稿》,北京大学出版社 2015 年版。

90. 宁可:《中国封建社会的历史道路》,北京师范大学出版社 2014 年版。

91. 白钢:《制度物议》,中国社会科学出版社 2013 年版。

92. 张纯明:《中国政治二千年》,当代中国出版社 2014 年版。

93. 严耕望撰:《中国政治制度史纲》,上海古籍出版社 2013 年版。

94. 周振鹤:《中国地方行政制度史》,上海人民出版社 2014 年版。

95. 葛剑雄:《历史上的中国:中国疆域的变迁》,上海锦绣文章出版社、上海文艺出版总社 2007 年版。

96. 李光灿:《法理念的求索》,人民法院出版社 1999 年版。

97. 张文显:《法治的中国实践和中国道路》,人民出版社 2017 年版。

98. 张文显:《司法理念与司法改革》,法律出版社 2011 年版。

99. 李步云:《迈向法治新时代——我的治学理念和实践》,人民出版社 2017 年版。

100. 苏力:《法治及其本土资源》(第 3 版),北京大学出版社 2015 年版。

101. 苏力:《道路通向城市:转型中国的法治》,法律出版社 2004 年版。

102. 苏力:《制度是如何形成的》(增订版),北京大学出版社 2007 年版。

103. 梁治平编:《法律的文化解释》,生活 · 读书 · 新知三联书店 1994 年版。

104. 梁治平:《法律何为:梁治平自选集》,广西师范大学出版社 2013 年版。

105. 钱弘道:《中国法治实践学派的基本精神》,人民出版社 2017 年版。

106. 钱弘道:《法治评估及其中国应用》,人民出版社 2017 年版。

107. 李林:《中国的法治道路》,中国社会科学出版社 2016 年版。

108. 孙笑侠:《法的现象与观念》,山东人民出版社 2001 年版。

109. 顾培东:《我的法治观》,法律出版社 2013 年版。

110. 季卫东:《法治秩序的建构》(增补版),商务印书馆 2014 年版。

111. 强世功:《法制与治理——国家转型中的法律》,中国政法大学出版社 2003 年版。

112. 公丕祥:《大变革时代的中国法治现代化》,人民出版社 2017 年版。

113. 公丕祥:《法制现代化的理论逻辑》(修订版),商务印书馆 2021 年版。

(三)

114. 丁春福、陈彦超:《新时代:公平与效率关系解析及政策选择》,

载《黑龙江社会科学》2018 年第 4 期。

115. 冯天瑜:《百代皆行汉政法》,载《华中师范大学学报(人文社会科学版)》2022 年第 2 期。

116. 张文显:《论中国式法治现代化新道路》,载《中国法学》2022 年第 1 期。

117. 张文显:《中国式法治现代化道路》,载《中国社会科学报》2021 年 10 月 15 日,第 11 版。

118. 公丕祥:《新时代中国法治现代化的战略安排》,载《中国法学》2018 年第 3 期。

119. 公丕祥:《中国法制现代化的进程与前景》,载《南京师大学报(社会科学版)》1998 年第 4 期。

120. 公丕祥:《中国式法治现代化新道路的内在逻辑》,载《法学》2021 年第 10 期。

121. 古小丹、于桂荣:《论江泽民同志的社会公平思想》,载《毛泽东思想研究》2007 年第 4 期。

122. 顾培东:《当代中国法治话语体系的构建》,载《法学研究》2012 年第 3 期。

123. 郭雳:《新时代国际法律风险应对与全球治理推进》,载《中外法学》2021 年第 4 期。

124. 郭清香:《大同社会理想与人类命运共同体构建》,载《道德与文明》2019 年第 6 期。

125. 韩涛:《孔子均平分配思想的中道理念》,载《孔子研究》2016 年第 4 期。

126. 何建华:《马克思的公平正义观与社会主义实践》,载《浙江社会科学》2007 年第 6 期。

127. 洪银兴:《以包容效率与公平的改革促进共同富裕》,载《经济学家》2022 年第 2 期。

128. 兰久富:《重新厘定价值哲学的研究对象——兼论价值关系说

是一种狭义价值论》,载《北京师范大学学报(社会科学版)》2013 年第 6 期。

129. 李启成:《君主立宪的一曲挽歌——晚清资政院第一次常年会百年祭》,载《中外法学》2011 年第 5 期。

130. 梁治平:《“为公”的理念》,载《中国法律评论》2014 年第 2 期。

131. 刘子凡:《“天可汗”称号与唐代国家建构》,载《历史研究》2021 年第 6 期。

132. 刘作翔:《权利平等的观念、制度与实现》,载《中国社会科学》2015 年第 7 期。

133. 罗新慧:《春秋时期天命观念的演变》,载《中国社会科学》2020 年第 12 期。

134. 马敏:《中国式现代化新道路的历史演进及前瞻》,载《历史研究》2021 年第 6 期。

135. 聂鑫:《内阁制、总统制还是半总统制——民国宪法史上的政体之争》,载《法学》2013 年第 10 期。

136. 牛铭实:《从封建、郡县到自治:中国地方制度的演变》,载《开放时代》2004 年第 6 期。

137. 牛先锋:《社会公平的多重内涵及其政策意义》,载《理论探讨》2006 年第 5 期。

138. 彭剑鸣:《中国语境下规则公平的建构》,载《贵州师范大学学报(社会科学版)》2014 年第 4 期。

139. 强世功:《法理学视野中的公平与效率》,载《中国法学》1994 年第 4 期。

140. 乔惠波:《试论共同富裕的内涵、基础及推进路径》,载《东岳论丛》2022 年第 2 期。

141. 任锋:《大一统与政治秩序的基源性问题:钱穆历史思维的理论启示》,载《人文杂志》2021 年第 8 期。

142. 沈国明:《中华法系文化要素的发掘与发展》,载《东方法学》

2022 年第 1 期。

143. 盛险峰:《“见其礼而知其政”:从周公制礼到秦行郡县》,载《安徽大学学报(哲学社会科学版)》2021 年第 4 期。

144. 孙肖远:《共享发展理念的理论内涵与实践价值》,载《科学社会主义》2016 年第 4 期。

145. 汪习根:《论法治中国的科学含义》,载《中国法学》2014 年第 2 期。

146. 王桦宇:《论现代财政制度的法治逻辑——以面向社会公平的分配正义为中心》,载《法学论坛》2014 年第 3 期。

147. 王槐生:《毛泽东公平思想初探》,载《毛泽东思想研究》2005 年第 6 期。

148. 魏礼群:《坚定不移走共同富裕道路》,载《求是》2014 年第 15 期。

149. 夏新华、王小飞:《内阁制与总统制之争——民国初期政体模式选择的宪政反思》,载《学习与探索》2009 年第 2 期。

150. 谢加书:《科学理解习近平总书记的共享思想》,载《华南理工大学学报(社会科学版)》2017 年第 2 期。

151. 信春鹰:《中国共产党与我国的根本政治制度》,载《求是》2021 年第 23 期。

152. 徐晨光、张民、谭树新:《价值取向与价值导向的区别和联系》,载《湖南师范大学社会科学学报》1996 年第 2 期。

153. 袁航:《新时代促进共同富裕“路线图”的哲学意蕴》,载《南开学报(哲学社会科学版)》2022 年第 2 期。

154. 袁曙宏:《坚持法治国家、法治政府、法治社会一体建设》,载《人民日报》2020 年 4 月 21 日版。

155. 张分田、张鸿:《中国古代“民本思想”内涵与外延刍议》,载《西北大学学报(哲学社会科学版)》2005 年第 1 期。

156. 张分田:《中国古代君主与“民贵君轻”观念》,载《政治学研究》2007 年第 2 期。

157. 赵汀阳:《论道德金规则的最佳可能方案》,载《中国社会科学》2005 年第 3 期。

158. 中共中央办公厅法规局:《中国共产党党内法规体系》,载《人民日报》2021 年 8 月 4 日,第 1 版。

159. 邹智贤、王皓:《经济哲学视域下公平与效率关系之和解》,载《湘潭大学学报(哲学社会科学版)》2022 年第 1 期。

160. 公丕祥:《法治现代化的中国方案》,载《江苏社会科学》2020 年第 4 期。

161. 公丕祥:《共同富裕与社会正义:中国式法治现代化新道路的重要特征》,载《民主与法制》周刊 2022 年第 1 期。

162. 公丕祥:《区域法治发展的概念意义——一种法哲学方法论上的初步分析》,载《南京师大学报(社会科学版)》2014 年第 1 期。

163. 公丕祥:《习近平法治思想的理论渊源》,载《民主与法制》周刊 2021 年第 38 期。

164. 公丕祥:《新时代中国法治现代化的战略安排》,载《中国法学》2018 年第 3 期。

165. 公丕祥:《中国式法治现代化新道路的内在逻辑》,载《法学》2021 年第 10 期。

166. 晋文:《张家山汉简中的田制等问题》,载《山东师范大学学报(人文社会科学版)》2019 年第 4 期。

167. 杨治坤:《区域协同立法引领区域协调发展》,载《中国社会科学报》2022 年 3 月 30 日,第 4 版。

168. 李林:《坚持处理好全面依法治国的辩证关系》,载《法制日报》2019 年 5 月 23 日,第 4 版。

169. 刘安志:《建国以来关于西晋占田课田制的研究述评》,载《中国史研究动态》1993 年第 11 期。

170. 宋功德:《党内法规的百年演进与治理之道》,载《中国法学》

2021 年第 5 期。

171. 苏力:《什么是你的贡献?》,载《南京大学法律评论》1997 年第 1 期。

172. 王若磊:《政党权威与法治建构——基于法治中国道路可能性的考察》,载《环球法律评论》2015 年第 5 期。

173. 张晋藩:《中国古代监察法的历史价值——中华法系的一个视角》,载《政法论坛》2005 年第 6 期。

174. 张苏军:《推进法治社会建设》,载《中国司法》2015 年第 4 期。

175. 张文显:《习近平法治思想的理论体系》,载《法制与社会发展》2021 年第 1 期。

176. 张文显:《习近平法治思想研究(下)——习近平全面依法治国的核心观点》,载《法制与社会发展》2016 年第 4 期。

177. 张文显:《习近平法治思想研究(中)——习近平法治思想的一般理论》,载《法制与社会发展》2016 年第 3 期。

178. 张文显:《中国法治 40 年:历程、轨迹和经验》,载《吉林大学社会科学学报》2018 年第 5 期。

179. 张志铭:《法治是国家和社会竞争力的核心要素》,载《中国司法》2007 年第 2 期。

180. 周叶中:《中国特色社会主义法治体系的鲜明特点和突出优势》,载《红旗文稿》2022 年第 4 期。

181. 周易茗:《中国共产党坚持依法治国和依规治党相统一成功经验的世界意义》,载《湖湘论坛》2018 年第 6 期。

182. 白石、邓如辛:《邓小平社会公平思想内涵的探讨》,载《毛泽东思想研究》2013 年第 6 期。

183. 蔡继明:《从中共十三大到中共十七大——解读平等、效率和公平关系的演变》,载《经济学动态》2008 年第 1 期。

184. 晁福林:《先秦时期“德”观念的起源及其发展》,载《中国社会科学》2005 年第 4 期。

185. 陈辉庭:《法治文明的中国道路探索及其贡献》,载《东南学术》2019 年第 6 期。

186. 陈燕:《中国共产党的共同富裕:理论演进与实现路径》,载《科学社会主义》2021 年第 3 期。

(四)

187. (汉)贾谊撰:《新书校注》,阎振益、钟夏校注,中华书局 2000 年版。

188. (汉)郑玄注、(唐)孔颖达疏:《礼记正义》。

189. (明)黄宗羲著:《明夷待访录校释》,孙卫华校释,岳麓书社 2011 年版。

190. (清)田文镜:《州县事宜》,载官箴书集成编纂委员会编:《官箴书集成》,黄山书社 1997 年版。

191. (清)王韬:《弢园文录外编》,上海书店出版社 2002 年版。

192. (宋)陆游撰:《老学庵笔记》,杨立英校注,三秦出版社 2003 年版。

193. (宋)朱熹:《四书章句集注》,中华书局 1983 年版。

194. (宋)朱熹:《四书章句集注》,中华书局 2012 年版。

195. (唐)长孙无忌等撰:《唐律疏议》,刘俊文点校,中华书局 1983 年版。

196.《白虎通 · 阙文 · 贡士》。

197.《春秋繁露 · 四时之副》。

198.《春秋繁露 · 阳尊阴卑》。

199.《公羊传 · 隐公元年》。

200.《管子 · 牧民》。

201.《管子 · 权修》。

202.《韩非子 · 有度》。

203.《汉书 · 高帝纪》。

204.《汉书·食货志》。
205.《汉书·薛宣传》。
206.《汉书·元帝纪》。
207.《旧唐书·杨炎传》。
208.《举贤良对策》。
209.《礼记·表记》。
210.《礼记·坊记》。
211.《礼记·经解》。
212.《礼记·礼运》。
213.《礼记·曲礼上》。
214.《礼记·中庸》。
215.《论语·季氏》。
216.《论语·里仁》。
217.《论语·为政》。
218.《论语·颜渊》。
219.《论语·子路》。
220.《吕氏春秋·贵公》。
221.《孟子·滕文公上》。
222.《孟子·告子上》。
223.《孟子·公孙丑上》。
224.《孟子·尽心下》。
225.《孟子·离娄上》。
226.《孟子·梁惠王上》。
227.《孟子·滕文公上》。
228.《三国志·魏书·杜恕传》。
229.《商君书·赏刑》。
230.《尚书·管仲之命》。
231.《尚书·康诰》。

232.《尚书·洛诰》。

233.《尚书·夏书·五子之歌》。

234.《尚书·尧典》。

235.《尚书·周书·梓材》。

236.《诗经·大雅·文王》。

237.《史记·商君列传》。

238.《唐会要·卷八十三》。

239.《新书·大政上》。

240.《荀子·君子》。

241.《荀子·王霸》。

242.《荀子·王制》。

243.《晏子春秋·谏上》。

244.《晏子春秋·内篇》。

245.《周礼·春官·宗伯》。

246.《周易·谦卦》。

247.《左传·隐公六年》。

(五)

248. [法]卢梭:《社会契约论》,何兆武译,商务印书馆 1980 年版。

249. [意]简玛利亚·阿雅尼、魏磊杰编:《转型时期的法律变革与法律文化——后苏联国家法律移植的审视》,魏磊杰、彭小龙译,清华大学出版社 2011 年版。

250. [美]昂格尔:《现代社会中的法律》,吴玉章、周汉华译,中国政法大学出版社 1994 年版。

251. [美]彼得·德恩里科、邓子滨编著:《法的门前》,北京大学出版社 2012 年版。

252. 梁治平编:《法律的文化解释》,生活·读书·新知三联书店 1994 年版。

253. [美]莱斯利·里普森:《政治学的重大问题——政治学导论》,刘晓等译,华夏出版社 2001 年版。

254. [美]亨廷顿:《变化社会中的政治秩序》,王冠华等译,三联书店 1989 年版。

255. [日]仁井田升等:《唐令拾遗》,栗劲等编译,长春出版社 1989 年版。

256. [德]维贝尔:《世界经济通史》,姚曾廙译,上海译文出版社 1981 年版。

257. [德]马克斯·韦伯:《新教伦理与资本主义精神》,阎克文译,上海人民出版社 2010 年版。

258. 庄宇、施越主编:《俄罗斯国家建构的历史进程》,商务印书馆 2021 年版。

259. [美]巴林顿·摩尔:《民主和专制的社会起源》,拓夫等译,华夏出版社 1987 年版。

260. [美]罗兹曼主编:《中国的现代化》,陶骅等译,上海人民出版社 1989 年版。

261. [美]M. E. 泰格、M. R. 利维:《法律与资本主义的兴起》,纪琨译,学林出版社 1996 年版。

262. [美]安·塞德曼、罗伯特·塞德曼:《发展进程中的国家与法律》,冯玉军、俞飞译,法律出版社 2006 年版。

263. [美]诺思:《经济史中的结构与变迁》,陈郁等译,上海三联书店 1991 年版。

264. [美]费正清、刘广京编:《剑桥中国晚清史(1800—1911 年)》(上卷),中国社会科学院历史研究所编译室译,中国社会科学出版社 1985 年版。

265. [美]弗朗西斯·福山:《历史的终结与最后的人》,陈高华译,广西师范大学出版社 2014 年版。

266. [美]金义勇:《中国与西方的法律观念》,陈国平等译,辽宁人民出版社 1989 年版。

267. [美]威廉·麦克尼尔:《世界史:从史前到 21 世纪全球文明的互动》,施诚、赵婧译,中信出版社 2013 年版。

268. [美]威廉·麦克尼尔:《西方的兴起:人类共同体史》(下),孙岳等译,中信出版社 2015 年版。

269. [美]詹姆斯·L. 麦克莱恩:《日本史》,王翔等译,海南出版社 2014 年版。

270. [美]詹姆斯·M. 布坎南:《公共物品的需求与供给》,马珺译,上海人民出版社 2009 年版。

271. [美]劳伦斯·弗里德曼:《美国法律史》,周大伟译,北京大学出版社 2020 年版。

272. [日]川岛武宜:《现代化与法》,申政武等译,中国政法大学出版社 1994 年版。

273. [新加坡]约西·拉贾:《威权式法治:新加坡的立法、话语与正当性》,陈林林译,浙江大学出版社 2019 年版。

274. [英]布莱恩·巴利:《社会正义论》,曹海军译,江苏人民出版社 2007 年版。

275. [英]亚当·斯密:《国民财富的性质和原因的研究》(下卷),郭大力、王亚南译,商务印书馆 1974 年版。

后　记

本书是“新时代的中国式法治现代化研究丛书”第一卷。在本书的写作过程中,各位作者的具体写作分工如下(按姓氏笔画排序):

方　乐:第十一章;

公丕祥:绪论、第一、六、八、九章、结语;

李　旭:第十二章;

李　洋:第二章;

张　清:第七章;

眭鸿明:第五章;

韩玉亭:第四章;

董晓波:第十二章;

蔡宝刚:第三、十章。

公丕祥教授、眭鸿明教授对书稿进行了修改,最后由公丕祥教授修改定稿。

本书的写作得到了江苏省委宣传部及江苏省新型智库建设办公室、南京师范大学的关心支持,得到了中国法治现代化研究院的工作指导,得到了法律出版社的鼎力支持，肖越老师进行了精心的编辑工作。在此，谨致以诚挚的谢忱！

作 者

2022 年 11 月